경영학과 함께 하는 파이썬 인공지능

박경욱·박주영·김태환 공저

드림미디어

머리말

파이썬 관련 서적을 찾아보거나 유튜브 영상들을 참고하여 파이썬을 학습하고 이를 이용한 코딩에 도전해 본 많은 사람들은 파이썬 학습이 쉽지 않다는 사실에 좌절하게 된다. 여기에는 여러 가지 이유가 있겠지만 파이썬이 귀도 반 로섬이 개발한 프로그래밍 언어뿐만 아니라 matplotlib, Pandas, NumPy, SciPy, Scikit-learn, Pytorch, seaborn, pulp, StatsModels, BeautifulSoup, Mlxtend 등 다양한 관련 라이브러리들까지도 포함하는 일종의 생태계라는 점에 대한 이해가 부족한 것이 중요한 이유라고 생각한다. 파이썬 라이브러리들은 각각 특정한 작업들을 효율적으로 수행하기 위하여 사용할 수 있는데 예를 들어 Pandas는 데이터의 가공 및 전처리(pre-processing)작업에 특화된 라이브러리이고 Scipy는 미적분/미분방정식/통계학 등의 분야에 특화된 라이브러리이다. 또한 Scikit-learn과 Pytorch는 인공지능(Artificial Intelligence, AI)의 주요 도구인 기계학습(machine learning)과 딥러닝(deep learning)에 활용되는 라이브러리이며 데이터 시각화를 위해서는 matplotlib, seaborn 등의 라이브러리들을 이용할 수 있다. 이외에도 선형계획법과 정수계획법 문제를 해결하기 위한 pulp, 연관규칙 탐색을 위한 Mlxtend 등 파이썬 라이브러리의 세계는 지금도 계속 진화하고 있기 때문에 파이썬을 학습한다는 것은 이러한 라이브러리들에 대한 학습까지를 포함해야 하는 것이다.

파이썬을 효과적으로 학습하기 위해서는 파이썬 기본 코딩에 대한 학습뿐만 아니라 관련 라이브러리들에 대한 학습이 동반되어야 하지만 실로 방대한 분야에 걸친 라이브러리들을 어느 범위까지 학습해야 할 것인가 하는 물음에 대한 답은 파이썬을 어떤 분야에서 어떤 목적으로 사용하려 하는지에 따라 결정되어야 한다는 것이 저자들의 생각이다. 이 책에서는 경영학 관련 문제들에 관심이 깊은 학습자들이나 기업 경영 과정에서 부딪치는 문제들에 파이썬을 응용하기를 원하는 독자들의 관점에 초점을 맞추고자 한다. 이를 위해서 파이썬 기본 코딩 방법을 포함하여 matplotlib, Pandas, NumPy, SciPy, Scikit-learn, Pytorch, seaborn, pulp 등의 라이브러리들의 기본적인 사용법에 대한 학습을 바탕으로 경영학 관련 학습이나 기업 경영 과정에서의 문제들을 해결하기 위한 방법들을 소개하기로 한다.

이 책의 1장부터 6장까지 에서는 파이썬 기본 코딩에 대한 내용을 소개하고 있다. 즉, 파이썬 설치 방법부터 시작하여 에디터 프로그램 사용방법, 파이썬 데이터의 유형 및 변수, if-else 구문, 루프 구조, 파이썬 함수, 객체지향프로그래밍 등에 대하여 순차적으로 소개함으로써 파이썬을 이용한 프로그램 코딩의 기초를 갖추도록 할 것이다. 이후 7장에서는 수치연산 및 함수연산, 난수(random number)생성, 선형대수(linear algebra) 등의 분야에 활용되는 Numpy에 대하여 소개하고 데이터 가공 및 데이터 전처리에 탁월한 성능을 보이는 Pandas와 데이터 시각화 도구인 seaborn에 대하여 8장에서 소개할 것이다. 이 과정에서 독자들은 다양한 경영학/기업경영 관련 문제들을 파이썬을 이용하여 해결되는 방법에 대하여 다양한 예제들을 통해서 학습할 기회를 가지게 될 것이다. 이후 9장에서는 기업의 마케팅 전략 및 생산운용 전략을 포함하여 투자공학 분야의 문제들을 해결하기 위하여 SciPy, Scikit-learn, pulp 등의 라이브러리를 활용하는 방법에 대하여 소개할 것이다. 마지막으로 10장은 첨단 분야의 문제들을 해결하는데 파이썬이 어떻게 활용될 수 있는지에 대한 관심을 가진 독자들을 위한 내용을 다루고 있는데 금융/투자 분야의 로보-어드바이저에 대한 소개와 함께 주가예측을 위한 인공신경망(artificial neural network) 알고리즘 적용을 위한 Pytorch 사용법에 대하여 소개할 것이다. 9장까지의 학습만으로도 경영학/기업경영 관련 문제들에 파이썬을 활용하기 위한 기초적인 학습은 충분할 것으로 저자들은 판단하고 있으므로 10장의 내용은 핀테크(Fintech) 문제에 관심이 있는 독자들이 도전해 보면 좋을 것이다.

이 책이 파이썬을 학습하고 싶었지만 길을 찾지 못하고 있는 분들에게 파이썬 학습의 성공적인 출발점을 제공할 수 있다면 저자들은 그것만으로도 이 책의 저술과정에 쏟은 노력에 대한 충분한 보상이 될 것으로 생각한다.

금융/투자분야 혁신을 위한 파이썬 활용을 항상 고민하며....

CONTENTS

CONTENTS

PART 1

파이썬 설치

1장. 파이썬 설치

1.1 파이썬과 아나콘다

파이썬이란 ?

파이썬(Python)

프로그래밍 언어(Programming language)는 컴퓨터로 하여금 특정한 작업을 실행하도록 명령하기 위해 사용하는 언어를 통칭하는 용어로서 지금까지 베이직(BASIC), 포트란(Fortran), C, C++, 자바(Java), 루비(Ruby),R 등과 같은 다양한 유형의 프로그래밍 언어가 개발되어 활용되어 왔다. 파이썬(Python)은 이와 같은 프로그래밍 언어중 하나로 귀도 반 로섬(Guido van Rossum)이 개발하여 발전되어 온 무료 프로그래밍 언어이다.

파이썬을 이용한 프로그래밍을 이용하면 간단한 작업들뿐만 아니라 복잡한 작업들도 비교적 쉽게 해결할 수 있게 되는데 특히 경영학 관련 주제들을 공부하는데 파이썬 프로그래밍은 매우 큰 도움을 줄 수 있다. 그런데 다른 모든 프로그래밍 언어와 마찬가지로 파이썬을 이용한 프로그래밍을 나의 PC에서 실행하려면 PC에 파이썬이 설치되어 있어야만 한다. 이와 같은 파이썬 설치작업은 파이썬을 이용하기 전에 당연히 거쳐야 하는 필수적인 과정인데 아래의 파이썬 홈페이지(python.org)에서 설치파일을 무료로 다운받아 설치할 수 있다.

〈python.org 메인 화면〉

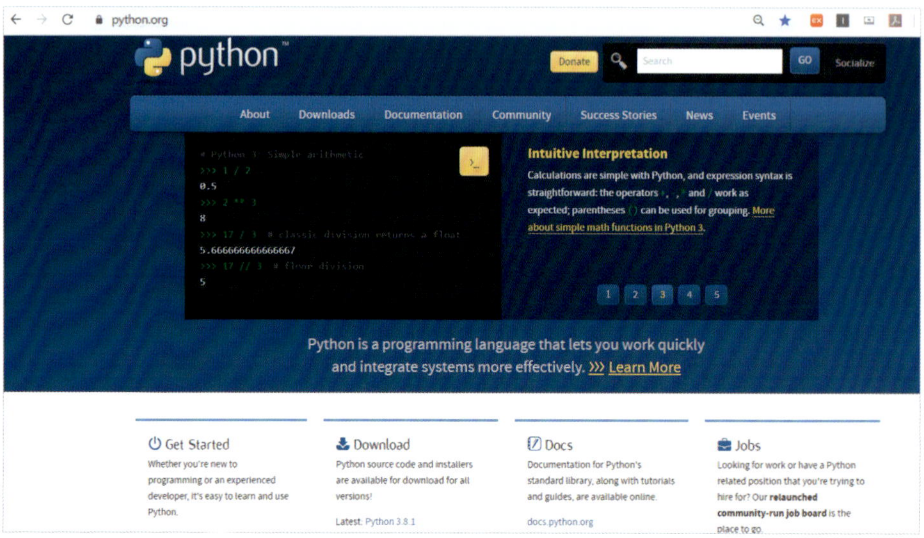

그러나 이 책에서는 이와 같은 파이썬 홈페이지(python.org)를 이용한 파이썬 설치는 별도로 설명하지

않을 것이다. 왜냐하면 이렇게 설치한 파이썬을 PC에서 구동시키게 되면 파이썬 화면의 가독성이 매우 낮을 뿐만 아니라 우리가 작성한 프로그램을 저장할 수도 없다는 치명적인 단점이 생기게 된다. 만약 우리가 아래 한글로 작성한 문서를 작성하고 출력할 수는 있지만 문서를 저장할 수는 없는 경우를 상상해 보면 이 점이 얼마나 치명적인 단점이 될지 이해할 수 있을 것이다.

따라서 파이썬을 이용한 프로그래밍을 하고자 하는 경우 에디터 프로그램이라는 별도의 프로그램을 이용하여 파이썬을 이용하는 것이 바람직하다. 파이썬을 이용한 프로그래밍에 사용하는 에디터 프로그램을 우리는 통합개발환경(Integrated development environment, IDE)이라고 부르는데 대표적으로는 Jupyter, Spyder, Atom, Rodeo, PyCharm 등이 있다. 이러한 에디터 프로그램을 사용하게 되면 매우 편리한 환경에서 파이썬 프로그래밍이 가능해지고 또한 우리가 프로그래밍한 프로그램들을 파일로 저장할 수도 있게 된다. 따라서 특정한 작업을 실행할 목적으로 프로그래밍한 프로그램들을 PC에 파이썬 파일로 저장하였다가 필요한 파이썬 파일을 열어서 실행시킬 수도 있고 변경사항을 저장할 수도 있게 되는 것이다.

또한, 파이썬은 그 자체만으로도 많은 작업을 할 수 있으나 라이브러리라고 부르는 관련 패키지와 함께 사용하게 되면 훨씬 강력한 도구가 될 수 있다. 경영학 관련 주제들을 공부하는데 파이썬을 이용하는 경우 유용하게 사용할 수 있는 라이브러리로는 matplotlib, Numpy, pandas, SciPy, seaborn, scikit_learn, statsmodels, Pulp,PyTorch, TensorFlow 등 매우 다양한 라이브러리들이 개발되어 있는데 파이썬을 설치할 때 이와 같은 파이썬 라이브러리들을 함께 설치하는 것이 좋다. 이와 같은 라이브러리들은 각각 특정한 작업들을 실행하는데 특화된 프로그램(모듈)들을 일종의 패키지 형태로 묶어 놓은 것이라고 할 수 있다. 예를 들어 Matplotlib과 Seaborn이라는 라이브러리들은 여러 가지 그래프나 차트들을 생성하는데 사용되는 패키지이고, Pandas는 스프레드 시트 형태의 데이터들을 가공/분석하는데 이용되는 패키지인 것이다.

결론적으로 파이썬을 이용한 효과적인 프로그래밍 작업을 하기 위해서는 파이썬, 에디터 프로그램 및 파이썬 라이브러리들을 한꺼번에 설치할 수 있는 일종의 통합설치파일이 필요하게 된다. 현재 파이썬, 에디터 프로그램 및 파이썬 라이브러리들의 통합설치를 위한 가장 효과적인 방법은 아나콘다(Anaconda)라는 통합설치파일을 이용하는 것이다. 아나콘다는 파이썬, 에디터 프로그램 및 파이썬 라이브러리가 통합되어 있는 소프트웨어로서 아나콘다를 설치하면 파이썬뿐만 아니라 Jupyter/Spyder와 같은 통합개발환경 및 Numpy, Pandas, Matplotlib, SciPy 등의 라이브러리들이 통합적으로 설치된다.[1)]

1) 단순히 파이썬(사전적으로 구렁이라는 의미)만을 설치하지 않고 파이썬, 에디터 프로그램 및 파이썬 라이브러리들을 포괄적으로 설치하는 프로그램을 아나콘다(사전적으로 남미 거대 보아뱀이라는 의미)라고 명명한 것도 재미있는 점이다.

아나콘다란 ?

아나콘다

파이썬, 에디터 프로그램 및 파이썬 라이브러리를 한 번에 모두 설치하기 위한 통합설치 프로그램을 말한다.

이제 파이썬, 에디터 프로그램 및 파이썬 라이브러리들을 통합 설치하기 위한 설치프로그램인 아나콘다의 설치 과정을 단계별로 알아보자.[2)]

1.2 아나콘다 설치

1 단계 : 아나콘다 홈페이지 접속

아나콘다(Anaconda) 홈페이지(https://www.anaconda.com)에 접속한 후 Products에서 Individual Edition을 클릭하고 새로운 화면에서 Download를 클릭한다.

〈아나콘다 홈페이지 메인 화면〉

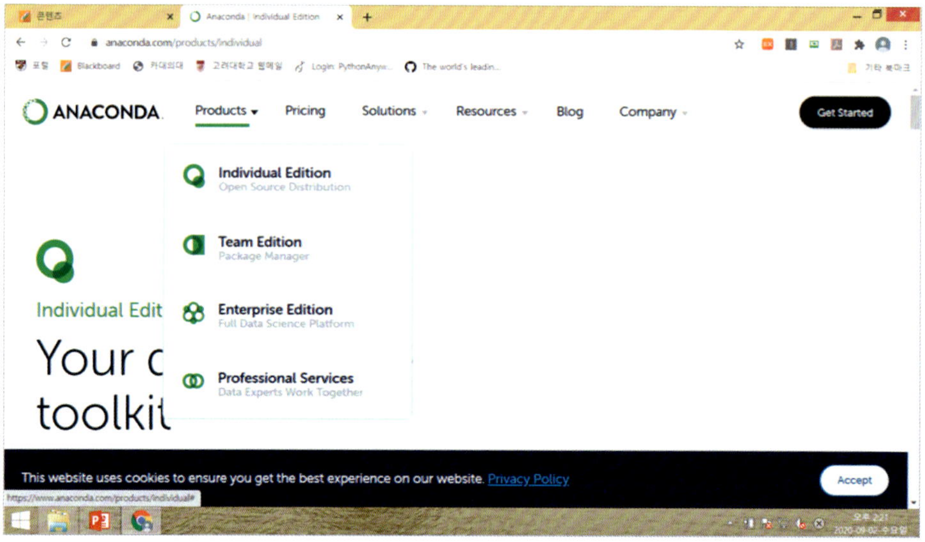

2) 아나콘다 설치를 통하여 파이썬, 통합개발환경 및 파이썬 라이브러리들을 통합 설치할 수 있기 때문에 파이썬 홈페이지를 통한 설치는 필요하지 않다. 만약 이미 파이썬 홈페이지를 통하여 파이썬을 설치한 경우에는 설치된 파이썬을 삭제한 이후 아나콘다를 설치해야 한다. 이렇게 하지 않으면 프로그램 충돌로 인하여 파이썬이 제대로 구동되지 않기 때문이다.

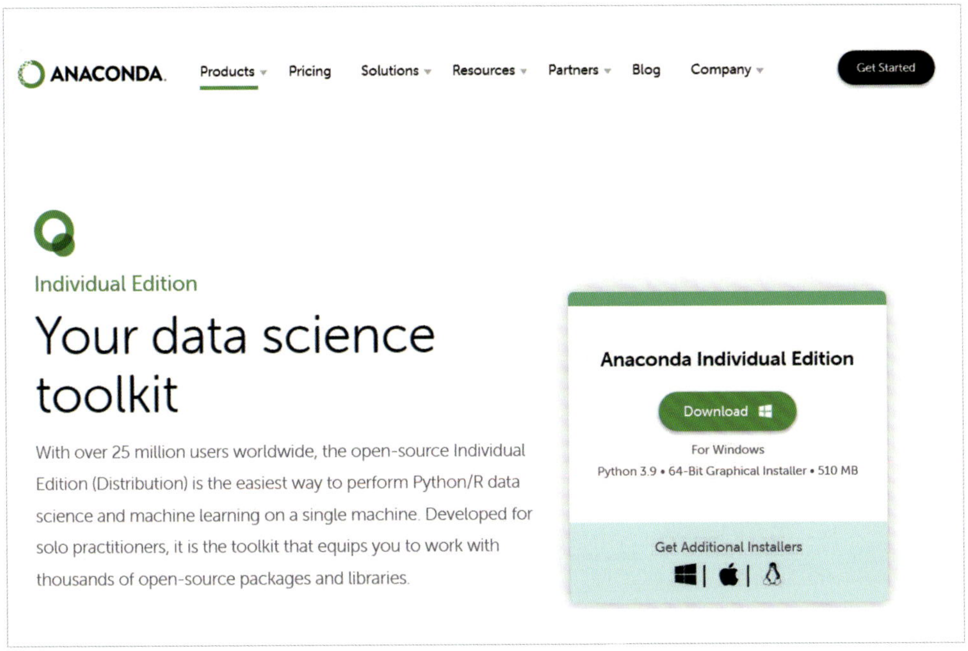

2 단계 : 아나콘다 설치 파일 다운로드

Download 를 클릭하여 바뀐 화면에서 Windows/macOC/Linux중 운영체제를 선택한다. 이 책에서는 PC 운영체제로 윈도우즈를 사용하는 것으로 가정하기로 한다.

운영체제 비트는 PC 실행창에 dxdiag를 입력하고 실행하면 확인할 수 있는데 아래 화면은 해당 PC 운영체제가 64비트임을 말해 준다.

〈PC 운영체제 비트 확인〉

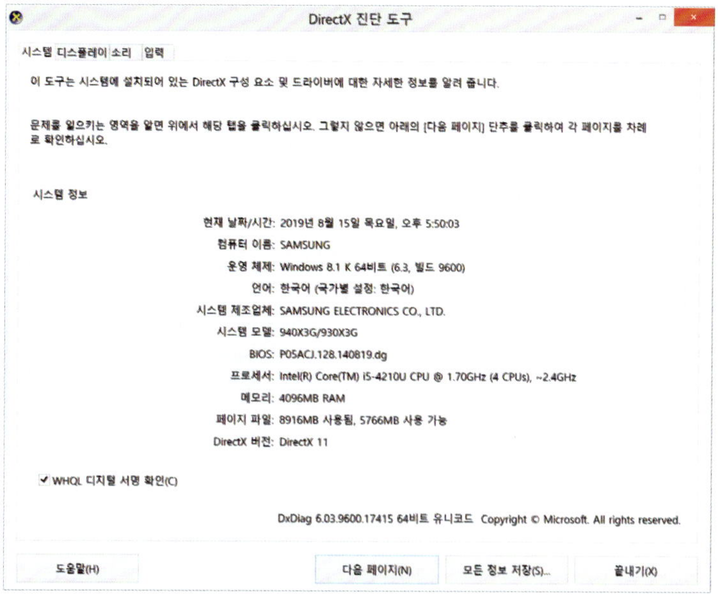

3 단계 : 아나콘다 설치 시작

다운로드받은 아나콘다(Anaconda) 설치 파일을 더블클릭하면 환영 메시지와 함께설치 시작창이 생성된다. 이제 "Next"를 클릭한다.

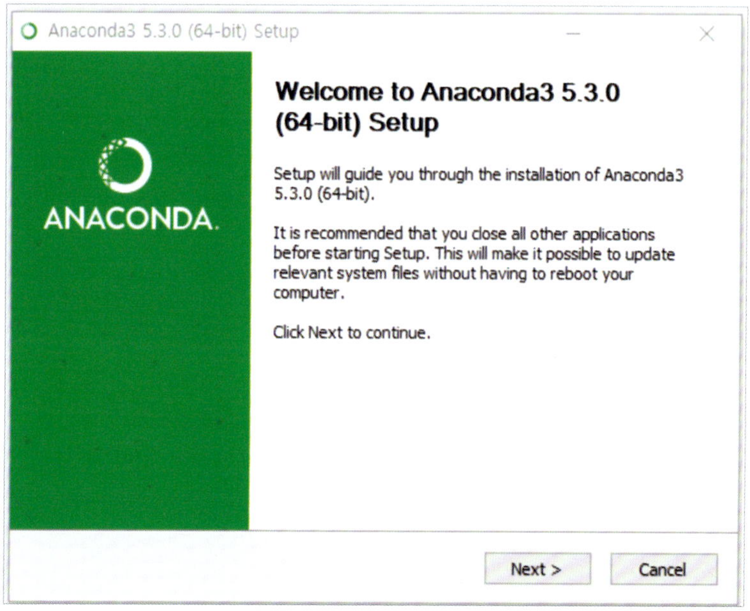

4 단계 : 라이선스 동의

"License Agreement"창이 생성되면 "I Agree"를 클릭한다.

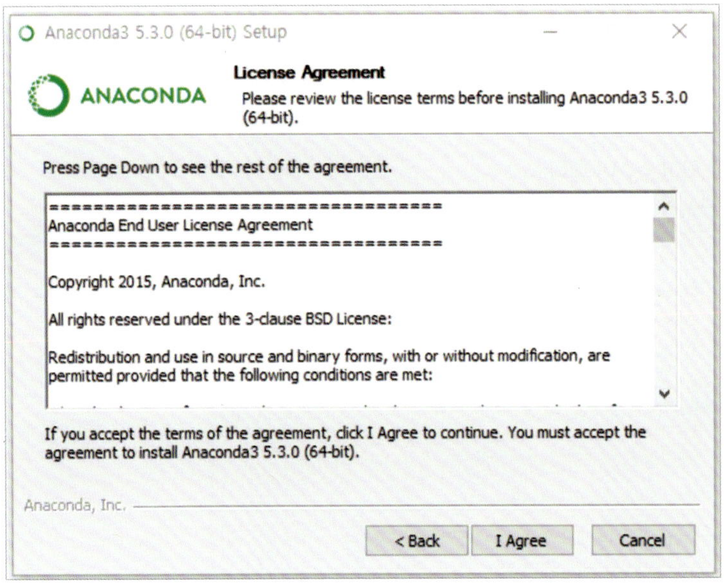

5 단계 : 설치유형 선택

- "Select Installation Type"창이 생성되면 "Just Me(recommended)"를 클릭한다.

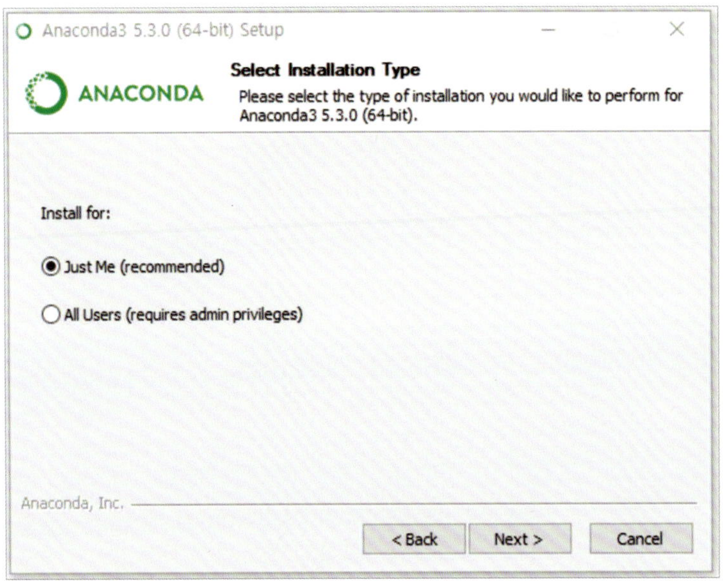

6 단계 : 아나콘다 설치 경로 설정

"Select Installation Type"창에서는 아나콘다가 설치될 위치(경로)를 선택하게 되는데 PC 사용자명이 영문(예를 들어 Gildong)으로 되어 있는 경우에는 다음과 같이 C:\Users\Gildong\Anaconda3라는 폴더에 아나콘다를 설치한다는 안내창이 생성되므로 'Next'를 클릭하여 설치를 계속한다.

만약 아나콘다가 설치되는 폴더를 변경하려면 'Browse'를 클릭하여 폴더를 선택하면 되는데 이때 폴더명은 반드시 영문으로 되어 있어야 한다.

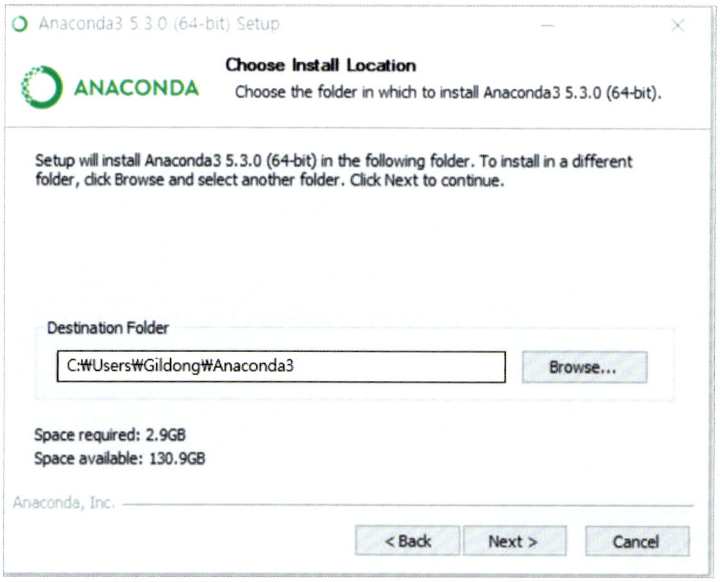

〈주의!!!!〉 PC 로그인 사용자명이 한글로 설정되어 있는 경우(예를 들어 길동) 다음과 같이 "Destination Folder"를 영문으로 된 폴더(예를 들어 Anaconda3)로 지정하여 설치를 진행하여야 한다.

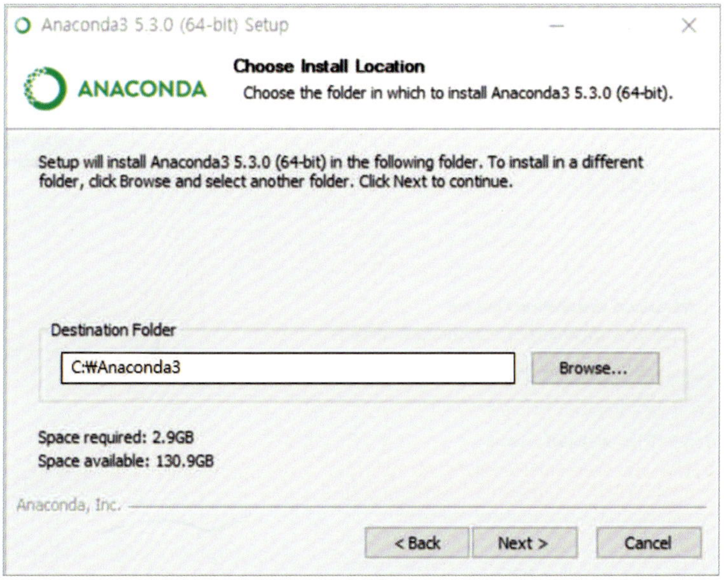

PC 로그인 사용자명이 한글로 설정되어 있음에도 Destination Folder를 영문폴더로 지정하지 않고 설치를 진행하면 다음과 같은 오류 메시지가 생성되어 아나콘다 설치가 멈추게 된다. 이러한 경우 설치가 진행되더라도 Jupyter나 Spyder와 같은 에디터프로그램이 제대로 실행되지 않게 되므로 주의해야 한다.

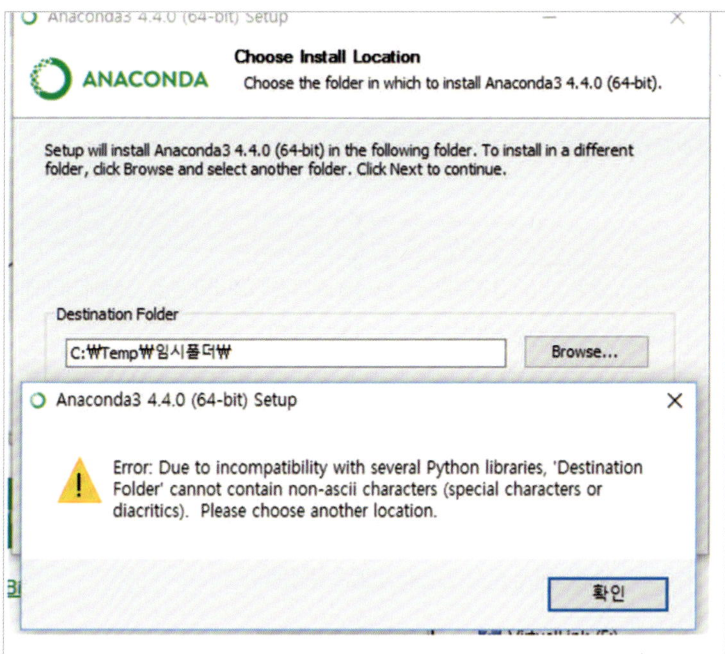

7단계 : 고급 설치 옵션 설정

"Advance Installaion Options"창이 생성되면 "Add Anaconda to my PATH environment variable" 박스에는 체크하지 않고 "Register Anaconda as my default Python 3.7"에만 체크한 후 "Install"을 클릭하여 아나콘다 설치를 시작한다.

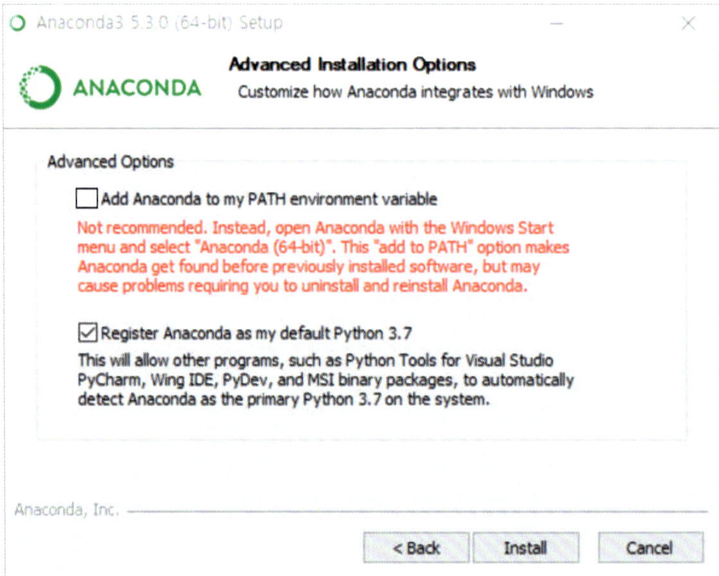

"Add Anaconda to my PATH environment variable"박스에 체크하게 되면 명령 프롬프트나 파워쉘에서 파이썬을 실행할 수 있는데 우리는 Jupyter와 같은 에디터 프로그램을 사용할 것이므로 이 박스는 체크하지 않는 것이다.

"Register Anaconda as my default Python 3.7"박스는 Jupyter와 같은 에디터 프로그램에디터에서 아나콘다를 파이썬으로 인식하도록 해 주는 옵션이므로 반드시 체크한다.

8단계 : 설치 진행과 종료

이제 다음과 같이 "Installing"창이 생성되면서 설치가 본격적으로 진행된다.

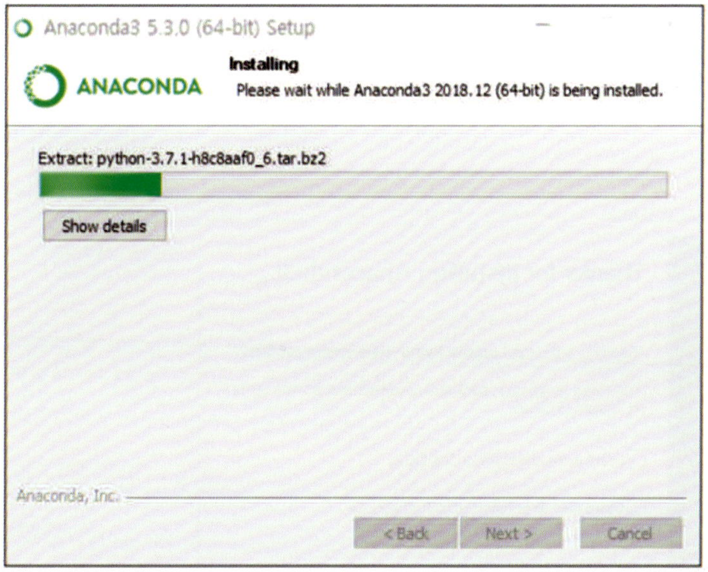

"Installation Complete"창이 생성되면 설치가 성공적으로 이루어진 것이다.

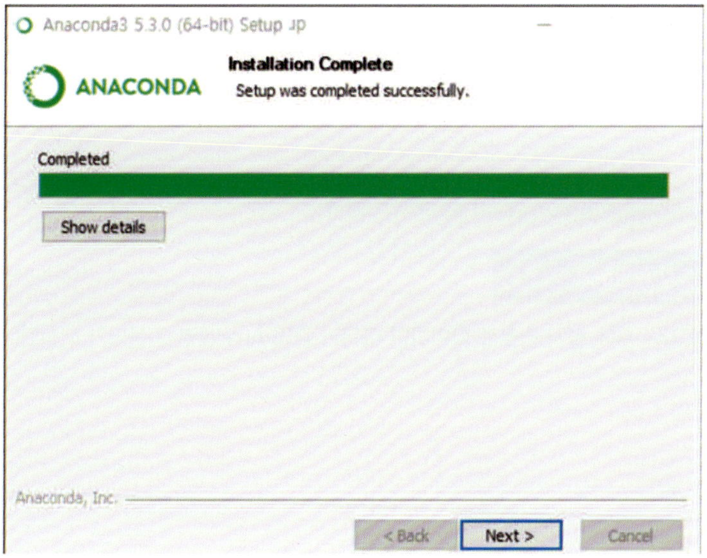

9단계 : 아나콘다 설치 종료하기

"Thanks for installing Anaconda3"창이 생성되면 체크박스들에 체크하지 않고 "Finish"를 클릭하여 설치를 종료한다.

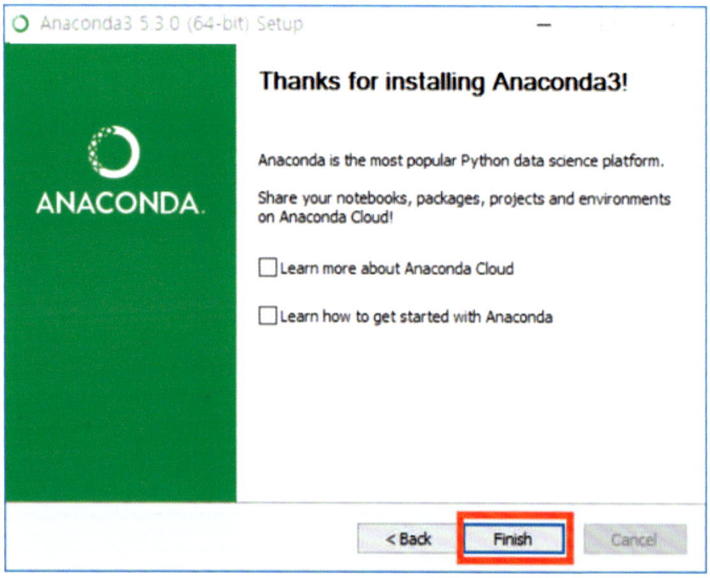

10단계 : 아나콘다 설치 확인하기

아나콘다 설치를 종료하고 난 후에 설치 경로를 확인하면 다음과 같이 Anaconda3 폴더가 생성되어 있음을 확인할 수 있다.

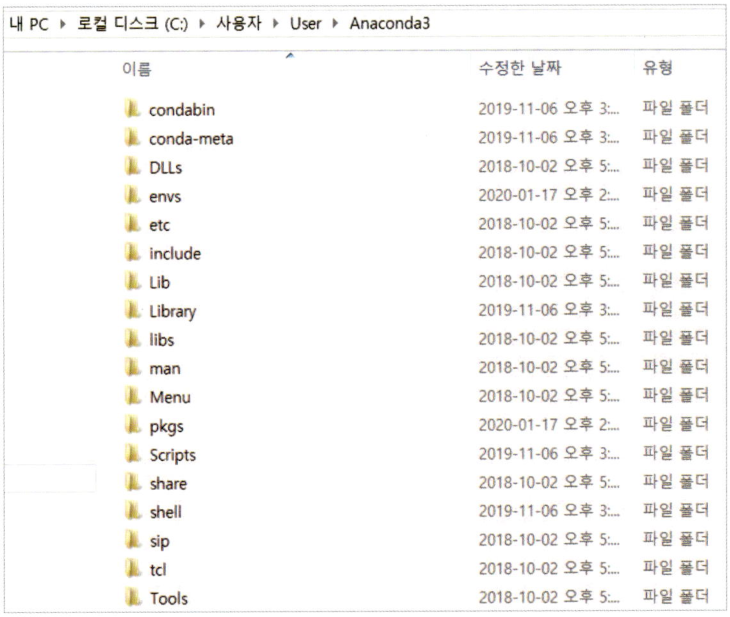

Anaconda3 폴더 내에는 다음과 같은 프로그램들이 설치되어 있을 것이다.

- 파이썬 3.7(2021년말 현재 버전은 파이썬 3.9임)
- Jupyter, Spyder 등의 에디터 프로그램
- Matplotlib, Pandas, Numpy, Scipy 등의 파이썬 라이브러리
- 아나콘다 프롬프트(Anaconda Prompt): 라이브러리 추가 설치, 가상환경 생성/조작, 등에 이용하는 프로그램으로 1.3절과 1.4절에 자세한 사용방법이 소개되어 있다.
- 아나콘다 네비게이터(Anaconda Navigator)[3)]

또한 윈도우 최신 버전에서는 다음과 같이 시작화면에서 에디터 프로그램, 아나콘다 프롬프트 등이 설치되어 있음을 확인할 수 있다.

3) 아나콘다 네비게이터는 Jupyter, Spyder 등의 프로그램을 실행시키는데 이용되는 프로그램인데 Jupyter, Spyder를 직접 구동시킬 수 있으므로 이러한 목적으로 사용할 필요는 없다.

〈윈도우즈 시작화면에 표시된 아나콘다 관련 프로그램〉

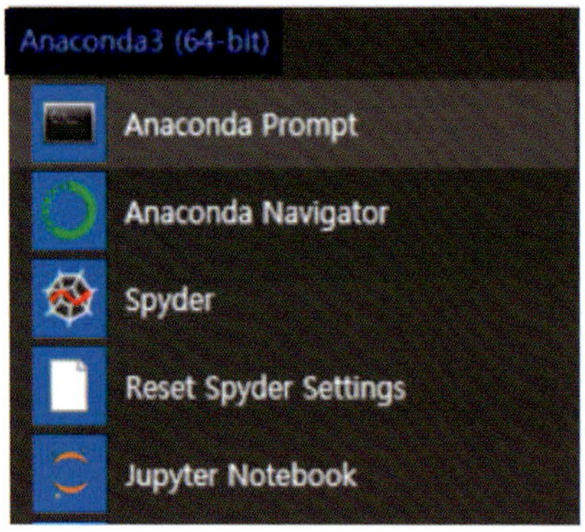

1.3 아나콘다 프롬프트 활용

아나콘다 프롬프트는 우리가 설치한 파이썬 관련 파일들을 효율적으로 관리하는데 쓰이는 프로그램이다. 아나콘다 프롬프트는 우리가 설치한 파이썬 관련 파일들을 확인하는데 이용할 수 있을 뿐만 아니라 필요한 파일이나 라이브러리를 추가로 설치하는데 에도 필요하다. 또한 가상환경을 생성하고 관리하는데 에도 사용할 수 있다.

윈도우즈 시작화면에서 아나콘다 프롬프트를 열면 다음과 같은 아나콘다 프롬프트 초기 화면이 생성된다.

〈아나콘다 프롬프트 초기 화면〉

우선 아나콘다 프롬프트에서 우리가 설치한 파이썬 관련 파일들을 확인해 보자. 아나콘다 프롬프트 초기 화면의 (base)라인에 'pip list' 명령문을 입력/실행하면 설치 파일들의 리스트가 생성되어 설치된 파일들을 확인할 수 있다.

〈아나콘다 프롬프트에서 설치 파일 리스트 확인하기〉

```
Anaconda Prompt

(base) C:₩Users₩User>pip list
Package                            Version
---------------------------------- ---------
alabaster                          0.7.10
anaconda-client                    1.6.14
anaconda-navigator                 1.8.7
anaconda-project                   0.8.2
asn1crypto                         0.24.0
astroid                            1.6.3
astropy                            3.0.2
attrs                              18.1.0
Babel                              2.5.3
backcall                           0.1.0
backports.shutil-get-terminal-size 1.0.0
beautifulsoup4                     4.6.0
bitarray                           0.8.1
bkcharts                           0.2
```

특정 파일이나 프로그램의 설치여부 또는 관련 정보 등을 확인하려면 (base)라인에서 다음의 명령문을 실행한다.

pip show 라이브러리 이름

예를 들어 다음과 같이 pandas의 라이브러리 버전, 요약 설명 등에 대하여 확인할 수 있다.

〈아나콘다 프롬프트에서 pandas 설치 확인하기〉

```
Anaconda Prompt

(base) C:₩Users₩User>pip show pandas
Name: pandas
Version: 1.0.2
Summary: Powerful data structures for data analysis, time series, and statistics

Home-page: https://pandas.pydata.org
Author: None
Author-email: None
License: BSD
Location: c:₩users₩user₩anaconda3₩lib₩site-packages
Requires: numpy, pytz, python-dateutil
Required-by: yfinance, seaborn, odo

(base) C:₩Users₩User>
```

그런데 우리가 파이썬을 이용한 프로그래밍 작업을 하다 보면 새로운 프로그램이나 라이브러리를 추가로 설치해야 하는 일이 종종 발생한다. 이와 같이 새로운 프로그램이나 라이브러리를 추가로 설치해야 할 때도 아나콘다 프롬프트를 이용해야 하는데 이에 대해서는 다음 절에서 설명하기로 한다.

1.4 가상환경 생성/활용 및 라이브러리 설치/추가: 아나콘다 프롬프트 사용

앞서 1.3절의 과정을 거쳐 설치된 파일들을 그대로 이용하더라도 충분히 파이썬을 이용한 프로그래밍 작업을 할 수는 있다. 그러나 이렇게 하기 보다는 소위 가상환경을 이용해서 파이썬 프로그래밍을 하는 것이 바람직하다고 할 수 있다. 가상환경이란 우리가 자주 사용할 프로그램들만을 따로 모아 놓은 가상의 작업장이라고 이해하면 된다. 즉, (base) 환경에 기본으로 설치된 프로그램들 중에서 우리가 자주 사용할 프로그램들만을 따로 모아서 이용하기 위해 만드는 공간을 가상환경이라고 부르는 것이다. 이와 같이 가상공간을 만들어서 파이썬 작업을 하는 이유는 여러 가지가 있는데 우선 파이썬 라이브러리들 간에는 서로 버전이 맞아야만 제대로 작동하는 경우들이 있다. 이러한 경우 버전이 맞는 라이브러리들만을 따로 가상공간에 모아 작업해야만 오류를 방지할 수 있다. 또한 이미 생성된 가상환경 내에서 프로그램들의 작동 오류 등이 발생하면 언제든지 가상공간을 삭제하고 새로 만들어 프로그램들을 재설치할 수 있다. 또한 일시적으로 사용할 어떤 프로그램이나 라이브러리가 있는 경우 (base)환경에는 설치하지 않고 가상공간에만 설치해 놓고 사용함으로써 (base)환경을 효율적으로 관리할 수도 있다.

1단계: 가상환경 만들기

가상환경을 만들기 위해서는 아나콘다 프롬프트의 (base)라인에서 다음과 같은 명령문을 입력하고 'Enter"키를 치면 된다.

conda create -n 가상환경이름 python=3.7

예를 들어 lecture라는 가상환경을 만들기 위한 명령은 다음과 같다.[4)]

〈가상환경 생성 명령문〉

4) 본인에게 필요한 파이선 라이브러리들을 추가로 설치하여 사용하려 하는 경우 라이브러리간에 충돌이 발생하여 라이브러리들이 정상적으로 작동하지 않는 경우들이 발생하기도 하는데 이러한 경우에는 가상환경을 삭제하고 새로운 가상환경을 생성한 이후 라이브러리들을 재설치하는 것이 바람직하다. 바로 이런 경우를 대비하여 가상환경을 만들어 사용하는 것인데 기존의 가상환경을 삭제하려면 다음과 같이 아나콘다 프롬프트에서 명령을 실행한다.
conda remove --name 가상환경이름 —all
가상환경을 삭제한 이후 다음 명령을 실행하여 가상환경을 확인하면 된다.
conda info --envs

2단계: 가상환경 활성화

가상환경을 만든 이후에는 "activate 가상환경 이름" 명령문을 실행하여 가상환경을 활성화시키는데 가상환경을 활성화사키면 아나콘다 프롬프트 환경이 (base)에서 (lecture)로 바뀌게 된다. 가상환경을 비활성화시키려면 "conda deactivate" 명령을 사용하면 된다. lecture라는 가상환경의 활성화/비활성화를 실행한 결과는 아래와 같다.

3단계: 가상환경에 에디터 프로그램 및 라이브러리 설치하기

가상환경을 활성화시킨 후 아래의 명령으로 가상환경에 에디터 프로그램 및 파이썬 라이브러리들을 설치한다. 예를 들어 lecture라는 가상환경에 스파이더를 설치하기 위해서는 다음과 같이 lecture 환경에서 필요한 명령문을 입력하고 "Enter"키를 치면 된다.

〈스파이더 설치 명령문〉

이 책에서는 Jupyter, Spyder, matplotlib, numpy, pandas, scipy 등을 주로 사용할 것이므로 가상환경에 다음과 같은 명령문 실행을 통해 필요 파일들을 설치하기로 한다.[5]

```
conda install spyder
conda install jupyter notebook
conda install matplotlib
conda install numpy
conda install pandas
```

5) 대개 conda install 패키지이름 또는 pip install 패키지이름 명령으로 설치하면 되지만 라이브러리별로 설치 명령은 각 라이브러리 홈페이지를 참고하는 것이 바람직하다. 예를 들어 Scikitlearn이라는 기계학습 라이브러리는 홈페이지(scikit-learn.org)에 pip install -U scikit-learn 명령으로 설치하도록 안내하고 있다.

conda install scipy

lecture라는 가상환경에 Jupyter와 Spyder를 설치한 이후 윈도우 시작화면을 확인하면 다음과 같이 Jupyter Notebook, Spyder 뿐만 아니라 Jupyter Notebook(lecture), Spyder(lecture)등의 에디터 프로그램이 설치되어 있음을 알 수 있다. Jupyter Notebook, Spyder 등은 1.1절의 과정을 거쳐 설치한 base 환경에 설치된 에디터 프로그램인 반면에 Jupyter Notebook(lecture), Spyder(lecture) 등은 lecture라는 가상환경에 설치된 에디터 프로그램인 것이다.

〈윈도우즈 시작화면에 표시된 아나콘다 관련 프로그램〉

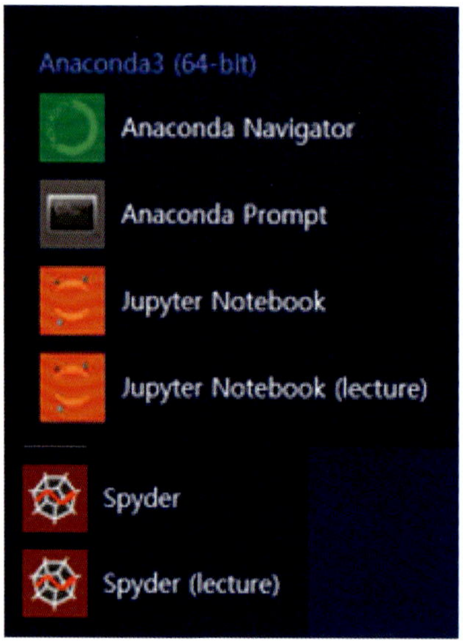

위와 같은 시작화면에서 Jupyter Notebook이나 Spyder를 구동시키면 base 환경에 설치된 라이브러리들을 사용할 수 있으며 Jupyter Notebook(lecture)나 Spyder(lecture)를 구동시키면 lecture라는 가상환경에 설치된 라이브러리들을 사용할 수 있다는 점에 유의하기 바란다.

4단계: 가상환경에 설치된 에디터 프로그램/라이브러리 확인하기

가상환경에 설치된 에디터 프로그램 및 라이브러리들을 아나콘다 프롬프트에서 확인하는 방법은 (base)환경에 설치된 파일들을 확인하는 과정과 동일하다. 예를 들어 lecture라는 가상환경에 설치된 모든 에디터 프로그램 및 라이브러리들을 확인하려면 가상환경을 활성화 한 이후 "pip list"명령문을 실행하면 된다.

〈가상환경 lecture에 설치된 프로그램 확인하기〉

5단계: 가상환경에 파이썬 라이브러리 추가 설치

파이썬을 활용한 작업을 하다 보면 가상환경에 기존에 설치되어 있는 라이브러리외에 새로운 라이브러리를 추가할 필요가 생기는데 아나콘다 프롬프트를 이용해서 새로운 라이브러리를 설치할 수 있다. 예를 들어 시각화작업에 이용되는 시본이라는 라이브러리를 lecture 가상환경에 추가하려면 가상환경을 활성화시킨 이후 다음과 같이 필요한 명령문을 입력하면 된다.

〈가상환경에 라이브러리 추가 설치하기〉

그런데 새로운 라이브러리를 추가하기 위해서는 아나콘다 프롬프트에서 conda 혹은 pip 명령문을 이용하는데 구체적인 명령문은 해당 라이브러리의 홈페이지에서 확인하면 된다. 새로운 라이브러리를 설치할 때는 반드시 해당 라이브러리의 홈페이지에서 설치 방법을 확인하고 설치를 진행해야 함을 기억해 두도록 하자.

1.5 Jupyter를 이용한 파이썬 실행

이제 에디터 프로그램 중 하나인 Jupyter를 구동하여 파이썬을 실행시킨 후 프로그램을 작성/생성/저장하는 과정에 대하여 소개하기로 한다. 일단 Jupyter를 구동하여 보자.

1단계: Jupyter 실행

파이썬을 실행하려면 Jupyter 또는 Spyder등과 같은 에디터 프로그램을 작동시켜야 한다. 앞에서 설명한 바와 같이 우리는 base 환경의 Jupyter Notebook과 lecture 가상환경의 Jupyter

Notebook(lecture) 두 프로그램 중 어느 하나를 선택하여 구동시켜야 한다. 이 책에서는 가상환경에 설치된 Jupyter Notebook(lecture)을 구동시키는 것으로 가정한다.

Jupyter를 실행하기 위하여 윈도우즈 시작화면에서 Jupyter Notebook(lecture)를 클릭하면 된다.

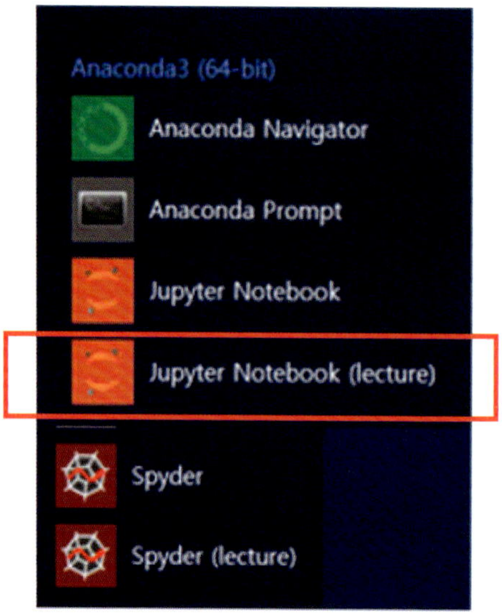

아나콘다 프롬프트에서도 Jupyter를 실행시킬 수 있는데 가상환경(lecture)을 활성화시킨 후 가상환경에서 Jupyter notebook을 입력하고 “Enter”키를 치면 된다. 만약 base 환경에서 Jupyter를 실행시키려면 base 환경에서 Jupyter notebook을 입력하고 “Enter”키를 치면 된다.

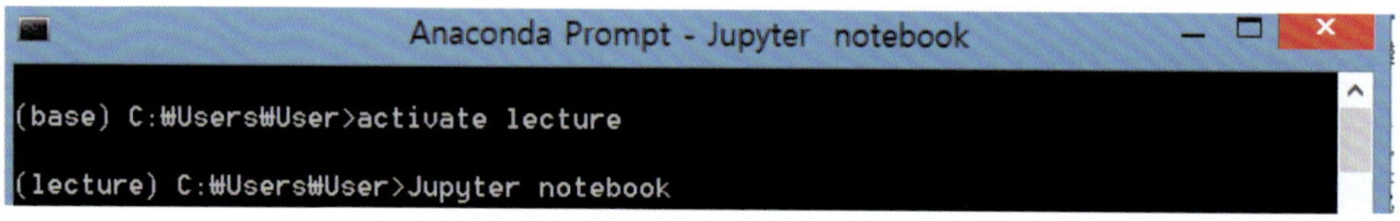

2단계: 파이썬 실행

Jupyter를 구동시키면 웹 브라우저(예를 들어 크롬)가 실행되면서 다음과 같은 초기화면이 생성된다.

〈Jupyter 초기 화면〉

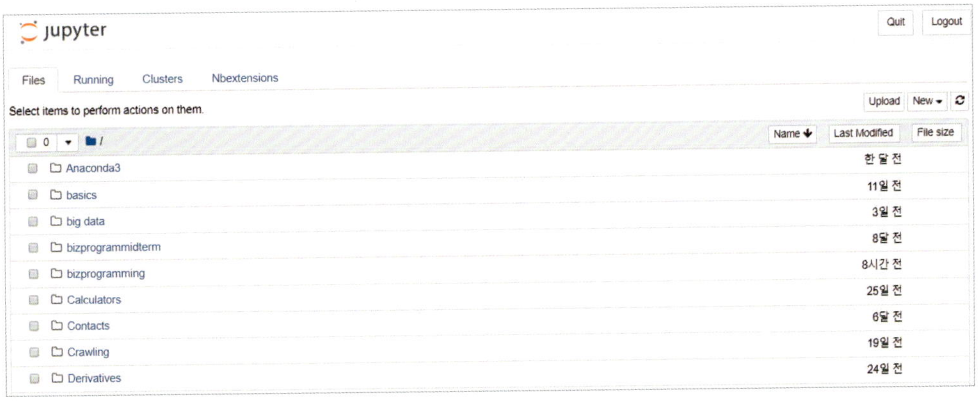

Jupyter를 처음 사용하는 사용자들에게 이와 같은 Jupyter 초기화면은 약간 당황스러운 상황이 될 수 있다. 예를 들어 아래한글과 같은 프로그램을 구동하면 바로 "빈 파일"이 생성되어 문서 작업을 할 수 있게 되는데 이와 같은 Jupyter 초기화면에서는 이러한 "빈 파일"이 보이지 않기 때문이다.

사실 Jupyter 초기화면은 아나콘다가 설치된 폴더(C:\Users\사용자명)의 내용을 인터넷 브라우저(크롬 등) 형식으로 표시해 주고 있기 때문에 파이썬을 실행시키기 위해서는 초기 화면에서 오른쪽 상단의 "New" 메뉴를 클릭하고 도구창에서 Python 3를 선택하여야 한다.

〈Jupyter 초기 화면에서 파이썬 실행하기〉

3단계: 코딩 및 프로그램 작성

파이썬이 실행되면 'Untitled"라는 파이썬 파일이 생성되며 코딩 및 프로그램 작성을 위한 셀이 생성된다. 이 파일이 아래한글과 같은 프로그램을 구동할 때 생성되는 "빈 파일"인 것이다.

〈생성된 파이썬 파일〉

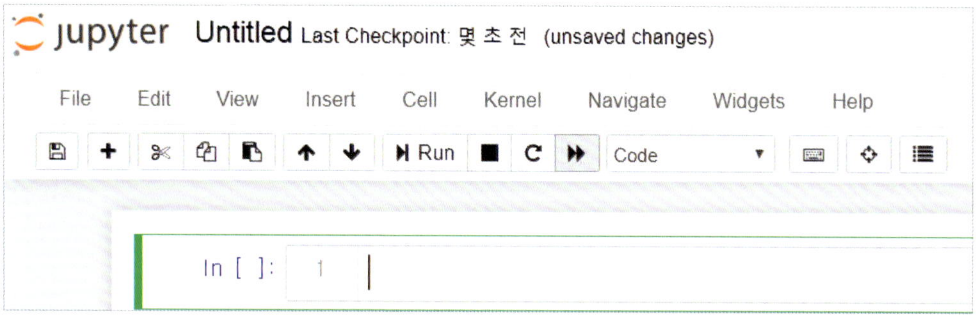

이제 다음과 같이 빈 셀 내에 프로그램 작성을 위한 코딩을 하면 된다.

〈프로그램이 작성된 셀〉

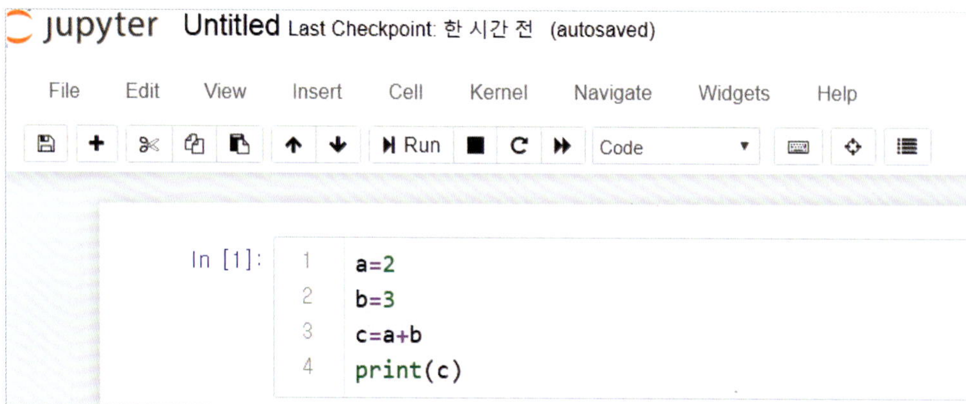

4단계: 프로그램 실행

Run 단추를 클릭하거나 Ctrl + Enter 키를 이용하여 셀 내의 프로그램을 실행한다.

〈셀 내의 프로그램 실행〉

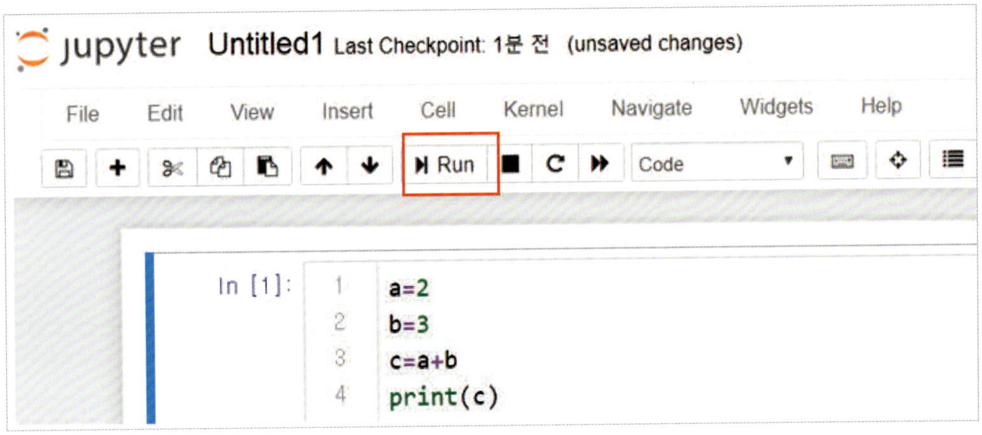

프로그램 실행결과는 셀 바로 아래쪽에 출력된다.

〈프로그램 실행 결과〉

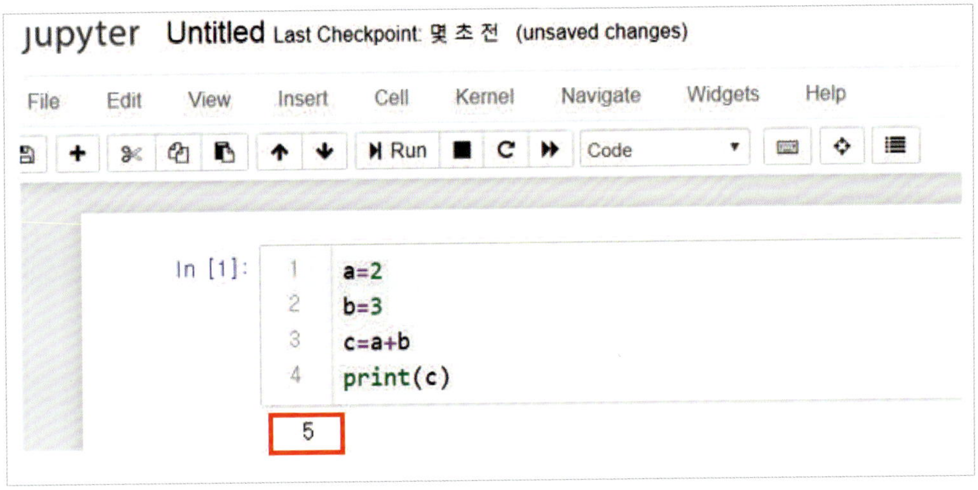

5 단계: 프로그램 저장

완성된 프로그램을 저장하기 위해서는 "File"메뉴에서 "Save as"를 선택한다.

〈File 매뉴〉

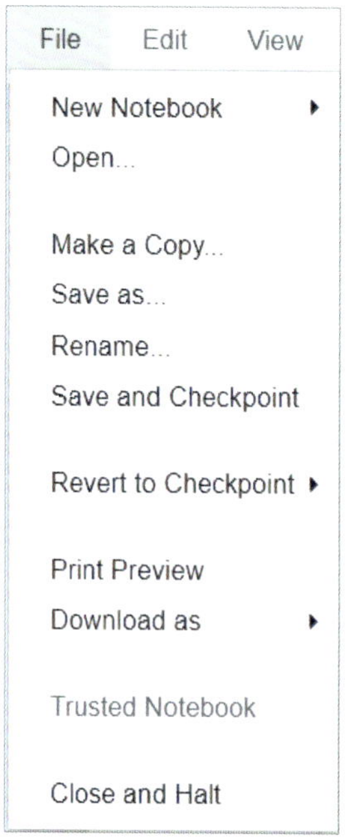

"Save as"창이 생성되면 파일이름(예 test) 을 입력하고 "save"를 클릭하여 파일을 저장한다.

〈파일이름 지정 및 저장〉

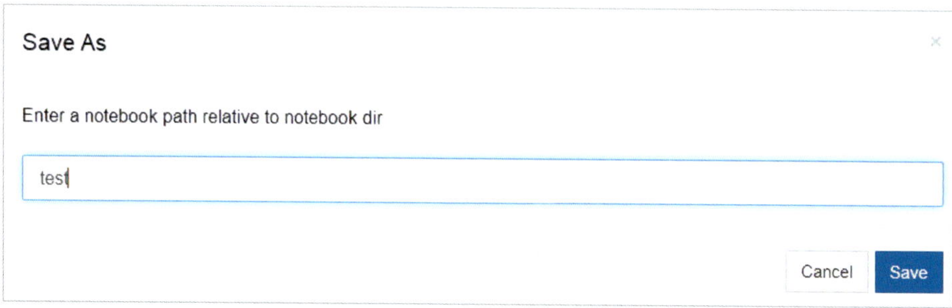

이제 파일이름이 "test"로 변경되고 "test.ipynb"라는 파이썬 파일이 아나콘다가 설치된 폴더와 같은 위치에 저장된다.[6)]

6) 파일명 "Untitled"을 더블 클릭하면 생성되는 "Rename Notebook" 창에 파일명을 입력하고 "Rename"을 클릭하여 파일이름을 지정할 수도 있다.

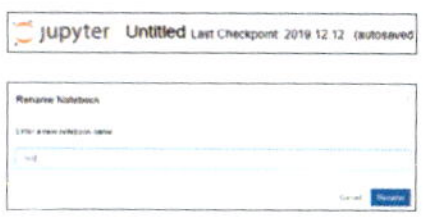

파일이름을 지정한 후에는 단추 를 클릭하여 저장하면 된다

〈파일 저장 위치〉

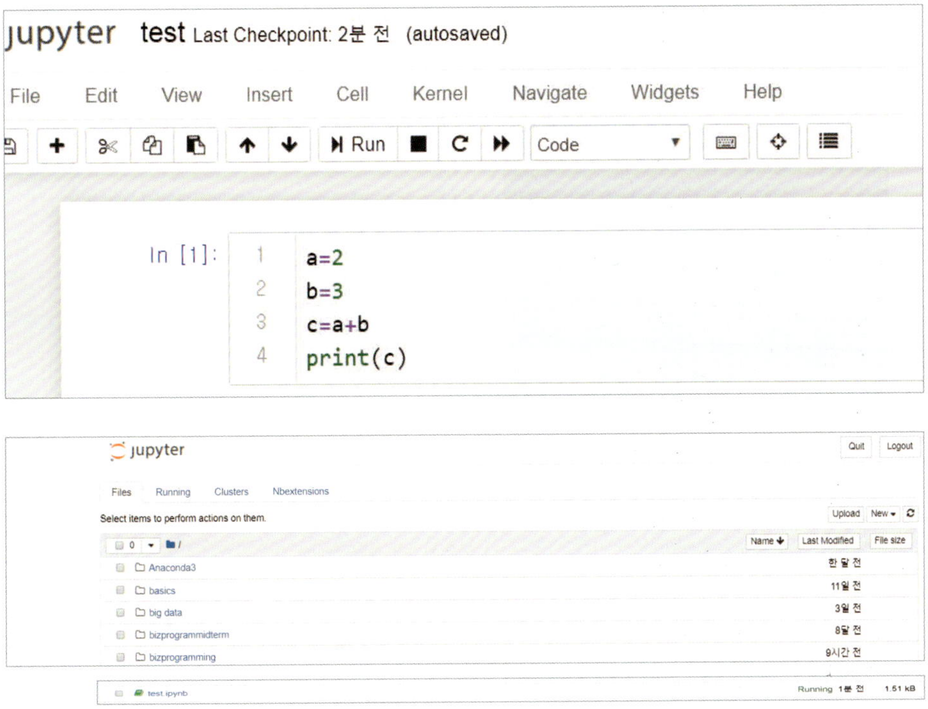

1.6 Spyder를 이용한 파이썬 실행

이제 이 책에서 사용할 또 다른 에디터 프로그램인 Spyder를 이용한 파이썬 실행에 대하여 알아보자.

1 단계: Spyder 실행

여기서는 가상환경에 설치된 Spyder(lecture)를 구동시키는 것으로 가정한다. Jupyter와 마찬가지로 윈도우 시작화면에서 실행할 수도 있고 아나콘다 프롬프트에서 실행할 수도 있다.

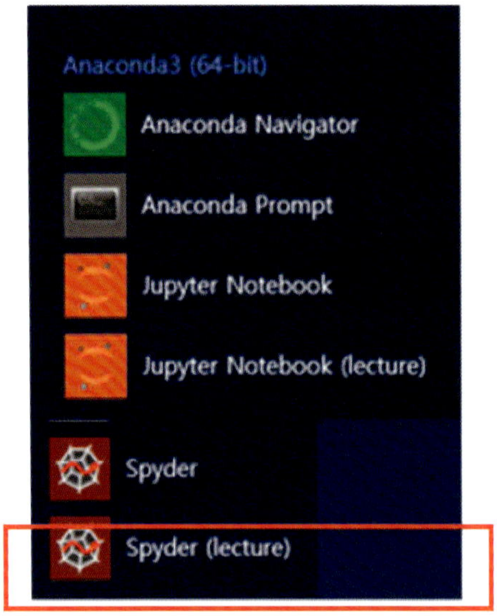

아나콘다 프롬프트에서도 Spyder를 실행시킬 수 있는데 가상환경(lecture)을 활성화시킨 후 가상환경에서 Spyder를 입력하고 "Enter"키를 치면 된다. 만약 base 환경에서 Spyder를 실행시키려면 base 환경에서 Spyder를 입력하고 "Enter"키를 치면 된다.

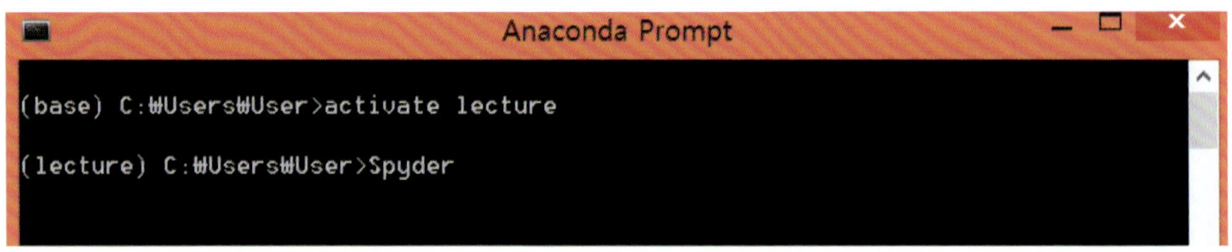

2 단계: 코딩 및 프로그램 작성

Spyder를 이용한 코딩을 설명하기 전에 일단 Spyder의 초기 화면에 대하여 알아보자. Spyder를 실행하면 다음과 같은 초기화면이 생성된다.

〈Spyder 초기 화면〉

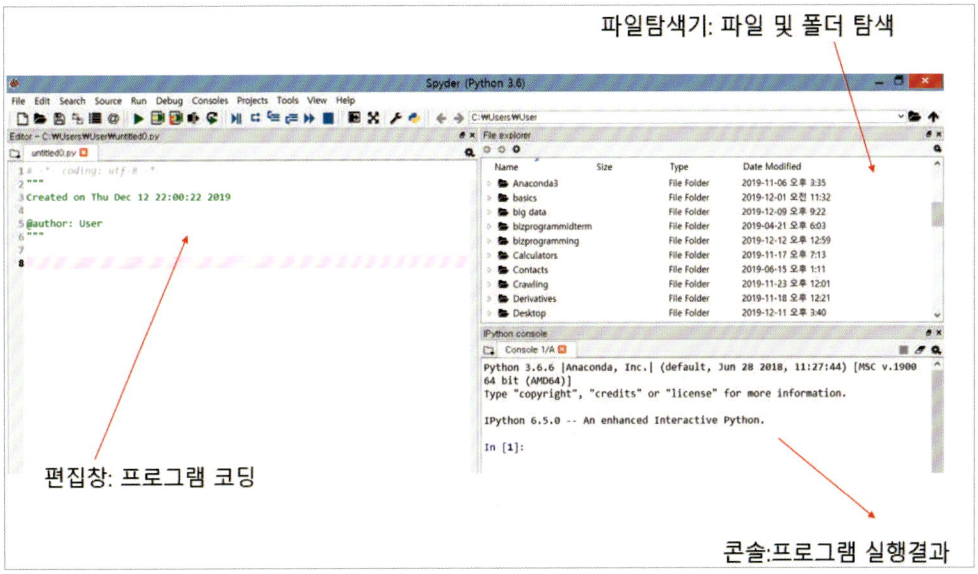

초기화면에 보이는 창 중 편집창은 파이썬 코딩을 통하여 프로그램을 작성하는 영역이고 콘솔창은 프로그램 실행결과가 표시되는 영역이다. 파일탐색기는 폴더 및 파일을 탐색하는 영역이다. Spyder에서는 View 메뉴를 이용하여 창표시를 조절할 수도 있고 창들의 배치도 조절할 수 있는데 Panes 메뉴와 Window layouts 메뉴가 가장 많이 사용된다. Panes 메뉴를 사용하면 화면에 표시하고 싶은 창만을 선택할 수 있으며 Window layouts 메뉴를 이용하여 창들의 배치를 조절할 수 있다.

〈View 메뉴〉

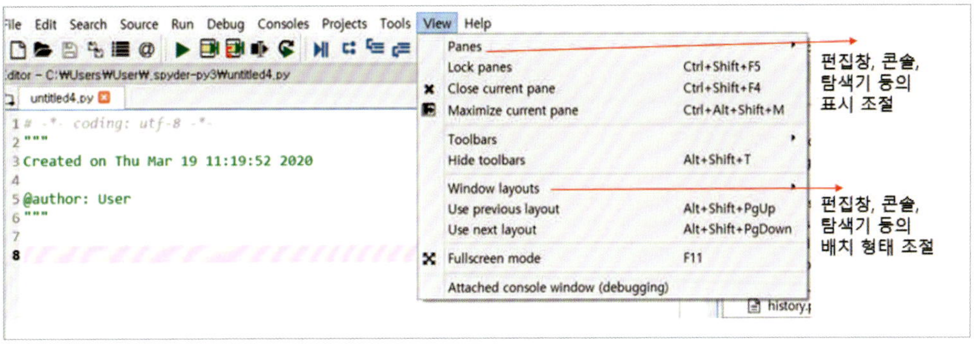

Spyder 화면 상단에는 다양한 메뉴들이 표시되어 있는데 가장 중요한 File메뉴들의 기능은 다음 그림에서 설명되어 있는 바와 같다.

〈File 메뉴〉

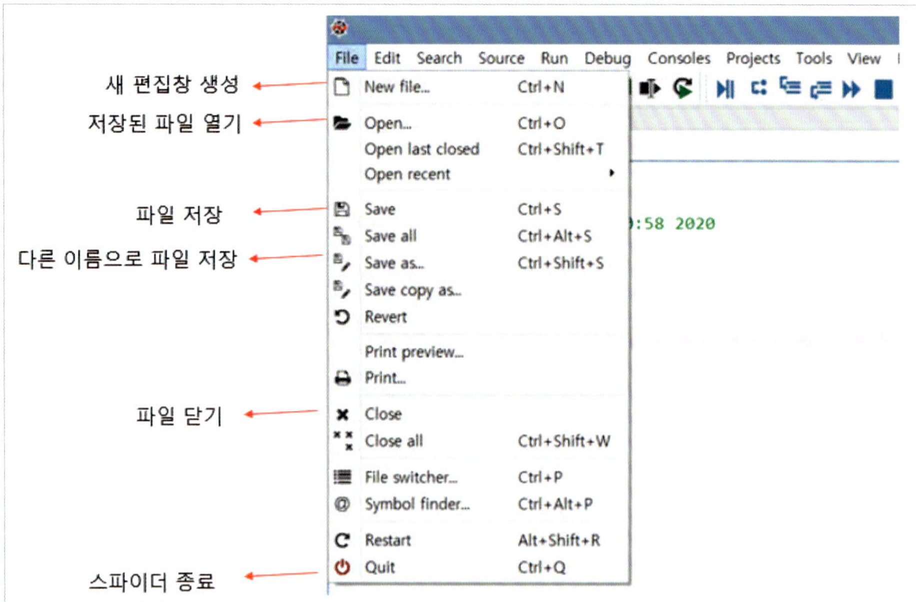

이제 앞서 Jupyter를 이용한 프로그램과 동일한 프로그램을 편집창에 코딩하여 보자.[7)]

〈프로그램이 코딩된 편집창〉

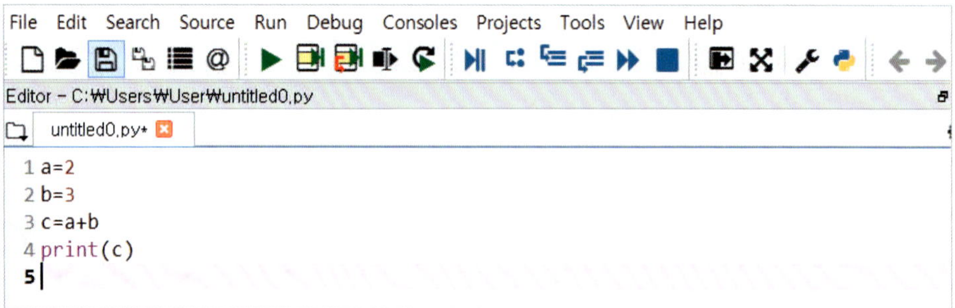

3 단계: 프로그램 저장

프로그램 작성이 완료된 이후에는 "File"메뉴에서 "Save"를 클릭하여 프로그램을 저장하여야 한다. Spyder에서는 파일을 저장하기 전에는 프로그램을 실행할 수 없음을 기억하자. "File"메뉴에서 "Save"를 클릭하면 다음과 같이 파일명을 입력하고 파일을 저장할 폴더 위치를 선택한 이후 "저장"을 클릭하면 원하는 위치에 파일이 저장된다. 아래 사례는 C:/User 폴더에 test_spyder.py라는 파일을 저장하는 사례이다.

7) 파이썬을 코딩할 때 코멘트를 작성할 수 있는데 한 라인에 들어 갈 수 있는 코멘트를 작성하기 위해서는 코멘트 앞에 # 특수문자를 붙이면 된다. 코멘트가 여러 줄에 걸쳐서 길어지는 경우 """ """ 안에 코멘트를 작성할 수 있다. Spyder 편집창에는 문자 인코딩 방식(utf-8)과 프로그램 작성 일자 및 작성자를 표시하기 위한 다음과 같은 코멘트가 자동적으로 생성되는데 필요하지 않은 경우 삭제하면 된다.

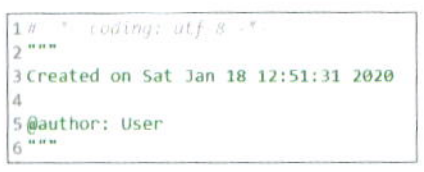

〈파일명과 저장위치 지정〉

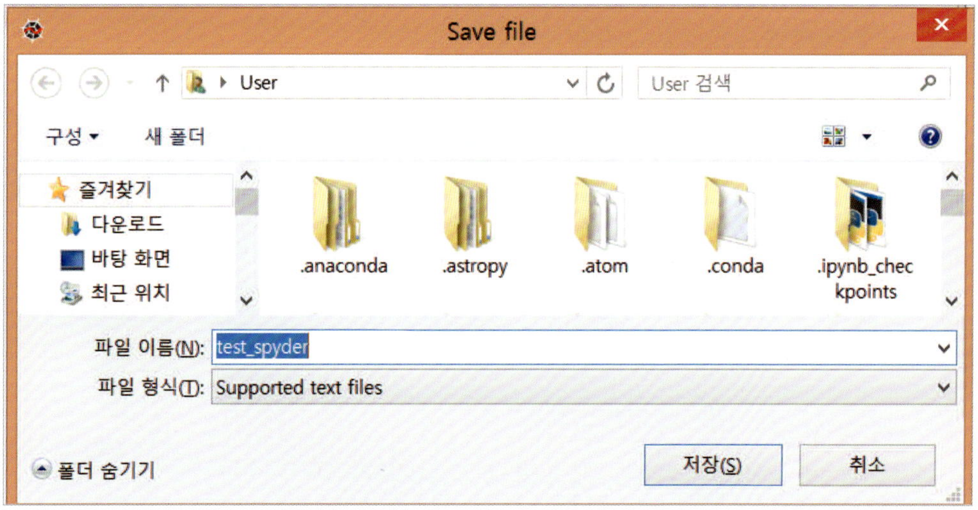

4 단계: 프로그램 실행

프로그램을 작성한 이후 프로그램을 실행하려면 Run 메뉴를 사용해야 하는데 Run 메뉴의 사용법은 아래와 같다. Spyder에서는 전체 프로그램을 실행할 수도 있고 일부 라인(들)만 실행시킬 수도 있다.[8)]

〈Run 메뉴〉

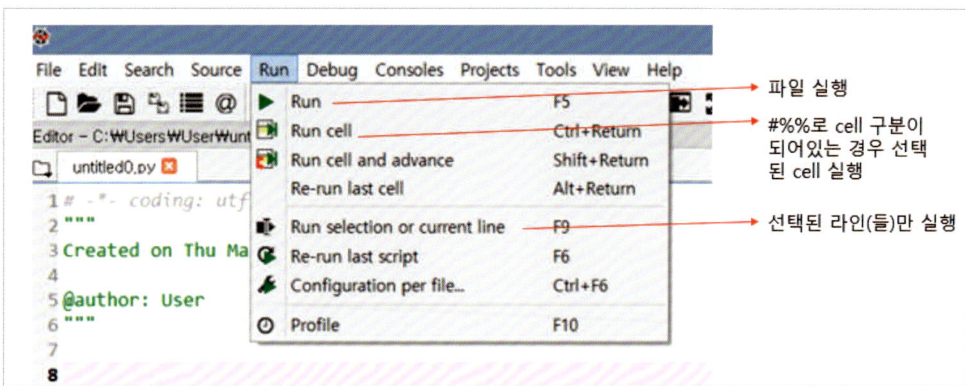

프로그램 실행결과는 Spyder 화면 중 콘솔창에 표시된다.

8) 긴 Spyder 프로그램을 코딩하는 경우 전체 프로그램을 #%% 기호를 이용하여 cell들로 구분할 수 있으며 특정 cell만 실행시킬 수도 있다.

〈실행결과가 표시된 콘솔창〉

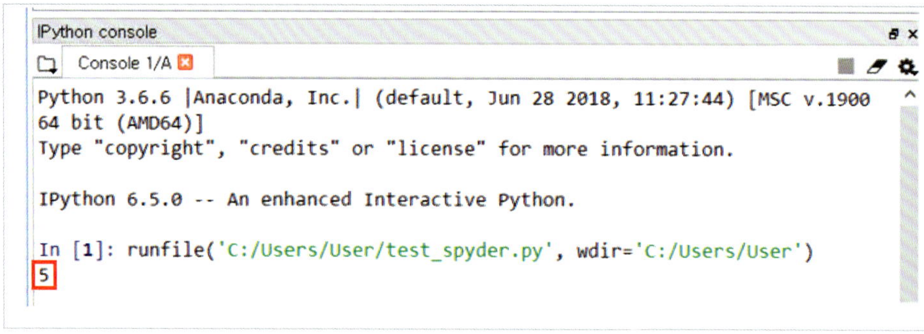

PART 2
파이썬 데이터와 변수

2장 파이썬 데이터와 변수

2.1 파이썬 코딩과 실행

데이터(data)/처리(processing)/결과(output)

10,000이라는 수와 20이라는 수를 곱하여 그 결과 값인 200,000이라는 수를 얻는 간단한 작업을 생각해 보자. 파이썬에서는 10,000과 20을 데이터(data)라 하고 두 수를 곱하는 과정을 처리(processing)라고 하며 그 결과 값인 200,000을 결과(output)라고 한다.

이와 같이 데이터를 처리하여 결과를 얻는 과정은 파이썬의 가장 기본적인 작동 방식이다. 그런데 여기에서 10,000이라는 수와 20이라는 데이터들은 특별한 의미가 없는 수를 표시하는 것이 아니라 각각 시간당 임금과 근로시간을 의미한다고 가정하여 보자. 어떻게 하면 10,000과 20이라는 수가 시간당 임금과 근로시간을 나타내도록 할 수 있을까?

변수(Variable)생성과 기본 형식

앞서 설명한 바와 같이 10,000과 20이란 데이터가 각각 시간당 임금과 근로시간을 의미한다고 가정하고 아래와 같이 10,000과 20에 Wage_per_Hour와 Work_Hours라는 이름을 부여하여 보자.

```
Wage_per_Hour = 10000
Work_Hours=20
```

여기서 Wage_per_Hour와 Work_Hours는 10000(원)과 20(시간)을 가리키기 위해 만들어 낸 변수(Variable)라고 한다.[1] 이와 같이 수에 변수를 부여함으로써 수에 특별한 의미를 가지도록 할 수 있는 것이다.

파이썬에서 변수를 생성하는 기본 형식은 다음과 같이 변수할당문(Variable assignment statement)을 이용하는 것이다.

1) 변수명은 한글로도 줄 수 있다. 예를 들어 임금=10,000, 근로시간=20이라고 할 수도 있다.

<파이썬 코드>

변수 생성 I

변수명 = 데이터

⚠ "=" 기호는 수학 연산에서 사용되는 "동등한(equal to)"의 의미가 아니라 변수가 데이터를 가리키고 있다는 것이다. 즉 "wage equal to 10000" 가 아니라 wage라는 변수가 10000라는 값을 가리키고 있다는 의미임을 기억해야 한다.

⚠ 파이썬 변수가 가리킬 수 있는 데이터의 유형은 숫자, 문자, 리스트, 튜플, 딕셔너리, 세트, 넘파이 배열, 판다스 시리즈나 데이터 프레임 등 매우 다양하다. 2장에서는 숫자, 문자, 리스트, 튜플, 딕셔너리, 세트 등의 데이터에 대하여 소개되어 있다. 넘파이 배열, 판다스 시리즈나 데이터 프레임 등은 7장과 8장에 각각 소개되어 있다.

이제 변수할당문을 이용해 생성된 변수를 이용하면 다음과 같이 표현할 수 있게 된다.[2)]

데이터(data) 처리(processing) 결과(output)

이제 이러한 작업을 Jupyter에 코딩하여 실행하여 보자. 파이썬에서 결과(output)를 화면에 출력하려면 'print'함수를 이용하면 되는데 Jupyter의 경우 출력결과는 셀 하단에 표시되며 Spyder의 경우에는 콘솔에 표시된다.

2)Starting Out with Python, pp38 의 사례를 응용

코딩 사례 2.1: 변수 생성

```
In [9]:
wage=10000
hours=20
print(wage*hours)

200000
```

여기서는 wage라는 변수와 hour라는 변수를 생성하여 각각 10000, 20이라는 수를 가리키도록 하고 있다. 마지막 라인의 코드는 두 변수의 곱셈 결과를 출력하기 위한 코드이며 출력결과가 셀 하단에 표시되어 있음을 볼 수 있다.

파이썬으로 코딩된 프로그램은 코딩 라인 순서대로 실행되는데 예를 들어 〈코딩사례 2.1〉은 다음과 같은 순서로 실행된다.

1	wage=10000	# wage변수가 10000를 가리키게 된다.
2	hours=20	# hours 변수가 20을 가리키게 된다.
3	print(wage*hours)	# wage변수와 hours의 곱셈 결과를 출력한다.

그런데 〈코딩 사례 2.1〉에서 wage*hours라는 연산의 결과를 가리키는 변수를 지정할 수도 있다. 즉, pay=wage*hours라고 코딩할 수 도 있는데 이와 같이 변수들의 처리 혹은 연산 결과를 가리키는 변수를 생성하기 위해서는 다음과 같은 변수할당문을 이용하면 된다.

<파이썬 코드>

변수 생성 II

변수명 = 처리 표현식

⚠ " = " 우측에 정의된 처리표현식에서 실행한 작업 결과를 변수가 가리키게 된다. 4장까지의 처리표현식은 주로 다음과 같이 연산식의 형태가 된다.

```
pay=wage*hours
name=first+last
b=a[1:4]
cash= -strike+stock_price[i]
```

⚠ 5장에서는 처리표현식에 함수호출/실행(5장에서 다룸)을 사용하는 경우에 대하여 소개하게 되는데 다음과 같은 사례 등을 다룰 것이다.

```
monthlypay=mortgage(1000000, 0.036, 1)
```

mortgage라는 파이썬 함수에 필요한 변수의 값들을 부여하고 실행한 결과(수)를 변수 monthlypay가 가리킴

⚠ 6장 이후에서는 객체 생성 및 메서드 호출(6장), 파이썬 라이브러리들의 메서드 호출(7,8,9장) 등 다양한 작업들을 처리표현식에 코딩하는 사례들에 대하여 소개되어 있는데 예를 들어 다음과 같은 작업을 위한 처리표현식의 사용에 대하여 공부하게 된다.

```
loan1=Loan(0.05, 2, 1000000, 'Park')
```

Loan이라는 클래스에서 생성된 객체를 변수 loan1이 가리킴

```
numbers=np.random.randn(10)
```

표준정규분포에서 추출된 10개의 난수로 구성된 넘파이 배열을 변수 numbers가 가리킴

```
df=pd.read_excel("C:/PKW/textbook/excel/employee.xlsx")
```

PC의 PKW/textbook/excel 경로에 저장되어 있는 employee.xlsx라는 엑셀파일로부터 생성된 판다스 데이터프레임을 변수 df가 가리킴

```
df1=df['주문액'].resample('M').sum()
```

df라는 판다스 데이터프레임의 변수인 "주문액" 자료를 월별로 합산한 결과(판다스 시리즈)를 df1이라는 변수가 가리킴

```
data["Samsung]=yf.download("005930.KS","2019-01-03", "2019-11-20")['Close']
```

웹으로부터 2019년 1월 3일부터 2019년 11월 20일까지 삼성전자의 종가 데이터를 생성하여 "data"라는 판다스 데이터프레임에 "Samsung"이라는 이름의 새로운 열(column)을 추가함.

```
function=lambda x: x**3-2*x**2+1
```

x^3-2x^2+1이라는 함수를 function이라는 변수가 가리킴

이제 Jupyter를 이용하여 〈코딩사례 2.1〉을 아래와 같이 다시 코딩하여 보자.

코딩 사례 2.2: 변수 생성

```
In [11]:
wage=10000
hours=20
pay=wage*hours
print(pay)

200000
```

여기서는 변수 wage와 변수 hours의 곱셈 연산 결과를 pay라는 변수가 가리키도록 하고 마지막 라인의 코드에서 pay 변수를 출력하도록 코딩하고 있다.

한편 파이썬에서 변수를 생성할 때 기본적인 주의사항들은 다음과 같다.

- 영문알파벳(또는 한글), 수, 밑줄(_)을 혼합하여 사용할 수 있다.
- 영문알파벳의 경우 대. 소문자가 구분된다.
- 숫자로 시작할 수 없다.
- 공백(space)을 사용할 수 없다.
- 파이썬 고유의 키워드(예: print , for , input 등)들은 사용할 수 없다.

우리는 〈코딩사례 2.1〉과 〈코딩사례 2,2〉에서 파이썬의 투입자료로 수(Number or Numeric Data)가 사용되는 사례를 소개한 바 있다. 이처럼 수는 파이썬에서 사용할 수 있는 데이터 중 가장 기본적인 형태 중 하나이며 파이썬에서는 수에 대한 다양한 연산이 가능하다. 단위당 가격과 매출량을 이용하여 매출액을 계산하는 다음과 같은 간단한 코딩을 예를 들어 보자.

2.2 파이썬 데이터의 유형: 수(Number)

코딩 사례 2.3: 수를 가리키는 변수

```
In [4]:
price=100
quantity=10000
sales=price*quantity
print(sales)

1000000
```

여기서 price 변수는 제품의 단가, quantity 변수는 매출량을 가리키고 있으며, sales라는 변수는 price 변수와 quantity 변수간의 곱셉 연산의 결과 값을 가리키고 있다.

파이썬에서는 수에 대한 기본적인 사칙연산뿐을 포함하여 다양한 연산이 가능한데 다음의 〈표 2.1〉에 정리되어 있다.

연산부호	연산
+	두 수의 합
-	두 수의 차
*	두 수의 곱
/	두 수의 나눗셈
**	두 수의 거듭제곱 계산
//	두 수의 나눗셈에서 몫을 계산
%	두 수의 나눗셈에서 나머지를 계산

〈표 2.1〉

코딩 사례 2.4[3]: 수에 대한 연산

```
In [1]:  x=5
         y=2
         print(x+y)
         print(x-y)
         print(x*y)
         print(x/y)
         print(x**y)
         print(x//y)
         print(x%y)

7
3
10
2.5
25
2
1
```

format 함수의 사용 방법

파이썬에서는 수에 대한 연산 결과를 출력할 때 천단위 표시나 소수점 자리수를 조절하기 위하여 format함수를 사용할 수 있는데 사용법은 아래와 같다.

<파이썬 코드>

format 함수 사용법

format(변수명, , . #f)

⚠ " , "는 천단위 표시를 하기 위한 코딩이다

⚠ " .#f "는 소수점 자릿수를 조절하기 위한 코딩으로 예를 들어 .0f는 정수를 출력하고 .2f는 소수점 두 자리 실수를 출력한다.

3)사례 2.4에서는 앞의 사례들과는 달리 코드라인번호(code line number)가 표시되어 있지 않다. Jupyter에서 코드라인 번호를 표시하거나 숨기기려면 View메뉴에서 Toggle Line Numbers를 조작하면 된다.

앞에서 소개한 〈코딩 사례 2.3〉의 경우 format 함수를 이용하여 출력 결과를 조절하면 다음과 같다.

코딩 사례 2.5: 천단위 표시와 소수점 출력

```
In [6]:  price=100
         quantity=10000
         sales=price*quantity
         print(format(sales, ',.0f'))

         1,000,000
```

여기서 format(sales, ',.0f')라는 코드의 의미는 sales 값을 출력하되 천단위를 표시하고 소수점 없이 정수로 출력하라는 것이다.

```
In [9]:  price=100.35
         quantity=10029
         sales=price*quantity
         print(format(sales, ',.2f'))

         1,006,410.15
```

여기서 format(sales, ',.2f')라는 코딩의 의미는 sales 값을 출력하되 천단위를 표시하고 소수점 둘째자리까지 출력하라는 것이다.

2.3 파이썬 데이터의 유형: 문자열(String)

파이썬에서는 문자열을 데이터로 사용할 수 있다. 그런데 데이터가 수인 경우와 달리 문자열이 데이터인 경우 문자열은 ' ' 또는 " " 부호 안에 입력하여야 한다.[4]

코딩 사례 2.6: 문자열을 가리키는 변수

```
In [12]:  first_name = 'Korea'
          last_name = 'Park'
          full_name=last_name+first_name
          print(full_name)

          ParkKorea
```

```
In [11]:  first_name = '고려'
          last_name = '박'
          full_name=last_name+first_name
          print(full_name)

          박고려
```

첫 번째 예에서는 first_name과 last_name이라는 변수가 각각 'Korea'라는 문자열과 'Park'이라는 문자열을 가리키고 있으며, first_name 변수와 last_name 변수를 더한(+ 연산) 값을 full_name이라는 변수를 이용하여 나타내고 있다.[5] 또한 full_name이 출력된 결과를 보면 'Park'과 'Korea' 문자열이 공백 없이 붙여져 있음을 알 수 있다. 두 번째 사례에서는 영문 문자열이 아닌 한글 문자열이 데이터로 사용되었다.

그런데 print 함수를 이용할 때 다음 사례에서처럼 여러 개의 변수나 문자열들을 동시에 출력할 수도 있다.

4) ' ' 또는 " "를 사용해야 하며 ' " 또는 " '등은 사용하면 안 된다.

5) 문자열을 더하는 것을 문자열 병합(string concatenation)이라고 한다.

코딩 사례 2.7: 여러 개의 변수와 문자열 출력하기

```
In [17]: first_name = '고려'
         last_name = '박'
         full_name=last_name+first_name
         print('제 이름은 ',full_name+'입니다')

제 이름은  박고려입니다
```

그런데 아래와 같이 문자열과 수를 더하는 코딩을 실행하면 어떻게 될까 ? 아마도 "초봉은 1000000원입니다."와 같은 결과가 출력될 것으로 예상할 것이다.

```
In [21]: salary=1000000
         print('초봉은 '+salary+'원입니다.')
```

그러나 위와 같은 코딩을 실행하면 다음과 같은 에러메시지가 발생하면서 코딩문이 실행되지 않는다. 왜 이런 결과가 나오게 되는 것일까?

```
In [21]: salary=1000000
         print('초봉은 '+salary+'원입니다.')

---------------------------------------------------------------------------
TypeError                                 Traceback (most recent call last)
<ipython-input-21-760bd851abf7> in <module>()
      1 salary=1000000
----> 2 print('초봉은 '+salary+'원입니다.')

TypeError: must be str, not int
```

그 이유는 salary라는 수 데이터와 문자열 데이터를 병합할 수 없기 때문인데 이처럼 수와 문자열을 병합할 필요가 있는 경우에는 수를 일단 문자열로 변환할 필요가 있는데 이를 위해서는 str이라는 함수를 사용하면 된다.

코딩 사례 2.8: 수와 문자열의 병합

```
In [22]: salary=1000000
         print('초봉은 '+str(salary)+'원입니다.')

초봉은 1000000원입니다.
```

str(salary)라는 코딩을 이용하여 1000000이라는 수를 문자열로 변환해 주기 때문에 문자열들과 병합이 가능해진다.

문자열 인덱싱(indexing)과 슬라이싱(slicing)

다음과 같은 문자열이 있다고 하여 보자.

“Python is easy”

위와 같은 문자열은 12개의 알파벳과 2개의 공백(space)로 이루어져 있는데 파이썬의 문자열 데이터에는 아래 그림에서와 같이 각 알파벳(공백 포함)의 인덱스(위치)를 나타내는 인덱싱이 되어 있다.

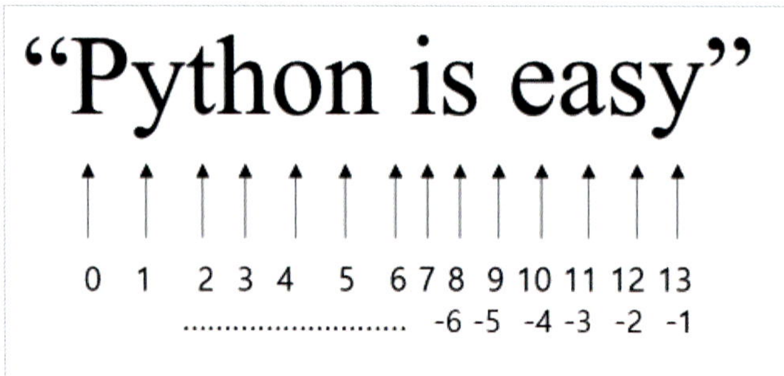

예를 들어 위 문자열에서 소문자 e의 인덱스는 “10” (또는 역으로 ”-4“)이고 소문자 a의 인덱스는 “11” (또는 역으로 ”-3“)인 것이다.

그런데 이와 같은 문자열 인덱싱을 활용하여 문자열 내에서 특정한 문자 혹은 문자들을 선택할 수 있는데 이를 문자열 슬라이싱(slicing)이라고 한다. 문자열을 슬라이싱하는 방법은 다음과 같다.

<파이썬 코드>

문자열 슬라이싱

문자열변수[인덱스]
문자열변수[시작인덱스:종료인덱스]

⚠ 단, 종료인덱스는 슬라이싱에서 제외된다.

코딩 사례 2.9: 문자열 슬라이싱

```
In [24]:  my_string='Python is easy'
          ch_1=my_string[0]
          ch_2=my_string[3]
          ch_3=my_string[6]
          ch_4=my_string[0:4]
          print(ch_1)
          print(ch_2)
          print(ch_3)
          print(ch_4)

          P
          h

          Pyth
```

ch_1, ch_2, 그리고 ch_3 변수들은 "Python is easy"라는 문자열에서 각각 인덱스 0, 3, 5인 문자를 가리키고 있는 것을 알 수 있다.

한편, ch_4 변수는 인덱스 0인 문자부터 시작하여 인덱스 3(4가 아님에 주의할 것!)의 문자까지의 문자들을 가리키고 있다.

input 함수의 활용

앞서 소개한 <코딩사례 2.7>를 다시 살펴 보자. 이 사례에서 변수 first_name와 변수 last_name은 각각 '고려'라는 이름과 '박'이라는 성을 가리키고 있다.

```
In [17]:  first_name = '고려'
          last_name = '박'
          full_name=last_name+first_name
          print('제 이름은 ',full_name+'입니다')

          제 이름은  박고려입니다
```

그런데 만약 first_name과 last_name가 가리키는 이름과 성을 변경하려면 '고려'와 '박'을 삭제하고 다른 이름과 성을 입력해야 할 것이다. 하지만 이런 방식으로 코딩을 하게 되면 이름과 성이 달라질 때마다 기존에 입력된 문자열을 삭제하고 새로운 문자열을 입력해야 하는 번거로움이 생기게 된다. first_name 변수와 last_ name 변수라는 변수만 생성해 놓고 이름과 성을 자유롭게 변경할 수 있는 방법은 없을까? input 함수는 바로 이러한 목적으로 사용하는 함수이다.

<파이썬 코드>

input 함수:문자열 입력

변수명 = **input**("입력 안내문 ")

⚠ input 함수를 사용하면 데이터 입력창이 생성되고 입력창에 데이터를 입력하고 "Enter"키를 누르면 변수가 입력된 데이터틀 가리키게 된다.

⚠ input 함수 내에 입력 안내문은 반드시 필요하지는 않지만 우리가 입력하려는 변수가 무엇인지 쉽게 알 수 있도록 하기 위해서는 사용하는 것이 좋다.

코딩 사례 2.10: input 함수의 사용

다음과 같이 input 함수를 이용하여 〈코딩 사례 2.7〉를 다시 코딩하여 보자.

```
first_name = input('이름을 입력하시오: ')
last_name = input('성을 입력하시오: ')
full_name=last_name+first_name
print('제 이름은 ',full_name+'입니다')
```

이 코딩을 실행하면 가장 먼저 first_name 변수가 가리킬 자료(수나 문자열)를 입력하라는 "이름을 입력하시오: "라는 입력안내문과 함께 입력창이 생성되고 여기에 고려라고 입력한 후 'Enter"키를 누르면 이제 first_name 변수는 고려라는 이름을 가리키게 된다. 이와 동시에 "성을 입력하시오: " 라는 입력안내문과 입력창이 생성된다.

```
In [*]:  first_name = input('이름을 입력하시오: ')
         last_name = input('성을 입력하시오: ')
         full_name=last_name+first_name
         print('제 이름은 ',full_name+'입니다')

         이름을 입력하시오: 고려

         성을 입력하시오: |
```

이제 박이라는 값을 입력하고 'Enter'키를 누르면 이제 last_name 변수는 박이라는 문자열을 가리키게 된다.

```
In [*]:  first_name = input('이름을 입력하시오: ')
         last_name = input('성을 입력하시오: ')
         full_name=last_name+first_name
         print('제 이름은 ',full_name+'입니다')

         이름을 입력하시오: 고려

         성을 입력하시오: 박
```

이후 마지막 라인의 코드가 실행되고 '제 이름은 박고려입니다'가 출력된다.

```
In [39]:  first_name = input('이름을 입력하시오: ')
          last_name = input('성을 입력하시오: ')
          full_name=last_name+first_name
          print('제 이름은 ',full_name+'입니다')

          이름을 입력하시오: 고려
          성을 입력하시오: 박
          제 이름은  박고려입니다
```

코딩 사례 2.11: input 함수와 문자열 슬라이싱의 활용

여기서는 영문이름과 학번을 이용하여 로그인 아이디를 생성하는 문제를 문자열 슬라이싱을 이용하여 해결하는 문제에 대하여 생각해 보자.

```
last_name=input("영문성을 입력: ")
first_name=input("영문이름을 입력: ")
student_id=input("학번을 입력: ")
your_id=last_name[0:3]+first_name[0:3]+student_id[-3:]
print(your_id)
```

```
영문성을 입력: park
영문이름을 입력: kyunguk
학번을 입력: 202094553
parkyu553
```

문자열 슬라이싱을 이용하여 영문성과 영문이름 앞 3글자와 학번의 마지막 3자리수를 슬라이싱하여 병합함으로써 로그인 아이디를 생성하고 있음을 알 수 있다.

input 함수는 수(정수 또는 실수)를 입력하는 데에도 사용할 수 있다. 그런데 input 함수를 이용하여 수를 입력하게 되면 파이썬은 이를 문자열로 인식하게 되므로 반드시 "int"함수나 "float"함수를 input 함수와 함께 사용해야 한다.

<파이썬 코드>

input 함수:수 입력

변수명 = **int(input(**"입력 안내문 "**))**
변수명= **float(input(**"입력 안내문 "**))**

⚠ input 함수를 이용하는 경우 실수나 정수를 입력하더라도 문자열로 인식되기 때문에 input 함수 앞에 정수인 경우 int 함수를, 실수인 경우 float 함수를 사용해야 한다.

코딩 사례 2.12: input 함수와 수 입력

〈코딩사례 2.2〉를 input 함수를 이용하여 다음과 같이 코딩하여 실행하여 보자.

```
wage=input("Enter hourly wage: ")
hours=input("Enter work hours: ")
pay=wage*hours
print(pay)
```

```
Enter hourly wage: 10000
Enter work hours: 20

---------------------------------------------------------------------------
TypeError                                 Traceback (most recent call last)
<ipython-input-2-2a83863e9ef6> in <module>()
      1 wage=input("Enter hourly wage: ")
      2 hours=input("Enter work hours: ")
----> 3 pay=wage*hours
      4 print(pay)

TypeError: can't multiply sequence by non-int of type 'str'
```

코딩문의 실행결과 라인 3에서 오류가 발생하고 있는데 오류의 원인은 마지막 줄에 출력된 " can't multiply sequence by non-int of type 'str' (문자열은 곱셈 연산을 할 수 없다)"라는 오류메시지를 보면 할 수 있다. 이러한 오류가 발생하는 이유는 wage와 hours 변수에 수를 입력하더라도 수가 아닌 문자열로 파이썬이 인식하기 때문이다. 이제 다음과 같이 int 함수와 float 함수를 input 함수와 함께 사용하면 제대로 실행되는 것을 알 수 있다.

```
wage=int(input("Enter hourly wage: "))
hours=float(input("Enter work hours: "))
pay=wage*hours
print(pay)
```

```
Enter hourly wage: 10000
Enter work hours: 20
200000.0
```

2.4 파이썬 데이터의 유형: 리스트(List)

리스트는 수나 문자열들의 자료들을 모아 놓은 데이터로서 파이썬에서 활용도가 매우 높은 데이터 유형가운데 하나라고 할 수 있다.

리스트 생성 및 연산

리스트를 만드는 기본적인 방법은 [ ]안에 리스트의 요소들을 나열하는 것이다.

<파이썬 코드>

리스트 생성

변수명 = [요소1, 요소2,..............요소n]

⚠ 리스트는 수, 문자열뿐만 아니라 리스트, 딕셔너리, 세트, 넘파이 배열, 데이터프레임 등 다양한 데이터들로 구성할 수 있다.

⚠ 리스트를 Jupyter나 Spyder에서 출력(print)하면 가로로 출력되지만 사실 리스트에는 이러한 가로의 개념은 없다고 할 수 있다. 단지 여러 요소들이 순서대로 배치되어 있을 뿐이다.

⚠ 리스트도 변수가 가리키도록 할 수 있다.

다음과 같이 리스트를 생성하였다고 해보자.

b=[1, 0, 5 ,4, 9]

이 리스트는 다섯 개의 수가 나열되어 있는 리스트이며 변수 b가 이 리스트를 가리키고 있다. 아래 리스트는 성(last name)을 요소로 가지고 있으며 변수 c가 이 이 리스트를 가리키고 있다

c=['박', '이', '김', '최', '강']

우리가 앞으로 자주 사용하게 될 리스트 중 하나는 정수로 이루어진 리스트인데 다음과 같은 방법으로 일정한 구간 내의 정수들로 리스트를 생성할 수 있다.

<파이썬 코드>

리스트 생성

```
변수명 = list(range(start, end, interval))
```

⚠ range 함수는 'start'로 시작하여 'end'로 끝나는 구간 사이에서 'interval' 간격의 연속된 정수들을 생성하는데 사용한다. 이 때 'end' 값은 포함되지 않는다.

⚠ 'interval'을 생략하면 수간의 간격은 "1"이 된다.

⚠ 'end'만을 입력하면 시작 값은 "0"이 된다.

코딩 사례 2.13: 정수로 구성된 리스트 생성

```
a=list(range(1,7,2))
print(a)
```

```
[1, 3, 5]
```

```
a=list(range(1,7))
print(a)
```

```
[1, 2, 3, 4, 5, 6]
```

```
a=list(range(7))
print(a)
```

```
[0, 1, 2, 3, 4, 5, 6]
```

한편 리스트에 대해서는 “+‘와 ”*“ 연산이 가능한데 예를 들어 다음과 같은 두 리스트가 있다고 하여 보자.

list_1=[10,20,30,40]
list_2=[50,60]

이 두 리스트에 대해 (+)연산을 하면 어떻게 될까?

코딩 사례 2.14: 리스트의 연산

```
In [25]:  list_1=[10,20,30,40]
          list_2=[50,60]
          list_all=list_1+list_2
          print(list_all)

          [10, 20, 30, 40, 50, 60]
```

```
In [27]:  list_1=[10,20,30,40]
          list_2=[50,60]
          list_all=list_2+list_1
          print(list_all)

          [50, 60, 10, 20, 30, 40]
```

이와 같이 리스트들에 대해 (+)연산을 하게 되면 각 리스트들의 요소들이 순서대로 나열된 리스트가 생성되는 것이다. 우리는 이러한 작업을 리스트 병합(list concatenation)이라고 부른다.

그렇다면 다음과 같은 연산을 하면 어떻게 될까?

list_1=[10,20,30,40]
list_3=list_1*3

그 결과는 다음과 같다. 즉, list_1의 요소들이 3번 반복되어 나열된 리스트가 생성된다.

```
In [26]:  list_1=[10,20,30,40]
          list_3=list_1*3
          print(list_3)

          [10, 20, 30, 40, 10, 20, 30, 40, 10, 20, 30, 40]
```

리스트 인덱싱(indexing)과 슬라이싱(slicing)

우리는 앞에서 문자열의 인덱싱과 슬라이싱에 대하여 공부한 바 있는데 리스트의 경우에도 다음과 같이 인덱스가 할당되고 인덱스를 활용하여 리스트의 요소(들)을 슬라이싱할 수 있다.

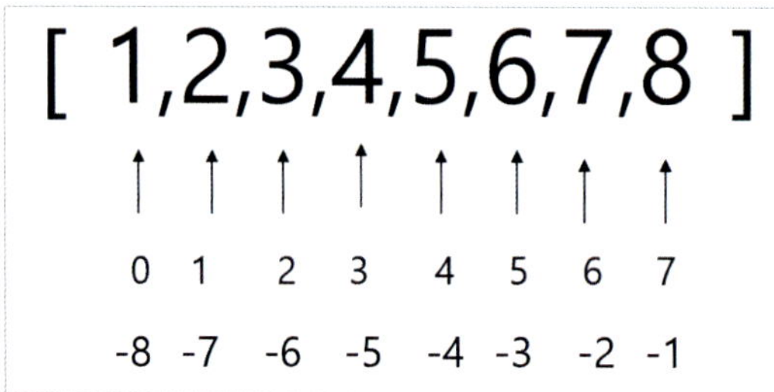

리스트를 슬라이싱하는 방법은 다음과 같다.

<파이썬 코드>

리스트 슬라이싱

리스트변수[인덱스] #하나의 요소를 슬라이싱
리스트변수[시작인덱스:종료인덱스:간격] #복수의 요소를 슬라이싱

⚠ 종료인덱스는 슬라이싱에서 제외된다.

코딩 사례 2.15: 리스트 슬라이싱

```
In [28]: a=[1,2,3,4,5,6,7,8]
         print(a[-1],a[-2])
         b=a[1:4]
         print(b)

         8 7
         [2, 3, 4]
```

여기서 a[-1]은 리스트 a의 인덱스 -1의 요소인 “8”이라는 수를 슬라이싱한 것이며, a[-2]는 리스트 a의 인덱스 -2의 요소인 “7”이라는 요소를 슬라이싱한 것이다.
한편, a[1:4]는 리스트 a의 인덱스 1의 요소부터 인덱스 3의 요소들인 2, 3, 4를 슬라이싱 한다.

리스트 인덱싱은 리스트의 요소들을 변경시키는 데에도 활용할 수 있는데 다음 사례를 살펴보자.

코딩 사례 2.16: 리스트 슬라이싱을 이용한 리스트 요소 변경

```
In [30]:  a=[1,2,3,4,5,6,7,8]
          print(a)
          a[2]=10
          print(a)

[1, 2, 3, 4, 5, 6, 7, 8]
[1, 2, 10, 4, 5, 6, 7, 8]
```

여기서 a[2]=10이라는 코딩은 리스트 a의 인덱스 2 요소값을 10이라는 값으로 대체하라는 의미이다. 따라서 라인2의 출력결과와 라인4의 출력결과가 달라지는 것이다.

또한 수로 이루어진 리스트의 요소들을 개별적으로 슬라이싱하여 요소들 간의 연산도 가능하다.

코딩 사례 2.17: 리스트 슬라이싱을 이용한 수의 연산

```
In [6]:  a=[1,2,3,4,5,6,7,8]
         print(a[1],a[7])
         b=a[1]+a[7]
         c=a[1]-a[7]
         d=a[1]*a[7]
         e=a[1]/a[7]
         f=a[1]**a[7]
         print(b,c,d,e,f)

2 8
10 -6 16 0.25 256
```

여기서는 리스트 a로부터 각각 a[1]인 “2”와 a[7]인 “8”이라는 요소를 슬라이싱하여 이 두 수에 대한 연산을 하고 있다.

여기서는 리스트 a로부터 인덱스 1의 요소안 2와 인덱스 7의 요소인 8을 슬라이싱하여 이 두 수에 대한 연산을 하고 있다.

리스트 메서드(method)를 이용한 리스트의 가공

라스트의 경우 다양한 방법으로 리스트의 요소를 추가, 변경하는 등의 조작이 가능한데 이와 같이 리스트에 대하여 조작이 가능하게 하는 기능을 리스트의 메서드(method)라고 한다. 〈표 2.2〉에는 대표적인 메서드들이 소개되어 있다.[6)]

메서드	기능
append(item)	item 요소를 마지막 요소로 추가
index(item)	item 요소와 일치하는 요소의 인덱스를 정수로 반환
insert(index, item)	제시된 인덱스 위치에 item을 추가
sort( )	리스트의 요소들을 오름차순으로 정렬
reverse( )	리스트의 요소들의 정렬 순서를 뒤바꿈

〈표 2.2 리스트 메서드〉

코딩 사례 2.18: 리스트 메서드의 활용

```
In [34]:
1  a=[1,2,3,4,5,6,7,8]
2  a.append(9)
3  print(a)
4  num=a.index(5)
5  print(num)
6  a.insert(2,0)
7  print(a)
8  a.sort()
9  print(a)
10 a.reverse()
11 print(a)

[1, 2, 3, 4, 5, 6, 7, 8, 9]
4
[1, 2, 0, 3, 4, 5, 6, 7, 8, 9]
[0, 1, 2, 3, 4, 5, 6, 7, 8, 9]
[9, 8, 7, 6, 5, 4, 3, 2, 1, 0]
```

- 라인2: "9"를 리스트 a의 마지막 요소에 추가한다.
- 라인 4: 리스트 a의 "5"라는 요소의 인덱스를 반환하여 변수 num이 가리키도록 한다.

6)Starting Out with Python, pp

- 라인 5: 변수 num을 출력한다.
- 라인 6: 리스트 a의 인덱스 2의 위치에 "0"이라는 요소를 삽입한다.
- 라인 8: 리스트a의 요소들을 오름차순으로 정렬한다.
- 라인 10: 리스트의 요소들을 역순으로 정렬한다.

2.5 파이썬 데이터의 유형: 딕셔너리 (Dictionary)

딕셔너리는 키(key)와 값(value)이 일종의 쌍(pair)의 구조로 나열되어 있는 데이터이다. 예를 들어 아래의 stocks라는 변수는 " Hmotors ", "Hynix", "LGchem"이라는 주식명과 주식코드가 키와 값의 쌍으로 이루어진 딕셔너리를 가리키고 있다.

stocks={"Hmotors":'005380.KS', 'Hynix':'000660.KS', 'LGchem':'051910.KS'}

딕셔너리 생성

딕셔너리를 만드는 기본적인 방법은 { }안에 딕셔너리의 요소인 키와 값을 짝을 지어 입력하면 된다.

<파이썬 코드>

딕셔너리 생성

변수명 = {key1:value1, key2:value2,............................ }

또한, 빈 딕셔너리를 정의하고 키와 값을 추가해 나감으로써 딕셔너리를 만들 수 도 있다.

코딩 사례 2.19: 딕셔너리의 생성

```
In [4]:
stocks={"Hmotors":'005380.KS', 'Hynix':'000660.KS', 'LGchem':'051910.KS'}
stocks
Out[4]: {'Hmotors': '005380.KS', 'Hynix': '000660.KS', 'LGchem': '051910.KS'}
```

```
In [5]:
stocks={ }
stocks["Hmotors"]='005380.KS'
stocks[ 'Hynix']='000660.KS'
stocks['LGchem']='051910.KS'
stocks
Out[5]: {'Hmotors': '005380.KS', 'Hynix': '000660.KS', 'LGchem': '051910.KS'}
```

```
In [3]:
product_list = {}
product_list['과일류'] = 1
product_list['주류'] =2
product_list['곡류'] = 3
product_list
Out[3]: {'과일류': 1, '주류': 2, '곡류': 3}
```

2.6 파이썬 데이터의 유형: 튜플(Tuple)

튜플은 리스트와 마찬가지로 수나 문자열들의 자료들을 모아 놓은 데이터이다. 또한 리스트와 마찬가지로 인덱싱과 슬라이싱이 가능하다.

<파이썬 코드>

튜플 생성

변수명 = (요소1, 요소2,..............요소n)

코딩 사례 2.20: 튜플 생성과 슬라이싱

```
In [1]:
a=(1,2,3,4,5,6,7,8)
print(a[-1],a[-2])
b=a[1:4]
print(b)

8 7
(2, 3, 4)
```

그런데 리스트와 달리 튜플은 요소의 추가 혹은 변경 등 일체의 변경이 불가능하다.[7] 하지만 리스트와 튜플은 다음과 같이 list 함수와 tuple 함수를 이용하면 자유롭게 유형을 변경시킬 수 있다.

<파이썬 코드>

튜플과 리스트

변수명 = list(튜플)

코딩 사례 2.21: list 함수와 tuple 함수

```
a=[1,2,3]
b=tuple(a)
print(b)
c=list(b)
print(c)

(1, 2, 3)
[1, 2, 3]
```

7)list(튜플) 함수를 이용하여 튜플을 리스트로 변경시킬 수 있고, tuple(리스트) 함수를 이용하여 튜플을 리스트로 변경시킬 수도 있다.

2.7 파이썬 데이터의 유형: 세트(Set)

세트는 다음과 같이 set라는 함수를 이용하여 생성할 수 있다.

〈파이썬 코드〉

세트 생성

변수명 = set(리스트 , 튜플, 문자열 등)

코딩 사례 2.22: 세트의 생성

```
In [2]: myset = set(['a', 'b', 'c'])
        myset
Out[2]: {'a', 'b', 'c'}
```

3개의 문자열 'a', 'b', 'c'을 이용하여 'a', 'b', 'c'가 원소인 집합을 생성하였다.

```
In [3]: myset = set('aaabc')
        myset
Out[3]: {'a', 'b', 'c'}
```

문자열 'aaabc' 을 이용하여 'a', 'b', 'c'가 원소인 집합을 생성하였다. 집합의 원소는 중복이 허용되지 않음을 알 수 있다.

```
In [4]: myset = set('22234')
        myset
Out[4]: {'2', '3', '4'}
```

문자열 '22234' 을 이용하여 '2', '3', '4'가 원소인 집합을 생성하였다. 앞에서와 마찬가지로 집합의 원소는 중복이 허용되지 않음을 알 수 있다.

위의 사례를 보면 세트의 몇 가지 특징을 알 수 있는데 우선 세트의 요소들은 동일한 값을 갖는 요소들이 존재할 수 없다는 것이다. 또한 세트의 요소들을 인덱싱이 가능하지 않고 따라서 슬라이싱도 불가능하다. 그러나 요소의 추가나 삭제 등은 가능하다.

세트와 관련하여 사용할 수 있는 메서드들을 편리하게 사용할 수도 있는데 세트와 관련된 메서드들은 다음과 같다.

<파이썬 코드>

세트 메서드

```
set_1.union(set_2)
set_1.intersection(set_2)
set_1.difference(set_2)
set_1.symmetric_difference(set_2)
```

set_1.union(set_2)은 두 세트의 모든 요소들로 구성된 세트를 생성하는 메서드이고 set_1.intersection(set_2)은 두 세트에 공통으로 존재하는 요소들로 이루어진 세트를 생성하는 메서드이다. set_1.difference(set_2)은 set_1에는 존재하지 않고 set_1에만 존재하는 요소들로 구성된 세트를 생성하는 메서드이다.
set_1.symmetric_difference(set_2)은 set_1과 set_2 중 어느 한 세트에만 존재하는 요소들로 이루어진 세트를 생성하는 메서드이다. 이러한 메서드들을 어떻게 이용할 수 있는 지 다음의 사례에서 살펴보자.

코딩 사례 2.23:[8] 세트 메서드의 활용

어떤 회사에서 직원들의 복지 향상을 위하여 직원들로 하여금 농구 클럽과 야구 클럽을 가입하게 하고 클럽 운영비를 지원해 주고 있다고 하여 보자. 각 클럽에 가입한 가입자 명단을 토대로 두 클럽에 모두

8) 코딩사례 2.22와 2.23은 Starting Out with Python 10장사례를 참고하였음.

가입한 직원들의 명단은 어떻게 파악할 수 있을까? 혹은 어느 한 클럽에만 가입한 직원들의 명단은 파악하려면 어떻게 해야 할 까?

코드

```
baseball = set(['김고려', '이연세', '박순신', '최무선', '강감찬'])
basketball = set(['이을지', '김가람', '이연세', '홍길동'])
print('야구클럽 가입자 명단:')
for name in baseball:
    print('\t',name)

print('농구클럽 가입자 명단:')
for name in basketball:
    print('\t',name)

print('야구클럽과 농구클럽 동시 가입자 명단:')
for name in baseball.intersection(basketball):
    print('\t',name)

print('최소 1개의 클럽에 가입한 직원 명단:')
for name in baseball.union(basketball):
    print('\t',name)

print('야구클럽에만 가입한 직원 명단:')
for name in baseball.difference(basketball):
    print('\t',name)

print('농구클럽에만 가입한 직원 명단:')
for name in basketball.difference(baseball):
    print('\t',name)

print('두 클럽 중 한개만 가입한 직원 명단:')
for name in baseball.symmetric_difference(basketball):
    print('\t',name)
```

코드의 실행결과

```
야구클럽 가입자 명단:
        김고려
        강감찬
        박순신
        최무선
        이연세
농구클럽 가입자 명단:
        홍길동
        김가람
        이율지
        이연세
야구클럽과 농구클럽 동시 가입자 명단:
        이연세
최소 1개의 클럽에 가입한 직원 명단:
        이연세
        김고려
        강감찬
        박순신
        김가람
        이율지
        최무선
        홍길동
```

```
야구클럽에만 가입한 직원 명단:
        최무선
        김고려
        강감찬
        박순신
농구클럽에만 가입한 직원 명단:
        김가람
        이율지
        홍길동
두 클럽 중 한개만 가입한 직원 명단:
        김고려
        강감찬
        박순신
        김가람
        이율지
        최무선
        홍길동
```

위의 결과들은 세트 메서드들을 적절하게 이용함으로써 직원들의 클럽 활동에 대하여 자세히 파악할 수 있게 됨을 잘 보여 주고 있다.

PART 3

상황에 따라 다른 작업을 하기 위한 파이썬

3장 상황에 따라 다른 작업을 하기 위한 파이썬

상황에 따라 다른 작업이란 ?

아래 그림은 어떤 슈퍼마켓에서 호주산 소고기를 판매하기 위한 홍보물 중 일부이다. 이 홍보물에 따르면 호주산 소고기 100그램의 정상가는 1,630원이지만 슈퍼마켓 회원인 경우에는 정상가격에서 35%를 할인해 준다고 광고하고 있음을 알 수 있다. 즉, 고객이 회원인 경우에는 할인가격을 적용하지만 그렇지 않은 경우에는 정상가격을 적용한다는 것이다.

이 슈퍼마켓에서 호주산 소고기를 구매하는 소비자가 회원인 경우와 그렇지 않은 경우 소고기 구매액을 계산하는 프로그램은 다음과 같이 코딩할 수 있다.

```
Regular_price=1630                                    # 소고기 100그램의 정상가
weight=float(input("소고기 구매량을 입력하시오: "))
member_status=input("회원이면 yes,아니면 no를 입력하시오: ")
if member_status == 'yes':
    dc_rate=0.35                                      # 회원 할인율
else:
    dc_rate=0                                         # 비회원 할인율
total_price=(weight/100)*Regular_price*(1-dc_rate)
print(total_price)
```

위 프로그램에서 중요한 라인들에 대하여 설명하면 다음과 같다.

- 라인 1: 소고기 100그램당 정상가 1630원을 변수 Regular_price가 가리키도록 한다.
- 라인 2: 소고기 구매량을 입력하고 변수 weight가 가리키도록 한다.
- 라인 3: 소비자가 회원이면 문자열 yes, 아니면 문자열 no를 입력하여 변수 member_status가 가키리도록 한다.
- 라인 4: 변수 member_status 값이 'yes'인지를 따져 본다. 조건이 충족되는 경우(즉, 회원인 경우) 라인 5의 실행문이 실행되도록 한다. 조건이 충족되지 않는 경우(즉, 회원인이 아닌 경우)에는 라인 5는 무시되고 라인 7이 실행되도록 한다.
- 라인 5:변수 dc_rate가 35%를 가리키도록 한다. 라인 5가 실행된 이후에는 라인 6과 라인 7을 건너 뛰어 라인 8이 실행된다.
- 라인 7; 변수 dc_rate가 0를 가리키도록 한다. 라인 7이 실행된 이후에는 라인 8이 실행된다.
- 라인 8: 결정된 dc_rate를 적용하여 구매액을 계산하고 변수 total_price가 가리키도록 한다.
- 라인 9:변수 total_price 값을 출력한다.

이 사례에서는 if-else라는 구문을 이용하고 있는데 여기서 if-else 구문이 실행되는 과정을 그림으로 설명하면 다음과 같다.

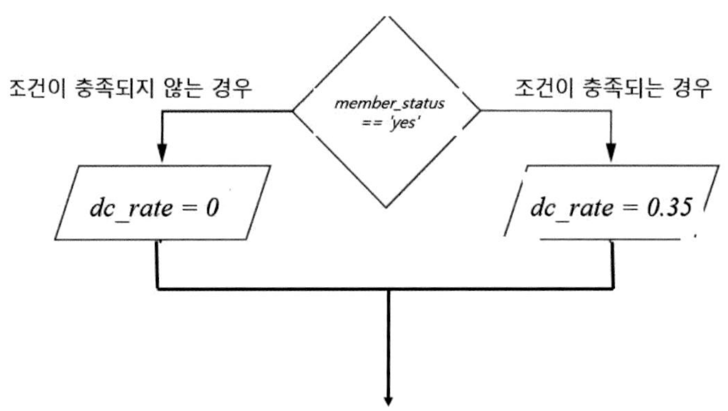

만약 라인 4의 조건문인 "member_status==yes"라는 조건이 충족되는 경우에는 라인 5에 코딩되어 있는 코딩문들이 실행되어 변수 dc_rate가 0.35라는 값을 가리키게 된다. 라인 5가 실행된 이후에는 라인 6과 라인 7을 건너뛰어 라인 8~9가 순서대로 실행된다.

그런데 만약 라인 4의 조건문인 "member_status==yes"라는 조건이 충족되지 않는 경우에는 라인 5를 건너뛰어 라인 6과 라인 7이 실행되어 변수 dc_rate는 0이라는 값을 가리키게 된다. 이후 라인 8~9가 순서대로 실행된다.

이 사례에서는 구매자가 회원이거나 그렇지 않은 상황에 따라서 가격을 다르게 적용하는 작업을 하는 경우 if-else 라는 구문을 이용하고 있는데 이와 같이 상황에 따라서 다른 작업을 해야하는 경우 파이썬에서 사용되는 구문이 if-else 구문이다.

3장에서는 기본적인 if 구문을 비롯하여 if-else 구문, if-elif-else 구문 및 if-else 구문을 중첩하여 사용하는 방법에 대해서 알아 보기로 한다.

3.1 if 구문과 if-else 구문

if 구문은 특정한 조건을 충족시키는 경우에만 일정한 작업을 실행하도록 할 필요가 있는 경우 사용된다. if 구문의 기본적인 구조는 다음과 같다.

<파이썬 코드>

if 구문의 구조

```
if 조건문 :
    실행문
    실행문
```

⚠ if 라인에 조건문을 정의하고 콜론(:)으로 종료한다.

⚠ 실행문에는 if 조건문의 조건이 충족되는 경우 실행할 작업을 코딩하는데 들여쓰기(indentation)를 해야 하며 모든 실행문의 들여쓰기 간격은 동일해야 한다

⚠ if 라인에서 조건문을 코딩하기 위하여 사용할 수 있는 연산자(operator)들은 다음과 같다.

연산자	의미
〉	큰
〈	작음
〉=	크거나 같음
〈=	작거나 같음
==	같음
!=	다름

〈 표 3.1 조건문 연산자 〉

if 구문을 사용하는 간단한 예를 들어 보자.

코딩 사례 3.1: 보너스 지급

영업사원들의 매출 실적이 일정 수준을 넘어서는 경우에는 보너스를 지급하는 간단한 프로그램을 만들어 보자(이 사례는 Starting Out with Python 사례를 참고하였음).

```
In [6]:
high_sale = 1000000
bonus=100000
sale= int(input('매출액을 입력하시오.: '))

if sale >= high_sale:
    print('축하합니다!')
    print('보너스 금액은',str(bonus)+'입니다.')

매출액을 입력하시오.: 1500000
축하합니다!
보너스 금액은 100000입니다.
```

sale 변수에 1,500,000원이 할당되어 조건을 만족시키므로 if 조건문 아래의 실행문들이 실행되고 있다.

```
In [2]:
high_sale = 1000000
bonus=100000
sale= int(input('매출액을 입력하시오.: '))

if sale >= high_sale:
    print('축하합니다!')
    print('보너스 금액은',str(bonus)+'입니다.')

매출액을 입력하시오.: 900000
```

그러나 sale 변수에 900,000원이 할당되어 조건을 만족시키지 않는 경우에는 실행문들이 실행되지 않고 있다.

if 구문은 특정한 조건이 충족되는 경우에 어떤 작업을 실행하도록 할 필요가 있을 때 사용하게 되는데 만약 특정 조건이 충족되는 경우와 그렇지 않은 경우 실행할 작업이 서로 다른 경우에는 어떻게 해야 할 까? if-else 구문이 바로 이런 경우 사용되는 구문이며 기본 구조는 다음과 같다.

<파이썬 코드>

if-else 구문의 구조

```
if 조건문 :
    실행문
    실행문
else:
    실행문
    실행문
```

⚠ if 라인에는 특정한 조건 충족에 대한 조건문을 코딩하고 조건 만족시 실행할 작업들을 실행문에 코딩한다.

⚠ else의 실행문들에는 조건이 충족되지 않을 경우 실행할 작업들을 실행문에 코딩한다.

⚠ if 조건문의 조건이 충족되는 경우에는 if 조건문 아래의 실행문들이 실행되고 else 라인과 else 라인 아래의 실행문들을 건너뛰어 프로그램이 실행된다.

⚠ if 조건문의 조건이 충족되지 않는 경우에는 if 라인의 라인 아래의 실행문들은 무시되고 else의 실행문들이 실행된다.

if-else 구문을 사용한 다음과 같은 간단한 사례를 살펴보자.

코딩 사례 3.2: 승진조건의 충족 여부

어떤 기업에서는 인사고과점수와 재직기간 조건을 모두 만족시키는 경우에만 승진이 가능하다고 해 보자. 이제 어떤 직원의 승진이 가능한지를 알아보는 프로그램을 코딩해 보자.

코드

```
Min_point = 300
Min_years = 3
```

```
3        my_point = float(input('고과점수를 입력하시오.: '))
4        my_years = float(input('재직기간(년)을 입력하시오.: '))
5        if  my_point>= Min_point and my_years >= Min_years:
6            print('승진이 가능합니다.')
7        else:
8            print('승진이 불가능합니다.')
```

코드 설명

- 라인 1: 변수 Min_point가 300을 가리키도록 한다.
- 라인 2: 변수 Min_years가 3을 가리키도록 한다.
- 라인 3; 인사고과점수를 입력하여 변수 my_point가 가리키도록 한다.
- 라인 4: 재직기간을 입력하여 변수 my_years가 가리키도록 한다.
- 라인 5: 변수 my_point가 변수 Min_point보다 크거나 같고 변수 my_years는 변수 Min_years보다 크거나 같은 지를 따져본다. 조건이 충족되는 경우 라인 6을 실행한다. 그렇지 않은 경우 라인 8을 실행한다.
- 라인 6: '승진이 가능합니다.'를 출력한다.
- 라인 8: '승진이 불가능합니다.'를 출력하고 프로그램이 종료된다.

코드의 실행결과

```
고과점수를 입력하시오.: 360
재직기간(년)을 입력하시오.: 4
승진이 가능합니다.
```

이 사례에 적용된 if-else 구문이 실행되는 과정은 다음 그림에서와 같이 이해할 수 있다.

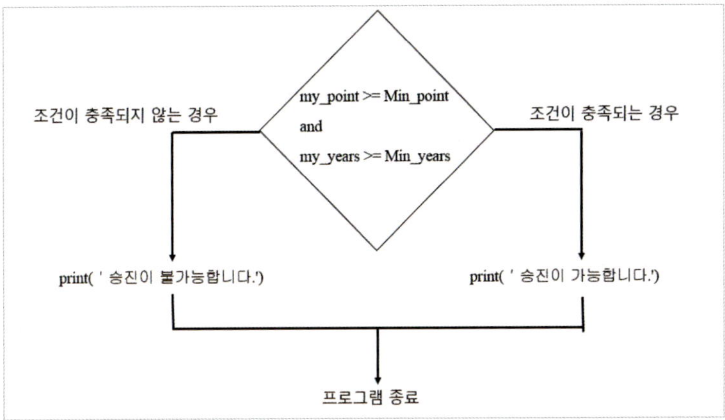

따라서 고과점수와 재직기간 조건이 모두 충족되는 경우 승진이 가능하지만 그렇지 않은 경우에는 승진이 불가능하다는 결과가 출력되고 있다.

코딩 사례 3.3: 승진조건의 충족 여부

만약 고과점수와 재직기간 조건 중 한 조건만 충족되어도 승진이 가능하도록 승진조건을 변경하는 경우에는 다음과 같이 프로그램을 작성하면 된다.

코드

```
1    Min_point = 300    # 승진을 위해 필요한 최저 인사고과점수
2    Min_years = 3      # 승진을 위해 필요한 최저 재직기간
3    my_point = float(input('고과점수를 입력하시오.: '))
4    my_years = float(input('재직기간(년)을 입력하시오.: '))
5    if my_point>= Min_point or my_years >= Min_years:
6        print('승진이 가능합니다.')
7    else:
8        print('승진이 불가능합니다.')
```

코드 설명

- 라인 1: 변수 Min_point가 300을 가리키도록 한다.
- 라인 2: 변수 Min_years가 3을 가리키도록 한다.
- 라인 3; 인사고과점수를 입력하여 변수 my_point가 가리키도록 한다.
- 라인 4: 재직기간을 입력하여 변수 my_years가 가리키도록 한다.
- 라인 5: 변수 my_point가 변수 Min_point보다 크거나 같은 지 또는 변수 my_years가 변수 Min_years보다 크거나 같은 지를 따져본다. 조건이 충족되는 경우 라인 6을 실행한다. 그렇지 않은 경우 라인 8을 실행한다.
- 라인 6: '승진이 가능합니다.'를 출력한다.
- 라인 8: '승진이 불가능합니다.'를 출력하고 프로그램이 종료된다.

코드의 실행결과

```
고과점수를 입력하시오.: 350
재직기간(년)을 입력하시오.: 2
승진이 가능합니다.
```

여기서는 재직기간은 충족되지 않지만 고과점수 조건이 충족되므로 승진이 가능한 직원의 승진 가능 여부를 출력하여 주고 있다.

그런데 위의 〈코딩사례 3.2〉의 첫 번 째 사례에서는 if 라인의 조건문에서 and 연산자를 이용하여 복수의 조건을 충족되는 지를 따져보도록 하고 있고, 두 번 째 사례에서는 or 연산자를 복수의 조건들 중 하나라도 충족되는 지를 따져보도록 하고 있음을 알 수 있다. 여기서 and/or를 결합연산자라고 하는데 if 라인에서 사용할 수 있는 조건문 결합 연산자는 and/or외에 not 연산자도 있다.

<파이썬 코드>

결합연산자

and	조건들을 모두 충족
or	조건들 중 하나를 충족
not	조건 불충족

경영학 분야에는 if-else 구문을 활용하면 쉽게 해결할 수 있는 문제들이 많은데 여기서는 풋옵션에 투자하는 경우 발생하는 투자수익을 계산하는 문제에 대하여 생각해 보기로 한다.

파이썬과 함께 하는 경영학

풋옵션

풋옵션(put option)은 미래의 만기일(혹은 만기일 내에)에 미리 정해진 가격(행사가격)을 수령하고 특정한 자산(기초자산)을 매도할 수 있는 권리이다.

(예)

- 삼성전자 주식을 1년 후 만기일에 60,000원에 매도할 수 있는 풋옵션

풋 옵션 투자자(매수자)는 풋옵션을 매수한 후 풋옵션 만기일에 기초자산의 가격이 행사가격보다 낮으면 행사가격을 수령하고 기초자산을 매도한다. 그러나 만약 기초자산의 가격이 행사가격보다 높으면 권리행사를 포기하게 된다. 따라서 풋 옵션 투자자(매수자)는 만기일에 다음과 같은 투자수익(투자행위로부터 발생하는 현금수익)을 얻게 된다.

만기일 시점에서 풋옵션의 투자수익

만기일 기초자산가격	행사 여부	수익
$S_T > X$	풋 행사 포기	0
$S_T \le X$	풋 행사 (기초자산 매도)	$X - S_T$

S_T = 만기일의 기초자산 가격
X=옵션의 행사가격
T=옵션 만기일

만약 당신이 행사가격 50,000원에 삼성전자 주식을 매도할 수 있는 풋옵션을 보유하고 있다고 가정하여 보자. 풋옵션 만기일에 당신의 행동은 만기일의 상황에 따라 달라지는데 만약 만기일에 삼성전자 주가가 40,000원이라고 한다면 당신은 어떻게 하겠는가? 당연히 주식시장에서 40,000원에 매입한 삼성전자 주식을 풋옵션을 행사하여 50,000원에 주식을 매도할 것이다. 이런 행위를 통하여 당신에게는 10,000원이라는 투자수익이 발생하기 때문이다. 이와는 반대로 만기일에 삼성전자 주가가 60,000원이라면 당신은 어떻게 하겠는가? 주식시장에서 60,000원에 주식을 매입하고 풋옵션을 행사하여 50,000원에 주식을 매도하게 되면 투자수익이 -10,000원이 되므로 당신은 당연히 이렇게 할 필요가 없다. 따라서 풋옵션의 권리를 포기할 것이다.[1] 즉, 풋옵션의 행가가격과 비교하여 만기일의 주가가 더 높으냐 낮으냐에 따라서 풋옵션 보유자의 행위는 완전히 달라진다. 만기일의 삼성전자 주가와 풋옵션의 행사가격간의 비교에 따른 상황과 상황별 투자수익을 정리하면 다음과 같다.

1) 옵션은 어떤 행위를 할 수 있는 권리이므로 권리 행사가 유리한 경우에는 해당 권리를 행사하지만 그렇지 않은 경우에는 권리 행사를 포기하면 된다. 투표권을 가진 유권자가 투표하는 권리행사가 본인에게 (어떤 이유던간에) 이득이 되면 투표권을 행사하겠지만 그렇지 않은 경우에는 투표권을 포기하는 것과 마찬가지라고 생각하면 된다.

상황	투자수익
만기일의 주가 =40,000원	풋옵션행사: 10,000원
만기일의 주가 = 50,000원	풋옵션행사 포기: 0원

다음 사례에서는 if-else 구문을 이용하여 이와 같은 풋옵션의 만기일 투자수익을 계산하는 문제를 다루고 있다.

코딩 사례 3.4: 만기일에서 풋옵션의 투자수익

행사가격이 만원인 풋옵션의 만기일 시점에서의 투자수익을 계산하는 프로그램을 작성하여 보자.

코드

```
1   strike=10000                                  # 풋옵션 행사가격
2   stock_price=int(input('만기일 주가: '))       # 만기일 주가
3   if stock_price<strike:                        # 만기일 주가 < 행사가격인 경우
4       payoff= strike-stock_price                # 투자수익= 행사가격- 만기일 주가
5   else:                                         # 만기일 주가 ≥ 행사가격인 경우
6       payoff=0                                  # 투자수익= 0
7   print('풋옵션 행사수익은 ', str(payoff)+ '원 입니다')
```

코드 설명

- 라인 1: 변수 strike가 10000을 가리키도록 한다.
- 라인 2: 만기일 주가를 입력하여 변수 stock_price가 가리키도록 한다.
- 라인 3: 변수 stock_price가 변수 strike보다 작은 지를 따져 본다. 조건이 충족되는 경우 라인 4를 실행하고 그렇지 않은 경우 라인 6을 실행한다.
- 라인 4: 변수 strike에서 변수 stock_price를 차감하여 변수 payoff가 가리키도록 한다. 라인 4가 실행된 이후 라인 5,6은 실행되지 않는다.
- 라인 6: 변수 payoff가 0을 가리키도록 한다.
- 라인 7: 변수 payoff를 출력한다.

코드의 실행결과

```
만기일 주가: 8000
풋옵션 행사수익은  2000원 입니다
```

```
만기일 주가: 12000
풋옵션 행사수익은  0원 입니다
```

이 사례에서는 주가가 행사가격보다 낮은지의 여부에 따라서 다음 그림과 같이 투자수익이 달라지도록 if-else 구문을 사용하고 있다.

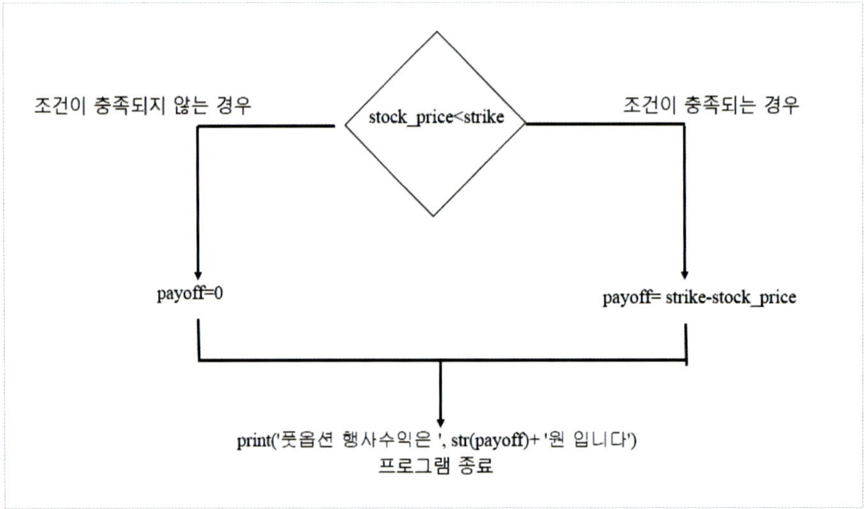

만기일 주가가 8,000원인 경우(if 조건문이 충족되는 경우) 풋옵션의 투자수익은 2,000원이 되지만 만기일 주가가 12,000원인 경우(if 조건문이 충족되지 않는 경우)에는 풋옵션 투자수익은 0원이 됨을 알 수 있다.

3.2 if-elif-else 구문

그런데 발생가능한 상황이 여러 개이고 각 상황에 따라서 각각 다른 작업을 해야하는 경우라면 어떻게 해야 할까? 예를 들어 다음과 같은 경우를 생각해 보자.

다음은 우체국에 방문하여 소포를 보내는 경우 소포의 중량에 따른 차등 요금표이다. 이 기준에 따라 소포의 요금을 결정해 주는 프로그램을 코딩해 보자.

■ 방문접수(부가가치세 포함)

구분 (초과~이하)	2kg 이하 (60cm 이하)	2kg~5kg (60cm~80cm)	5kg~10kg (80cm~120cm)	10kg~20kg (120cm~140cm)	20kg~30kg (140cm~160cm)
익일배달	5,000	6,000	7,500	9,500	12,000

이 사례에서는 소포의 중량에 따라 적용할 수 있는 가격이 5가지나 된다. 이와 같이 발생가능한 상황이 여러 개인 경우 상황별로 각각 다른 작업을 하려면 어떻게 해야 할까?

```
1    weight = float(input('소포의 무게를 입력하시오. : '))
2    if weight 〉 20:
3        shippingCost =12000
4    elif weight 〉 10:
5        shippingCost = 9500
6    elif weight 〉 5:
7        shippingCost = 7500
8    elif weight 〉 2:
9        shippingCost = 6000
10   else:
11       shippingCost = 5000
12   print ('요금은 '+str(format(shippingCost, ',.0f'))+'원입니다.')
```

위 프로그램을 간단히 설명하면 다음과 같다.

- 라인 1: 소포의 무게를 입력하고 변수 weight가 가리키도록 한다.
- 라인 2; 변수 weight 값이 20을 초과하는지 따져본다. 조건이 충족되는 경우 라인 3을 실행하고 그렇지 않은 경우 라인 4가 실행된다.
- 라인 3: 변수 shippingCost가 12000을 가리키도록 한다. 라인 3 실행 후 라인 12가 실행된다.

- 라인 4; 변수 weight 값이 10을 초과하는지 따져본다. 조건이 충족되는 경우 라인 5를 실행하고 그렇지 않은 경우 라인 6이 실행된다.
- 라인 5: 변수 shippingCost가 9500을 가리키도록 한다. 라인 5 실행 후 라인 12가 실행된다.
- 라인 6; 변수 weight 값이 5를 초과하는지 따져본다. 조건이 충족되는 경우 라인 7을 실행하고 그렇지 않은 경우 라인 8이 실행된다.
- 라인 7: 변수 shippingCost가 7500을 가리키도록 한다. 라인 7 실행 후 라인 12가 실행된다.
- 라인 8; 변수 weight 값이 2를 초과하는지 따져본다. 조건이 충족되는 경우 라인 9를 실행하고 그렇지 않은 경우 라인 11이 실행된다
- 라인 9: 변수 shippingCost가 6000을 가리키도록 한다. 라인 9 실행 후 라인 12가 실행된다.
- 라인 11: 변수 shippingCost가 5000을 가리키도록 한다. 이후 라인 12가 실행된다.
- 라인 12: 변수 shippingCost를 출력한다.

이와 같은 실행과정을 그림으로 설명하면 다음과 같다.

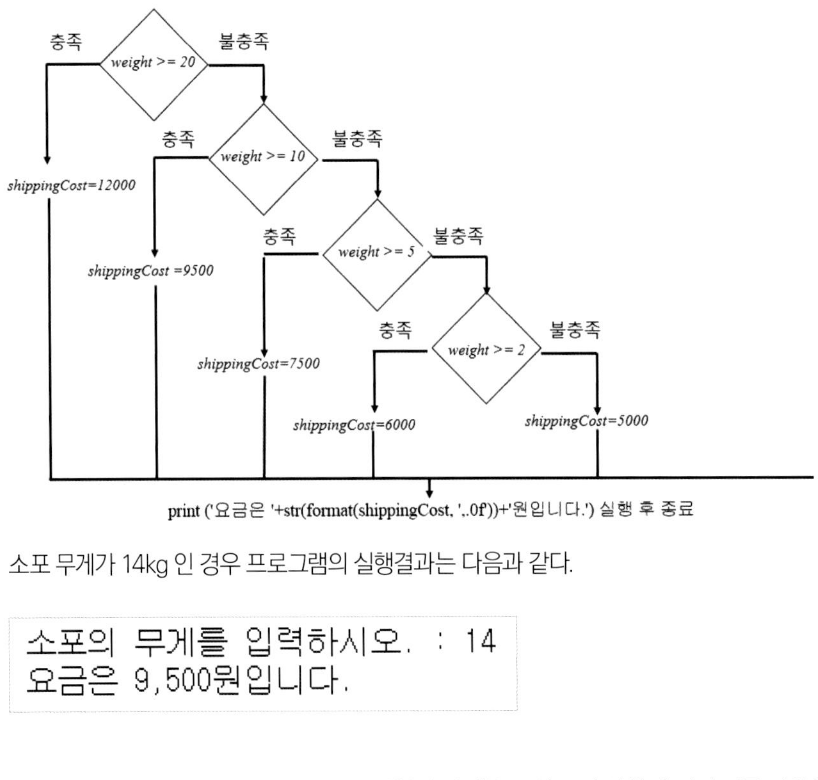

소포 무게가 14kg 인 경우 프로그램의 실행결과는 다음과 같다.

```
소포의 무게를 입력하시오. : 14
요금은 9,500원입니다.
```

if-elif-else 구문은 이와 같이 여러 개의 상황이 발생할 수 있고 각 상황에 따라 다른 작업을 해야 하는 경우 적절하게 사용하면 매우 유용하게 쓰일 수 있는 구문이다. if-elif-else 구문의 기본적인 구조는 다음과 같다.

<파이썬 코드>

if-elif-else 구문의 구조

```
if 조건문 :
        실행문

elif 조건문:
        실행문

(elif 조건문과 실행문을 필요한 만큼 정의)

else:
        실행문
        실행문
```

⚠ if 라인과 elif라인에 각 상황에 맞는 조건문을 정의하고 각 상황에 대응하는 실행문들을 정의한다.

코딩 사례 3.5: 만기에 따른 정기예금 이자율 산정

보통 금융기관들은 정기예금의 만기에 따라서 이자율을 다르게 적용하는데 다음 자료는 2019년 12월 현재 모 시중은행의 정기예금 이자율에 대한 자료이다.

<table>
<tr><td rowspan="6">국민수퍼정기예금(개인)
(월 이자지급식)</td><td>1개월이상~3개월미만</td><td>-</td></tr>
<tr><td>3개월이상~6개월미만</td><td>1.05</td></tr>
<tr><td>6개월이상~1년미만</td><td>1.10</td></tr>
<tr><td>1년이상~2년미만</td><td>1.15</td></tr>
<tr><td>2년이상~3년미만</td><td>1.15</td></tr>
<tr><td>3년</td><td>1.20</td></tr>
</table>

위의 자료를 이용하여 만기에 따른 정기예금 이자율을 산정하는 코딩을 하여 보자.

코드

```
1    maturity=float(input(“정기예금 만기(년): “))
2    if maturity 〈 0.25:
3        rate = 0
4    elif maturity 〈 0.5:
5        rate = 0.0105
6    elif maturity 〈 1:
7        rate = 0.011
8    elif maturity 〈 2:
9        rate = 0.0115
10   elif maturity 〈 3:
11       rate = 0.0115
12   else:
13       rate = 0.012
14   print(“만기 “+ str(maturity)+”년 정기예금 금리: “, rate)
```

코드 설명

- 라인 1: 정기예금 만기를 연단위로 입력하고 변수 maturity가 가리키도록 한다.
- 라인 2; 변수 maturity가 0.25보다 작은지 따져 본다. 조건이 충족되는 경우 라인 3을 실행하고 그렇지 않은 경우 라인 4를 실행한다.
- 라인 3: 변수 rate를 0으로 설정한다. 이후 라인 14가 실행된다.
- 라인 4; 변수 maturity가 0.5보다 작은지 따져 본다. 조건이 충족되는 경우 라인 5를 실행하고 그렇지 않은 경우 라인 6을 실행한다.
- 라인 5: 변수 rate를 0.0105으로 설정한다. 이후 라인 14가 실행된다.
- 라인 6; 변수 maturity가 1보다 작은지 따져 본다. 조건이 충족되는 경우 라인 7을 실행하고 그렇지 않은 경우 라인 8을 실행한다.
- 라인 7: 변수 rate를 0.011으로 설정한다. 이후 라인 14가 실행된다.
- 라인 8; 변수 maturity가 2보다 작은지 따져 본다. 조건이 충족되는 경우 라인 9를 실행하고 그렇지 않은 경우 라인 10을 실행한다.
- 라인 9: 변수 rate를 0.0115로 설정한다. 이후 라인 14가 실행된다.
- 라인 10; 변수 maturity가 3보다 작은지 따져 본다. 조건이 충족되는 경우 라인 11을 실행하고 그렇지 않은 경우 라인 13를 실행한다.
- 라인 11: 변수 rate를 0.0115으로 설정한다. 이후 라인 14가 실행된다.
- 라인 13: 변수 rate를 0.012로 설정한다. 이후 라인 14가 실행된다.
- 라인 14: 변수 rate를 출력한다.

코드의 실행결과

만기가 1년인 경우의 프로그램 실행결과는 다음과 같다.

```
정기예금 만기(년): 1
만기 1.0년 정기예금 금리:  0.0115
```

만약 만기가 3년이라면 프로그램 실행결과는 다음과 같다.

```
정기예금 만기(년): 3
만기 3.0년 정기예금 금리:  0.012
```

3.3 중첩 (nested) if-else 구문

if-else구문은 중복 사용함으로써 단계별로 진행하여야 하는 작업 등 특정한 작업들을 수월하게 실행할 수 있도록 해 준다. 여러 개의 if-else가 중복된 구조를 중첩 if-else구문이라고 부른다.

단계별로 진행되는 작업

중첩 if-else구문은 단계별로 진행되는 작업을 코딩할 때 사용할 수 있는데 이러한 경우의 중첩 if-else 구문의 구조는 다음과 같다.

<파이썬 코드>

단계별 조건 충족을 위한 중첩 if-else구문의 구조

```
if 조건문 :
        실행문
else:
        실행문

        if 조건문 :
                실행문
        else:
                실행문
                (필요한 단계만큼 반복)
```

⚠ 필요한 단계의 수만큼 if-else를 중첩하여 코딩하며 각 if-else 구문에 단계별 조건문과 실행문을 정의한다.

코딩 사례 3.6: 단계별 부품 품질검사 매뉴얼

어떤 기업에서 납품받은 부품을 생산과정에 투입하기 전에 부품에 대하여 품질검사를 다음과 같은 단계로 진행한다고 해 보자.

1단계 재질검사 : 국가공인기관 성적서 1부를 제출/합격시 다음 단계 검사. 불합격시 반품

2단계 규격검사 : 치수의 허용 오차는 KS B ISO 2768-1의 M급에 해당해야 함/합격시 다음 단계 검사. 불합격시 반품

3단계 외관검사 : 제품의 가공면은 결함, 돌출, 갈라짐 등이 없어야 함/합격시 다음 단계 검사. 불합격시 반품

4단계 작동시험 : 초당 10회 이상의 불꽃방전에 견디도록 작동/합격시 사용. 불합격시 반품

다음 코드는 이러한 단계별 부품 품질검사 과정을 구현한 프로그램이다.

코드

```
print('국가공인기관 성적서가 제출되었습니까? ')
response = input('제출된 경우 y를 입력: ')
if response != 'y':
    print("구매부품의 반품을 요청하시오.")
else:
    print('치수 허용오차가 규격에 맞습니까?  ', end="")[2]
    response = input('맞는 경우 y를 입력: ')
    if response != 'y':
        print("구매부품의 반품을 요청하시오.")
    else:
        print('외관에 이상이 없습니까?  ', end="")
```

2)end=""는 줄바꿈을 하지 말라는 의미임.

```
12        response =input('없는 경우 y를 입력: ')
13        if response != 'y':
14            print("구매부품의 반품을 요청하시오.")
15        else:
16            print('규격대로 작동합니까?  ', end="")
17            response = input('작동하는 경우 y를 입력: ')
18            if response != 'y':
19                print("구매부품의 반품을 요청하시오.")
20            else:
21                print('구매부품에 대하여 합격처리를 하십시오.')
```

코드 설명

- 라인 2: 국가공인기관 성적서가 제출된 경우 'y'를 입력하고 그렇지 않은 경우 'y'가 아닌 값을 입력하여 변수 response가 가리키도록 한다.
- 라인 3: 변수 response 값이 'y' 가 아닌 경우 라인 4를 실행한다. 그렇지 않은 경우(변수 response 값이 'y'인 경우) 라인 4를 건너 뛰어 라인 6을 실행한다.
- 라인 4: '구매부품의 반품을 요청하시오.'라는 안내문을 출력한다. 이후 프로그램이 종료된다.
- 라인 6: '치수 허용오차가 규격에 맞습니까?'라는 검사문을 출력한다. end=""는 '치수 허용오차가 규격에 맞습니까? '라는 안내문과 '맞는 경우 y를 입력: '라는 입력안내문이 같은 줄에 출력되도록 해 준다.

> **end=" "**
> print 함수를 사용할 때 줄바꿈을 하지 않고 출력할 필요가 있을 때 사용한다.

- 라인 7: 규격에 맞는 경우 'y'를 입력하고 그렇지 않은 경우 'y'가 아닌 값을 입력하여 변수 response가 가리키도록 한다.
- 라인 8: 변수 response 값이 'y' 가 아닌 경우 라인 9를 실행한다. 그렇지 않은 경우(변수 response 값이 'y'인 경우) 라인 9를 건너 뛰어 라인 11을 실행한다.
- 라인 9: '구매부품의 반품을 요청하시오.'라는 안내문을 출력한다. 이후 프로그램이 종료된다.
- 라인 11: '외관에 이상이 없습니까?'라는 검사문을 출력한다.
- 라인 12: 외관에 이상이 없는 경우 'y'를 입력하고 그렇지 않은 경우 'y'가 아닌 값을 입력하여 변수 response가 가리키도록 한다.
- 라인 13: 변수 response 값이 'y' 가 아닌 경우 라인 14를 실행한다. 그렇지 않은 경우(변수 response 값이 'y'인 경우) 라인 14를 건너 뛰어 라인 16을 실행한다.

- 라인 14: '구매부품의 반품을 요청하시오.'라는 안내문을 출력한다. 이후 프로그램이 종료된다.
- 라인 16: '규격대로 작동합니까?'라는 검사문을 출력한다.
- 라인 17: 규격대로 작동하는 경우 'y'를 입력하고 그렇지 않은 경우 'y'가 아닌 값을 입력하여 변수 response가 가리키도록 한다.
- 라인 18: 변수 response 값이 'y' 가 아닌 경우 라인 19를 실행한다. 그렇지 않은 경우(변수 response 값이 'y'인 경우) 라인 19를 건너 뛰어 라인 21을 실행한다.
- 라인 19: '구매부품의 반품을 요청하시오.'라는 안내문을 출력한다. 이후 프로그램이 종료된다.
- 라인 21: '구매부품에 대하여 합격처리를 하십시오."라는 안내문을 출력한다. 이후 프로그램이 종료된다.

코드의 실행결과

```
구매부품의 재질검사를 시작합니다.
국가공인기관 성적서가 제출되었습니까? 제출된 경우 y를 입력: y
구매부품의 치수검사를 시작합니다.
치수 허용오차가 규격에 맞습니까? 맞는 경우 y를 입력: y
구매부품의 외관검사를 시작합니다.
외관에 이상이 없습니까? 없는 경우 y를 입력: n
구매부품의 반품을 요청하시오.
```

```
구매부품의 재질검사를 시작합니다.
국가공인기관 성적서가 제출되었습니까? 제출된 경우 y를 입력: y
구매부품의 치수검사를 시작합니다.
치수 허용오차가 규격에 맞습니까? 맞는 경우 y를 입력: y
구매부품의 외관검사를 시작합니다.
외관에 이상이 없습니까? 없는 경우 y를 입력: y
구매부품의 동작시험을 시작합니다.
규격대로 작동합니까? 작동하는 경우 y를 입력: y
구매부품에 대하여 합격처리를 하십시오.
```

첫 째 실행결과에서는 2단계 검사에서 불합격되어 반품처리 되는 경우를 보여 주고 있으며 둘 째 실행결과에서는 모든 단계의 검사에서 합격처리 되는 경우를 보여 주고 있다. 아래 그림은 이 사례에서 사용된 중첩 if-else 구문을 부뭄 품질검사을 위한 단계별로 구분하여 보여주고 있다.

단계 1

```
print('구매부품의 재질검사를 시작합니다.')
print('국가공인기관 성적서가 제출되었습니까?  ', end="")
response = input('제출된 경우 y를 입력: ')
if response != 'y':
    print("구매부품의 반품을 요청하시오.")

```

단계 2

```
else:
    print('치수 허용오차가 규격에 맞습니까?  ', end="")
    response = input('맞는 경우 y를 입력: ')
    if response != 'y':
        print("구매부품의 반품을 요청하시오.")
```

단계 3

```
    else:
        print('외관에 이상이 없습니까?  ', end="")
        response =input('없는 경우 y를 입력: ')
        if response != 'y':
            print("구매부품의 반품을 요청하시오.")
```

단계 4

```
        else:
            print('규격대로 작동합니까?  ', end="")
            response = input('작동하는 경우 y를 입력: ')
            if response != 'y':
                print("구매부품의 반품을 요청하시오.")
            else:
                print('구매부품에 대하여 합격처리를 하십시오.')
```

파이썬과 함께 하는 경영학

매출원가

매출원가란 기업이 매출활동을 위하여 지출한 비용을 의미하는데 기업의 수익성을 결정하는 중요한 요소가 된다. 매출원가는 일반적으로 원재료비, 인건비 및 관리비 등을 포함하는데 제조업을 운영하는 기업들의 경우 매출원가 계산은 다음과 같은 과정을 거쳐 계산된다.

직접재료비 =원재료기초재고액 +당기매입액- 원재료기말재고액

제품제조원가 = **직접재료비** +직접노무비
+ 제조간접비+ 기초재공품 -기말재공품

매출원가 =기초제품재고액+**제품제조원가**–기말제품재고액

위의 매출원가 계산과정에 이용된 용어들에 대해 간단히 설명하면 다음과 같다.

- 기초재고액: 당기초에 보유한 원재료(재공품, 제품 등)보유액
- 기말재고액: 당기말에 보유한 원재료(재공품, 제품 등)보유액
- 직접노무비: 제품생산에 종사한 인원들에게 지급한 급여 등
- 간접제조비: 두 종류 이상의 제품을 제조하기 위하여 공통적으로 발생한 재료비, 노무비 등의 비용을 일정한 기준에 의해 각 제품에 배분한 금액

이와 같은 과정을 거쳐 계산된 매출원가를 기업의 매출액에서 차감한 금액이 매출이익이 되기 때문에 매출원가 계산은 기업 회계분야에서 매우 중요한 과정이라 할 수 있다.

코딩 사례 3.7: 매출원가의 계산

이제 다음과 같은 자료를 가지는 어떤 제조기업의 매출원가를 계산하여 보기로 한다.

- 원재료 기초재고액: 200,000원
- 당기 원재료매입액: 1,800,000원
- 원재료 기말재고액: 300,000원
- 직접노무비: 1,500,000원
- 제조간접비: 1,200,000원
- 기초재공품: 600,000원
- 기말재공품: 700,000원
- 기초 제품재고액: 200,000원
- 기말 제품재고액: 500,000원

코드

```
print('직접재료비를 계산할까요? ', end="")
response = input('계산을 원하는 경우 y를 입력: ')
if response != 'y':
```

```
    print(“계산작업을 중단합니다.”)
else:
    print(‘직접재료비 계산을 시작합니다.’)
    beg_raw=float(input(“원재료기초재고액 입력: “))
    raw_buy=float(input(“당기매입액 입력: “))
    end_raw=float(input(“원재료기말재고액 입력: “))
    direct_raw=beg_raw+raw_buy-end_raw
    print(“직접재료비는 “+str(direct_raw)+’원 입니다’)
    print()
    print(‘제품제조원가를 계산할까요? ‘, end=””)
    response = input(‘계산을 원하는 경우 y를 입력: ‘)
    if response != ‘y’:
        print(“계산작업을 중단합니다.”)
    else:
        print(‘제품제조원가 계산을 시작합니다.’)
        direct_labor=float(input(“직접노무비 입력: “))
        indirect_cost=float(input(“제조간접비 입력: “))
        beg_in_process=float(input(“기초재공품 입력: “))
        end_in_process=float(input(“기말재공품 입력: “))
        manufacture_cost=direct_raw+direct_labor+indirect_cost \
                         +beg_in_process-end_in_process
        print(“제품제조원가는 “+str(manufacture_cost)+’원 입니다’)
        print()
        print(‘매출원가를 계산할까요? ‘, end=””)
        response =input(‘계산을 원하는 경우 y를 입력: ‘)
        if response != ‘y’:
            print(“계산작업을 중단합니다.”)
        else:
            print(‘매출원가 계산을 시작합니다.’)
            beg_inventory=float(input(“기초제품재고액 입력: “))
            end_inventory=float(input(“기말제품재고액 입력: “))
            cost_of_goods=beg_inventory+manufacture_cost-end_inventory
            print(“매출원가는 “+str(cost_of_goods)+’원 입니다’)
```

코드 설명

- 라인 1: '직접재료비를 계산할까요?'라는 질문을 출력한다.
- 라인 2: 계산을 원하는 경우 'y'를 입력하고 그렇지 않은 경우 'y'가 아닌 값을 입력하여 변수 response가 가리키도록 한다.
- 라인 3: 변수 response 값이 'y'가 아닌지를 따져본다. 조건이 충족되는 경우 라인 4를 실행하고, 그렇지 않은 경우(변수 response 값이 'y'인 경우) 라인 4를 건너 뛰어 라인 6을 실행한다.
- 라인 4: '계산작업을 중단합니다.'라는 안내문을 출력한다. 이후 프로그램이 종료된다.
- 라인 6: '직접재료비 계산을 시작합니다.'라는 안내문을 출력한다.
- 라인 7: 원재료기초재고액을 입력하고 변수 beg_raw가 가리키도록 한다.
- 라인 8: 당기원재료매입액을 입력하고 변수 raw_buy가 가리키도록 한다.
- 라인 9: 원재료기말재고액을 입력하고 변수 end_raw가 가리키도록 한다.
- 라인 10: 직접재료비를 계산하여 변수 direct_raw가 가리키도록 한다.
- 라인 11: 변수 direct_raw를 출력한다.
- 라인 13: '제품제조원가를 계산할까요?'라는 질문을 출력한다.
- 라인 14: 계산을 원하는 경우 'y'를 입력하고 그렇지 않은 경우 'y'가 아닌 값을 입력하여 변수 response가 가리키도록 한다.
- 라인 15: 변수 response 값이 'y'가 아닌지를 따져본다. 조건이 충족되는 경우 라인 16을 실행하고, 그렇지 않은 경우(변수 response 값이 'y'인 경우) 라인 16을 건너 뛰어 라인 18을 실행한다.
- 라인 16: '계산작업을 중단합니다.'라는 안내문을 출력한다. 이후 프로그램이 종료된다.
- 라인 18: '직접재료비 계산을 시작합니다.'라는 안내문을 출력한다.
- 라인 19: 직접노무비를 입력하고 변수 direct_labor가 가리키도록 한다.
- 라인 20: 제조간접비를 입력하고 변수 indirect_cost가 가리키도록 한다.
- 라인 21: 기초재공품을 입력하고 변수 beg_in_process가 가리키도록 한다.
- 라인 22: 기말재공품을 입력하고 변수 end_in_process가 가리키도록 한다.
- 라인 23: 제품제조원가를 계산하여 변수 manufacture_cost가 가리키도록 한다.
- 라인 25: 변수 manufacture_cost를 출력한다.
- 라인 27: '매출원가를 계산할까요?'라는 질문을 출력한다.
- 라인 28: 계산을 원하는 경우 'y'를 입력하고 그렇지 않은 경우 'y'가 아닌 값을 입력하여 변수 response가 가리키도록 한다.
- 라인 29: 변수 response 값이 'y'가 아닌지를 따져본다. 조건이 충족되는 경우 라인 30을 실행하고, 그렇지 않은 경우(변수 response 값이 'y'인 경우) 라인 30을 건너 뛰어 라인 32를 실행한다.
- 라인 30: '계산작업을 중단합니다.'라는 안내문을 출력한다. 이후 프로그램이 종료된다.
- 라인 32: '매출원가 계산을 시작합니다.'라는 안내문을 출력한다.
- 라인 33: 기초제품재고액을입력하고 변수 beg_inventory가 가리키도록 한다.

- 라인 34: 기말제품재고액을입력하고 변수 end_inventory가 가리키도록 한다.
- 라인 35: 매출원가를 계산하여 변수 cost_of_goods가 가리키도록 한다.
- 라인 36: 변수 cost_of_goods를 출력한다. 이후 프로그램이 종료된다.

코드의 실행결과

```
직접재료비를 계산할까요?  계산을 원하는 경우 y를 입력: y
직접재료비 계산을 시작합니다.
원재료기초재고액 입력: 200000
당기매입액 입력: 1800000
원재료기말재고액 입력: 300000
직접재료비는 1700000.0원 입니다

제품제조원가를 계산할까요?  계산을 원하는 경우 y를 입력: y
제품제조원가 계산을 시작합니다.
직접노무비 입력: 1500000
제조간접비 입력: 1200000
기초재공품 입력: 600000
기말재공품 입력: 700000
제품제조원가는 4300000.0원 입니다

매출원가를 계산할까요?  계산을 원하는 경우 y를 입력: y
매출원가 계산을 시작합니다.
기초제품재고액 입력: 200000
기말제품재고액 입력: 500000
매출원가는 4000000.0원 입니다
```

분류 트리

분류 트리란 〈그림 3.1〉에서와 같이 단계별 기준 충족 여부에 따라 대상을 분류하는 모형을 말하는데 의사결정 트리(Decision tree) 모형 중 한 유형이다.

〈그림 3.1: 2단계 분류트리 사례〉

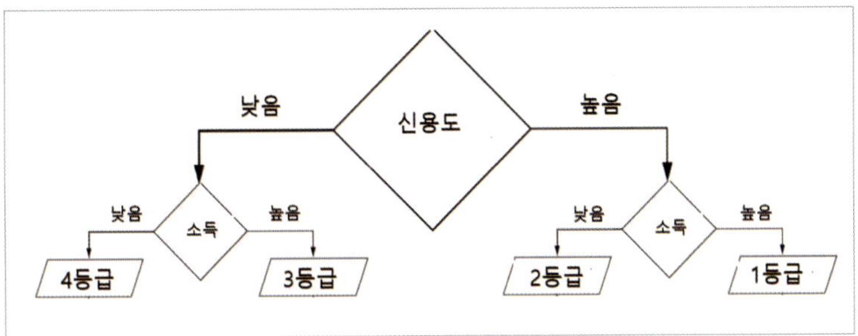

중첩 if-else구문을 분류트리에 사용하려는 경우 구조는 다음과 같다.

<파이썬 코드>

분류트리를 위한 중첩 if-else 구문의 구조

```
if 조건문 :
        if 조건문:
        실행문
        else:
        실행문

else:
        if 조건문:
        실행문
        else:
        실행문
```

코딩 사례 3.8: BCG matrix

파이썬과 함께 하는 경영학

BCG 매트릭스

BCG 매트릭스는 특정 사업분야(혹은 제품)의 시장점유율과 예상 성장률에 따라 사업분야를 아래 그림과 같이 분류한다(아래 그림은 Robbins/Coulter의 Management에서 인용하였음).

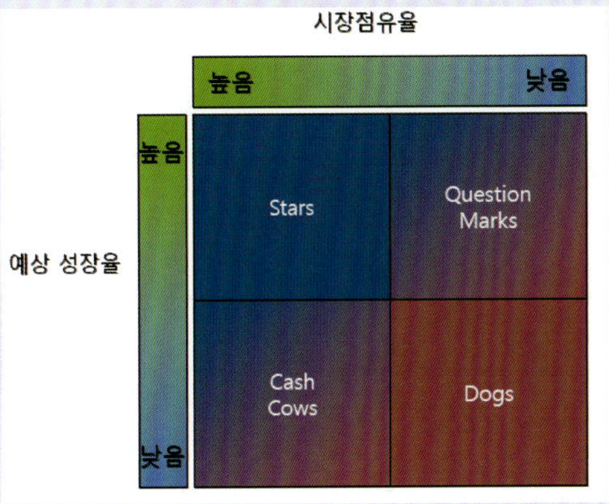

BCG 매트릭스는 한 기업의 사업 포트폴리오 전략을 수립하는데 기초가 될 수 있는 분석방법인데 여기서 시장점유율은 사업으로부터 발생하는 현금수익의 규모를 결정하는 요소로서 높은 시장점유율은 현금슈익의 규모가 크다는 의미로 해석된다. 한편, 예상 성장률은 사업에 필요한 투자금액의 규모를 결정하는 요소로서 높은 성장률은 사업에 투자해야할 투자금액의 규모가 크다는 것으로 해석된다.

따라서 어떤 사업분야가 “Cash Cow”로 분류되는 경우 벌어들이는 현금은 많지만 많은 투자액을 필요로 하지는 않기 때문에 해당 사업분야는 기업이 반드시 유지해야 하는 사업분야가 된다. “Star”로 분류되는 사업분야는 벌어들이는 현금은 많지만 또한 많은 투자액을 필요로 하는 사업분야로서 향후 “Cash Cow”로 육성해야 할 필요가 있는 사업분야가 된다. 한편, “Dog”로 분류되는 경우는 벌어들이는 현금이 적은 사업분야로 향후 성장가능성도 낮은 사업분야로서 기업 입장에서는 되도록 빨리 정리해야 할 사업분야로 분류된다. “Question Mark”로 분류되는 사업분야는 많은 투자액을 투입하면 성장이 기대되는 사업분야이기는 하지만 벌어 들이는 현금이 적은 사업분야로서 “Star”로 발전시키면 좋겠지만 자칫 “Dog”로 전락할 가능성도 있기 때문에 신중하게 접근해야 할 사업분야로 분류할 수 있다.

이와 같은 BCG 매트릭스를 적용하여 사업분야를 분류하는 작업에 중첩 if-else를 이용한 프로그램을 작성하여 보기로 하자.

코드

```
1    High=1
2    Low=2
3    market_share=int(input(‘Enter 1 if market share is high or 2: ’))
4    growth_rate=int(input(‘Enter 1 if growth rate is high or 2: ’))
5    if market_share==1:
6        if growth_rate==1:
7            biz_type='star’
8        else:
9            biz_type='cash cow’
10   else:
11       if growth_rate==1:
12           biz_type='question mark’
13       else:
14           biz_type=’dog’
15   print(‘BCG Matrix: ‘, biz_type)
```

코드 설명

- 라인 1: 변수 High가 1을 가리키도록 한다.
- 라인 2: 변수 Low가 2를 가리키도록 한다.
- 라인 3: 시장점유율이 높으면 1, 낮으면 2를 입력하고 변수 market_share가 가리키도록 한다.
- 라인 4: 예상 성장율이 높으면 1, 낮으면 2 입력하고 변수 growth_rate가 가리키도록 한다.
- 라인 5: 변수 market_share 값이 1인지 따져본다. 조건이 충족되는 경우 라인 6을 실행한다. 그렇지 않은 경우 라인 11이 실행되도록 한다.
- 라인 6: 변수 growth_rate 값이 1인지 따져본다. 조건이 충족되는 경우 라인 7을 실행한다. 그렇지 않은 경우 라인 9를 실행한다.
- 라인 7: 변수 biz_type가 ‘star’를 가키리도록 한다. 이후 라인 15가 실행된다.
- 라인 9: 변수 biz_type가 ‘cash cow’를 가키리도록 한다. 이후 라인 15가 실행된다.
- 라인 11: 변수 growth_rate값이 1인지 따져본다. 조건이 충족되는 경우 라인 12를 실행한다. 그렇지 않은 경우 라인 14를 실행한다.

- 라인 12: 변수 biz_type가 'question mark'를 가키리도록 한다. 이후 라인 15가 실행된다.
- 라인 14: 변수 biz_type가 'dog'를 가키리도록 한다. 이후 라인 15가 실행된다.
- 라인 15: 변수 biz_type를 출력한다.

코드의 실행결과

```
Enter 1 if market share is high or 2: 1
Enter 1 if growth rate is high or 2: 2
BCG Matrix:  cash cow
```

```
Enter 1 if market share is high or 2: 2
Enter 1 if growth rate is high or 2: 1
BCG Matrix:  question Mark
```

이 사례의 중첩된 if-else 구문들은 다음 그림에서와 같은 과정으로 실행되어 BCG 매트릭스에 따라 사업분야의 유형을 결정하게 된다.

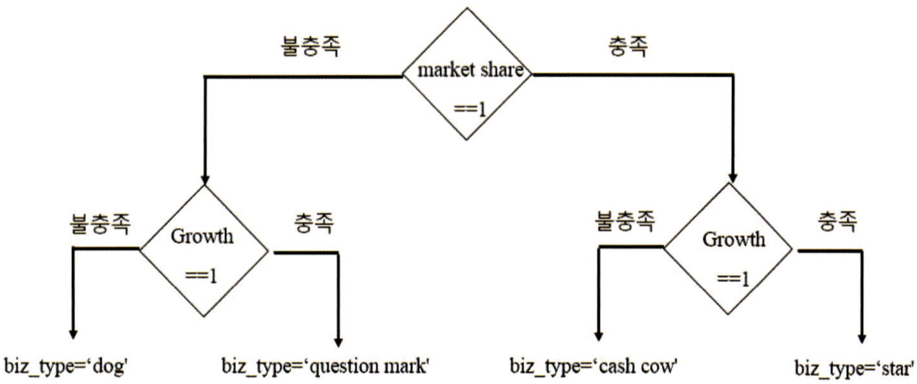

3장 연습문제

1. 다음은 서울 시내 모 호텔이 연간 회원권을 소유한 고객들에게 호텔 내의 식당을 이용하는 경우 제공하는 할인 혜택이다.

MEMBERSHIP

식사 및 음료 할인 혜택
· 일식당, 중식당, 뷔페
1~2인 20%, 3인 33%, 4인 25%, 5~10인 20%, 11~19인 15%, 20인 이상 10% 할인

이러한 조건에 따라서 이용고객들에게 제공되는 할인율을 안내하는 안내문을 출력하기 위한 프로그램을 작성하여 보시오.

2. 어떤 기업의 소비자 민원 담당부서에서 블랙-컨슈머들에 대한 대응 매뉴얼을 다음과 같이 구축하였다고 해 보자.

1단계: 폭언이나 성희롱이 발생하는 경우 중단을 요청한다. 중단된 경우 상담을 계속한다.
2단계: 폭언이나 성희롱이 계속되는 경우 녹음할 것을 경고한다. 중단된 경우 상담을 계속한다.
3단계: 계속되는 경우 법적조치를 할 것임을 경고한다. 중단된 경우 상담을 계속한다.
4단계: 계속되는 경우 상담종료를 알리고 상담을 종료한다..
5단계: 상담종료에 대하여 상급자에 보고 후 법적조치에 대한 기업 내부차원의 검토를 하도록 한다.

다음과 같은 프로그램 실행 결과를 생성할 수 있는 프로그램과 실행결과를 제시하시오.

```
폭언/성희롱 대응 매뉴얼을 시작합니다.
폭언이나 성희롱 중단을 요청하세요.
폭언(성희롱)이 중단되었습니까?
중단된 경우 y 아닌 경우 n 입력: n
녹음시작을 고지하세요.
폭언(성희롱)이 중단되었습니까?
중단된 경우 y 아닌 경우 n 입력: n
법적조치가 가능함을 경고하세요.
폭언(성희롱)이 중단되었습니까?  중단된 경우 y 아닌 경우 n 입력:n
상담종료 멘트를 합니다.
상담을 종료하고 관리자에게 보고후 법적조치를 검토합니다.
```

3. 어떤 신용카드 회사에서 개인 회원들의 신용도와 소득 수준에 따라 회원 등급을 아래 그림에서와 같이 4등급으로 분류한다.

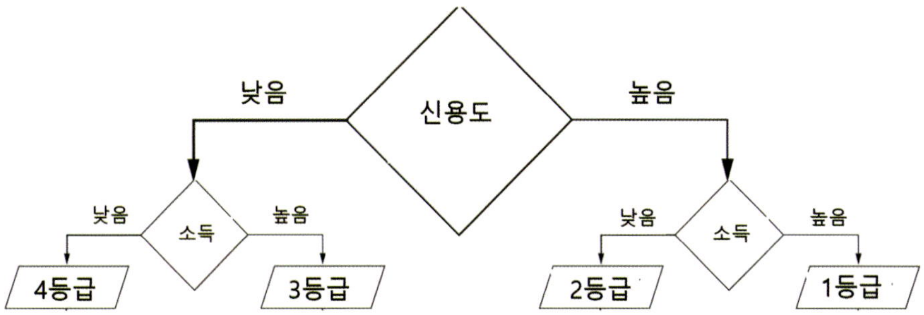

개인 회원들의 신용도와 소득 수준에 따라 회원 등급을 결정하기 위한 프로그램을 작성하여 보시오.

4. 〈코딩 사례 3.2〉와 같은 결과를 얻을 수 있도록 중첩 if-else를 사용한 프로그램을 작성하여 보시오.

5. 다음 광고는 신용카드 결제 시 결제금액에 따른 할인혜택에 대한 광고이다. 이 광고에 따라 할인금액을 결정할 수 있도록 프로그램을 작성하여 보시오.

6. 어떤 대학교의 정교수들의 월급은 기본급과 상여급으로 구성되어 있다고 한다. 이 학교의 경우 정교수들은 주 9시간을 의무적으로 강의해야 하는데 책임 강의시간 9시간만을 강의하는 정교수의 경우 기본급 5백만원을 월급으로 수령하지만 책임 강의시간을 초과하는 강의시간에 대해서는 강의시간당 10만원의 초과 수당이 지급된다고 한다. 단, 15시간을 초과한 강의시간에 대해서는 초과수당이 지급되지 않으며 책임

강의시간을 채우지 못하는 경우 기본급이 지급되지만 1년 내에 부족한 강의시간은 1년 내에 채워야 한다고 한다. 현재 이 대학의 정교수들 중에는 책임강의시간을 채우지 못한 교수, 책임시간만을 강의하는 교수, 15시간 이내에서 초과강의를 하는 교수, 15시간을 초과하여 강의하는 교수 등이 재직하고 있다고 한다. 이 대학 정교수들의 월급을 산정할 수 있는 프로그램을 생성하시오. 단, 책임시간을 채우지 못한 경우 1년 내에 부족시간을 채워야 한다는 안내문이 출력되도록 하시오.

7. 콜옵션은 미래의 일정시점(만기일, 행사일)에 미리 정해진 가격(행사가격)을 지불하고 특정한 자산(기초자산)을 매입할 수 있는 권리이다. 콜 옵션 투자자(매수자)는 콜옵션을 매수한 후 기초자산의 가격이 행사가격보다 높아지면 행사가격을 지불하고 기초자산을 매입하여 (기초자산 가격 - 행사가격)만큼의 투자수익을 얻는다. 그러나 만약 기초자산의 가격이 행사가격보다 낮으면 권리행사를 포기하게 되며 이 경우 투자수익은 "0"이 된다. 행사가격이 만원인 콜옵션의 만기일 투자수익을 계산하기 위한 프로그램을 작성하여 보시오.

8. 〈코딩 사례 3.3〉과 같은 결과를 얻을 수 있도록 if-elif-else 구문을 이용한 프로그램을 작성하여 보시오.

PART 4

동일한 작업을 반복하기 위한 파이썬

4장 동일한 작업을 반복하기 위한 파이썬

동일한 작업을 반복해야 하는 문제란 ?

아래 이모티콘은 SNS 활동을 하는 사람들에게는 매우 친숙한 이모티콘인데 "짝짝짝짝짝짝짝짝"이라는 박수소리를 5회 반복해서 출력하고 있다.

이와 같은 이모티콘의 박수소리를 출력하기를 원한다면 다음과 같이 print 명령을 반복해서 코딩해도 될 것이다.

```
print("짝짝짝짝짝짝짝짝")
print("짝짝짝짝짝짝짝짝")
print("짝짝짝짝짝짝짝짝")
print("짝짝짝짝짝짝짝짝")
print("짝짝짝짝짝짝짝짝")
```

그런데 만약 이러한 작업을 수십 번 반복해야 한다면 어떻게 할 것인가? 위와 같이 동일한 코딩을 반복하는 것이 과연 효율적일까? 이와 같이 동일한 작업을 반복해야 하는 경우 다음과 같은 코딩을 사용하면 매우 효율적으로 문제를 해결할 수 있다.

```
count_list=[1,2,3,4,5]
for count in count_list:
    print("짝짝짝짝짝짝짝짝")
```

이 프로그램에서는 for 루프라는 구문을 이용하고 있는데 print("짝짝짝짝짝짝짝짝")이라는 코딩을 5회 반복한 것과 동일한 결과를 얻을 수 있다. for 루프를 이용한 위 프로그램이 실행되면 우선 라인 2에서 count 변수에 count_list [1,2,3,4,5]의 "1"이 할당되고 라인 3의 print 함수가 실행되어 "짝짝짝짝짝짝짝짝"이 출력된다. 다음으로는 count_list의 "2"가 count 변수에 할당되고 다시 라인 3이 실행되어 "짝짝짝짝짝짝짝짝"이 출력된다. 이러한 작업이 순환/반복되다가 count_list의 "5"가 count 변수에 할당되고 라인 3이 또 다시 실행되어 "짝짝짝짝짝짝짝짝"이 출력되면 for 루프가 종료되는 것이다.

즉, 라인 2에서 count 변수에 count_list [1,2,3,4,5]의 요소들이 순차적으로 할당될 때마다 라인 3이 반복적으로 실행되고 count 변수에 count_list [0,1,2,3,4]의 마지막 요소가 할당되어 라인 3이 마지막으로 실행되면 for 루프의 실행이 종료된다는 것인데 이 사례에서의 for 루프의 실행과정은 다음과 같이 요약할 수 있다.

for 루프 회차(iteration)	count 값	print("짝짝짝짝짝짝짝짝")
1	1	짝짝짝짝짝짝짝짝
2	2	짝짝짝짝짝짝짝짝
3	3	짝짝짝짝짝짝짝짝
4	4	짝짝짝짝짝짝짝짝
5	5	짝짝짝짝짝짝짝짝

for 루프를 이용한 이 프로그램의 실행결과는 다음과 같다.

```
짝짝짝짝짝짝짝짝
짝짝짝짝짝짝짝짝
짝짝짝짝짝짝짝짝
짝짝짝짝짝짝짝짝
짝짝짝짝짝짝짝짝
```

이런 작업을 반복하는 경우라면 ?

어떤 편의점에서 5명의 알바생들의 임금을 계산해야 한다고 하여 보자. 시간당 임금은 10,000원이고 각 알바생의 근로시간은 아래와 같다고 한다.

알바생 ID	근로시간
1	10 시간
2	15시간

3	25시간
4	12시간
5	12시간

이와 같은 사례에서 각 알바생의 근로시간에 시간당 임금을 곱하여 임금을 계산하는 작업을 하기 위해서 다음과 같이 코딩하는 경우를 생각해 보자.

```
wage=10000
hours_1=10
salary=wage*hours_1
print(salary)

hours_2=15
salary=wage*hours_2
print(salary)

hours_3=25
salary=wage*hours_3
print(salary)

hours_4=12
salary=wage*hours_4
print(salary)

hours_5=22
salary=wage*hours_5
print(salary)
```

그런데 사원 수가 수십 명인 경우에도 이와 같이 동일한 코딩을 반복해서 프로그램을 작성하는 것이 과연 바람직할까?

이제 for 루프를 이용하여 위의 프로그램을 효율적으로 바꾸어 보자

```
wage=10000                    # 시간당 임금
hours=[10, 15, 25, 12, 22]    # 사원들의 근로시간
```

```
3    for hour in hours:     # hour에 [10, 15, 25, 12, 22]의 요소를 순차적으로 할당
4        salary=wage*hour     # hour에 할당된 값과 wage를 곱하여 salary 산출
5        print(salary)
```

이 사례에서 사용된 for 루프의 실행과정을 살펴보자. 우선 hours 라는 리스트에는 5인의 직원들의 근무 시간들이 입력되어 있다.

라인 3의 " for hour in hours"라는 코딩은 리스트 [10, 15, 25, 12, 22]의 요소 값을 순차적으로 hour라는 변수에 할당하라는 의미이다. 즉, 루프 1회차에서는 변수 hour에 10의 값이 할당된다. 그리고 라인4의 코딩의 실행 결과 사원 1의 총임금이 계산되고, 라인 5의 실행 결과 첫 번째 사원의 총임금이 출력된다.

그 다음 루프 2회차에서는 변수 hour에 15의 값이 할당되고 다시 라인 4~5가 실행되어 두 번째 사원의 총임금이 계산되어 출력된다.

이와 같은 루프 순환은 변수 hour에 마지막으로 22라는 값이 할당되고 또 다신 라인 4~5가 실행되어 다섯 번쨰 사원의 총임금 계산과 출력이 이루어지면 종료되는 것이다.

이 사례에서 for 루프가 실행되는 과정은 다음과 같이 요약할 수 있다.

루프 회차(iteration)	hour 값	salary 값	print(salary)
1	10	10000*10	100000
2	15	10000*15	150000
3	25	10000*25	250000
4	12	10000*12	120000
5	22	10000*22	220000

for 루프를 이용한 이러한 프로그램의 실행결과는 다음과 같다.

```
100000
150000
250000
120000
220000
```

파이썬의 for 루프는 이와 같이 동일한 작업을 반복하는 문제를 해결하기 위한 프로그램 작성에 매우 유용하게 쓰일 수 있는 파이썬 구문이다.

4장에서는 이와 같은 for 루프외에도 while 루프를 활용하는 다양한 방법에 대하여 공부하기로 한다.

4.1 for 루프의 구조와 타겟 변수의 활용

이제 for 루프의 기본적인 구조를 알아보자.

<파이썬 코드>

for 루프 구조

```
for 타겟변수 in 리스트(튜플, 딕셔너리):
    실행문(statement)
    실행문(statement)
    ........................
```

⚠ for 라인은 루프가 실행될 때마다 리스트 등의 요소들을 타겟변수에 순차적으로 할당하라는 의미이다. 타겟변수에 할당된 값은 실행문내의 연산작업에 직접 사용되거나 루프의 횟수를 조절하는 등 다양한 방법으로 사용된다.

⚠ for 라인은 반드시 콜론(:)으로 종료되어야 한다.

⚠ for 루프의 실행문은 들여쓰기를 해야 하며 모든 실행문들의 들어쓰기 간격은 동일해야 한다.

⚠ for 루프의 마지막 실행문이 실행된 이후에는 for 라인으로 돌아가서 타겟변수에 다음 값을 할당하고 루프 실행문들을 다시 실행한다. 타겟변수에 마지막 값이 할당되어 실행문들이 실행되고 난 이후 for 루프는 종료된다.

for 루프를 이용하여 효율적으로 해결할 수 있는 문제들은 경영학 분야에서도 흔히 찾아 볼 수 있는데 다음 사례에 대하여 생각해 보기로 하자.

파이썬과 함께 하는 경영학

월복리 정기적금의 세전원리금 계산

월복리 적금의 세전원리금

$$= A \times (1+r/12)^{n} + A \times (1+r/12)^{n-1} + \cdots + A \times (1+r/12)^{2} + A \times (1+r/12)^{1}$$

A=월적립액, r =연이자율, n=만기(월수)

(식 4-1)

그런데 (식 4-1)에서는 매월 적립액의 세전원리금을 계산하여 누적합을 계산해 가는 동일한 과정이 다음과 같이 반복되고 있음을 알 수 있다.

$A \times (1+r/12)^{n}$ 계산

+

$A \times (1+r/12)^{n-1}$ 계산

+

....

$A \times (1+r/12)^{2}$ 계산

+

$A \times (1+r/12)^{1}$ 계산

즉, (식 4-1)을 적용하여 월복리 정기적금의 세전원리금을 계산하는 문제를 해결하기 위해서는 매월 적립금의 원리금을 계산하고 누적해서 합산하는 작업을 반복해야 하므로 for 루프를 적용할 수 있는 전형적인 사례가 될 수 있다. 다음 사례에서는 정기적금의 세전원리금을 계산하기 위한 프로그램을 for 루프를 이용하여 다음과 같이 코딩하여 보자.

코딩 사례 4.1:월복리 정기적금의 세전원리금 계산

코드

```
install=int(input("월적립액 입력:"))
rate=float(input("연이자율 입력:"))
```

```
3    maturity=int(input("만기(월) 입력:"))
4    total=0
5    for month in range(maturity,0,-1):       #month에 만기월부터 1까지 할당
6        fv=install*(1+rate/12)**month        #월적립액의 원리금 계산
7        total=total+fv                       #월적립액의 원리금을 더해 나감
8    print('세전원리금: ',format(total,',.0f'))
```

코드 설명

- 라인 1: 월적립액을 입력하고 변수 install이 가리키도록 한다.
- 라인 2: 연이자율을 소수로 입력하고 변수 rate가 가리키도록 한다.
- 라인 3: 만기를 월 단위로 입력하고 변수 maturity가 가리키도록 한다.
- 라인 4: 원리금을 가리키는 변수 total의 초기값으로 0을 지정한다.
- 라인 5: 변수 maturity가 가리키는 수부터 시작하여 역순으로 1까지의 정수를 타겟변수 month에 순차적으로 할당하고 실행문 라인 6~7을 반복실행하게 한다.

> **range(start, end, interval)**
> 'start'와 'end' 구간 내의 정수들을 'interval'의 간격으로 추출하여 순서대로 타겟변수에 할당하기 위하여 사용한다. 예를 들어 range(1,5,1)함수는 1,2,3,4를 타겟변수에 순서대로 할당하게 된다.

- 라인 6: 월적립액의 원리금을 계산하여 변수 fv가 가리키도록 한다.
- 라인 7: 변수 fv 값을 변수 total에 합산한다. 이 후 라인 5로 되돌아가서 타겟변수에 다음 순서의 정수를 할당하고 라인 6~7을 반복실행한다. 라인 6~7이 반복실행될 때마다 변수 total의 값이 업데이트 된다. 타겟변수 month에 1이 할당되어 라인 6~7이 최종적으로 실행되고 나면 변수 total의 최종 값이 계산되고 이 값이 정기적금의 세전원리금이 된다.
- 라인 8: total 값을 출력하고 프로그램이 종료된다.

코드의 실행결과

```
월적립액 입력:10000
연이자율 입력:0.036
만기(월) 입력:36
세전원리금:  380,697
```

이 사례에서 사용된 for 루프의 실행과정을 구체적으로 설명하면 다음과 같다.

루프회차	month	fv=install*(1+rate/12)**month	total
1	36	$10000*(1+0.003)^{36}$	$10000*(1+0.003)^{36}$
2	35	$10000*(1+0.003)^{35}$	$10000*(1+0.003)^{36}$ $+10000*(1+0.003)^{35}$
......			
35	2	$10000*(1+0.003)^{2}$	$10000*(1+0.003)^{36}$ $+10000*(1+0.003)^{35}$ + $+10000*(1+0.003)^{2}$
36	1	$10000*(1+0.003)^{1}$	$10000*(1+0.003)^{36}$ $+10000*(1+0.003)^{35}$ + ... + $+10000*(1+0.003)^{2}$ $+10000*(1+0.003)^{1}$

다음 사례에서는 연금의 현재가치를 계산하는 문제에 for 루프를 사용하는 방법에 대하여 소개하고 있다.

코딩 사례 4.2:즉시연금보험 연금수령방법의 선택

파이썬과 함께 하는 경영학

연금

연금이란 미래 일정한 기간 동안 동일한 금액을 계속하여 수령(또는 지급)하는 연속된 현금흐름을 말한다.

(예)

- 국민연금 중 노령연금
- 연금복권 월 연금

그런데 연금에서 발생하는 현금은 미래에 수령(지급)하는 것이므로 이를 현재 기준으로 평가해야 할 필요가 생기게 된다. 즉, 연금의 현재가치를 계산할 필요가 있게 된다.

연금의 현재가치

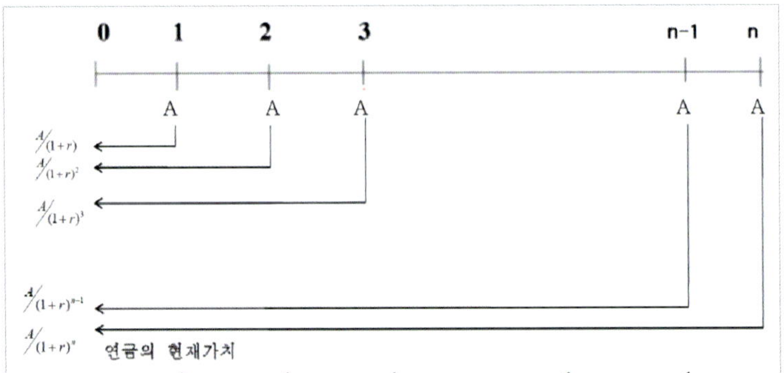

$$\text{연금의 현재가치} = \frac{A}{(1+r)} + \frac{A}{(1+r)^2} + \frac{A}{(1+r)^3} + \cdots\cdots + \frac{A}{(1+r)^{n-1}} + \frac{A}{(1+r)^n}$$

A:연금액 r: 1기간 이자율 n; 연금횟수

(식 4-2)

예를 들어 즉시연금보험이라는 금융상품은 개인이 보험회사에 목돈을 보험료로 1회 납입하고 일정기간 동안 연금월액을 수령하는 연금보험의 한 형태를 말한다. 일반적으로 연금월액을 수령하는 방법은 확정기간형과 종신형으로 구분되는데 확정형은 가입자의 생존여부와 관계없이 일정기간동안 연금월액을 수령하는 방식이다. 반면 종신형은 가입자가 사망할 때까지 연금월액을 수령하는 방식이며 만약 보증기간 내에 사망하는 경우 보증기간 내 수령하지 못한 연금월액은 상속자들이 상속받는 방식이다.

다음은 1억원의 보험료를 납부하는 경우 어떤 보험회사가 제시하고 있는 연금월액 자료이다.

구분		최저보증이율 가정시		연복리A 2.47% 가정시	
종신연금형	일반형 20년보증	매월	27만5천원	매월	34만7천원
확정기간연금형	10년형	매월	83만2천원	매월	89만3천원
	15년형	매월	56만7천원	매월	62만9천원
	20년형	매월	43만4천원	매월	49만7천원

즉시연금보험에 가입하려는 경우 도대체 어떤 방식을 선택하는 것이 가입자에게 유리할까? 즉, 최저보증이율이 적용된다고 가정하는 경우 가입자는 종신형과 확정형 중 어떤 방식을 선택해야 할까? 만약 확정형을 선택한다면 10년형, 15년형, 20년형 중 어떤 방식을 선택해야 할까?

개인에게는 매우 중요한 이러한 문제에 답을 얻기 위하여 각 방식의 연금월액의 현재가치를 계산하여 보자.

코드

```
1    cash=int(input('월연금액: '))
2    rate=float(input('연이자율: '))
3    numbers=int(input('총연금횟수: '))
4    num_per_year=int(input('연간 연금횟수: '))
5    total=0
6    for month in range(1,numbers+1):
7        pv=cash/((1+rate/num_per_year)**month)
8        total=total+pv
9    print('연금월액의 현재가치: ',format(total,',.0f'))
```

코드 설명

- 라인 5: 변수 total의 초기값으로 0을 지정한다.
- 라인 6: 타겟변수 month에 1부터 총연금횟수까지의 정수를 순차적으로 할당하고 라인 7~8이 반복실행되도록 한다.
- 라인 7: 월연금액의 현재가치를 계산하여 변수 pv가 가리키도록 한다.
- 라인 8: 변수 total의 값에 변수 pv 값을 합산하여 total 의 값을 변경한다. 이후 라인 6으로 되돌아가서 타겟변수 month에 다음 순서의 정수를 할당하고 라인 7~8을 반복실행한다. 타겟변수 month에 최종적으로 총연금횟수 값이 할당되면 for 루프가 종료되고 total의 최종 값이 계산된다.

코드의 실행결과

10년 확정형 연금월액의 현재가치:

```
월연금액: 832000
연이자율: 0.015
총연금횟수: 120
연간 연금횟수: 12
연금월액의 현재가치:   92,659,105
```

15년 확정형 연금월액의 현재가치:

```
월연금액: 567000
연이자율: 0.015
총연금횟수: 180
연간 연금횟수: 12
연금월액의 현재가치:   91,342,147
```

20년 확정형 연금월액의 현재가치:

```
월연금액: 434000
연이자율: 0.015
총연금횟수: 240
연간 연금횟수: 12
연금월액의 현재가치:   89,939,722
```

이자율을 2019년 말 국고채 수익률 수준인 1.5%로 가정하는 경우 확정기간형 연금월액의 현재가치는 크게 차이가 없는 것을 알 수 있다. 따라서 확정기간형의 경우 짧은 기간 동안 좀 더 많은 금액을 수령할 것인가 아니면 적은 금액을 오래 수령할 것인가의 선택일 뿐 경제적으로 유/불리를 따질 필요는 없다.

그렇다면 확정형과 종신형 중 어떤 선택을 해야 할 까? 우선 보증기간 내 사망하는 경우 연금월액의 현재가치를 계산하여 보자.

```
월연금액: 275000
연이자율: 0.015
총연금횟수: 240
연간 연금횟수: 12
연금월액의 현재가치:   56,989,455
```

가입자가 보증기간 내에 사망하는 경우 연금월액의 현재가치는 5천7백여만원에 불과함을 알 수 있다. 이러한 결과는 보증기간 내에 가입자가 사망하는 경우 종신형 방식은 확정형 방식과 비교하여 매우 불리한 방식임을 알 수 있게 해 준다. 그렇다면 종신형을 선택하는 경우 가입 후 얼마나 생존하여야 확정형보다 유리해질까? 종신형을 선택하여 가입 후 36년간 생존하여 수령하게 될 연금월액의 현재가치를 계산하여 보자.

```
월연금액: 275000
연이자율: 0.015
총연금횟수: 432
연간 연금횟수: 12
연금월액의 현재가치:  91,752,144
```

이와 같은 계산결과는 종신형을 선택하는 경우 가입 후 상당히 오랜 기간 장수하는 경우에만 확정형 방식과 비슷한 경제적 효과가 있음을 말해 주고 있다. 즉, 가입 후 36년 내에 사망하는 경우 종신형은 확정형 방식과 비교하여 불리한 방식이라는 것이다.

코딩 사례 4.3: 표본평균과 준분산(Semivariance)의 계산

파이썬과 함께 하는 경영학

표본평균

$$\overline{X} = \frac{1}{n}\sum_{i=1}^{n} x_i$$

$\overline{X}$= 표본평균 $X_i = i$번째 자료값 n = 자료의 갯수

(식 4-3)

예를 들어 1, 5, 6, 2, 4, 6, 2, 7라는 8개의 자료 값들의 표본평균을 계산하기 위하여 다음과 같이 코딩할 수 있을 것이다.

코드

```
x=[1,5,6,2,4,6,2,7]
```

```
2    total=0
3    for num in x:
4        total=total+num
5    average=total/len(x)
6    print('sample mean: ',average)
7    print('observations: ', len(x))
```

코드 설명

- 라인 2: total의 초기값으로 0을 부여한다.
- 라인 3: 타겟변수 num에 리스트 x의 각 요소가 순차적으로 할당되어 라인 4가 반복실행되도록 한다.
- 라인 4: 라인 3에서 num에 할당된 수를 total에 합산하여 total의 값을 업데이트한다. 이후 라인 3으로 되돌아가 리스트 x의 다음 요소를 num에 할당한 후 라인 4를 다시 실행한다. num에 최종적으로 리스트 x의 마지막 요소인 7이 할당되면 라인 4을 마지막으로 실행하여 변수 total의 최종 값을 산출한다.
- 라인 5: 변수 total의 최종 값을 리스트 x의 요소개수로 나누어 평균을 계산하고 변수 average가 가리키도록 한다.

> **len()**
>
> 리스트, 튜플, 딕셔너리 등의 요소의 개수가 계산된 정수를 반환한다.

코드의 실행결과

```
sample mean:  4.125
observations:  8
```

이 사례에서 루프 회차에 따른 타겟변수 값과 실행문의 실행결과는 다음과 같다.

루프 회차(iteration)	num 값	total 값
1	1	0+1=1
2	5	1+5=6
3	6	6+6=12
4	2	12+2=14
5	4	14+4=18

6	6	18+6=24
7	2	24+2=26
8	7	26+7=33

여기서는 자료 값들의 합을 계산하기 위하여 total이라는 변수를 이용하고 있는데 for 루프 이전 라인에서 total 변수의 초기 값으로 "0"을 할당하고 있다. 이제 for 루프의 첫회차에서 타겟변수 num에 "1"이 할당되고 이 값이 total 변수의 초기 값인 "0"에 더해져서 total 변수의 값은 "1"이 된다. for 루프의 2회차에서는 타겟변수 num에 "5"가 할당되고 이 값이 total 변수 값인 "1"에 더해져서 total 변수의 값은 "6"이 된다. for 루프의 3회차에서는 타겟변수 num에 "6"이 할당되고 이 값이 total 변수 값인 "6"에 더해져서 total 변수의 값은 "12"가 된다. 이와 같이 for 루프가 실행되어 종료되면 total 변수는 최종적으로 33의 값을 가지게 된다. total 변수의 최종값인 33을 자료 개수인 8로 나누어 평균값이 계산되는데 자료 개수는 리스트의 요소들의 개수를 세는데 이용하는 len() 함수를 이용하고 있다.

이제 리스트 [1,5,6,2,4,6,2,7]의 값들에 대하여 준분산을 계산하는 프로그램을 작성하여 보자.

파이썬과 함께 하는 경영학

준분산[1)]

준분산은 수치자료의 값들 중에서 표본평균보다 작은 범위에 얼마나 흩어져 있는 지를 나타내는 기술통계량으로 다음과 같은 방식으로 계산된다.

$$\frac{1}{n}\sum_{x_i<\overline{X}}^{n}(x_i-\overline{X})^2$$

$\overline{X}$= 표본평균 $X_i = i$번째 자료값 $n =$ 표본평균보다 작은 자료의 갯수

(식 4-4)

코드

```
x=[1,5,6,2,4,6,2,7]
total=0
for num in x:
    total=total+num
average=total/len(x)
```

1) 준분산은 투자공학에서 투자의 손실위험(downside risk)를 측정하기 위해 사용되는 개념이다.

```
6     dev_total=0
7     dev_num=0          #리스트 x의 요소 중 평균보다 작은 요소의 개수를 계산하는 변수
8     for num in x:
9         if num <average:
10            dev=(num-average)**2
11            dev_num+=1
12        else:
13            dev=0
14        dev_total+=dev
15    variance=dev_total/(dev_num-1)
16    print('semi-variance: ', format(variance, '.02f'))
17    print('numbers less than average: ',dev_num)
```

코드 설명

- 라인 1: 리스트 [1,5,6,2,4,6,2,7]를 생성하고 변수 x가 가리키도록 한다.
- 라인 2: 변수 total의 초기값을 0으로 설정한다.
- 라인 3: 리스트 x의 요소들을 순차적으로 타겟변수 num에 할당하여 라인 4가 반복실행되도록 한다.
- 라인 4:타겟변수 num의 값을 변수 total값에 더하여 변수 total의 값을 변경시킨다. 이후 라인 3으로 되돌아가 타겟변수 num에 다음 수가 할당되도록 한다.
- 라인 5; 변수 total의 값을 리스트 x의 요소개수로 나누어 리스트 x의 요소들의 평균을 계산하고 변수 average가 가리키도록 한다.
- 라인 6: 변수 dev_total의 초기값을 0으로 설정한다.
- 라인 7: 변수 dev_num의 초기값을 0으로 설정한다.
- 라인 8: 타겟변수 num에 리스트 x의 요소들을 순서대로 할당하고 라인 9~14까지의 루프 실행문이 반복하여 실행되도록 한다.
- 라인 9:타겟변수 num에 할당된 값이 변수 average 값보다 작은 지를 따져본다. 조건이 총족되는 경우 라인 10~11을 실행하고 그렇지 않은 경우 라인 13을 실행한다.
- 라인 10: 타겟변수 num 값과 변수 average의 차이제곱을 계산하여 변수 dev가 가리키도록 한다.
- 라인 11: 증강연산자를 이용하여 변수 dev_num의 값을 1 증가시킨다.

증강연산자(Augmented assignment operator)

변수의 값을 변경시키는 연산을 위한 코딩을 줄여서 코딩할 때 사용되는 코드를 말한다.

코드	예	의미
+=	x+=5	x=x+5
-=	x-=5	x=x-5
*=	x*=5	x=x*5
/=	x/=5	x=x/5

- 라인 13: 변수 dev가 0을 가리키도록 한다.
- 라인 14: 변수 dev의 값을 dev_total의 값에 합산하여 dev_total의 값을 변경시킨다. 라인 8로 되돌아 가서 타겟변수 num에 다음 수가 할당되도록 한다. 타겟변수 num에 리스트 x의 마지막 요소가 할당될 때까지 라인 9~14까지의 루프 실행문들이 반복/실행된다. 타겟변수 num에 리스트 x의 마지막 요소가 할당되면 dev_total의 최종값이 계산되고 라인 15가 실행된다.
- 라인 15: 변수 dev_total의 값을 (dev_num-1)로 나누어 준분산을 계산하고 변수 variance가 가리키도록 한다.
- 라인 16: 변수 variance를 출력한다.
- 라인 17: 변수 dev_num을 출력한다.

코드의 실행결과

```
semi-variance:  6.27
numbers less than average:  4
```

두 번 째 for 루프에서는 자료 값과 표본평균과의 차이 제곱합을 dev_total이라는 변수가 가리키고 있는데 dev_total 변수의 초기 값으로 "0"을 할당하고 있다. 루프가 순환될 때마다 타겟변수 num에는 순차적으로 리스트 [1,5,6,2,4,6,2,7]의 요소 값인 1, 5, 6, 2, 4, 6, 2, 7이 할당되고 이 값이 평균보다 작은 경우 표본평균과의 차이 제곱인 변수 dev의 값을 계산한다. 이때 자료 값 중 평균보다 작은 값의 개수를 계산하기 위해 초기값이 "0"으로 설정된 dev_num 변수를 이용하고 있다. 변수 dev의 값이 순차적으로 dev_total 변수 값에 더해지고 루프가 종료되면 dev_total 변수의 최종값이 계산된다. dev_total 변수의 최종값을 평균보다 작은 값들의 개수로 나누어 주면 준분산이 계산되는 것이다.

타겟변수가 슬라이싱을 위한 인덱스로 사용되는 경우

지금까지는 타겟변수에 할당된 값들이 실행문내의 작업에 직업 활용되는 사례들을 살펴보았다. 이와 같이 타겟변수 값이 실행문 내에서 직접 이용되는 경우도 많지만 타겟변수 값이 리스트나 딕셔너리 등의 슬라이싱을 위한 인덱스로도 활용될 수 있다.

코딩 사례 4.4:콜옵션의 투자수익 계산

여기서는 타겟변수 값을 리스트 슬라이싱을 위한 인덱스로 활용하여 콜옵션이라는 유가증권의 투자수익을 계산하는 사례를 살펴 보기로 한다.

파이썬과 함께 하는 경영학

콜옵션(call option)

콜옵션은 미래의 일정시점(만기일, 행사일)에 미리 정해진 가격(행사가격)을 지불하고 특정한 자산(기초자산)을 매입할 수 있는 권리이다.

콜 옵션 투자자(매수자)는 콜옵션을 매수한 후 기초자산의 가격이 행사가격보다 높아지면 행사가격을 지불하고 기초자산을 매입하여 이득을 얻는다. 그러나 만약 기초자산의 가격이 행사가격보다 낮으면 권리행사를 포기한다. 따라서 콜옵션 투자자에게 발생하는 투자수익(투자자에게 발생하는 현금흐름)은 다음과 같이 요약할 수 있다.

만기일 시점에서 콜옵션 투자자의 투자수익

만기일 기초자산가격	행사 여부	수익
$S_T > X$	콜 행사됨(기초자산 매입)	$-X + S_T$
$S_T \leq X$	콜 행사 포기됨	0

S_T = 만기일의 기초자산 가격
X=옵션의 행사가격
T=옵션 만기일

〈 표 4.1 만기일 콜옵션 투자수익〉[2]

2) 알기쉬운 재무관리, 박경욱,홍순구,김동훈 저

그런데 〈표 4.1〉에 설명되어 있는 내용만으로는 만기일의 기초자산의 가격과 콜옵션 투자수익간의 관계를 이해하기 조금 어려운 면이 있다. 여기서는 만기일의 기초자산의 가격과 콜옵션 투자수익간의 관계를 알기 쉽게 그래프로 나타낼 수 있는 프로그램을 작성해 보기로 한다. 콜옵션의 기초자산은 주식으로 가정한다.

코드

```
1    strike=10000
2    stock_price=list(range(9500,10600,100))  # 만기일 주가 리스트
3    L=len(stock_price)
4    payoff=[ ]
5    for i in range(0,L):   # 타겟변수에 0부터 L - 1까지의 정수를 순차적으로 할당
6        if stock_price[i]>strike:  # 주가 리스트에서 슬라이싱된 주가와 행사가격 비교
7            cash= -strike+stock_price[i]  # 콜옵션 행사할 경우의 투자수익
8        else:
9            cash=0                  # 콜옵션 포기할 경우의 투자수익
10       payoff.append(cash)         # cash 값을 순차적으로 리스트 payoff 에 추가함
11   print(payoff)
12   import matplotlib.pyplot as plt
13   plt.plot(stock_price, payoff)                  # 선그래프생성
14   plt.xlabel('Stock price on maturity')          # x축 이름 설정
15   plt.ylabel('Payoff')                           # y축 이름 설정
16   plt.title('Call option payoff on maturity')    # 그래프 제목 설정
17   plt.ylim(0,700)                                # y축의 최소값과 최대값 설정
18   plt.show()
```

코드 설명

- 라인 1:변수 strike가 10000을 가리키도록 한다.
- 라인 2:9500원과 10600원 사이의 수 100개로 구성된 리스트를 생성하고 변수 stock_price가 가리키도록 한다.
- 라인 3:변수 L이 리스트 stock_price의 요소 개수를 가리키도록 한다.
- 라인 4: 요소가 없는 빈 리스트 payoff를 생성하여 변수 payoff가 가리키도록 한다.
- 라인 5: 타겟변수 i에 0부터 L - 1까지의 정수를 순차적으로 할당하여 라인 6~라인 10에 정의된 for 루프 실행문들이 반복실행되도록 한다.
- 라인 6: 리스트 stock_price의 인덱스 i의 요소가 변수 strike 값보다 큰 지를 따져 본다. 조건이 충족되는

경우 라인 7이 실행되도록 하고 그렇지 않은 경우 라인 9가 실행되도록 한다.

- 라인 7: 리스트 stock_price의 인덱스 i의 요소에서 변수 strike를 차감하여 변수 cash가 가리키도록 한다.
- 라인 9: 변수 cash가 0을 가리키도록 한다.
- 라인 10: 변수 cash의 값을 리스트 payoff에 추가한다. 라인 5로 되돌아 가서 타겟변수 i에 다음 정수가 할당되도록 한다. 라인 5의 타겟변수 i에 리스트 (L-1)이 할당될 때까지 라인 6~10까지의 루프 실행문들이 반복/실행된다. 라인 5의 타겟변수 i에 (L-1)이 할당되어 라인 6~라인 10의 루프 실행문들이 마지막으로 실행되면 리스트 payoff가 최종적으로 생성된다.
- 라인 12: matplotlib.pyplot을 plt라는 약칭으로 임포트한다. 파이썬 라이브러리를 사용하기 위해서 라이브러리를 임포트하는 방법과 matplotlib 라이브러리를 이용하는 방법에 대해서는 4장 부록을 참고하기 바란다.
- 라인 13: 리스트 stock_price를 x축, 리스트 payoff를 y축으로 가지는 선그래프를 그린다.
- 라인 14: x축 이름을 'Stock price on maturity'로 설정한다.
- 라인 15: y축 이름을 'Payoff'로 설정한다.
- 라인 16: 선그래프 이름을 'Call option payoff on maturity'로 설정한다.
- 라인 17: y축의 최소값과 최대값을 각각 0과 700으로 설정한다.
- 라인 18: 선그래프를 출력한다.

코드의 실행결과

```
[0, 0, 0, 0, 0, 0, 100, 200, 300, 400, 500]
```

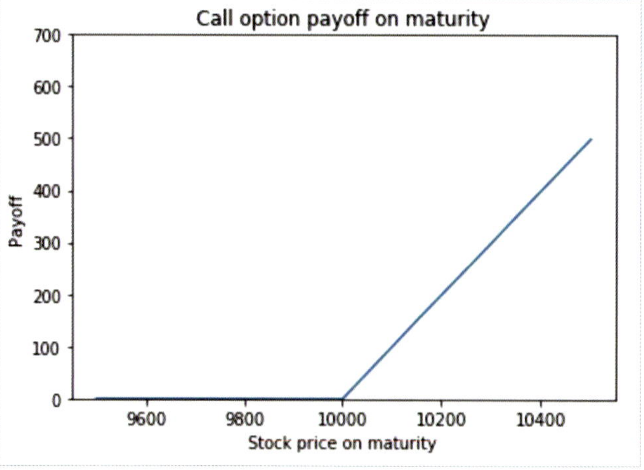

프로그램 실행 후 작성된 선차트를 살펴보면 콜옵션 투자수익은 하키 스틱(hockey stick)의 형태를 가짐을 알 수 있다.

타겟변수에 할당된 값이 단순히 for 루프의 실행횟수를 조절하기 위하여 사용되는 경우도 있다.

4.2 타겟변수가 루프회차를 조절하는데 사용되는 for 루프

파이썬과 함께 하는 경영학

감가상각비/ 감가상각누적액/장부가액 계산

기업들은 건물, 기계장치, 시설장치, 차량운반구 등과 같은 유형자산을 보유하는 경우가 많은데 이와 같은 유형자산들은 시간이 경과함에 따라서 그 가치가 감소하게 된다. 이와 같이 시간의 경과에 따라 가치가 감소하는 현상을 감가상각이라고 하는데 예를 들어 중고차 가격이 신차 가격보다 저렴한 이유는 감가상각 때문인 것이다. 이와 같이 기업들이 보유한 유형자산들은 감가상각에 따라 그 가치가 감소하게 마련이므로 이를 적절하게 반영하는 작업은 기업회계 분야에서 매우 중요한 작업이라 할 수 있다.

기업회계에서 감가상각과 관련된 회계처리는 시간 경과에 따른 유형자산의 가치감소분을 감가상각비라는 항목으로 계산하여 그 금액만큼 유형자산의 가치를 감소시키는 동시에 비용으로 인식하는 방식으로 이루어진다.

그런데 기업회계에서 감가상각비를 계산하는 방식은 크게 정액법과 정률법으로 구분되는데 각 방식에서 관련된 항목들은 다음과 같이 계산된다.

-정액법에 의한 감가상각:

- 감각상각비=(자산 취득원가 - 잔존가액)/내용연수
  자산 취득원가=유형자산 취득시 지출한 금액
  잔존가액=내용연수 경과 후 유형자산의 처분 금액
  내용연수=유형자산의 예상 이용 연수

- 감가상각누적액=감가상각비의 연도별 누적액

- 기말장부가액=기초장부가액 - 감가상각비
  장부가액=취득원가에 감가상각으로 인한 가치 감소액이 반영된 금액

-정률법에 의한 감가상각:

- 기말장부가액이 잔존가액보다 클 경우:
  감각상각비=기초장부가액×감가상각률

- 기말장부가액이 잔존가액보다 적을 경우:
  감각상각비=기초장부가액 - 잔존가액

- 감가상각누적액=감가상각비의 연도별 누적액

- 기말장부가액=기초장부가액 - 감가상각비

이제 정액법을 적용하여 연도별로 감가상각 스케쥴을 작성해 줄 수 있는 프로그램을 작성하여 보자.

코딩 사례 4.5:정액법에 의한 감가상각 스케쥴 작성

유형자산의 취득원가는 5천만원, 잔존가액과 내용연수는 각각 250만원과 5년이라고 가정하여 보자.

코드

```
1   acquisition_cost=50000000
2   years=5
3   salvage=2500000
4   depreciation=(acquisition_cost-salvage)/years
5   acc_depreciation=0
6   beg_book_value=acquisition_cost
7   print(“년”, “\t”, “기초장부가액”, “\t”, “감가상각비”, “\t”, “감가상각누적액”, “\t”, “기말장부가액”)
8   for year in range(1,years+1):
9       acc_depreciation+=depreciation
10      end_book_value=beg_book_value-depreciation
11      print( format(year, “,.0f”), “\t”,
12          format(beg_book_value, “,.0f”), “\t”,
13          format(depreciation, “,.0f”), “\t”,
14          format(acc_depreciation, “,.0f”), “\t”, “\t”,
15          format(end_book_value, “,.0f”))
16      beg_book_value=end_book_value
```

코드 설명

- 라인 1: 취득원가 5천만원을 변수 acquisition_cost가 가리키도록 한다.
- 라인 2: 내용연수 5년을 변수 years가 가리키도록 한다.
- 라인 3: 잔존가액 250만원을 변수 salvage가 가리키도록 한다.
- 라인 4: 정액법에 의한 매년 감가상각비를 계산하고 변수 depreciation이 가리키도록 한다.
- 라인 5: 변수 acc_depreciation 초기 값을 0으로 설정한다. 변수 acc_depreciation는 감가상각누적액을 계산하기 위한 변수이다.

- 라인 6: 변수 beg_book_value가 변수 acquisition_cost 값을 가리키도록 한다. 변수 beg_book_value는 기초장부가액을 계산하기 위한 변수이다.
- 라인 8: 타겟변수 year에 1부터 내용연수(5)까지의 정수를 순차적으로 할당하여 라인 9부터 라인 16의 루프 실행문들이 반복실행되도록 한다.
- 라인 9: 변수 acc_depreciation에 변수 depreciation 값을 더하여 변수 acc_depreciation 값을 변경시킨다.
- 라인 10: 변수 beg_book_value 값에서 변수 depreciation 값을 차감하여 기말장부가액을 계산하고 변수 end_book_value가 가리키도록 한다.
- 라인 11~15: 변수 year, 변수 beg_book_value, 변수 depreciation, 변수 acc_depreciation, 변수 end_book_value를 차례대로 한 줄에 출력한다.
- 라인 16: 라인 10에서 계산된 변수 end_book_value의 값을 변수 beg_book_value가 가리키도록 한다. 이 작업은 기말장부가액이 다음 해의 기초장부가액이 되도록 해 준다. 타겟변수 year에 5가 할당될 때까지 라인 8로 되돌아 가서 루프 실행문들을 반복실행한다.

코드의 실행결과

```
년    기초장부가액    감가상각비    감가상각누적액    기말장부가액
1     50,000,000     9,500,000     9,500,000        40,500,000
2     40,500,000     9,500,000     19,000,000       31,000,000
3     31,000,000     9,500,000     28,500,000       21,500,000
4     21,500,000     9,500,000     38,000,000       12,000,000
5     12,000,000     9,500,000     47,500,000       2,500,000
```

그런데 〈코딩사례 4.5〉에서는 정액법에 의한 감가상각 스케쥴을 생성하고 있는데 만약 정률법을 적용하는 경우 감가상각률이 0.60이라면 감가상각 스케쥴은 다음과 같게 된다.

```
년    기초장부가액    감가상각비    감가상각누적액    기말장부가액
1     50,000,000     30,000,000    30,000,000       20,000,000
2     20,000,000     12,000,000    42,000,000       8,000,000
3     8,000,000       4,800,000    46,800,000       3,200,000
4     3,200,000         700,000    47,500,000       2,500,000
5     2,500,000               0    47,500,000       2,500,000
```

이러한 감가상각 스케쥴에 따르면 3년차까지는 매년의 감가상각비는 기초 장부가액에 감가상각률을 곱하여 계산되고 있다. 그런데 4년차의 감가상각비는 기초장부가액에서 잔존가액을 차감한 금액으로 계산되고 있는데 만약 기초장부가액인 320만원에 상각률을 적용하여 감가상각비를 계산하게 되면 기말장부가액인 잔존가액보다 작아지기 때문이다. 즉, 4년차와 5년차말의 기말장부가액이 잔존가액이 되도록 하려면 4년차와 5년차 감가상각비는 각각 70만원과 0원이 되어야 한다. 정률법이 적용되는 경우 위와 같은 감가상각 스케쥴을 생성하려면 어떤 프로그램을 작성해야 할까? 다음 사례에서 살펴 보기로 하자.

코딩 사례 4.6:정률법에 의한 감가상각 스케쥴 작성

유형자산의 취득원가는 5천만원, 잔존가액과 내용연수는 각각 250만원과 5년이라고 하고 감가상각률이 0.6인 정률법에 따른 감가상각 스케쥴 생성을 위하여 다음과 같이 코딩하여 보기로 한다.

코드

```
1   acquisition_cost=50000000
2   years=5
3   salvage=2500000
4   depreciation_rate=0.6
5   acc_depreciation=0
6   beg_book_value=acquisition_cost
7   print(“년”, “\t”, “기초장부가액”, “\t”, “감가상각비”, “\t”, “감가상각누적액”, “\t”, “기말장부가액”)
8   for year in range(1,years+1):
9       depreciation_temp=beg_book_value*depreciation_rate
10      end_book_value_temp=beg_book_value-depreciation_temp
11      if end_book_value_temp>salvage:
12          depreciation=depreciation_temp
13      else:
14          depreciation= beg_book_value-salvage
15      end_book_value=beg_book_value-depreciation
16      acc_depreciation+=depreciation
17      print( format(year, “,.0f”), “\t”,
18            format(beg_book_value, “,.0f”), “\t”,
19            format(depreciation, “,.0f”), “\t”,
20            format(acc_depreciation, “,.0f”), “\t”, “\t”,
21            format(end_book_value, “,.0f”))
22      beg_book_value=end_book_value
```

코드 설명

- 라인 1: 취득원가 5천만원을 변수 acquisition_cost가 가리키도록 한다.
- 라인 2: 내용연수 5년을 변수 years가 가리키도록 한다.

- 라인 3: 잔존가액 250만원을 변수 salvage가 가리키도록 한다.
- 라인 4: 감가상각률을 0.6으로 설정하고 변수 depreciation_rate가 가리키도록 한다.
- 라인 5: 감가상각누적액 초기값 0을 변수 acc_depreciation이 가리키도록 한다.
- 라인 6: 기초장부가액을 취득원가로 설정하기 위하여 변수 beg_book_value가 변수 acquisition_cost 값을 가리키도록 한다.
- 라인 8; 타겟변수 year에 1부터 내용연수(5)까지의 정수를 순차적으로 할당하여 라인 9부터 라인 22의 루프 실행문들이 반복실행되도록 한다.
- 라인 9: 변수 beg_book_value에 변수 depreciation_rate을 곱하여 감가상각비를 계산하여 보고 변수 depreciation_temp가 가리키도록 한다.
- 라인 10: 변수 beg_book_value에서 변수 depreciation_temp 값을 차감하여 변수 end_book_value_temp가 가리키도록 한다.
- 라인 11: 라인 10에서 계산한 end_book_value_temp의 값이 변수 salvage보다 큰 지를 따져보고 조건이 충족되면 라인 12가 실행되도록 하고 그렇지 않은 경우 라인 14가 실행되도록 한다.
- 라인 12: 라인 9에서 계산된 depreciation_temp값을 변수 depreciation이 가리키도록 한다. 이후 라인 15를 실행한다.
- 라인 14: 변수 beg_book_value에서 변수 salvage 값을 차감하여 변수 depreciation이 가리키도록 한다. 이후 라인 15를 실행한다.
- 라인 15: 변수 beg_book_value에서 변수 depreciation 값을 차감하여 변수 end_book_value가 가리키도록 한다.
- 라인 16: 변수 acc_depreciation에 변수 depreciation를 더하여 변수 acc_depreciation 값을 변경시킨다.
- 라인 17~21: 변수 year, 변수 beg_book_value, 변수 depreciation, 변수 acc_depreciation, 변수 end_book_value를 차례대로 한 줄에 출력한다.
- 라인 22: 라인 15에서 계산된 변수 end_book_value의 값을 변수 beg_book_value가 가리키도록 한다. 이 작업은 기말장부가액이 다음 해의 기초장부가액이 되도록 해 준다. 타겟변수 year에 5가 할당될 때까지 라인 8로 되돌아 가서 루프 실행문들을 반복실행한다.

코드의 실행결과

```
년    기초장부가액    감가상각비     감가상각누적액      기말장부가액
1     50,000,000    30,000,000    30,000,000        20,000,000
2     20,000,000    12,000,000    42,000,000        8,000,000
3     8,000,000      4,800,000    46,800,000        3,200,000
4     3,200,000        700,000    47,500,000        2,500,000
5     2,500,000              0    47,500,000        2,500,000
```

4.3 while 루프(loop)

앞에서 공부한 바와 같이 for 루프는 일정한 횟수만큼 루프를 반복할 필요가 있을 경우 사용한다. 이에 비해 while루프는 조건문의 조건이 만족되는 한 계속해서 동일한 작업을 반복해야 할 경우 유용하게 쓰인다. while 루프의 구조는 다음과 같다.

<파이썬 코드>

while 루프 구조

```
while 조건문:
        실행문(statement)
        실행문(statement)
        ........................
```

⚠ while 루프를 정의하는 라인은 반드시 콜론(:)으로 종료되어야 한다.

⚠ while 루프 실행문은 루프를 정의하는 라인과는 들여쓰기(indentation)이 적용되어 코딩되어야 하며 모든 실행문들의 들어쓰기 간격은 동일해야 한다.

⚠ while 루프의 마지막 실행문이 실행된 이후에는 while 조건문 라인으로 돌아가서 조건문 충족여부를 다시 따져본다. 조건이 더 이상 충족되지 않는 경우 while 루프는 종료된다.

코딩 사례 4.7: 판매가격 계산

코드

```
mark_up = 0.5
another = 'y'
while another == 'y' or another == 'Y':
    cost = float(input("원가를 입력: "))
    while cost <= 0:
        print('올바른 원가를 입력바람.')
        cost = float(input("원가를 입력: "))
```

```
8        price= cost * (1+mark_up)
9        print('판매가: ', format(price, ',.2f'))
10       another = input('상품을 추가하려면 "y"를 입력: ')
```

코드 설명

- 라인 1: 변수 mark_up이 0.5를 가리키도록 한다.
- 라인 2: 상위의 while 루프가 처음 실행되도록 하기 위해서 변수 another가 "y"를 가리키도록 한다. 라인 2가 없이는 상위 while 루프가 애초에 실행되지 않는다.
- 라인 3: 변수 more가 "y" 또는 'Y"인 한 계속하여 라인 4~ 라인 10의 루프 실행문들이 실행되도록 한다.
- 라인 4: 상품의 원가를 입력하여 변수 cost가 가리키도록 한다.
- 라인 5: 변수 cost의 값이 0보다 작거나 같은 한 라인 6~7이 계속 실행되고 그렇지 않은 경우 라인 6~7을 건너 뛰어 라인 8이 실행되도록 한다.
- 라인 6: "올바른 원가를 입력바람"을 출력한다.
- 라인 7: 상품 원가를 입력하여 변수 cost가 가리키도록 하고 라인 5로 돌아간다.
- 라인 8: 변수 cost와 변수 mark_up을 이용하여 상품의 판매가격을 계산하고 변수 price가 가리키도록 한다.
- 라인 9:변수 price를 소수점 두자리까지 출력한다.
- 라인 10: 문자열을 입력하여 변수 another가 가리키도록 하고 라인 3으로 돌아 간다. 라인 4~ 라인 10의 while 루프 실행문들이 무한 반복실행되지 않도록 하기 위해 라인 10이 필요하다.

코드의 실행결과

```
원가를 입력: 1000
판매가:  1,500.00
상품을 추가하려면 "y"를 입력: y
원가를 입력: -200
올바른 원가를 입력바람.
원가를 입력: 200
판매가:  300.00
상품을 추가하려면 "y"를 입력: n
```

이 사례에서는 while 루프를 중첩하여 사용하고 있는데 상위 while 루프는 상품의 판매가격 계산을 계속할 것인지 말것인지를 조절하기 위한 루프이다. 반면 하위 while 루프는 변수 cost의 값에 "0"이나 음수가 입력되는 경우 올바른 값이 입력되도록 조절하기 위하여 사용되고 있다.

4.4 리스트/튜플/딕셔너리의 생성을 위한 루프 활용

루프는 리스트, 튜플, 딕셔너리 등을 생성하는 데에도 매우 유용하게 사용할 수 있다. 루프를 리스트, 튜플, 딕셔너리 등을 생성하는 데 사용할 때는 루프를 정의하기 전 라인에서 빈 리스트(튜플, 딕셔너리)를 정의하고 루프에서 반환되는 값을 리스트(튜플, 딕셔너리)에 순차적으로 추가해 나가는 방법을 주로 이용하게 된다.[3)]

다음 사례들에서는 이와 같이 while 루프를 이용하여 새로운 리스트와 딕셔너리를 생성하는 사례에 대하여 생각해 보자.

코딩 사례 4.8:루프를 이용한 리스트 생성

코드

```
1    names=[ ]
2    more='y'
3    while more=='y':
4        name=input("Enter new name")
5        names.append(name)
6        more=input("Enter y to add more name: ")
7    print(names)
```

코드 설명

- 라인 1: 빈 리스트를 생성하고 변수 names가 가리키도록 한다.
- 라인 2: while 루프가 처음 실행되도록 하기 위해서 변수 more가 "y"를 가리키도록 한다.
- 라인 3: 변수 another가 "y"인 한 계속 라인 4~6의 실행문들이 실행되도록 한다.
- 라인 4: 이름을 입력하여 변수 name이 가리키도록 한다.
- 라인 5: 변수 name의 값을 리스트 names의 요소로 추가한다.
- 라인 6: 문자열을 입력하여 변수 more가 가리키도록 하고 라인 3으로 돌아 간다. while 루프 실행문들이 무한 반복실행되지 않도록 하기 위해 라인 6이 필요하다
- 라인 7: 변수 names를 출력한다.

3) "0"의 값들로 이루어진 리스트를 for 루프이전에 생성해 놓고 "0"인 요소값을 for 루프에서 반환되는 값으로 대체해 나가는 방법도 있는데 이에 대해서는 〈코딩 사례 5.11〉을 참고하기 바란다.

코드의 실행결과

```
Enter new name: 박태양
Enter y to add more name: y
Enter new name: 이품달
Enter y to add more name: y
Enter new name: 최고려
Enter y to add more name: n
['박태양', '이품달', '최고려']
```

이 사례에서는 names라는 빈 리스트를 생성한 이후 while 루프를 이용하여 프로그램 사용자가 중단하기로 결정할 때까지 names 리스트에 이름을 추가해 나가고 있다.

코딩 사례 4.9:사원명과 사원번호로 구성된 딕셔너리 생성

여기서는 while 루프를 이용하여 사원명을 키로 하고 사원번호를 값으로 가지는 딕셔너리를 생성하여 보기로 한다.

코드

```
1    keep_going='y'
2    employee_list={ }
3    while keep_going=='y':
4        name=input('사원이름을 입력: ')
5        code=input('사원번호를 입력: ')
6        employee_list[name]=code
7        keep_going=input('입력을 계속하려면 y를 입력: ')
8    print(employee_list)
```

코드 설명

- 라인 1: while 루프가 처음 실행되도록 하기 위해서 변수 keep_going이 “y”를 가리키도록 한다.
- 라인 2: 빈 딕셔너리를 생성하고 변수 employee_list가 가리키도록 한다.
- 라인 3: 변수 keep_going이 “y”인 한 라인 4~7의 while 루프 실행문들이 반복되도록 한다.
- 라인 4: 사원이름을 입력하여 변수 name이 가리키도록 한다.

- 라인 5: 사원번호를 입력하여 변수 code가 가리키도록 한다.
- 라인 6: 변수 name을 키로, 변수 code를 값으로 하여 딕셔너리 employee_list의 요소를 추가한다.
- 라인 7: 문자열을 입력하여 변수 keep_going이 가리키도록 하고 라인 3으로 돌아간다.
- 라인 8: 변수 employee_list를 출력한다.

코드의 실행결과

```
사원이름을 입력: 박경욱
사원번호를 입력: 045
입력을 계속하려면 y를 입력: y
사원이름을 입력: 이혁
사원번호를 입력: 026
입력을 계속하려면 y를 입력: y
사원이름을 입력: 조원동
사원번호를 입력: 063
입력을 계속하려면 y를 입력: y
사원이름을 입력: 최호중
사원번호를 입력: 076
입력을 계속하려면 y를 입력: n
{'박경욱': '045', '이혁': '026', '조원동': '063', '최호중': '076'}
```

리스타나 딕셔너리 등의 파이썬 데이터는 바이너리 파일(binary file, .dat 파일)로 컴퓨터 하드디스크 등에 저장하면 영구적으로 사용할 수 있어 매우 편리할 것이다. 파이썬에서는 리스트, 튜플, 딕셔너리 등의 다양한 파이썬 데이터를 컴퓨터 저장장치에 저장하였다가 필요할 때 마다 파이썬에서 불러와서 사용할 수 있고 다시 저장하는 작업이 가능한데 바이너리 파일의 생성과 활용에 대해서는 4장 부록을 참고하기 바란다.

A. Matplotlib 라이브러리를 활용한 선 그래프 작성

4장 부록

파이썬에는 수를 요소로 갖는 리스트 등을 이용하여 선그래프를 작성할 수 있는 Matplotlib이라는 라이브러리가 기본적으로 내장되어 있다.[4] 사용법은 다음과 같다.

<파이썬 코드>

Matplotlib을 활용한 선 그래프 생성

```
import matplotlib.pyplot as plt
plt.plot(x축값, y축값, c=, label=, marker=, ls=)
                    # 선차트(line chart)를 생성한다.
plt.xlabel('x축 이름')
plt.ylabel('y축 이름')
plt.xlim(최소값,최대값)
plt.ylim(최소값,최대값)
plt.grid();기준선 표시
plt.title('그래프 제목')
plt.legend( );범례(label)를 표시하기 위한 옵션
```

⚠ matplotlib 라이브러리를 이용하기 위해서는 import 명령을 이용하여 matplotlib를 임포트해야 한다. matplotlib을 이용한 그래프 작성을 위해서는 matplotlib의 pyplot 모듈을 사용하는 것이 바람직하다. 일반적으로는 matplotlib.pyplot 모듈은 plt라는 약칭으로 임포트한다.

⚠ c= 명령어는 선의 색을 조절하기 위한 명령어로 'r' 붉은색, 'k' 검은색, 'b' 파랑색, 'g' 초록색, 'y' 노랑색, 'w' 하양색 등을 사용할 수 있다.

⚠ label= 명령어는 범례를 표시하기 위하여 사용한다. 여러 개의 그래프를 동시에 출력할 때 유용한 명령어이다.

⚠ marker= 명령어는 좌표점의 모양을 조절하기 위한 명령어로 'o', '*' 등을 사용할 수 있다.

⚠ ls= 명령어는 선의 형태를 조절하기 위한 명령어로 '_', '_ _' 등을 사용할 수 있다.

⚠ Jupyter를 이용하는 경우 그래프는 셀아래에 표시된다. 만약 그래프를 별도의 창에 표시하려면 "%matplotlib tk"라는 코딩문을 프로그램에 추가한다.

4) Matplotlib은 리스트뿐만 아니라 Numpy 배열(array)이나 Pandas의 데이터프레임(DataFrame)에 대해서도 작동한다. Numpy 배열과 Pandas의 데이터프레임에 대해서는 7장과 8장에서 소개할 것이다.

> **%matplotlib tk**
> matplotlib을 이용하여 생성되는 그래프가 별도의 창에 표시되도록 한다.

⚠ Spyder를 이용하는 경우 그래프를 별도의 창에 표시하려면 tools 메뉴에서 Preferences 메뉴를 선택하고 IPython console의 Graphics 도구에서 Backend를 Automatic으로 설정한다. 설정을 변경한 후에는 Spyder를 Restart하면 설정이 적용된다. 그래프를 콘솔에 표시하려면 Backend를 inline으로 설정하면 되는데 이 설정은 디폴트로 설정된다.

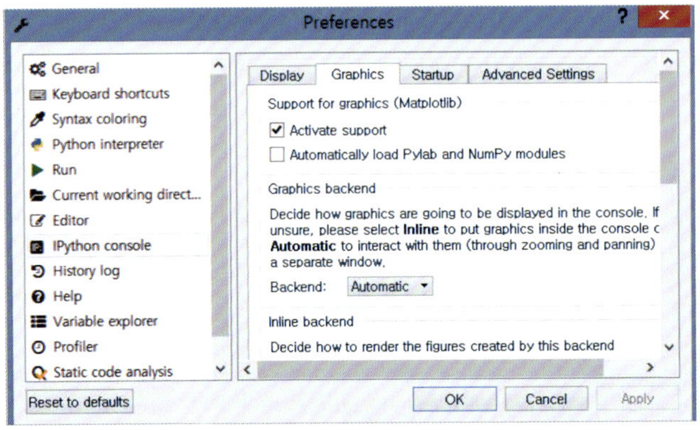

코딩 사례 4A.1: 효용함수 그래프 그리기

개인 투자자들의 투자 행위를 분석하는데 가장 기초가 되는 것은 투자자들이 어떤 효용함수를 가지고 있느냐 하는 점이다. 왜냐하면 개인 투자자들은 투자의 결과로부터 얻는 효용을 최대화시키려하기 때문에 투자자의 효용함수가 어떤 특성을 보이는 함수인가는 투자행위 분석에 매우 중요하다.

파이썬과 함께 하는 경영학

효용과 효용함수

효용(Utility): 소비수준으로부터 개인이 느끼는 주관적인 만족도를 측정한 단위

효용함수(Utility function): 소비수준과 개인의 효용간의 관계를 나타내는 함수

예를 들어 소비자들의 효용함수가 다음과 같은 멱함수(power function)인 경우 이러한 효용함수는 어떤 형태의 함수이며 어떤 특성을 가지는 함수일까 ? 이러한 효용함수의 그래프를 생성해 보면 답을 얻을 수 있지 않을까?

$$u(z) = \frac{1}{\gamma} z^{\gamma} \quad ,0 < \gamma < 1$$

z= 소비(consumption)

코드

```
1   import matplotlib.pyplot as plt
2   z=0
3   zs=[ ]                        # 빈 리스트(아래 루프에서 생성된 z 값들로 채워질 것임)
4   for i in range(50):
5       z=z+0.5
6       zs.append(z)              # z 값을 리스트 zs에 추가함
7   gamma=0.4
8   ys=[ ]
9   for num in zs: #리스트 zs의 각 요소를 순서대로 타겟변수 num에 할당
10      y=(1/gamma)*(num**gamma)          # num 값에 대한 효용함수값을 계산
11      ys.append(y)                      # y 값을 리스트 ys에 추가함
12  plt.plot(zs,ys,label='utility function for gamma '+str(gamma))
13  plt.xlabel('Wealth')
14  plt.ylabel('Utility')
15  plt.title("utility function")
16  plt.legend()
```

코드 설명

- 라인 2:'0'을 변수 z가 가리키도록 한다.
- 라인 3: 빈 리스트를 생성하고 변수 zs가 가리키도록 한다..
- 라인 4: 타겟변수 i에 0부터 49까지의 정수를 순차적으로 할당하여 라인 5~6의 실행문들이 반복실행되도록 한다.
- 라인 5: 변수 z의 값에 0.5를 더하여 z값을 변경시킨다.

- 라인 6: 변수 z의 값을 리스트 zs에 추가한다. 라인 4의 타겟변수 i에 49가 할당될 때까지 라인 4로 되돌아 가서 라인 5~6의 실행문들이 반복/실행된다. 타겟변수 i에 마지막으로 49가 할당되면 리스트 zs가 최종적으로 생성된다.
- 라인 7: 효용함수의 γ값을 0.4로 설정하고 변수 gamma가 가리키도록 한다.
- 라인 8: 빈 리스트를 생성하고 변수 ys가 가리키도록 한다.
- 라인 9: 타겟변수 num에 리스트 zs의 요소들을 순차적으로 할당하여 라인 10~11의 실행문들이 반복실행되도록 한다.
- 라인 10: num 값에 대한 효용함수값을 계산하고 변수 y가 가리키도록 한다.
- 라인 11: 변수 y의 값을 리스트 ys에 추가한다. 라인 9의 타겟변수 num에 리스트 zs의 마지막 요소가 할당될 때까지 라인 9로 되돌아 가서 라인 10~11의 실행문들이 반복/실행된다.
- 라인 12: 리스트 zs를 x축, 리스트 ys를 y축으로 가지는 선그래프를 그린다.
- 라인 13: x축 이름을 Wealth로 설정한다.
- 라인 14: y축 이름을 Utility로 설정한다.
- 라인 15: 선그래프의 제목을 설정한다.
- 라인 16: 선그래프의 범례가 표시되도록 한다.

코드의 실행결과

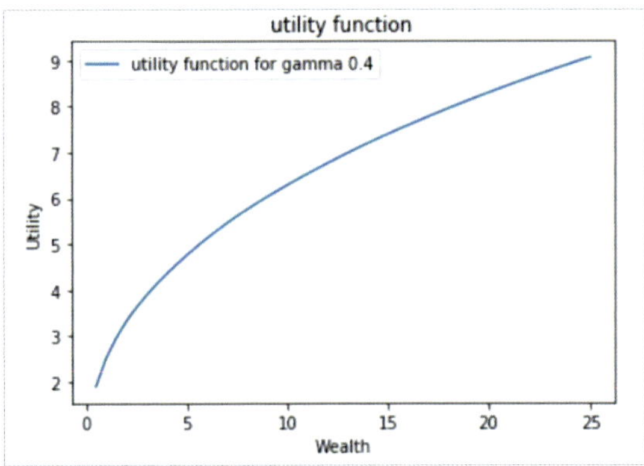

멱함수 형태의 효용함수를 가지는 소비자들은 소비가 증가할수록 효용이 증가하는 특성을 보인다는 것을 알 수 있다. 그런데 소비의 증가에 따른 효용의 증가는 소비의 규모가 클수록 증가율이 낮아지는 소위 한계효용이 체감하는 특성을 보이고 있다는 사실도 알 수 있다. 이는 동일한 규모로 소비가 증가하더라도 소비의 규모가 클 경우에는 (소비의 규모가 적은 경우보다) 효용의 증가가 상대적으로 적다는 것을 의미한다.

B. 바이너리 파일(Binary file)의 생성과 활용

파이썬으로 작업을 하다 보면 리스트나 딕셔너리와 같은 데이터를 생성하게 되는 경우가 종종 발생한다. 이렇게 생성한 자료들은 때로 바이너리 파일(binary file, .dat파일)로 저장해 놓을 필요가 있는데 여기서는 파이썬 데이터를 바이너리 파일로 저장하고, 저장된 바이너리 파일을 파이썬 데이터로 불러 오는 과정에 대하여 설명하기로 한다.

파이썬 자료를 바이너리 파일로 저장하기

리스트나 딕셔너리와 같은 파이썬 데이터를 바이너리 파일(binary file, .dat파일)로 변환시키는 과정을 직렬화(Serialize)부른다. 파이썬에서는 직렬화 작업을 피클링(Pickling)이라고 부르는데 다음과 같은 절차를 거친다.

<파이썬 코드>

Pickling

```
import pickle
변수 = open(바이너리 파일명, 'wb')
pickle.dump(파이썬데이터, 변수)
변수.close( )
```

⚠ open함수는 PC에 생성할 바이너리 파일을 대신할 파일객체(file object)를 정의하는데 사용된다. 파이썬에서는 PC 바이너리파일에 대하여 작업할 수 없으므로 바이너리파일을 대신한 파이썬 파일이 필요한데 파일객체가 이러한 기능을 하게 된다. 'wb' 옵션은 파일객체를 바이너리 파일로 저장하고자 할 때 사용한다.

⚠ dump함수는 리스트, 딕셔너리등의 파이썬 데이터를 파일객체에 저장하라는 의미이다.

⚠ close함수는 파일객체와 PC 바이너리파일과의 연결을 해제하기 위함이다.

코딩 사례 4B.1 :딕셔너리를 바이너리 파일로 저장

여기서는 딕셔너리를 PC에 바이너리 파일로 저장하는 사례를 살펴 보기로 한다.

코드

```
1    ice_cream={}
2    keep_going=’y’
3    while keep_going==’y’:
4        flavor=input(‘Enter ice cream flavor: ’)
5        ice_cream[flavor]=int(input(‘Enter inventory: ’))
6        keep_going=input(‘Enter “y” to continue; ’)
7    print(ice_cream)
```

```
8    import pickle
9    output_file = open(‘C:/PKW/textbook/data/icecream.dat’, ‘wb’)
10   pickle.dump(ice_cream, output_file)
11   output_file.close()
```

코드 설명

- 라인 1: 빈 딕셔너리를 생성하고 변수 ice_cream이 가리키도록 한다.
- 라인 2: while 루프가 처음 실행되도록 하기 위해서 변수 keep_going이 “y”를 가리키도록 한다.
- 라인 3: keep_going이 “y”인 한 라인 4~6의 while 루프 실행문들이 반복되도록 한다.
- 라인 4: 아이스크림 종류를 입력하여 변수 flavor가 가리키도록 한다.
- 라인 5: 재고수량을 입력하고, 입력된 값을 flavor가 가리키는 키의 값으로 하여 딕셔너리 ice_cream 요소로 추가한다.
- 라인 6: 문자열을 입력하여 변수 keep_going이 가리키도록 하고 라인 3으로 돌아 간다.
- 라인 7: 딕셔너리 ice_cream을 출력한다.
- 라인 8: pickle 모듈을 임포트한다.
- 라인9: C:/PKW/textbook/data 폴더에 생성할 icecream.dat라는 바이너리 파일을 변수output_file이 가리키도록 한다.
- 라인10: 딕셔너리 ice_cream을 icecream.dat라는 바이너리 파일로 저장한다.
- 라인11: output_file이 바이너리 파일 icecream.dat을 가리키지 않도록 한다.

코드의 실행결과

```
Enter ice cream flavor: vanilla
Enter inventory: 10
Enter "y" to continue; y
Enter ice cream flavor: chocolate
Enter inventory: 20
Enter "y" to continue; y
Enter ice cream flavor: strawberry
Enter inventory: 25
Enter "y" to continue; n
{'vanilla': 10, 'chocolate': 20, 'strawberry': 25}
```

아래와 같이 C:/PKW/textbook/data 폴더 내에 icecream.dat 파일이 생성되어 있음을 확인할 수 있다.

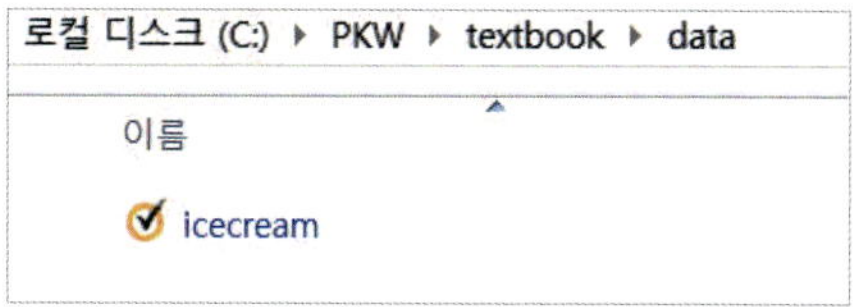

바이너리 파일 불러오기

바이너리 파일(binary file, .dat파일)을 다시 파이선 데이터로 변환시키는 과정을 역직렬화(Deserialize)부른다. 파이썬에서는 역직렬화 작업을 역피클링(Unpickling)이라고 부르는데 다음과 같은 절차를 거친다.

<파이썬 코드>

Unpickling

```
import pickle
변수 = open(바이너리 파일명, 'rb')
파이썬데이터 변수=pickle.load(변수)
변수.close( )
```

⚠ open함수는 파일객체(file object)가 PC에 저장되어 있는 바이너리 파일을 대신할 수 있도록 해준다. 'rb' 옵션은 PC에 저장되어 있는 바이너리 파일을 읽어 들일 때 필요하다.

⚠ load함수는 파일객체의 데이터를 읽어 들여 파이썬 데이터로 변환시키라는 의미이다.

코딩 사례 4B.2 :바이너리 파일 불러오기

〈코딩사례 4B.1〉에서 생성한 바이너리 파일을 읽어 들여 파이썬 데이터인 딕셔너리로 변환시키도록 해 보자.

코드

```
1    import pickle
2    infile = open('C:/PKW/textbook/data/icecream.dat', 'rb')
3    ice_cream = pickle.load(infile)
4    infile.close()
```

```
5    print("This is the current inventory data of ice cream.")
6    print(ice_cream)
```

코드 설명

- 라인1: pickle 모듈을 임포트한다.
- 라인2: C:/PKW/textbook/data 폴더 내에 저장된 icecream.dat라는 바이너리 파일을 infile이 가리키도록 한다.
- 라인3: icecream.dat라는 바이너리 파일을 파이썬 데이터로 변경하여 변수 ice_cream이 가리키도록 한다.
- 라인4: infile이 바이너리 파일 icecream.dat을 가리키지 않도록 한다.

코드의 실행결과

```
This is the current inventory data of ice cream.
{'vanilla': 10, 'chocolate': 20, 'strawberry': 25}
```

4장 연습문제

1. 다음 문제에 답하시오.

파이썬과 함께 하는 경영학

표본분산과 표본표준편차

$$\frac{1}{n-1}\sum_{i=1}^{n}(x_i-\overline{X})^2$$

$$\sqrt{\frac{1}{n-1}\sum_{i=1}^{n}(x_i-\overline{X})^2}$$

$\overline{X}$= 표본평균 $X_i = i$번째 자료값 n= 자료의 갯수

다음은 '파이썬입문'이라는 강의를 수강하고 있는 수강생 10명의 중간고사 점수이다. 수강생들의 중간고사 점수의 평균과 표준편차를 계산하기 위한 프로그램을 작성하여 보시오.

94, 90, 80, 78, 88, 92, 86, 70, 86, 92

2. 신용카드 보유자가 신용카드를 이용하여 재화나 서비스를 할부로 구매하게 되면 원금과 수수료를 할부기간동안 카드회사에 상환하게 된다. 이때 매월 원금과 수수료 및 총상환액은 다음과 같이 계산한다.

파이썬과 함께 하는 경영학

신용카드 할부 구매의 원금과 수수료 및 월상환액 계산

월상환 원금= 카드사용액/할부개월수

수수료= 원금잔액 × 할부수수료율/12

월상환액 = 월상환 원금+월상환 수수료

할부 구매시 월상환 원금은 일정하지만 원금 잔액이 매월 감소하게 되므로 수수료는 매달 바뀌게 되고

따라서 원금과 수수료를 더한 월상환액이 매월 달라진다. 이제 다음과 같이 할부구매를 한 경우를 생각해 보자.

- 카드 사용액=600,000원
- 할부수수료율=0.1
- 할부개월수 = 6개월

이와 같은 할부 구매에 대하여 할부가 종료되는 시점까지 다음과 같은 상환 스케줄을 작성할 수 있는 프로그램을 작성하여 보시오.

회차	원금상환액	수수료	월상환액
1	100,000	5,000	105,000
2	100,000	4,167	104,167
3	100,000	3,333	103,333
4	100,000	2,500	102,500
5	100,000	1,667	101,667
6	100,000	833	100,833

3. 만기일의 기초자산(주식)의 가격과 풋옵션 투자수익간의 관계를 이해하기 위하여 만기일 주가를 x축, 풋옵션 투자수익을 y축에 표시한 아래와 같은 그래프를 생성할 수 있는 프로그램을 작성하여 보시오. 단, 풋옵션의 행사가격은 10,000원, 만기일 주가는 9,000원과 11,000원사이로 가정한다.

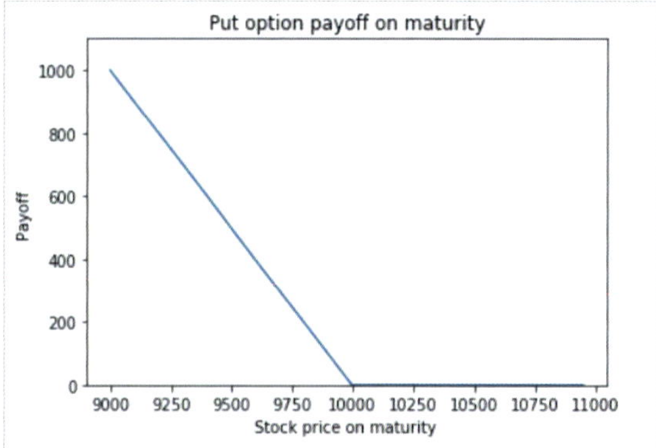

4. 다음 물음에 답하시오.

파이썬과 함께 하는 경영학

단리 정기적금의 세전원리금 계산

$$A\times(1+\frac{r}{12}\times n)+A\times(\frac{r}{12}\times(n-1))+\ldots\ldots\ldots\ldots+A\times(1+\frac{r}{12})$$

$A=$ 월적립액 $r=$ 연이자율 $n=$ 만기(월)

월적립액은 10,000원, 연이자율은 2.4%, 만기 3년인 단리 정기적금의 세전원리금 계산을 위한 프로그램을 작성하여 보시오.

5. −4<x<4의 구간에서 다음 함수 f(x)의 그래프를 그리기 위한 프로그램과 실행결과를 제시하시오.

$$f(x)=\frac{1}{\sqrt{2\pi}}e^{-\frac{1}{2}x^2}$$

6. 다음은 대출원금 1,200,000원, 연이자율 2.4%, 만기 1년인 대출에 대한 원금균등상환스케줄이다. 이러한 상환스케쥴 작성을 위한 프로그램을 작성하시오.

회차	기초원금	상환원금	이자	월상환액	기말원금
1	1,200,000	100,000	2,400	102,400	1,100,000
2	1,100,000	100,000	2,200	102,200	1,000,000
3	1,000,000	100,000	2,000	102,000	900,000
4	900,000	100,000	1,800	101,800	800,000
5	800,000	100,000	1,600	101,600	700,000
6	700,000	100,000	1,400	101,400	600,000
7	600,000	100,000	1,200	101,200	500,000
8	500,000	100,000	1,000	101,000	400,000
9	400,000	100,000	800	100,800	300,000
10	300,000	100,000	600	100,600	200,000
11	200,000	100,000	400	100,400	100,000
12	100,000	100,000	200	100,200	0

7. 취득원가 백만원, 잔존가액과 내용연수는 각각 0원과 5년인 유형자산에 대하여 아래와 같은 감가상각 스케쥴을 생성하기 위한 프로그램을 작성하여 보시오.

년	기초장부가액	감가상각비	감가상각누적액	기말장부가액
1	1,000,000	200,000	200,000	800,000
2	800,000	200,000	400,000	600,000
3	600,000	200,000	600,000	400,000
4	400,000	200,000	800,000	200,000
5	200,000	200,000	1,000,000	0

8. 다음과 같은 수들 중 최대값을 계산하기 위한 프로그램을 작성하여 보시오.

1, 5, 6, 9, 4, 8, 7, 0

9. 창업기업(StartUp)들이 창업 초기에 겪는 가장 큰 애로사항은 현금부족이다. 따라서 창업기업들은 최소 1개월 단위로 현금보유액을 관리해야 할 필요가 있다. 만약 현금 보유액이 최소 현금필요액에 부족한 경우 추가로 확보할 수 있는 현금이 얼마인지를 판단하여 부족액을 확보해야만 한다. 어떤 창업기업의 최소 현금필요액이 천만원이고 현재 현금보유액이 8백만원인 경우 다음과 같은 현금관리 결과를 얻을 수 있도록 프로그램을 작성하여 보시오.

```
현재 현금.예금 보유액을 점검하시오.
현금.예금 보유액을 입력하시오.: 8000000
최저 현금.예금 필요액에 2000000.0만큼 부족합니다.
추가로 확보 가능한 현금.예금액을 입력하시오.: 1000000
최저 현금.예금 필요액에 1000000.0만큼 부족합니다.
추가로 확보 가능한 현금.예금액을 입력하시오.: 2000000
1개월 후 현금.예금 보유액을 다시 점검하시오..
```

10. 어떤 기업에서는 과장 승진을 위해서 분기별로 부여되는 인사고과 점수의 연말 평균이 90점이상이라야 한다. 당신의 1, 2, 3 사분기 인사고과점수가 각각 92, 87, 89점이었다고 한다면 4 사분기 인사고과 점수가 최소 몇 점이라야 과장 승진이 가능한 지를 계산하기 위한 프로그램을 작성하여 보시오.

PART 5

사용빈도가 잦은 작업을 하기 위한 파이썬

5장 사용빈도가 잦은 작업을 위한 파이썬

사용빈도가 잦은 작업이란 ?

우리 생활에서는 갈수록 인공지능(AI)을 활용한 기술들을 접할 기회가 많아지고 있는데 기업들이 SNS상에서의 챗봇을 활용하여 진행하고 있는 소비자 상담도 이러한 사례라고 할 수 있다. 예를 들어 카톡에서 어떤 보험회사의 챗봇을 이용한 소비자 상담을 하게 되면 대개 다음과 같은 초기 환영글을 접하게 된다

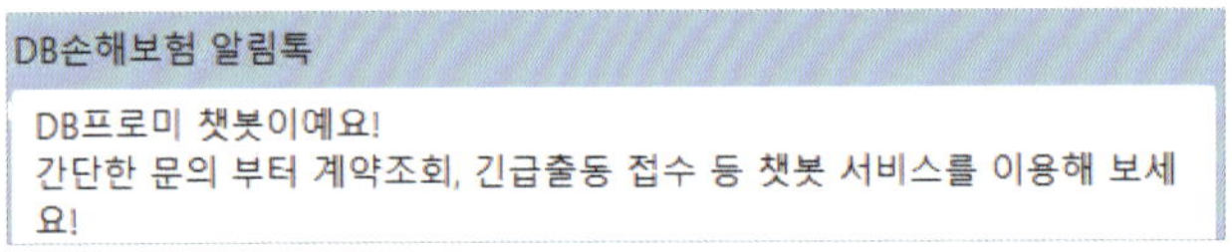

이와 같은 경우 고객이 챗봇서비스를 시작할 때마다 처음 제시되는 환영글이 화면에 나타나도록 하려면 물론 다음과 같이 코딩하면 될 것이다.

```
print('DB프로미 챗봇이예요!')
print('간단한 문의 부터 계약조회, 긴급출동 접수 등
            챗봇 서비스를 이용해 보세요!')
```

그런데 파이썬에서는 특정한 작업을 실행하는 실행문들을 묶어서 "파이썬 함수"라는 하나의 개체로 구성해 놓고, 필요할 때마다 이 "파이썬 함수"를 실행하여 원하는 작업이 실행되도록 할 수 있다. 이제 다음과 같은 프로그램을 코딩하고 실행하여 보자.

코드

```
def intro( ):
    print('DB프로미 챗봇이예요!')
    print('간단한 문의 부터 계약조회, 긴급출동 접수 등
                    챗봇 서비스를 이용해 보세요!')
intro( )
```

위의 프로그램에서 각 라인의 코딩은 다음과 같이 설명할 수 있다.

- 라인 1: "intro"라는 이름의 "파이썬 함수"를 정의하기 위한 코딩
- 라인 2: "DB프로미 챗봇이예요!"라는 문자열을 출력하기 위한 함수 실행문
- 라인 3~4: "간단한 문의 부터 계약조회, 긴급출동 접수 등 챗봇 서비스를 이용해 보세요!"라는 문자열을 출력하기 위한 함수 실행문
- 라인5; "intro"라는 이름의 "파이썬 함수"를 실행하기 위한 코딩

이와 같이 "intro"라는 파이썬 함수를 정의해 놓으면 환영글이 필요할 때마다 라인 4에서처럼 "intro"함수를 호출하기만 하면 되는 것이다.

```
DB프로미 챗봇이예요!
간단한 문의 부터 계약조회, 긴급출동 접수 등 챗봇 서비스를 이용해 보세요!
```

5.1 파이썬 함수의 정의/호출(call)/복귀(return)

파이썬 함수를 정의하고 실행하는 방법에 대하여 알아보기 위하여 다음과 같은 간단한 코드를 작성하고 실행하여 보자.

```
print("고객님 안녕하십니까? ")
```

이제 위의 코드와 동일한 결과를 얻기 위하여 다음과 같이 코드를 작성하고 실행하여 보자.

```
def hello():  #hello라는 이름의 함수를 생성하는 코드
    print("고객님 안녕하십니까? ")  # 함수 hello의 실행문
hello()  #hello 함수를 실행
```

처음 사례에서는 "고객님 안녕하십니까?'라는 인사말을 출력하기 위하여 print 함수를 사용하고 있다. 이와는 달리 둘 째 사례에서는 hello라는 함수를 정의하고, hello 함수에서 실행할 작업(print("고객님 안녕하십니까? ")에 대한 코드를 작성하고 있다. 이후 마지막 라인에서 "hello( )"라는 코딩을 이용하여 hello 함수를 호출함으로써 hello 함수를 실행하고 있다. 이와 같이 파이썬 함수를 이용하여 프로그램을 코딩하기 위해서는 함수를 정의하고 호출/실행하는 과정을 거쳐야 한다.

파이썬 함수를 정의하고 실행하는 방법은 다음과 같다.

<파이썬 코드>

파이썬 함수 정의/실행/복귀

```
def 함수명( ):                 #함수 헤더(header); 함수명 정의
    실행문(statement)          #함수 블록(block); 실행문 코드
    실행문(statement)          # 들여 쓰기에 주의
```

함수의 호출(실행)

```
함수명()                       #정의된 함수의 실행(호출)
```

⚠ 함수 헤더 라인에서는 함수명을 정의하는데 함수 헤더라인은 반드시 콜론(:)으로 종료되어야 한다.

⚠ 함수 블록 내 실행문은 함수가 실행할 작업을 코딩하게 되는데 모든 실행문들은 들여쓰기를 해야 한다.

⚠ 함수를 호출하여 함수의 모든 실행문들이 실행된 이후에 파이썬 인터프리터는 함수를 호출하였던 라인으로 복귀하여 프로그램의 이후 라인들을 실행하게 된다.

함수헤더에서는 def라는 키워드가 우선 코딩되어야 하며 def 키워드 다음에 함수명 을 코딩한다. 파이썬 함수명은 파이썬 변수명을 코딩하는 규칙과 동일하며 함수명(코딩 다음에는 반드시 콜론(:)을 코딩해야 한다. 이제 이렇게 정의한 함수에서 어떤 작업을 수행할 지를 함수 블록내의 실행문에서 코딩하면 된다. 이 때 주의할 점은 함수 블록 내의 실행문들은 들여쓰기(indentation)를 적용하여 코딩해야 한다는 점인데 함수 내의 모든 실행문들은 반드시 동일한 간격으로 들여쓰기가 되어야 한다.

프로그램 내에서 정의한 함수는 반드시 함수 호출(function call)이라는 과정을 거쳐야 실행이 된다. 함수를 호출하는 방법은 함수 블록 외부의 라인에서 "함수명( )"을 코딩하면 된다. 함수가 호출되면 함수 블록 내의 모든 실행문들이 라인 순서대로 실행이 되고 모든 함수 실행문의 실행이 종료되면 함수를 호출하였던 라인으로 인터프리터가 되돌아 가는 함수 복귀 과정을 거친다. 이후 다음 라인부터 프로그램 실행이 계속된다.[1)]

함수의 정의/호출과정에 대하여 좀 더 자세히 이해하기 위하여 다음의 사례를 살펴보자(이 사례는 Starting Out with Python 사례를 참고하였음).

1) main 함수를 사용하면 이와 같은 실행순서가 적용되지 않는다. main 함수에 대해서는 5.3절을 참고하면 된다.

코딩 사례 5.1: 함수 정의/실행/복귀

코드

```
def startup_message():
    print('This program tells you how to disassemble your PC.')
    print('There are 4 steps in the process.')
    print()

def step1():
    print('Step 1: Unplug the PC and')
    print('        move it away from the wall.')
    print()

def step2():
    print('Step 2: Remove the six screws from the back of the PC.')
    print()

def step3():
    print('Step 3: Remove the back panel from the PC.')
    print()

startup_message()
step1()
step2()
step3()
```

코드의 실행결과

```
This program tells you how to disassemble your PC.
There are 4 steps in the process.

Step 1: Unplug the PC and
        move it away from the wall.

Step 2: Remove the six screws from the back of the PC.

Step 3: Remove the back panel from the PC.
```

프로그램을 실행하더라도 라인 19에서"startup_message( )"코드가 실행되기 전까지는 아무 일도 일어나지 않는다. 이제 라인19에서 "startup_message"함수가 호출되면 "startup_message"함수 블록 내 라인 2-4의 실행문들이 실행된다. 이 실행문들의 실행이 종료되면 "startup_message"함수를 호출했던 라인의 다음 라인인 라인 20이 실행되는데 이것을 복귀(return)라고 부른다.
라인 20에서는 "step1" 함수가 호출되고 "step1" 함수 블록 내 라인 7-9의 실행문들이 실행되는데 이 실행문들의 실행이 종료되면 "step1" 함수를 호출하였던 라인의 다음 라인인 라인 21이 실행된다. 라인 21이 실행되면 "step2" 함수가 호출되는 것인데 여기까지의 과정을 그림으로 표시하면 〈그림 5.2〉와 같다.

〈함수의 호출과 복귀〉

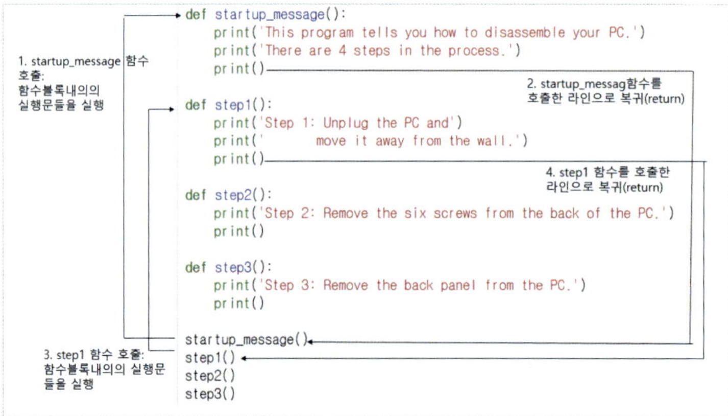

이제 "step2" 함수 호출을 통하여 "step2" 함수가 실행되면 함수 블록 내 라인 12-13의 실행문들이 실행된다. 이 실행문들의 실행이 종료되면 라인22의 "step3" 함수 호출을 통하여 "step3" 함수의 블록내 라인 16-17의 실행문들이 실행된 후 프로그램이 종료되는 것이다.

이 사례에서 함수의 호출/복귀 과정을 정리하면 다음과 같다.

- 라인 19에서 startup_message 함수를 호출
- 라인 2-4 실행문 실행

- 라인19로 복귀하고 다음 라인을 실행하여 step1 함수를 호출
- 라인 7-9의 실행문 실행

- 라인20으로 복귀하고 다음 라인을 실행하여 step2 함수를 호출
- 라인 12-13의 실행문 실행

- 라인21로 복귀하고 다음 라인을 실행하여 step3 함수를 호출
- 라인 16-17의 실행문 실행

- 라인 22로 복귀하고 다음 라인이 없으므로 프로그램 종료

매개변수(parameter)가 있는 함수

파이썬 함수를 정의할 때 함수블록 내 실행문을 정의하는 과정에서 특정 변수들을 작업에 이용하는 경우가 있다. 예를 들어 정기예금의 원리금 계산 문제를 생각해 보자. 목돈을 은행에 일정 만기동안 예금 후 원금과 이자를 합한 원리금을 지급받게 되는 정기예금의 이자가 단리로 계산된다면 정기예금의 원리금은 다음과 같이 계산한다.

파이썬과 함께 하는 경영학

단리 정기예금의 원리금

$$\text{세전원리금} = A \times (1 + r \times n) \quad A = \text{예금금액} \quad r = \text{연이자율} \quad n = \text{예금기간(년)}$$

(식 5-1)

이제 (식 5-1)의 정기예금 원리금 계산 작업을 위한 파이썬 함수를 작성하여 실행하여 보자.

```
def calc_sum(deposit, rate, maturity):
```

```
2            before_total= deposit * (1+rate *maturity)
3            print(format(before_total, ".0f"))
4       calc_sum(10000, 0.036, 3)
```

위의 프로그램의 각 라인의 코딩은 다음과 같은 작업을 실행하기 위한 코딩이다.

- 라인 1: calc_sum이라는 함수명을 정의하면서 동시에 저축원금, 이자율, 만기 등을 각각 deposit, rate, maturity라는 변수(매개변수라고 함)들이 가리키도록 정의하고 있다.
- 라인 2: calc_sum함수의 매개변수들을 이용하여 정기예금 원리금을 계산하고 그 결과를 before_total이라는 변수가 가리키는 작업을 실행한다.
- 라인 3: 변수 before_total의 출력작업을 실행한다. calc_sum 함수를 호출한 라인 4로 복귀한다. 다음 라인이 없으므로 프로그램을 종료한다.
- 라인 4: 매개변수 deposit, rate, maturity의 값을 순서대로 입력하고 calc_sum 함수를 호출/실행한다.

이 사례에서 알 수 있듯이 함수 실행문에서 정의되는 특정 작업을 실행하는데 필요한 변수들은 함수 헤더에서 함수를 정의할 때 "함수명(변수1, 변수2 ,,,,,,,)"와 같이 코딩하여 미리 정의되어야 하는데 이러한 변수들을 함수의 매개변수(parameter)라고 부른다. 그런데 이와 같이 매개변수가 있는 함수를 정의한 이후 함수를 호출/실행하기 위해서는 매개변수들의 값들을 지정해 주어야만 함수를 호출/실행할 수 있는데 함수의 호출/실행을 위해서는 함수에서 매개변수들을 정의한 순서대로 그 값들을 입력하여 함수를 호출해야 한다.

매개변수가 있는 파이썬 함수를 정의하고 호출/실행하는 방법은 다음과 같이 정리할 수 있다.

<파이썬 코드>

함수의 정의;매개변수가 있는 경우

```
def 함수명(매개변수):            #함수 헤더(header)함수명 정의
    실행문(statement)          #함수 블록(block) 실행문 코드
    실행문(statement)          # 들여 쓰기에 주의
    ........................
```

함수의 실행

```
함수명(인자)                        #정의된 함수의 실행(호출)
```

⚠ 매개변수가 있는 함수를 호출/실행하기 위해서는 매개변수의 값을 부여해야 하는데 이를 인자(argument)라고 부른다.

⚠ 함수를 호출하기 위해 함수명에 인자를 입력할 때는 함수명 내에서 매개변수의 위치와 동일하게 입력하여야 한다.

⚠ 함수 실행문에 정의되는 작업 유형에 따라 수, 문자열, 리스트 등이 매개변수로 사용될 수 있다.

코딩 사례 5.2: 연금의 미래가치 계산

파이썬과 함께 하는 경영학

연금의 미래가치

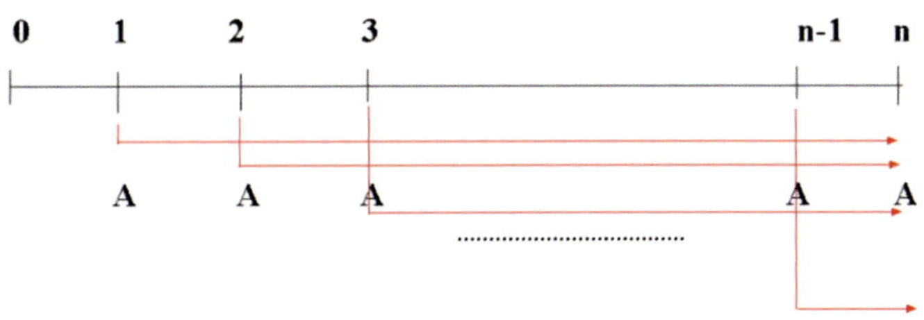

$$\text{연금의 미래가치} = A \times (1+r)^{n-1} + A \times (1+r)^{n-2} + \cdots A \times (1+r)^{1} + A \times (1+r)^{0}$$

A;연금액 r ; 1기간 이자율 n; 연금횟수

(식 5-2)

〈식 5-2〉의 연금의 미래가치 계산식을 구현하기 위하여 다음과 같이 코딩하여 보자.

코드

```
# A=연금액, r = (연)이자율 , n = 연금횟수 , m=(연간)연금지급횟수
```

```
2    def future_value(A,r,n,m):
3        total=0                                   # total의 초기값 설정
4        for month in range(n-1,-1,-1):
5            fv=A*(1+r/m)**month
6            total=total+fv
7        print('연금의 미래가치: ',format(total,',.0f'))
```

```
8    future_value(100, 0.036, 24, 12)      # 인자를 부여하고 함수를 호출
```

코드 설명

이 프로그램의 주요 라인에 사용한 코딩은 각각 다음과 같은 작업을 실행하게 된다.

- 라인 1: 매개변수 설명을 위한 코멘트이다.
- 라인 2: 매개변수 A, r, n, m들을 가지는 future_value라는 파이썬 함수를 정의하기 위한 함수 헤더이다. future_value 함수의 실행문은 라인 3~라인 7까지이며 함수 future_value는 라인 8에서 호출되기 전까지는 실행되지 않는다.
- 라인 3: 연금액의 합계인 변수 total의 초기값으로 0을 부여한다.
- 라인 4; 타겟변수 month에 (n-1)부터 0까지의 정수를 차례로 할당한다. month에 마지막으로 0이 할당될 때까지 루프 실행문인 라인 5-6이 반복적으로 실행되도록 한다.
- 라인 5; 미래 각 시점에서 발생하는 연금액의 미래가치를 계산하여 변수 fv가 가리키도록 한다.
- 라인 6; 변수 total에 변수 fv 값을 더하여 total 값을 변경시킨다. 라인 4로 되돌아 가서 타겟변수 month에 다음 수가 할당되도록 한다.
- 라인 7; 함수 future_value의 마지막 실행문으로서 total의 최종 값을 출력하고 future_value 함수를 호출한 라인 8로 복귀한다. 다음 라인이 없으므로 프로그램을 종료한다.
- 라인 8: future_value 함수의 인자인 100, 0.036, 24, 12를 순서대로 입력하고 future_value 함수를 호출/실행한다.

코드의 실행결과

```
연금의 미래가치:  2,485
```

"future_value"함수에는 각각 연금액, 이자율, 연금횟수, 연간 연금횟수를 나타내는 A, r, n, m라는 매개변수들이 정의되어 있으며 이 매개변수들은 실행문 내에서 total이라는 변수의 연산에 이용되고 있다. 매개변수를 갖는 함수도 반드시 호출이 되어야만 함수가 실행이 되므로 매개변수를 가지는 함수를 호출하는 경우에는 함수 호출시 각 매개변수의 값들을 위치에 맞게 입력해 주어야 한다. 여기서는 마지막 라인에서 함수를 호출하면서 각 매개변수의 위치에 각 매개변수의 값인 인자를 직접 입력하였다.

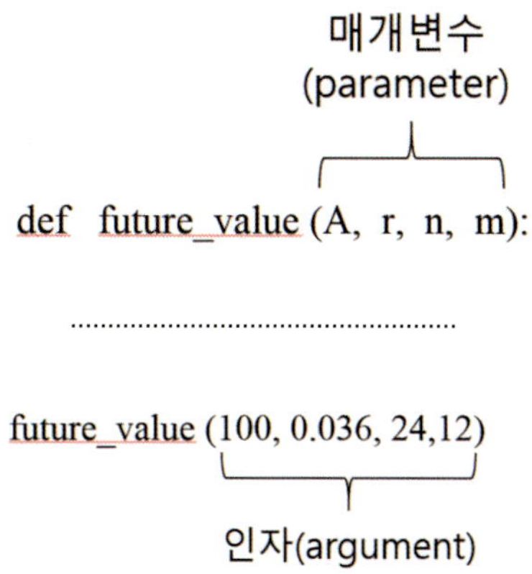

⟨코딩사례 5.2⟩에서는 매개변수가 있는 함수의 호출/실행을 위해서는 함수에서 매개변수들이 정의된 순서대로 인자들을 입력하여 함수를 호출해야 한다는 것을 잘 보여 주고 있다. 그런데 매개변수의 위치에 직접 인자를 입력하여 함수를 호출할 수 있지만 새로운 변수들을 생성하여 인자를 가리키도록 할 수도 있다. 이 때는 특정 인자를 가리키는 변수들을 각 매개변수의 위치에 입력하여 함수를 호출한다. 다음 ⟨코딩사례 5.3⟩은 이와 같은 방식으로 ⟨코딩사례 5.2⟩를 프로그램한 사례이다.

코딩 사례 5.3: 연금의 미래가치 계산

코드

```
def future_value(A,r,n,m):
  total=0
  for month in range(n-1,-1,-1):
    fv=A*(1+r/m)**month
    total=total+fv
  print('연금의 미래가치: ',format(total,',.0f'))

amount=int(input("연금액을 입력:"))
rate=float(input("이자율을 입력:"))
total_num=int(input("총연금횟수를 입력:"))
num_per_year=int(input("연간지급횟수를 입력:"))

future_value(A=amount, m=num_per_year, r=rate, n=total_num)
```

코드 설명

이 프로그램의 주요 라인에 사용한 코딩은 각각 다음과 같은 작업을 실행하게 된다.

- 라인 1: 매개변수 A, r, n, m들을 가지는 future_value라는 파이썬 함수를 정의하기 위한 함수 헤더이다. future_value 함수의 실행문은 라인 2~라인 6까지이며 함수 future_value는 라인 11에서 호출되기 전까지는 실행되지 않는다.
- 라인 2: 변수 total의 초기값으로 0을 설정한다.
- 라인 3; 타겟변수 month에 (n-1)부터 0까지의 정수를 차례로 할당한다. month에 마지막으로 0이 할당될 때까지 루프 실행문인 라인 4~5가 반복적으로 실행되도록 한다.
- 라인 4; 미래 각 시점에서 발생하는 연금액의 미래가치를 계산하여 변수 fv가 가리키도록 한다.
- 라인 5; 연금액의 합계인 변수 total에 변수 fv 값을 더하여 total 값을 변경시킨다. 이후 라인 3으로 되돌아 간다.
- 라인 6; 함수 future_value의 마지막 실행문으로서 변수 total의 값을 출력한다. 이후 라인 11로 복귀한다. 다음 라인이 없으므로 프로그램을 종료한다.
- 라인 7: 1회 연금액을 입력하고 변수 amount가 가리키도록 한다.
- 라인 8: 연이자율을 소수로 입력하고 변수 rate가 가리키도록 한다.
- 라인 9: 총연금횟수를 입력하고 변수 total_num가 가리키도록 한다.
- 라인 10: 연간지급회수를 입력하고 변수 num_per_year가 가리키도록 한다.

코드의 실행결과

```
연금액을 입력:100
이자율을 입력:0.036
총연금횟수를 입력:24
연간지급횟수를 입력:12
연금의 미래가치:   2,485
```

다음 사례에서는 은행대출금이나 자동차 할부 등에서 자주 이용되는 원리금균등분할상환의 상환스케쥴을 생성하는 문제에 매개변수를 이용하는 방법을 소개하기로 한다.

코딩 사례 5.4: 모기지론 원리금균등분할상환 상환스케쥴 생성 함수

파이썬과 함께 하는 경영학

모기지 론(Mortgage Loan)

주택을 담보로 하여 주택 구입 자금 중 일부를 금융기관으로부터 차입하기 위한 개인 대출상품

(예) 한국주택금융공사의 보금자리론

이와 같은 모기지론의 상환방식 중 원리금균등분할상환 방식이 있는데 이는 원금과 이자를 포함한 일정 금액을 대출 만기까지 상환하는 방식이다. 원리금균등분할상환 방식의 경우 월상환액의 계산은 (식 5-3)에 의해서 계산한다.

원리금균등분할상환방식 대출의 월상환액

금융기관으로부터의 대출금을 원리금균등분할상환 방식으로 상환하는 경우에는 대출 만기일까지 동일한 금액을 상환하게 된다. 이 때 월상환액은 다음과 같이 계산된다.

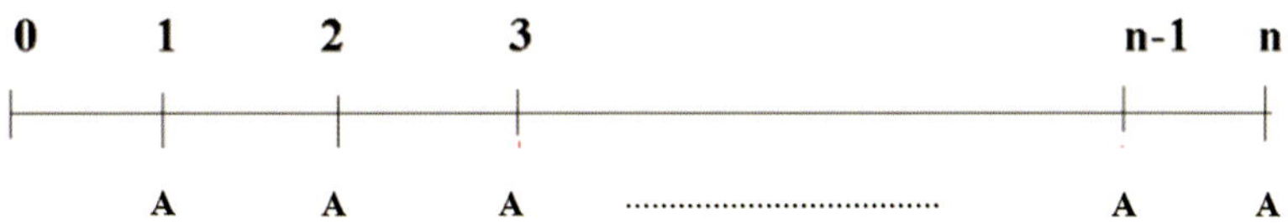

$$A = \frac{대출원금 \times (\frac{R}{12})}{1 - \frac{1}{(1 + R/12)^n}}$$

A = 월상환액　　R = 대출금리(연)

n = 만기(월)

(식 5-3)

예를 들어 원금 5천만원, 만기 20년, 연이자율 2.8%인 대출금을 원리금균등분할상환 방식으로 대출받는 경우 월상환액과 상환스케쥴은 다음과 같다.[2]

2) 한국주택금융공사의 보금자리론 대출에 대하여 한국주택금융공사 홈페이지(www.hf.go.kr)에서 조회한 결과이다.

상환방법
- 체감식(원금균등) 분할상환
- 원리금 균등분할상환
- 체증식 분할상환 (만40세 미만)

대출원금 50,000,000 원 정정 +100만 -100만 +1,000만 -1,000만

대출기간 20 년 10년 15년 20년 30년

대출금리 2.8 % 금리자동계산 › (u-보금자리론 기준)

상환방법	대출원금	대출 기간	대출이율	월납입금	총이자액	원금 및 총이자합계
원리금 균등분할상환	50,000,000	20년	2.8%	272,319	15,361,883	65,361,883

◦ 상환스케쥴 조회

회차	원리금	원금	이자	이자상환누계	납입원금누계	대출잔액
1	272,319	153,415	118,904	118,904	153,415	49,846,585
2	272,319	153,780	118,539	237,443	307,195	49,692,805
3	272,319	157,958	114,361	351,804	465,153	49,534,847
⋮						
239	272,319	271,016	1,303	15,361,246	49,722,995	277,005
240	277,642	277,005	637	15,361,883	50,000,000	0

위에 제시된 상환스케쥴을 살펴 보면 월상환액(위의 표에서 원리금)에 포함되어 있있는 원금이 회차마다 달라지는 사실을 알 수 있다. 왜 그럴까? 첫 2회차에 대하여 월상환액에 포함되어 있는 원금을 계산하여 보자.

- 1회차 이자=50,000,000×(0.028/12)=118,904
- 1회차 원금 =272,319 - 118,904 = 153,415
- 1회차 상환후 원금잔액= 50,000,000 - 153,415 = 49,846,585

- 2회차 이자=49,846,585×(0.028/12)=118,539
- 2회차 원금 = 272,319 - 118,539 = 153,780
- 1회차 상환후 원금잔액= 49,846,585 - 153,780 = 49,692,805

이 과정을 간단히 정리하면 다음과 같다.

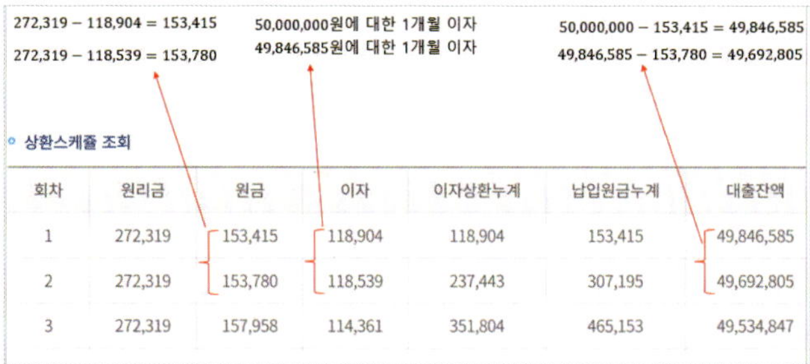

회차	원리금	원금	이자	이자상환누계	납입원금누계	대출잔액
1	272,319	153,415	118,904	118,904	153,415	49,846,585
2	272,319	153,780	118,539	237,443	307,195	49,692,805
3	272,319	157,958	114,361	351,804	465,153	49,534,847

이제 이와 같은 원리금균등분할상환 방식의 상환스케쥴 작성과정에 대한 이해를 바탕으로 상환스케쥴을 생성하기 위한 프로그램을 작성하여 보자.

코드

```
def mortgage(principal,rate,maturity):
    payment = (principal*(rate/12))/(1- (1/(1+ (rate/12)) **(maturity*12)))
    begBal = principal
    for num in range(1, maturity*12+1):
        interest = begBal * (rate /12)
        principalpay = payment - interest
        endBal = begBal-principalpay
        print( num, "\t",
                        format(begBal, "8,.0f"), "\t",
                        format(payment, "8,.0f"), "\t",
                        format(interest, "8,.0f"), "\t",
                        format(principalpay, "8,.0f"), "\t",
                        format(endBal, "8,.0f"))
        begBal = endBal
print( "회차", "\t", "기초원금", "\t", "월상환액", "\t",
          "이자", "\t", "\t", "상환원금", "\t", "기말원금")
print("------------------------------------------------------------")
mortgage(1000000, 0.036, 1)
```

코드 설명

이 프로그램의 주요 라인에 사용한 코딩은 각각 다음과 같은 작업을 실행하게 된다.

- 라인 1: 원리금균등분할상환 방식의 상환스케쥴 작성을 위한 함수 mortgage를 정의하기 위한 함수 헤더이며 함수의 매개변수는 principal,rate,maturity 이다. 함수의 실행문들은 라인 2부터 라인 14까지이다. 함수 mortgage는 라인 18에서 호출되기 전까지는 실행되지 않는다.
- 라인 2: (식 5-3)을 적용하여 월상환액을 계산하고 변수 payment이 가리키도록 한다.
- 라인 3: 매개변수 principal의 값을 변수 begBal의 초기값으로 설정한다(변수 begBal은 매월초의 기초원금을 나타내는데 1회차 기초원금은 본래의 대출원금이어야 하기 때문이다).
- 라인 4: 타겟변수 num에 1부터 (maturity*12)까지의 정수를 차례대로 할당하여 라인 5부터 라인 14까지의 for 루프 실행문들이 반복적으로 실행되도록 한다.
- 라인 5: 변수 begBal에 대한 1개월 이자를 계산하여 변수 interest가 가리키도록 한다.
- 라인 6: 변수 payment에서 변수 interest를 차감한 값을 변수 principalpay가 가리키도록 한다. 변수 principalpay는 월상환액 중 원금상환액을 나타낸다.
- 라인 7; 변수 begBal에서 변수 principalpay를 차감하여 변수 endBal가 가리키도록 한다. 변수 endBal는 기말원금을 나타낸다.
- 라인 8~라인 13: 변수 num+1, begBal, payment, interest, principalpay, endBal을 순서대로 한 줄에 출력한다.
- 라인 14: 변수 begBal가 변수 endBal값을 가리키도록 한다(이는 기말원금이 다음 달의 기초원금이 되도록 설정하기 위한 과정이다). 이후 라인 4로 되돌아 가서 타겟변수 month에 다음 수가 할당되도록 한다.
- 라인 15~17: 상환스케쥴 상단의 목차와 표시줄(-----------)을 출력한다. 이 사례의 코드를 실행할 때 가장 먼저 라인 15,16,17이 순서대로 실행된다.
- 라인 18: 1000000, 0.036, 1를 순서대로 함수 mortgage의 인자로 입력하여 함수 mortgage를 호출/실행한다.

코드의 실행결과

```
회차    기초원금      월상환액      이자        상환원금      기말원금
------------------------------------------------------------------------
1      1,000,000     84,967      3,000       81,967      918,033
2        918,033     84,967      2,754       82,213      835,820
3        835,820     84,967      2,507       82,460      753,360
4        753,360     84,967      2,260       82,707      670,653
5        670,653     84,967      2,012       82,955      587,697
6        587,697     84,967      1,763       83,204      504,493
7        504,493     84,967      1,513       83,454      421,039
8        421,039     84,967      1,263       83,704      337,335
9        337,335     84,967      1,012       83,955      253,380
10       253,380     84,967        760       84,207      169,173
11       169,173     84,967        508       84,460       84,713
12        84,713     84,967        254       84,713           -0
```

5.2 값 반환 함수(Value returning function)

값 반환 함수는 함수의 실행결과를 함수를 호출한 위치로 반환하여 주는 파이썬 함수를 의미한다. 이와 같은 값 반환함수로부터 반환되는 값은 수, 문자열, 리스트 등 다양한 유형의 데이터가 된다.

수를 반환하는 값반환함수에 대하여 알아 보기 위하여 5장 서두에서 소개한 바 있는 단리 정기예금의 원리금에 대한 문제를 다음과 같이 코딩하여 보자.

```
1     def calc_sum(deposit, rate, maturity):
2             total= deposit * (1+rate *maturity)
3             return total
4     principal = int(input('저축원금 입력: '))
5     interest_rate = float(input('이자율을 소숫점으로 입력: '))
6     years = float(input('만기를 연으로 입력: '))
7     before_tax_sum= calc_sum(principal, interest_rate, years)
8     print(format(before_tax_sum,'.0f'))
9     tax=(before_tax_sum-principal)*0.154
10    print(format(tax,'.0f'))
```

위 프로그램에서 함수를 정의하는 방법이 지금까지 소개한 함수들과 다른 점은 라인3의 return 명령인데 이것은 calc_sum 함수의 실행결과를 함수를 호출한 라인으로 반환하도록 하기 위한 코드이다. 즉, 라인 7에서 calc_sum 함수가 호출되면 calc_sum 함수의 실행결과 산출되는 변수 total이 가리키는 값을 라인 7로 반환한다는 것이다. 이 과정을 그림으로 설명하면 다음과 같다.

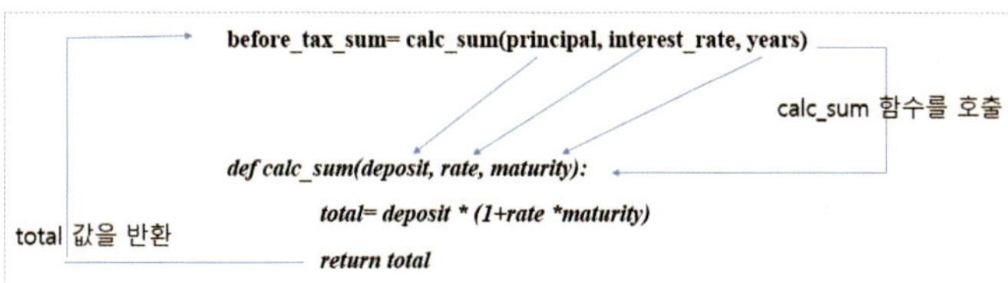

calc_sum 함수로부터 라인 7에 반환된 값은 before_tax_sum이라는 변수가 가리키고 있으며, 라인 9에서는 변수 before_tax_sum을 연산에 이용하여 정기예금에서 발생하는 이자에 대한 이자소득세를 계산하고 있다. 위 프로그램의 실행결과는 다음과 같다.

```
저축원금 입력: 10000
이자율을 소숫점으로 입력: 0.036
만기를 연으로 입력: 3
11080
166
```

이 사례에서 알 수 있는 바와 같이 값 반환함수는 프로그램을 작성하는 과정에서 다양하게 활용할 수 있다는 면에서 매우 유용한 도구가 되는데 값 반환함수를 정의하기 위해서는 함수 실행문들 다음에 return 명령이 필요하다.

<파이썬 코드>

값 반환 함수를 정의하는 방법

```
def 함수명( ):
    실행문(statement)
    실행문(statement)
    ........................
    return  변수명(또는 연산식)
```

⚠ return 라인에 변수명을 정의함으로써 함수 실행문 내 연산의 결과를 새로운 변수가 가리키도록 할 수 있다.

⚠ 프로그램 내에서 값반환함수가 호출/실행되면 return 라인에서 정의된 값이 함수를 호출한 라인으로 반환된다.

⚠ 함수가 반환하는 값은 함수 실행문의 작업 내용에 따라 수, 문자열, 리스트 등 다양한 데이터가 될 수 있다.

다음 사례는 문자열을 반환하는 값반환함수의 사례이다.

코딩 사례 5.5: 문자열을 반환하는 함수

코드

```
1  def check_password(x):
2      correct_pass='Python'
3      if x==correct_pass:
4          result='Access accepted'
5      else:
6          result='Access declined'
7      return result
8  try_pass=input("패스워드를 입력하시오: ")
9  check_result=check_password(try_pass)
10 print(check_result)
```

코드 설명

- 라인 1: 매개변수 x를 가지는 함수 check_password를 정의하는 함수헤더이다. 함수 실행문은 라인 2~7 이다.
- 라인 2: 문자열 "Python"을 생성하고 변수 correct_pass가 가리키도록 한다.
- 라인 3: 매개변수 x가 "Python"인지 따져 본다. 조건이 충족되면 라인 4을 실행하고 그렇지 않으면 라인 5 를 실행한다.
- 라인 4: 문자열 "Access accpeted"를 생성하고 변수 result가 가리키도록 한다.
- 라인 6: 문자열 "Access declined"를 생성하고 변수 result가 가리키도록 한다.
- 라인 7: 변수 result가 가리키는 값을 라인 9로 반환하고 라인9로 복귀한다.
- 라인 8: 문자열을 입력하여 변수 try_pass가 가리키도록 한다.
- 라인 9: 변수 try_pass가 가리키는 값을 인자로 입력하여 함수 check_password를 호출/실행하고 함수로부터 반환되는 값을 변수 check_result가 가리키도록 한다.
- 라인 10: 변수 check_result를 출력한다.

코드의 실행결과

```
패스워드를 입력하시오: Python
Access accepted
```

다음 두 사례는 문자열 또는 수로 이루어진 리스트를 반환하는 값반환함수의 사례이다.

코딩 사례 5.6: 문자열이 요소인 리스트를 반환하는 함수

코드

```
1    def make_list(x):
2        word_list=x.split()
3        return word_list
4    sentence='오늘은 날씨가 아주 좋습니다.'
5    words=make_list(sentence)
6    print(words)
```

코드 설명

- 라인 1: 문자열 x를 매개변수로 가지는 함수 make_list를 정의하는 함수 헤더이다. 함수 실행문은 라인 2~3이다.
- 라인 2: 문자열 x를 빈 공간(space)를 기준으로 분리하여 리스트를 생성하고 변수 word_list가 가리키도록 한다.
- 라인 3: word_list가 가리키는 리스트를 반환한다. 이후 라인 5로 복귀한다.
- 라인 4: '오늘은 날씨가 아주 좋습니다.'라는 문자열을 생성하고 변수 sentence가 가리키도록 한다.
- 라인 5: 문자열 sentence를 인자로 입력하여 함수 make_list를 호출/실행하고 함수가 반환하는 리스트를 변수 words가 가리키도록 한다.
- 라인 6: 변수 words를 출력한다.

코드의 실행결과

```
['오늘은', '날씨가', '아주', '좋습니다.']
```

코딩 사례 5.7: 수가 요소인 리스트를 반환하는 함수

코드

```
1   def make_numbers():
2       another='y'
3       numbers=[ ]
4       while another=='y':
5           num=float(input("수를 입력하시오.: "))
6           numbers.append(num)
7           another=input('새로운 수를 추가하려면 "y"를 입력하시오: ')
8       return numbers
9   number_list=make_numbers()
10  print(number_list)
```

코드 설명

- 라인 1: 함수 make_numbers를 정의하는 함수헤더이다. 함수 실행문은 라인 2~8이다.
- 라인 2: 변수 another가 문자열 'y'를 가리키도록 한다.
- 라인 3: 빈 리스트 numbers를 생성한다
- 라인 4: 변수 another의 값이 'y'인지 따져 본다. 조건이 충족되면 라인 5~7을 실행하고 그렇지 않으면 라인 8을 실행한다.
- 라인 5: 수를 입력하여 변수 num이 가리키도록 한다.
- 라인 6: .변수 num이 가리키는 값을 리스트 numbers에 추가한다.
- 라인 7: 문자열을 입력하여 변수 another가 가리키도록 하고 라인 4로 돌아간다.
- 라인 8: .변수 numbers가 가리키는 값을 라인 9로 반환/복귀하고 다음 라인 10을 실행한다.
- 라인 9: 함수 make_numbers를 호출/실행하여 반환되는 값을 변수 number_list가 가리키도록 한다.

코드의 실행결과

```
수를 입력하시오.: 2
새로운 수를 추가하려면 "y"를 입력하시오: y
수를 입력하시오.: 5
새로운 수를 추가하려면 "y"를 입력하시오: y
수를 입력하시오.: 8
새로운 수를 추가하려면 "y"를 입력하시오: y
수를 입력하시오.: 9
새로운 수를 추가하려면 "y"를 입력하시오: y
수를 입력하시오.: 5
새로운 수를 추가하려면 "y"를 입력하시오: n
[2.0, 5.0, 8.0, 9.0, 5.0]
```

앞에서 살펴본 바와 같이 값 반환 함수는 문자열이나 리스트 등 다양한 형태의 값을 반환할 수 있는데 특히 수를 반환하여 주는 값 반환 함수는 다양한 분야의 경영학 문제들을 해결하는데 매우 유용하게 사용할 수 있는데 몇가지 사례들에 대하여 살펴 보기로 하자.

코딩 사례 5.8: 개인 근로자의 근로소득세의 계산

파이썬과 함께 하는 경영학

근로소득세

우리나라 근로자들은 회사로부터 받는 급여에 대하여 근로소득세라는 세금을 국가에 납부하여야 한다. 그런데 근로소득세는 소위 누진세에 속하여 소득 수준에 따라 서 다음과 같이 세율이 차등적용된다.

과세표준	세율	누진공제
12,000,000 이하	6%	-
12,000,000 초과 46,000,000 이하	15%	1,080,000
46,000,000 초과 88,000,000 이하	24%	5,220,000
88,000,000 초과 150,000,000 이하	35%	14,900,000
150,000,000 초과 300,000,000 이하	38%	19,400,000
300,000,000 초과 500,000,000 이하	40%	25,400,000
500,000,000 초과	42%	35,400,000

이때 근로소득세는 다음과 같이 계산된다.

근로소득세 = 과세표준 × 세율 − 누진공제

과세표준: 근소소득에서 각종 소득공제액들을 뺀 금액

누진공제 = 과세표준별 세율 차이를 고려하여 차감하여 주는 금액

이제 이와 같은 근로소득세 계산과정을 적용하여 근로소득세를 계산하기 위하여 값반환함수를 이용하는 프로그램을 작성하여 보자.

코드

```
1 def calc_tax(base,rate,deduction):
2     income_tax=base*rate-deduction
3     return income_tax
4 income=float(input('과세표준 입력: '))
5 tax_rate=float(input('종합소득세율 입력: '))
6 income_deduct=float(input('누진공제 입력: '))
7 my_tax=calc_tax(income, tax_rate,income_deduct)
8 print( '소득세는 '+str(format(my_tax, ",.0f"))+ '원입니다.')
```

코드 설명

- 라인 1: 매개변수 base,rate,deduction를 가지는 함수 calc_tax를 정의하는 함수헤더로서 매개변수 base,rate,deduction는 각각 과세표준, 세율, 누진공제액을 나타낸다. 함수 calc_tax의 실행문은 라인 2~라인 3이며 함수 calc_tax는 라인 7에서 호출되기 전까지는 실행되지 않는다.
- 라인 2: 변수 base에 변수 rate를 곱하고 변수 deduction을 차감하여 소득세를 계산하고 변수 income_tax가 가리키도록 한다.
- 라인 3: 변수 income_tax 값을 라인 7로 반환/복귀하고 다음 라인 8을 실행한다.
- 라인 4: 과세표준을 입력하고 변수 income이 가리키도록 한다. 이 사례의 코드가 실행될 때 라인 4가 가장 먼저 실행된다.
- 라인 5: 세율을 입력하고 변수 tax_rate이 가리키도록 한다.
- 라인 6: 누진공제를 입력하고 변수 income_deduct가 가리키도록 한다.
- 라인 7: income, tax_rate, income_deduct를 순서대로 함수 인자로 입력하여 calc_tax 함수를 호출/실행한다. calc_tax 함수로부터 반환되는 값이 라인 7로 반환되어 변수 my_tax가 가리키도록 한다.
- 라인 8: 변수 my_tax를 출력한다.

코드의 실행결과

```
과세표준 입력: 40000000
종합소득세율 입력: 0.15
누진공제 입력: 1080000
소득세는 4,920,000원입니다.
```

값 반환 함수를 유용하게 활용할 수 있는 하나의 사례로서 이표채의 매매가격을 계산하는 문제를 생각해 보자. 이표채의 매매가격 계산은 채권 투자를 공부하는 독자들에게 매우 중요한 과제이지만 계산식이 복잡하고 고려해야 할 변수들이 많아 까다로운 작업으로 알려져 있다.

코딩 사례 5.9: 이표채 가격 계산 함수

파이썬과 함께 하는 경영학

이표채의 가격

이표채는 만기일까지 일정한 금액의 이표를 일정한 기간(3개월, 6개월 등)마다 이표채 보유자에게 지급하고 만기일이 되면 액면가와 마지막 이표를 지급하는 유가증권이다. 이와 같은 이표채를 매매하는 경우 매매가격은 아래 〈식 5-4〉에 따라 계산된다.

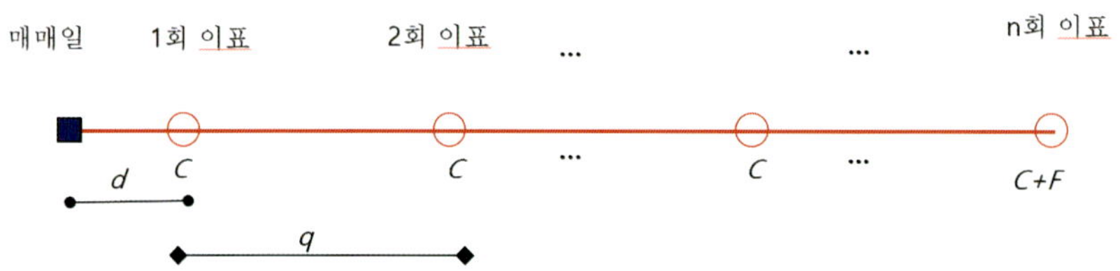

$$B_0 = \frac{C}{(1+\frac{y}{m})^{d/q}} + \frac{C}{\left(1+\frac{y}{m}\right)^{1+d/q}} + \frac{C}{\left(1+\frac{y}{m}\right)^{2+d/q}} + \cdots + \frac{C+F}{(1+\frac{y}{m})^{(n-1)+d/q}}$$

B_0 = 이표채가격 C = 1회 이표액 (= 액면가 × 이표율)/연간이표횟수
y = 채권수익률 m = 연간이표횟수
n = 잔존이표횟수 q = 이표지급간격(일)
d = 다음 이표일까지 기간(일) F = 액면가

n회 이표일 = 이표채 만기일

(식 5-4)

이제 이표채 가격 계산을 위한 함수를 다음과 같이 코딩하여 보기로 한다.

코드

```
def coupon_bond(F,C,n,m, q, d,r):
    pv_all=0                    # 초기값으로 0을 설정
    for month in range(0,n):
        if month!=n-1:
            pv=C/((1+r/m)**(month+d/q))
```

```
6            else:
7                pv=(C+F)/((1+r/m)**(month+d/q))
8            pv_all+=pv
9        return pv_all
10   face=int(input(“액면가:”))
11   coupon=int(input(“1회 이표액:”))
12   number=int(input(“잔존이표횟수:”))
13   per_year=int(input(“연간 이표지급횟수:”))
14   interval=int(input(“이표지급간격(일수):”))
15   days=int(input(‘다음 이표일까지 일수: ’))
16   yield=float(input(“채권수익률 입력:”))
17   bond_price=coupon_bond(face,coupon,number,per_year,interval,days,yield)
18   print(format(bond_price,’,.0f’))
```

코드 설명

- 라인 1:매개변수 F,C,n,m, q, d,r를 가지는 함수 coupon_bond를 정의하는 함수헤더로서 매개변수 F,C,n,m, q, d,r는 각각 이표채 액면가, 1회 이표액, 잔존 이표횟수, 연간 이표지급횟수, 이표지급간격, 다음 이표일까지 일수, 만기수익률을 나타낸다. 함수 coupon_bond의 실행문은 라인 2~라인 9에 코딩되어 있다.
- 라인 2: 변수 pv_all의 초기값을 0으로 설정한다.
- 라인 3: 타겟변수 month에 0부터 n-1까지 순차적으로 할당하여 라인 4~라인 8의 루프 실행문들이 반복/실행되도록 한다.
- 라인 4: 타겟변수 month의 값이 (n-1)이 아닌 지를 따져본다. 조건이 충족되는 경우에는 라인 5가 실행되고 그렇지 않은 경우 라인 7이 실행된다.
- 라인 5: 이표액의 현재가치를 계산하여 변수 pv가 가리키도록 한다. 이후 라인 8이 실행된다.
- 라인 7: 이표액과 액면가를 더한 금액의 현재가치를 계산하여 변수 pv가 가리키도록 한다. 이후 라인 8이 실행된다.
- 라인 8: 변수 pv 값을 변수 pv_all에 더하여 변수 pv_all의 값을 변경한다. 이후 라인 3으로 되돌아 가서 타겟변수 month에 다음 수가 할당되도록 한다.
- 라인 9: 함수 coupon_bond의 마지막 실행문으로 변수 pv_all 값을 라인 17로 반환/복귀하고 다음 라인 18을 실행한다.
- 라인 10~16:이 사례의 코드가 실행될 때 라인 10이 가장 먼저 실행된다. 액면가, 1회이표액, 잔존이표횟수, 연간이표지급횟수, 이표지급간격(일), 다음 이표일까지 일수, 채권수익률를 입력하여 각각 face, coupon, number, per_year, interval, days, yield가 가리키도록 한다.

- 라인 17: face, coupon, ,number,per_year,interval,days,yield를 순서대로 인자로 입력하여 coupon_bond 함수를 호출/실행한다. coupon_bond 함수로부터 반환되는 값을 변수 bond_price가 가리키게 한다.
- 라인 18: 변수 bond_price의 값을 정수단위로 출력한다.

코드의 실행결과

```
액면가:10000
1회 이표액:250
잔존이표횟수:7
연간 이표지급횟수:2
이표지급간격(일수):182
다음 이표일까지 일수: 89
만기수익률 입력:0.01822
11,124
```

다음 사례에서는 리스트를 매개변수로 가지는 값반환함수의 사례에 대하여 살펴 보기로 한다.

코딩 사례 5.10: 표본평균 계산 함수

코드의 실행결과

```
1    def calc_mean(x):
2        total=0
3        for num in x:
4            total=total+num
5        average=total/len(x)
6        return average
7    numbers=[1,5,6,2,4,6,2,7]
8    sample_mean=calc_mean(numbers)
9    print('Sample mean: ', format(sample_mean,'.04f'))
```

코드 설명

- 라인 1:calc_mean 함수를 정의하기 위한 함수헤더이며 매개변수 x는 수로 이루어진 리스트이다.

- 라인 2: 변수 total의 초기값을 0으로 설정한다.
- 라인 3: 리스트 x의 요소들을 순서대로 타겟변수 num에 할당한다.
- 라인 4: 타겟변수 num이 가리키는 값을 변수 total에 더하여 total 값을 업데이트한다. 라인 3으로 돌아가서 타겟변수 num에 다음 수를 할당한다.
- 라인 5: 변수 total의 값을 리스트의 요소 개수로 나누어 리스트 x의 요소들의 평균을 계산하여 변수 average가 가리키도록 한다.
- 라인 6: 변수 average 값을 라인 8로 반환/복귀하고 다음 라인 9를 실행한다.
- 라인 7: [1,5,6,2,4,6,2,7]라는 리스트를 생성하고 변수 numbers가 가리키도록 한다.
- 라인 8: 리스트 numbers를 인자로 입력하여 함수 calc_mean을 호출/실행하고 함수 calc_mean이 반환하는 값을 라인 9로 반환하여 변수 sample_mean이 가리키도록 한다.

코드의 실행결과

```
Sample mean:  4.1250
```

여러 개의 값을 반환하는 함수

값 반환 함수를 정의해야 할 경우 반환값이 하나가 아니라 여러 개의 값들을 반환하도록 함수를 정의하는 것도 가능하다.

<파이썬 코드>

복수의 값 반환 함수를 정의하는 방법

```
def 함수명( ):
    실행문(statement)
    실행문(statement)
    ........................
    return 변수명1 , 변수명2.....
```

⚠ return 라인은 복수의 값들을 반환하기 위한 코드로서 반환 값은 튜플 형태로 반환된다.

⚠ 함수에서 반환되는 복수의 값들을 리스트 형태로 반환하려면 return 라인에서 [변수1, 변수2,...]와 같이

코딩하면 된다.

반환되는 값들이 튜플이거나 리스트이므로 슬라이싱하여 특정 반환값만을 선택할 수 있다.

코딩 사례 5.11: 단리정기예금의 세전원리금과 세후원리금 계산 함수

정기예금은 금융기관에 일정한 만기동안 목돈을 저축하고 만기가 되면 이자와 원금을 합한 원리금을 지급받는 금융상품이다. 그런데 이와 같은 정기예금서 발생하는 이자에 대해서는 이자소득세 15.4%가 부과되므로 예금자들은 이자소득세가 차감된 세후원리금을 지급받게 된다.

파이썬과 함께 하는 경영학

단리 정기예금의 세전원리금과 세후원리금

단리 정기예금의 세전원리금과 세후원리금

세전원리금 = $A \times (1 + r \times n)$

$$A = \text{저축원금} \quad r = \text{연이자율} \quad n = \text{만기(년)}$$

- 한국의 금융기관들의 경우 정기예금의 이자를 계산하기 위해 단리와 월복리를 적용한다. 여기서는 단리를 적용하는 경우를 가정한다.

세후원리금=세전원리금 - (세전원리금 -저축원금)*세율

- 한국의 이자소득세율은 15.4%이다.

코드

```
Tax=0.154
def calc_sum(deposit, rate, maturity):
    before_total= deposit * (1+rate *maturity)
    after_total= before_total-(before_total-deposit)*Tax
    return before_total, after_total
```

```
6    principal = int(input('저축원금 입력: '))
7    interest_rate = float(input('이자율을 소숫점으로 입력: '))
8    years = float(input('만기를 연으로 입력: '))
9    total=calc_sum(principal, interest_rate, years)
10   print(total)
11   print('세전원리금: ', total[0])        #튜플 슬라이싱
12   print('세후원리금: ', total[1])        #튜플 슬라이싱
```

코드 설명

- 라인 1:이자소득세율을 15.4%로 설정하고 변수 Tax가 가리키도록 한다.
- 라인 2: deposit, rate, maturity를 매개변수로 가지는 함수 calc_sum을 정의한다. deposit, rate, maturity는 각각 정기예금 저축원금, 이자율, 만기를 나타낸다. calc_sum함수의 실행문들은 라인3~라인5에 정의되어 있다. 라인 9에서 호출되기 전까지는 함수 calc_sum은 실행되지 않는다.
- 라인 3:세전 원리금을 계산하여 변수 before_total이 가리키도록 한다.
- 라인 4:세전 원리금(변수 before_total)에서 세금을 차감한 세후 원리금을 계산하여 변수 after_total이 가리키도록 한다.
- 라인 5: 변수 before_total과 변수 after_total을 요소로 가지는 튜플을 라인 9로 반환/복귀한다.
- 라인 6~8:라인 1이 실행된 후 라인 6,7,8이 실행되는데 deposit, rate, maturity의 값을 입력하여 각각 principal, interest_rate, years가 가리키도록 한다.
- 라인 9: principal, interest_rate, years을 calc_sum 함수에 입력하여 calc_sum 함수를 호출하고 calc_sum 함수에서 반환되는 튜플이 라인 9로 반환되어 변수 total이 가리키게 된다.
- 라인 10: 변수 total에서 total[0]을 슬라이싱하여 출력한다.
- 라인 11: 변수 total에서 total[1]을 슬라이싱하여 출력한다.

코드의 실행결과

```
저축원금 입력: 100000
이자율을 소숫점으로 입력: 0.03
만기를 연으로 입력: 1.5
(104500.0, 103807.0)
세전원리금:  104500.0
세후원리금:  103807.0
```

5.3 main 함수의 활용

일반적으로 파이썬 프로그램에서는 함수가 정의된 라인 이후의 라인에서만 함수를 호출할 수 있다. 그러나 main 함수를 사용하게 되면 main 함수 내 어느 위치에서도 프로그램 내에 정의되어 있는 함수들을 호출할 수 있다. main 함수를 이용하는 대표적인 방법은 다음과 같다.

<파이썬 코드>

main 함수를 사용하는 법

```
def main( ):
        실행문
        실행문                    #여기서 다른 함수1,..함수k를 호출할 수 있음

def 함수1( ):
        실행문(statement)
.......................
def 함수k( ):
        실행문(statement)

main( )
```

⚠ main 함수 내에 정의되는 다른 함수들의 함수헤더 라인은 들여 쓰기를 하지 않는다.

⚠ main함수를 사용하면 main 함수 내에 정의된 함수들을 위치에 상관없이 호출할 수 있다.

다음 사례에서는 main 함수의 사용 사례에 대하여 살펴 보기로 한다.

코딩 사례 5.12; NPS 계산 함수

파이썬과 함께 하는 경영학

NPS(Net promoter score)

NPS는 기업의 마케팅 전략 수립에 이용되는 지표로서 고객 충성도를 나타내는 지표이다. NPS를 측정하기 위해서는 고객들에게 “ 이 제품을 친구나 지인에게 추천할 의향이 있습니까?” 와 같은 질문에 대하여 고객들이 0 (의향 없음) 에서 10 (의향 아주 높음) 사이의 척도를 매기도록 한 후 고객을 다음과 같이 세 집단으로 나눈다.

비추천자(detractor):0점~6점 응답 고객
소극자(passive) : 7점~8점 응답 고객
홍보자(promoter):9점~10점 응답 고객

이를 바탕으로 NPS는 다음과 같이 계산한다.

NPS = (홍보자(promoter)의 백분율 – 비추천자(detractor)의 백분율)

예를 들어, 200명의 제품 사용 고객 중 50명이 detractor, 70명이 passive, 그리고 80명이 promoter로 분류를 했다면 NPS는 15인 것이다. (80/200 - 50/200 = 40% - 25% = 15).

코드

```
def main():
    total = int(input(‘전체 응답자 수 입력: ’))
    pros = int(input(‘홍보자 수 입력: ’))
    cons = int(input(‘비추천자 수 입력: ’))
    NPS=calc_NPS(total, pros, cons)[0] – calc_NPS(total, pros, cons)[1]
    print(‘NPS 비율: ’, format(NPS,’.4f’))
def calc_NPS(responses,promoter,detractor):
    promoter_ratio= promoter/responses
    detractor_ratio= detractor/responses
    return promoter_ratio , detractor_ratio
main()
```

코드 설명

- 라인 1: main 함수를 정의한다.
- 라인 2: 전체 응답자수를 입력하고 변수 total이 가리키도록 한다.
- 라인 3: 홍보자수를 입력하고 변수 pros가 가리키도록 한다.
- 라인 4: 비추천자수를 입력하고 변수 cons가 가리키도록 한다.
- 라인 5: 변수 total, pros, cons가 가리키는 값을 인자로 입력하여 함수 calc_NPS를 호출/실행하고 튜플로부터 슬라이싱한 값들의 차이를 계산하여 변수 NPS가 가리키도록 한다.
- 라인 6: 변수 NPS를 출력한다. 이후 라인 11로 복귀하고 프로그램을 종료한다.
- 라인 7: 매개변수 responses, promoter, detractor를 가지는 함수 calc_NPS를 정의한다.
- 라인 8: 변수 promoter을 변수 reponses로 나눈 값을 변수 promoter_ratio가 가리키도록 한다.
- 라인 9: 변수 detractor을 변수 reponses로 나눈 값을 변수 detractor_ratio가 가리키도록 한다.
- 라인 10: 변수 promoter_ratio와 변수 detractor_ratio가 가리키는 값을 요소로 가지는 튜플을 라인 5로 반환/복귀한다.
- 라인 11: main 함수를 호출/실행한다.

코드의 실행결과

```
전체 응답자 수 입력: 1036
홍보자 수 입력: 588
비추천자 수 입력: 234
NPS 비율:  0.3417
```

이 사례에서는 calc_NPS( )함수를 정의하기 전 라인에서 calc_NPS( )함수를 호출하고 있음을 알 수 있다. 이러한 작업이 가능한 이유는 가장 마지막 라인에서 main( )함수를 호출하여 main( )함수의 실행문들이 순차적으로 실행되기 때문이다.

코딩 사례 5.13: 콜옵션과 풋옵션의 가격 계산 함수

파이썬과 함께 하는 경영학

블랙-숄즈 옵션 가격결정모형

$$C_t = S_t N(d_1) - \frac{X}{e^{r\tau}} N(d_2)$$

$$P_t = \frac{X}{e^{rT}} N(-d_2) - S_t N(-d_1)$$

$$d_1 = \frac{\ln\frac{S_t}{X} + (r + \frac{1}{2}\sigma^2)\tau}{\sigma\sqrt{\tau}}, \quad d_2 = \frac{\ln\frac{S_t}{X} + (r - \frac{1}{2}\sigma^2)\tau}{\sigma\sqrt{\tau}} = d_1 - \sigma\sqrt{\tau}$$

C_t: t시점에서 콜옵션의 가치

S_t: t시점에서 주가

X: 콜옵션의 행사가격

σ: 주가수익률의 표준편차(변동성)

r: 무위험이자율

τ: 만기까지 남은 시간$(T-t)$ (단위: 년) 단, T는 콜옵션 만기일

$N(.)$: 표준 누적 정규분포의 값

(식 5-5)

블랙-숄즈 옵션가격결정모형은 모형 자체를 이해하는 것도 까다롭지만 계산 과정 자체도 상당히 복잡한 모형 중 하나이다. 이와 같이 계산과정이 복잡한 계산 모형을 파이썬 프로그램으로 구현하여 "블랙-숄즈 옵션 가격계산기"라 부를 수 있는 일종의 함수를 만들어 놓을 수는 없을까? 이러한 함수를 만들어 놓고 필요한 입력값(주가, 행사가격, 만기까지 남은 시간 등)을 입력하기만 함으로써 결과값이 산출되도록 할 수 있다면 매우 편리할 것이다.[3]

코드

```
from scipy.stats import norm
from math import *
```

3) 이 사례에서는 파이썬 라이브러리 중 하나인 SciPy를 이용하고 있는데 SciPy에 대해서는 9장을 참고하기 바란다. SciPy 중 stats.norm.cdf(z, 0, 1) 함수는 표준정규분포의 누적확률값을 계산하는데 이용되는 메서드이다. 여기선 0과 1은 각각 표준정규분포의 평균과 표준편차이고 z는 표준정규확률변수 값이다.

```
3    def main():
4    # BS( )함수의 인자들을 입력하고 변수들 정의
5        stockprice=int(input('enter current stock price: '))
6        strike=int(input('enter exercise price: '))
7        TByield=float(input('enter TB yield: '))
8        sigma=float(input('enter stock price volatility: '))
9        maturity=float(input('enter remaiing time until maturity in years: '))
10   # BS( )함수를 호출하고 함수가 반환하는 튜플을 슬라이싱/출력
11       call=BS(stockprice, strike, TByield, sigma, maturity)[0]
12       put=BS(stockprice, strike, TByield, sigma, maturity)[1]
13       print("Call option price: ", format(call, ',.2f'))
14       print("Put option price: ", format(put, ',.2f'))
15   def BS(S,K,r,sigma,T):
16       d1=(log(S/K)+(r+0.5*sigma**2)*(T))/(sigma*sqrt(T))
17       d2=d1-sigma*sqrt(T)
18       call_price=S*norm.cdf(d1,0,1)-K*exp(-r*(T))*norm.cdf(d2,0,1)
19       put_price=K*exp(-r*(T))*norm.cdf(-d2,0,1)-S*norm.cdf(-d1,0,1)
20       return call_price,put_price
21   main()
```

코드 설명

- 라인 1: 사이파이 라이브러리로부터 norm 모듈을 임포트한다 (정규분포에 대해서는 7.4절을 참고하기 바란다.
- 라인 2: math 라이브러리의 모든 함수들을 임포트한다. math 라이브러리를 사용방법과 함수들에 대해서는 5장 부록에 설명되어 있다.
- 라인 3: main 함수를 정의한다.
- 라인 5: 현재 주가를 입력하여 변수 stockprice가 가리키도록 한다.
- 라인 6: 옵션 행사가격을 입력하여 변수 strike가 가리키도록 한다.
- 라인 7: 국고채 수익률을 입력하여 변수 TByield가 가리키도록 한다.
- 라인 8: 주가변동성을 입력하여 변수 sigma가 가리키도록 한다.
- 라인 9: 옵션 잔존 만기를 입력하여 변수 maturity가 가리키도록 한다.
- 라인 11: stockprice, strike, TByield, sigma, maturity를 인자로 입력하여 함수 BS를 호출/실행한 결과를 라인 11로 반환하게 하고, 반환된 튜플의 인덱스 0의 요소를 변수 call이 가리키도록 한다.

- 라인 12: stockprice, strike, TByield, sigma, maturity를 인자로 입력하여 함수 BS를 호출/실행한 결과를 라인 12로 반환하게 하고, 반환된 튜플의 인덱스 1의 요소를 변수 put이 가리키도록 한다.
- 라인 13: 변수 call의 값을 소숫점 두자리까지 출력한다.
- 라인 14: 변수 put의 값을 소숫점 두자리까지 출력하고 라인 21로 복귀한다.
- 라인 15: S,K,r,sigma,T를 매개변수로 가지는 함수 BS를 정의한다. 함수 실행문은 라인 16~라인 20이다.
- 라인 16: (식 5-5)의 d1 값을 계산하여 변수 d1이 가리키도록 한다. 여기서 사용된 log함수와 sqrt 함수는 math 라이브러리의 함수들로 각각 자연로그값과 제곱근을 계산해 준다.
- 라인 17: (식 5-5)의 d2 값을계산하여 변수 d2가 가리키도록 한다.
- 라인 18: (식 5-5)를 적용하여 콜옵션 가격을 계산하고 변수 call_price가 가리키도록 한다. 여기서 사용된 norm.cdf는 다음과 같은 계산에 이용된다.

> **norm.cdf**(x,μ,σ);
>
> 평균μ, 표준편차 σ인 정규확률변수가 x보다 작을누적확률을 계산하기 위한 함수이다.

- 라인 19: (식 5-5)를 적용하여 풋옵션 가격을 계산하고 변수 put_price가 가리키도록 한다.
- 라인 20: 변수 call_price와 변수 put_price이 가리키는 값을 요소로 가지는 튜플을 반환한다.
- 라인 21: main 함수를 호출하여 라인 3을 실행한다.

코드의 실행결과

```
enter current stock price: 10000
enter exercise price: 10000
enter TB yield: 0.02
enter stock price volatility: 0.3
enter remaing time until maturity in years: 0.5
Call option price:  891.18
Put option price:  791.68
```

5.4 함수를 메뉴화하는 방법

하나의 프로그램 내에 여러 개의 함수들이 정의되어 있는 경우 선택적으로 함수를 호출/실행하는 것을 함수의 메뉴화라고 한다.

다음 사례에서는 함수의 메뉴화를 이용하여 은행 계좌를 관리하기 위한 프로그램을 소개하기로 한다.

코딩 사례 5.14:감가상각 방법선택을 위한 함수 메뉴화

4.2절에서 알아 본 바와 같이 기업들은 일반적으로 정액법에 의한 감가상각과 정률법에 의한 감가상각을 선택할 수 있는데 선택에 따라 정액법 또는 정률법에 의한 감가상각이 이루어지도록 하려면 어떻게 해야 할까? 여기에서는 사용자의 선택에 따라서 선택적으로 감가상각이 이루어지도록 해 줄 수 있는 프로그램을 작성해 보기로 한다.

코드

```
def straight_depreciation(acquisition_cost, salvage, years):
    beg_book_value=acquisition_cost
    depreciation=(acquisition_cost-salvage)/years
    print( “년”, “\t”, “기초장부가액”, “\t”, “감가상각비”, “\t”, “기말장부가액”
    for year in range(1,years+1):
        end_book_value=beg_book_value-depreciation
        print( format(year, “,.0f”), “\t”,
          format(beg_book_value, “,.0f”), “\t”,
          format(depreciation, “,.0f”), “\t”,
          format(end_book_value, “,.0f”))
        beg_book_value=end_book_value
def ratio_depreciation(acquisition_cost, salvage, years, ratio):
    beg_book_value=acquisition_cost
    print(“년”,”\t”,”기초장부가액”,”\t”,”감가상각비”,”\t”,”기말장부가액”)
    for year in range(1,years+1):
        depreciation_temp=beg_book_value*ratio
        end_book_value_temp=beg_book_value-depreciation_temp
        if end_book_value_temp>salvage:
            depreciation=depreciation_temp
```

```
20          else:
21              depreciation= beg_book_value-salvage
22          end_book_value=beg_book_value-depreciation
23          print( format(year, “,.0f”), “\t”,
24            format(beg_book_value, “,.0f”), “\t”,
25            format(depreciation, “,.0f”), “\t”,
26            format(end_book_value, “,.0f”))
27          beg_book_value=end_book_value
28  def main():
29      choice = 0
30      while choice != 3:
31          choice = int(input(‘옵션을 선택하시오(1,2,3): ’))
32          if choice == 1:
33              cost= int(input(“취득가액 입력: “))
34              salvage= int(input(“잔존가액 입력: “))
35              life= int(input(“내용연수 입력: “))
36              straight_depreciation(cost, salvage, life)
37          elif choice == 2:
38              cost= int(input(“취득가액 입력: “))
39              salvage= int(input(“잔존가액 입력: “))
40              life= int(input(“내용연수 입력: “))
41              rate= float(input(“상각률 입력: “))
42              ratio_depreciation(cost, salvage, life, rate)
43          else:
44              print(‘프로그램 종료...’)
45  main()
```

코드 설명

- 라인 1: 매개변수 acquisition_cost, salvage, years를 가지는 함수 straight_depreciation를 정의한다.
- 라인 2: 변수 beg_book_value가 매개변수 acquisition_cost를 가리키도록 한다.
- 라인 3: 매개변수 acquisition_cost에서 매개변수 salvage를 차감한 값을 매개변수 years로 나누어 변수 depreciation가 가리키도록 한다.
- 라인 5: 타겟변수 year에 1부터 years까지의 정수가 할당되도록 한다.
- 라인 6: 변수 end_book_value가 변수 beg_book_value에서 변수 depreciation를 차감한 값을 가리키도록 한다.

- 라인 7~10: year, beg_book_value, depreciation, end_book_value를 순서대로 출력한다.
- 라인 11: 변수 beg_book_value가 변수 end_book_value를 가리키도록 한다.
- 라인 12: 매개변수 acquisition_cost, salvage, years, ratio를 가지는 함수 ratio_depreciation를 정의한다.
- 라인 13: 변수 beg_book_value가 매개변수 acquisition_cost를 가리키도록 한다.
- 라인 15: 타겟변수 year에 1부터 years까지의 정수가 할당되도록 한다.
- 라인 16: 변수 depreciation_temp가 beg_book_value에 ratio를 곱한 값을 가리키도록 한다.
- 라인 17: 변수 end_book_value_temp가 변수 beg_book_value에서 변수 depreciation_temp를 차감한 값을 가리키도록 한다.
- 라인 18: 변수 end_book_value_temp가 변수 salvage보다 큰 지를 따져 본다. 조건이 충족되는 경우 라인 19을 실행하고 그렇지 않은 경우 라인 21을 실행한다.
- 라인 19: 변수 depreciation이 변수 depreciation_temp를 가리키도록 한다.
- 라인 21: 변수 depreciation이 변수 beg_book_value에서 변수 salvage를 차감한 값을 가리키도록 한다.
- 라인 22: 변수 end_book_value가 변수 beg_book_value에서 변수 depreciation를 차감한 값을 가리키도록 한다.
- 라인 23~26: year, beg_book_value, depreciation, end_book_value를 순서대로 출력한다.
- 라인 27: 변수 beg_book_value가 변수 end_book_value를 가리키도록 한다.
- 라인 28: main 함수를 정의한다.
- 라인 29: 변수 choice가 0을 가리키도록 한다.
- 라인 30: 변수 choice 값이 3이 아닌 지를 따져 본다. 조건이 충족되는 한 라인 31~44을 반복/실행한다. 그렇지 않은 경우 라인 45로 복귀한다.
- 라인 31: 정수 1,2,3 중 하나를 입력하여 변수 choice가 가리키도록 한다.
- 라인 32: 변수 choice 값이 1인지 따져 본다. 조건이 충족되는 경우 라인 33~36을 실행하고 그렇지 않은 경우 라인 37을 실행한다.
- 라인 33: 취득가액을 입력하고 변수 cost가 가리키도록 한다.
- 라인 34: 잔존가액을 입력하고 변수 salvage가 가리키도록 한다.
- 라인 35: 내용연수를 입력하고 변수 life가 가리키도록 한다.
- 라인 36: 변수 cost, salvage, life를 인자로 입력하고 함수 straight_depreciation을 호출/실행한다. 이후 라인 30으로 되돌아 간다.
- 라인 37: 변수 choice 값이 2인지 따져 본다. 조건이 충족되는 경우 라인 38~42를 실행하고 그렇지 않은 경우 라인 44를 실행한다.
- 라인 38: 취득가액을 입력하고 변수 cost가 가리키도록 한다.
- 라인 39: 잔존가액을 입력하고 변수 salvage가 가리키도록 한다.
- 라인 40: 내용연수를 입력하고 변수 life가 가리키도록 한다.

- 라인 41: 상각율을 입력하고 변수 ratio가 가리키도록 한다.
- 라인 42: 변수 cost, salvage, life, ratio를 인자로 입력하고 함수 ratio_depreciation을 호출/실행한다. 이후 라인 30으로 되돌아 간다.
- 라인 44: "프로그램 종료.."를 출력한다. 이후 라인 30으로 되돌아 간다.

코드 실행결과

```
옵션을 선택하시오(1,2): 1
취득가액 입력: 1000000
잔존가액 입력: 200000
내용연수 입력: 5
년        기초장부가액     감가상각비        기말장부가액
1        1,000,000      160,000          840,000
2        840,000        160,000          680,000
3        680,000        160,000          520,000
4        520,000        160,000          360,000
5        360,000        160,000          200,000
옵션을 선택하시오(1,2): 2
취득가액 입력: 1000000
잔존가액 입력: 200000
내용연수 입력: 5
상각률 입력: 0.4
년        기초장부가액     감가상각비        기말장부가액
1        1,000,000         400,000       600,000
2        600,000           240,000       360,000
3        360,000           144,000       216,000
4        216,000            16,000       200,000
5        200,000                 0       200,000
옵션을 선택하시오(1,2): 3
프로그램 종료...
```

다음 사례에서는 함수 메뉴화를 이용하여 은행의 입출금 계좌에 입금과 출금에 따른 잔액 계산을 반복적으로 선택할 수 있는 프로그램을 작성하여 보자.

코딩 사례 5.15:은행 입출금 계좌 관리 프로그램

코드

```
#deposit= 1
#withdrawal= 2
#quit=3
def main():
    beg_balance=10000
    print("최초 잔액: ",beg_balance)
    choice = 0
    while choice != 3:
        choice = int(input('옵션을 선택하시오(1,2,3): '))
```

```
10          if choice == 1:
11              amount= int(input(“입금 금액 입력: “))
12              balance=deposit(beg_balance,amount)
13              print(‘잔액: ‘, format(balance,’,.0f’))
14          elif choice == 2:
15              amount= int(input(“출금 금액 입력: “))
16              balance=withdraw(beg_balance,amount)
17              print(‘잔액: ‘, format(balance,’,.0f’))
18          else:
19              balance=beg_balance
20              print(‘잔액: ‘, format(balance,’,.0f’))
21              print(‘프로그램 종료...’)
22          beg_balance=balance
23  def deposit(balance,amount):
24      balance=balance+amount
25      return balance
26  def withdraw(balance,amount):
27      if amount<=balance:
28          balance=balance-amount
29      else:
30          print(“잔액 부족!”)
31      return balance
32  main()
```

코드 설명

- 라인 4: main 함수를 정의한다.
- 라인 5: 변수 beg_balance가 10000을 가리키도록 한다.
- 라인 6: beg_balance를 출력한다.
- 라인 7: 변수 choice가 0을 가리키도록 한다.
- 라인 8: 변수 choice가 3이 아닌지 따져 본다. 조건이 충족되는 한 라인 9~22를 반복/실행한다. 그렇지 않은 경우 라인 32로 복귀한다.
- 라인 9: 1,2,3 중 하나의 수를 입력하여 choice가 가리키도록 한다.
- 라인 10: 변수 choice가 1인지 따져본다. 조건이 충족되는 경우 라인 15~17을 실행하고 그렇지 않은 경우 라인 14을 실행한다.
- 라인 11: 입금액을 입력하고 변수 amount가 가리키도록 한다.

- 라인 12: beg_balance와 amount를 인자로 입력하여 함수 deposit을 호출/실행하고 함수로부터 반환되는 값을 변수 balance가 가리키도록 한다.
- 라인 13: 변수 balance를 출력한다. 이후 라인 22를 실행한다.
- 라인 14: 변수 choice가 2인지 따져본다. 조건이 충족되는 경우 라인 11~13을 실행하고 그렇지 않은 경우 라인 19~21을 실행한다.
- 라인 15: 출금액을 입력하고 변수 amount가 가리키도록 한다.
- 라인 16: beg_balalnc와 amount를 인자로 입력하여 함수 withdraw를 호출/실행하고 함수로부터 반환되는 값을 변수 balance가 가리키도록 한다.
- 라인 17: 변수 balance를 출력한다. 이후 라인 22를 실행한다.
- 라인 19: .beg_balance가 가리키는 값을 변수 balance가 가리키도록 한다.
- 라인 20: 변수 balance를 출력한다
- 라인 21: .'프로그램 종료'를 출력한다. 이후 라인 22를 실행한다.
- 라인 22: balance가 가리키는 값을 변수 beg_balance가 가리키도록 한다.
- 라인 23: 매개변수 balance와 amount를 가지는 함수 deposit을 정의한다.
- 라인 24: balance에 amount를 더하여 balance를 변경시킨다.
- 라인 25: balalnce가 가리키는 값을 반환한다.
- 라인 26: 매개변수 balance와 amount를 가지는 함수 withdraw을 정의한다.
- 라인 27: amount가 balance보다 적거나 같은지를 따져본다. 조건이 충족되는 경우 라인 28을 실행하고 그렇지 않은 경우 라인 30을 실행한다.
- 라인 28: balance에서 amount를 차감하여 balance를 변경시킨다.
- 라인 30: "잔액 부족!"을 출력한다.
- 라인 31: balalnce가 가리키는 값을 반환한다.
- 라인 32: main 함수를 호출한다.

코드 실행결과

이러한 코드를 실행하면 다음과 같은 결과들이 생성될 수 있을 것이다.

```
최초 잔액:  10000
옵션을 선택하시오(1,2): 1
입금 금액 입력: 3000
잔액:  13,000
옵션을 선택하시오(1,2): 1
입금 금액 입력: 500
잔액:  13,500
옵션을 선택하시오(1,2): 2
출금 금액 입력: 1300
잔액:  12,200
옵션을 선택하시오(1,2): 2
출금 금액 입력: 700
잔액:  11,500
옵션을 선택하시오(1,2): 3
잔액:  11,500
프로그램 종료...
```

```
최초 잔액:  10000
옵션을 선택하시오(1,2): 1
입금 금액 입력: 5000
잔액:  15,000
옵션을 선택하시오(1,2): 2
출금 금액 입력: 16000
잔액 부족!
잔액:  15,000
옵션을 선택하시오(1,2): 2
출금 금액 입력: 10000
잔액:  5,000
옵션을 선택하시오(1,2): 3
잔액:  5,000
프로그램 종료...
```

5.5 함수의 모듈화 (Modularization)

이제 독자들은 사용빈도가 잦은 작업을 효율적으로 실행하기 위해서 파이썬 함수를 활용한다는 점은 이제 충분히 이해하게 되었을 것이다. 그런데 지금까지의 사례들에서는 함수의 정의와 호출/실행이 모두 하나의 프로그램 내에서 이루어지고 있는데 미리 정의해 놓은 함수를 다른 프로그램에서도 호출/실행할 수 있을까? 이러한 작업을 가능하게 해 주는 것이 바로 파이썬 함수의 모듈화이다. 함수의 모듈화는 우리가 프로그램으로 작성해 놓은 함수를 필요한 경우 다른 프로그램에서 간편하게 사용할 수 있도록 하는 기능을 의미한다. 함수를 모듈화하려면 해당 함수가 코딩된 프로그램을 파이썬 파일로 저장하여야 한다. 이후 다른 프로그램을 코딩하는 과정에서 이 파일을 import함으로써 다른 프로그램에서 사용하게 할 수 있게 된다. 이 때 주의할 점은 모듈화된 파이썬 파일과 파일을 사용하는 프로그램이 동일 폴더 내에 위치해야 한다는 것이다.

함수모듈화를 이해하기 위하여 정기예금의 원리금 계산 문제를 생각하여 보자. 아래 deposit_function.py 파일(spyder에서 작성)은 정기예금 원리금 계산을 위한 calc_sum이라는 프로그램을 파일로 저장한 것이다.

deposit_function.py 파일:

```
def calc_sum(deposit, rate, maturity):
    total= deposit * (1+rate *maturity)
    return total
```

이제 다음과 같이 import_deposit_function.py 파일(spyder에서 작성)이라는 새로운 프로그램에서 calc_sum 함수를 호출하여 보자.

import_deposit_function.py 파일:

```
1    from deposit_function import *
2    principal = int(input('저축원금 입력: '))
3    interest_rate = float(input('이자율을 소숫점으로 입력: '))
4    years = float(input('만기를 연으로 입력: '))
5    before_tax_sum= calc_sum(principal, interest_rate, years)
6    print(format(before_tax_sum,'.0f'))
```

import_deposit_function.py 파일의 라인 1은 deposit_function.py 파일 내에 정의되어 있는 모든 함수를 호출하기 위하여 필요한 코딩이다. deposit_function.py 파일에는 calc_sum이라는 함수가 이미 코딩되어 있으므로 import_deposit_function.py 파일의 라인 5에서 calc_sum 함수를 호출할 수 있게 되는 것이다. import_deposit_function.py 파일의 실행결과는 다음과 같다.

```
In [1]: runfile('C:/Users/User/Spyder_files/textbook/
import_deposit_function.py', wdir='C:/Users/User/Spyder_files/
textbook')

저축원금 입력: 10000

이자율을 소숫점으로 입력: 0.036

만기를 연으로 입력: 3
11080
```

파이썬 함수를 모듈화하고 이를 호출/실행하는 방법은 다음과 같이 정리할 수 있다.

<파이썬 코드>

함수의 모듈화

파일명.py 또는 파일명.ipynb 파일로 저장한다.

#파일내에 함수를 코딩

모듈화된 함수의 호출/실행

import 파일명

파일명.함수명( )

또는

from 파일명 import *

함수명( )

⚠ 호출되는 함수는 임포트한 파일 내에서 정의되어 있어야 한다.

⚠ 임포트되는 파일과 파일을 임포트하는 파일은 같은 폴더 내에 저장되어 있어야 한다.

⚠ Jupyter로 작성된 ipynb 파일을 임포트할 때는 import import_ipynb 코드를 import 파일명 앞에 코딩해야 한다.

코딩 사례 5.16: 마케팅 지표 계산하기

파이썬과 함께 하는 경영학

CAC(Customer acquisition cost)

CAC는 신규 고객 1명을 확보하기 위하여 소요된 비용의 크기를 나타낸다.

CAC = 총 마케팅 비용 / 총 신규 고객

총 마케팅 비용: 마케팅 부서 인건비 및 광고/홍보비 등을 포함하는 비용

CAC 회수기간(Time to pay pack CAC)

CAC 회수기간은 신규 고객 1명을 확보하기 위하여 소요된 비용인 CAC를 회수하는데 소요되는 기간을 나타내는 지표로서 다음과 같이 계산한다.

CAC 회수기간 = CAC/ (고객당 평균 수익 - 고객당 평균 비용)

고객당 평균 수익: 고객 1인당 평균 매출액

고객당 평균 비용: 고객 1인당 평균 생산(제조)비용

marketing_metrics.py

```
def calc_CAC(cost,customer):
```

```
    return cost/customer
def calc_payback(target,revenue,expense):
    payback=target/(revenue-expense)
    return payback
```

import_marketing.py

코드

```
1  from marketing_metrics import *
2  def main():
3      cost=float(input('enter total marketing expenses: '))
4      customers=float(input('enter total new customers: '))
5      cac=calc_CAC(cost, customers)
6      rev=float(input('enter revenue per customer: '))
7      exp=float(input('enter cost per customer: '))
8      payback=calc_payback(cac,rev,exp)
9      print( )
10     print("Amount of CAC: ",format(cac, ',.0f'))
11     print("CAC payback period: ",format(payback,',.0f'))
12 main()
```

코드 설명

- 라인 1: 파일 marketing_metrics.py로부터 모든 함수를 임포트한다.
- 라인 2: main 함수를 정의한다.
- 라인 3: 총마케팅 비용을 입력하고 변수 cost가 가리키도록 한다.
- 라인 4: 신규 확보 고객수를 입력하고 변수 customers가 가리키도록 한다.
- 라인 5: 변수 cost와 변수 customers를 인자로 입력하여 함수 calc_CAC를 호출/실행하고 함수가 반환하는 값을 변수 cac가 가리키도록 한다.
- 라인 6: 고객 1인당 수입액을 입력하고 변수 rev가 가리키도록 한다.
- 라인 7: 고객 1인당 비용을 입력하고 변수 exp가 가리키도록 한다.
- 라인 8: 변수 rev와 변수 exp를 인자로 입력하여 함수 calc_payback을 호출/실행하고 함수가 반환하는 값을 변수 payback이 가리키도록 한다.
- 라인 10: 변수 cac를 출력한다.
- 라인 11: 변수 payback을 출력한다.

– 라인 12: main 함수를 호출한다.

코드 실행결과

```
enter total marketing expenses: 3000000

enter total new customers: 10

enter revenue per customer: 30000

enter cost per customer: 15000

Amount of CAC:  300,000
CAC payback period:  20
```

우리는 앞서 5.4절에서 함수를 메뉴화하여 이용하는 방법에 대하여 공부한 바 있다. 모듈화된 함수도 당연히 메뉴화하여 사용할 수 있는데 다음 사례에서 살펴보기로 한다.

코딩 사례 5.17: 단리 정기적금과 월복리 정기적금의 세전 원리금 계산

시중에서 판매되고 있는 정기적금상품들의 경우 대개 이자를 단리로 계산하는 경우와 월복리로 계산하는 경우로 나누어지는데 월복리 정기적금과 단리 정기적금의 세전원리금을 계산하는 방식은 다음과 같다.

파이썬과 함께 하는 경영학

월복리 정기적금과 단리 정기적금의 세전원리금 계산

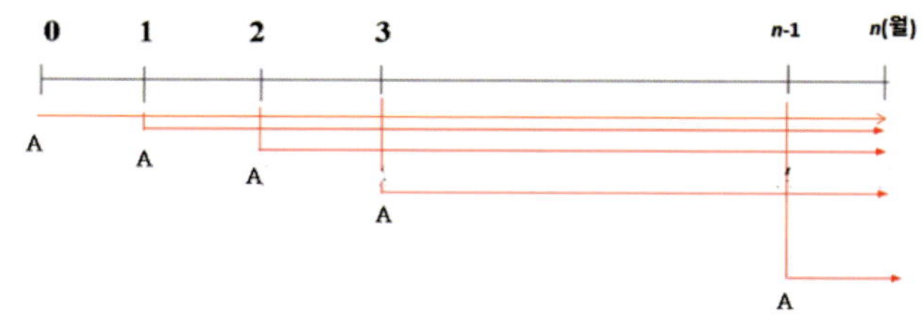

월복리 적금의 세전원리금

$$= A\times(1+r/12)^{n} + A\times(1+r/12)^{n-1} + \cdots + A\times(1+r/12)^{2} + A\times(1+r/12)^{1}$$

(식 4-1)

단리적금의 세전원리금

$$= A\times\left(1+\frac{r}{12}\times n\right) + A\times\left(\frac{r}{12}\times(n-1)\right) + \ldots\ldots\ldots\ldots + A\times\left(1+\frac{r}{12}\right)$$

$A=$ 월적립액, $r=$ 연이자율, $n=$ 만기(월)

(식 5-6)

이제 프로그램 사용자가 자유롭게 단리와 월복리를 선택하여 원리금을 계산할 수 있는 프로그램을 작성하여 보기로 한다. 우선 simple_install.py 파일에 단리로 정기적금의 세전원리금을 계산할 수 있는 함수를 저장하여 보자.

simple_install.py 파일:

```
def simple_sum(install,rate,maturity):
  total=0
  for month in range(maturity,0,-1):
    fv=install*(1+(rate/12)*month)
    total+=fv
  return total
```

다음으로 compound_install.py 파일에 월복리로 정기적금의 세전원리금을 계산할 수 있는 함수를 저장하여 보자.

compound_install.py 파일

```
def compound_sum(install,rate,maturity):
    total=0
    for month in range(maturity,0,-1):
        fv=install*(1+rate/12)**month
        total+=fv
    return total
```

simple_install.py과 compound_install.py 파일을 임포트하여 선택에 따라 자유롭게 단리 계산 결과와 월복리 계산 결과를 얻을 수 있도록 아래와 같이 simple_compound_comparison.py 파일을 코딩하여 보자.

simple_compound_comparison.py 파일:

```
from simple_install import *
from compound_install import *
SIMPLE_INTEREST= 1
COMPOUND_INTEREST= 2
QUIT = 3
def main():
    choice = 0
    while choice != 3:
        menu()
        choice = int(input(‘옵션을 선택하시오(1,2,3): ’))
        if choice == 1:
            amount= int(input(“월적립액 입력: ”))
            rate= float(input(“이자율 입력: ”))
            months= int(input(“만기(월) 입력: ”))
            result=simple_sum(amount,rate,months)
            print(‘단리 세전원리금: ’, format(result,’,.0f’))
        elif choice == 2:
            amount= int(input(“월적립액 입력: ”))
            rate= float(input(“이자율 입력: ”))
```

```
20            months= int(input("만기(월) 입력: "))
21            result=compound_sum(amount,rate,months)
22            print('월복리 세전원리금: ', format(result,',.0f'))
23          elif choice == 3:
24            print('프로그램 종료...')
25          else:
26            print('Error: 잘못선택하였습니다.')
27      def menu():
28        print('        MENU')
29        print('1) 정기적금 단리 세전원리금 계산')
30        print('2) 정기적금 월복리 세전원리금 계산')
31        print('3) 프로그램 종료')
32      main()
```

코드 설명

- 라인 1: simple_install.py 파일의 모든 함수를 임포트한다.
- 라인 2: compound_install.py 파일의 모든 함수를 임포트한다.
- 라인 6: 함수 main()을 정의한다.
- 라인 7: 변수 choice 초기값을 0으로 설정한다
- 라인 8: 변수 choice값이 3이 아닌 지 따져본다.
- 라인 9: 함수 menu를 호출/실행한다.
- 라인 10: 정수 1,2,3 중 한 값을 입력하여 변수 choice가 가리키도록 한다.
- 라인 11: 변수 choice 값이 1인지 따져 보고 맞는 경우 라인 12-16을 실행한다. 아닌 경우 라인 17을 실행한다.
- 라인 12:월적립액을 입력하고 변수 amount가 가리키도록 한다.
- 라인 13: 이자율을 입력하고 변수 rate가 가리키도록 한다.
- 라인 14: 만기를 월단위로 입력하고 변수 months가 가리키도록 한다.
- 라인 15: 변수 amount, rate, months를 인자로 입력하여 함수 simple_sum을 호출/실행하고 반환되는 값을 변수 result가 가리키도록 한다.
- 라인 16: 변수 result를 출력한다.
- 라인 17: 변수 choice 값이 2인지 따져 보고 맞는 경우 라인 18-22를 실행한다. 아닌 경우 라인 23을 실행한다.
- 라인 18:월적립액을 입력하고 변수 amount가 가리키도록 한다.
- 라인 19: 이자율을 입력하고 변수 rate가 가리키도록 한다.

- 라인 20: 만기를 월단위로 입력하고 변수 months가 가리키도록 한다.
- 라인 21: 변수 amount, rate, months를 인자로 입력하여 함수 simple_sum을 호출/실행하고 반환되는 값을 변수 result가 가리키도록 한다.
- 라인 22: 변수 result를 출력한다.
- 라인 23: 변수 choice 값이 3인지 따져 보고 맞는 경우 라인 24를 실행한다. 아닌 경우 라인 26을 실행한다.
- 라인 27: 함수 menu의 헤더를 정의한다.
- 라인 28:" MENU"를 출력한다.
- 라인 29:"1)정기적금 단리 세전원리금 계산"을 출력한다.
- 라인 30:"2)정기적금 월복리 세전원리금 계산"을 출력한다.
- 라인 29:"3)프로그램 종료"를 출력한다.

코드의 실행결과;

```
        MENU
1) 정기적금 단리 세전원리금 계산
2) 정기적금 월복리 세전원리금 계산
3) 프로그램 종료

옵션을 선택하시오(1,2,3): 1

월적립액 입력: 10000

이자율 입력: 0.03

만기(월) 입력: 12
단리 세전원리금:  121,950
```

```
        MENU
1) 정기적금 단리 세전원리금 계산
2) 정기적금 월복리 세전원리금 계산
3) 프로그램 종료

옵션을 선택하시오(1,2,3): 2

월적립액 입력: 10000

이자율 입력: 0.025

만기(월) 입력: 12
월복리 세전원리금:  121,637
```

```
        MENU
1) 정기적금 단리 세전원리금 계산
2) 정기적금 월복리 세전원리금 계산
3) 프로그램 종료

옵션을 선택하시오(1,2,3): 3
프로그램 종료...
```

A. math 라이브러리를 이용한 수학 연산

5장 부록

파이썬에는 math라는 라이브러리가 기본적으로 내장되어 있는데 math 라이브러리에 들어 있는 함수(메서드)들을 이용하면 다양한 수치 계산을 쉽게 할 수 있다. math 라이브러리를 이용하려면 우선 다음과 같이 먼저 math 라이브러리를 임포트해야 한다.

<파이썬 코드>

math 라이브러리 사용

```
import math
math.함수명()
```

또는

```
import math as m
m.함수명()
```

또는

```
from math import *
함수명()
```

코딩 사례 5A.1; 자연로그값의 계산

```
from math import *
log_value=log(2)
print(format(log_value,'.4f'))
```

```
0.6931
```

math.log(x) 함수는 수 x의 자연로그값을 계산해 주는 함수인데 math 라이브러리의 대표적인 함수들은 다음과 같다.

함수	기능
sqrt(x)	x의 제곱근을 계산
exp(x)	e^x값을 계산
log(x)	x의 자연로그(natural log)값을 계산
sin(x)	x의 싸인값을 계산

5장 추가 사례들

1. 스타트업과 같은 비상장기업의 주식가치를 평가하는 것은 유상증자나 기업 인수합병(M&A)등의 과정에서 매우 중요한 이슈이다. 이러한 평가과정에 사용되는 기법들중 하나인 배수평가법(Multiples valuation)에는 (식 5-7)에 설명되어 있는 바와 같이 PER 배수법, PBR배수법, PSR배수법 등의 방법이 주로 사용된다.[4]

파이썬과 함께 하는 경영학

스타트업 주식가치 평가를 위한 배수법

PER 배수법:

스타트업 주식가치=스타트업 EPS × 비교기업 PER

EPS=당기순이익/주식발행수량

PBR 배수법:

스타트업 주식가치=스타트업 주당장부가치 × 비교기업 PBR

주당장부가치=자본총계/주식발행수량

PSR 배수법:

스타트업 주식가치=스타트업 주당매출액 × 비교기업 PSR

주당매출액=매출액/주식발행수량

(식 5- 7)

이제 이러한 다양한 배수법을 구현한 함수들을 정의하고 메뉴화하기 위하여 다음과 같이 코딩하였다.

코드

```
# PER = 1
# PSR = 2
# PBR = 3
# QUIT = 4
def main():
    choice = 0
    share=50000
    while choice != 4:
        choice = menu_choice()
```

4) 각 배수의 정의는 다음과 같다.
PER(price earning ratio) = 주가/주당이익(EPS, earning per share)
PBR(price book value ratio) = 주가/주당장부가치
PSR(price sales ratio) = 주가/주당매출액

```
        if choice == 1:
            print('PER배수법에 의한 주식가치를 계산합니다.')
            NI=int(input('startup 당기순이익 입력: '))
            PER=float(input('비교 상장기업의 PER 입력: '))
            price=PERmethod(NI,share,PER)
            print('PER배수법에 의한 주식가치', format(price,',.0f'),'\n')
        elif choice == 2:
            print('PBR배수법에 의한 주식가치를 계산합니다.')
            equity=int(input('startup 자본총계 입력: '))
            PBR=float(input('비교 상장기업의 PBR 입력: '))
            price=PBRmethod(equity,share,PBR)
            print('PBR배수법에 의한 주식가치',format(price,',.0f'),'\n')
        elif choice == 3:
            print('PSR배수법에 의한 주식가치를 계산합니다.')
            sales=int(input('startup 매출액 입력: '))
            PSR=float(input('비교 상장기업의 PSR 입력: '))
            price=PSRmethod(sales,share,PSR)
            print('PSR배수법에 의한 주식가치', format(price, ',.0f'),'\n')
        elif choice == 4:
            print('Closing down the program...')
def menu_choice():
    choice = int(input('Enter your choice: '))
    while choice 〈 1 or choice 〉 4:
        choice = int(input('Enter a valid choice: '))
    return choice
def PERmethod(NI,share,per):
    eps=NI/share                          # EPS(주당 이익) 계산
    value=eps*per                         # PER 배수법에 의한 주가 계산
    return value
def PBRmethod(equity,share,pbr):
    bps=equity/share                      # BPS(주당 장부가치) 계산
    value=bps*pbr                         # PBR 배수법에 의한 주가 계산
```

```
42          return value
43      def PSRmethod(sales,share,psr):
44          sale=sales/share                          # 주당매출액 계산
45          value=sale*psr                            # PSR 배수법에 의한 주가 계산
46          return value
47      main()
```

코드 설명

- 라인 5: main 함수를 정의한다.
- 라인 6: 변수 choice의 초기값을 0으로 설정한다.
- 라인 7: 발행주식수 50000을 변수 share가 가리키도록 한다.
- 라인 8: 변수 choice의 값이 4가 아닌 한 라인 9~29의 while 루프 실행문들이 계속 실행되도록 한다.
- 라인 9: 함수 menu_choice를 호출/실행하고 실행결과를 라인 9로 반환하여 변수 choice가 가리키도록 한다.
- 라인 10: choice 값이 1인지를 따져본다. 조건이 충족되는 경우 라인 11~라인 15의 실행문들이 실행되도록 한다. 그렇지 않은 경우 라인 16이 실행된다.
- 라인 11: choice 값이 1인 경우 'PER배수법에 의한 주식가치를 계산합니다.'라는 안내문을 출력한다.
- 라인 12: 창업기업의 당기순이익을 입력하여 변수 NI가 가리키도록 한다.
- 라인 13: 비교 상장기업의 PER를 입력하여 변수 PER이 가리키도록 한다.
- 라인 14: NI,share,PER를 인자로 입력하여 함수 PERmethod를 호출/실행하고 함수로부터 반환되는 값을 변수 price가 가리키도록 한다.
- 라인 15: 변수 price의 값을 정수로 출력한다. 이후 라인 8로 돌아간다.
- 라인 16: choice 값이 2인지를 따져본다. 조건이 충족되는 경우 라인 17~라인 21의 실행문들이 실행되도록 한다. 그렇지 않은 경우 라인 22가 실행된다.
- 라인 17: choice 값이 2인 경우 'PBR배수법에 의한 주식가치를 계산합니다.'라는 안내문을 출력한다.
- 라인 18: 창업기업의 자본총계를 입력하여 변수 equity가 가리키도록 한다.
- 라인 19: 비교 상장기업의 PBR를 입력하여 변수 PBR이 가리키도록 한다.
- 라인 20: equity,share,PBR을 인자로 입력하여 함수 PBRmethod를 호출/실행하고 함수로부터 반환되는 값을 변수 price가 가리키도록 한다.
- 라인 21: 변수 price의 값을 정수로 출력한다. 이후 라인 8로 돌아간다.
- 라인 22: choice 값이 3인지를 따져본다. 조건이 충족되는 경우 라인 23~라인 27의 실행문들이 실행되도록 한다. 그렇지 않은 경우 라인 28이 실행된다.
- 라인 23: choice 값이 3인 경우 'PBR배수법에 의한 주식가치를 계산합니다.'라는 안내문을 출력한다.
- 라인 24: 창업기업의 매출액을 입력하여 변수 sales가 가리키도록 한다.

- 라인 25: 비교 상장기업의 PSR를 입력하여 변수 PSR이 가리키도록 한다.
- 라인 26: sales,share,PSR을 인자로 입력하여 함수 PSRmethod를 호출/실행하고 함수로부터 반환되는 값을 변수 price가 가리키도록 한다.
- 라인 27: 변수 price의 값을 정수로 출력한다. 이후 라인 8로 돌아간다.
- 라인 28: choice 값이 4인지를 따져본다. 조건이 충족되는 경우 라인 29를 실행한다.
- 라인 29: 'Closing down the program...'이라는 안내문을 출력한다. 이후 라인 8로 돌아간다.
- 라인 30: 라인 31~라인 34의 실행문들로 구성된 함수 menu_choice를 정의하는 함수헤더이다.
- 라인 31: 정수를 입력하고 변수 choice가 가리키도록 한다.
- 라인 32: choice의 값이 1보다 작거나 4보다 큰 지를 따져본다. 조건이 충족되는 한 라인 33을 계속 실행한다.
- 라인 33: 'Enter a valid choice: '라는 입력안내문을 통해 올바를 값을 입력하여 변수 choice가 가리키도록 하고 라인 32로 돌아간다.
- 라인 34: 변수 choice 가리키는 값을 반환한다.
- 라인 35~38: 매개변수 NI,share,per를 가지는 함수 PERmethod를 정의하는 함수헤더와 실행문들이다. 함수 PERmethod는 (식 5-9)의 PER 배수법을 적용하여 계산된 주식가치를 변수 value가 가리키도록 하고 변수 value를 반환한다.
- 라인 39~42: 매개변수 quity,share,pbr를 가지는 함수 PBRmethod를 정의하는 함수헤더와 실행문들이다. 함수 PERmethod는 (식 5-9)의 PBR 배수법을 적용하여 계산된 주식가치를 변수 value가 가리키도록 하고 변수 value를 반환한다.
- 라인 43~46: 매개변수 sales,share,psr를 가지는 함수 PSRmethod를 정의하는 함수헤더와 실행문들이다. 함수 PERmethod는 (식 5-9)의 PSR 배수법을 적용하여 계산된 주식가치를 변수 value가 가리키도록 하고 변수 value를 반환한다.
- 라인 47: main 함수를 호출하여 라인 5를 실행한다.

2. 이표채를 만기까지 보유하는 경우 실무에서는 다음과 같은 방법으로 채권 투자수익률을 계산하는 것이 관행이다.

파이썬과 함께 하는 경영학

이표채 투자수익률

$$투자수익률=(\frac{액면가+이표금액\times 이표횟수)}{채권매수가격}-1)\times\frac{1}{투자기간(년)}$$

(식 5-8)

우선 〈코딩 사례 5.9〉에서 정의한 바 있는 이표채가격 계산함수인 coupon_bond라는 함수를 bond_price.py라는 파일에 저장하여 보자.

bond_price.py 파일:

```
def coupon_bond(F,C,n,m,q, d,r):
   pv_all=0
   for month in range(0,n):
      if month!=n-1:
         pv=C/((1+r/m)**(month+d/q))
      else:
         pv=(C+F)/((1+r/m)**(month+d/q))
      pv_all+=pv
   return pv_all
```

bond_price.py라는 파일의 코드에 대한 설명은 〈코딩사례 5.9〉을 참고하기 바란다. 다음 bond_return.py라는 프로그램에서는 bond_price.py 파일 내 coupon_bond 함수를 임포트하여 사용할 수 있도록 하고 있다.

bond_return.py

```
from bond_price import *
def main():
# coupon_bond 함수의 인자들을 입력
   face=int(input("액면가:"))
   coupon=int(input("1회 이표액:"))
   number=int(input("잔존이표횟수:"))
```

```
7      per_year=int(input("연간 이표지급횟수:"))
8      interval=int(input("이표지급간격(일수):"))
9      days=int(input('다음 이표일까지 일수: '))
10     yield=float(input("채권수익률 입력:"))
11  # coupon_bond 함수 호출
12     price=coupon_bond(face,coupon,number,per_year,interval,days,yield)
13  # 투자기간을 연단위로 계산
14     investperiod=(days+interval*(numbers-1))/365
15  # 투자수익률 계산식
16     bond_return= ((face+(coupon*numbers))/price-1)*(1/investperiod)
17     print('채권매수가: ', format(price,',.0f'))
18     print('투자기간(년): ', format(investperiod,',.2f'))
19     print('채권투자수익률: ', format(bond_return,',.4f'))
20  main()
```

코드 설명

- 라인 1: bond_price 파일내 정의된 모든 함수들을 임포트한다.
- 라인 2: main 함수를 정의한다.
- 라인 4: 이표채의 액면가를 입력하여 변수 face가 가리키도록 한다.
- 라인 5: 1회 이표액을 입력하여 변수 coupon이 가리키도록 한다.
- 라인 6: 잔존이표횟수를 입력하여 변수 number가 가리키도록 한다.
- 라인 7: 연간 이표지급횟수를 입력하여 변수 per_year가 가리키도록 한다.
- 라인 8: 이표지급간격을 입력하여 변수 interval이 가리키도록 한다.
- 라인 9: 다음 이표일까지의 일수를 입력하여 변수 days가 가리키도록 한다.
- 라인 10: 채권수익률을 입력하여 변수 yield가 가리키도록 한다.
- 라인 12:변수 face, coupon, number, per_year, interval, days, yield등의 인자를 순서대로 입력하여 bond_price.py 파일에서 정의된 coupon_bond 함수를 호출/실행하고 coupon_bond 함수로부터 반환된 값을 라인 12로 반환하여 변수 price가 가리키도록 한다.
- 라인 14: 이표채 투자기간을 연 단위로 계산하여 변수 investperiod가 가리키도록 한다.
- 라인 16: (식 5-8)을 적용하여 이표채 투자수익률을 계산하여 변수 bond_return이 가리키도록 한다.
- 라인 17: 변수 price를 출력한다.
- 라인 18: 변수 invest_period를 출력한다.
- 라인 19: 변수 bond_return을 출력한다.

3. 유로피언 옵션의 가격을 결정하는 요소 중 하나는 옵션 발행시점에서 결정되는 옵션의 행사가격이다. 여기서는 행사가격의 크기에 따라 콜옵션가격이 어떤 영향을 받게 되는지 분석해 보기로 한다. 우선 다음과 같이 앞서 〈코딩사례 5.13〉에서 정의하였던 BS( )라는 함수가 코딩된 프로그램을 BSOPM.py라는 파일로 저장해보자.[5)]

BSOPM.py 파일:

```
from scipy.stats import norm
from math import *
def BS(S,K,r,sigma,T):
    d1=(log(S/K)+(r+0.5*sigma**2)*(T))/(sigma*sqrt(T))
    d2=d1-sigma*sqrt(T)
    call_price=S*norm.cdf(d1,0,1)-K*exp(-r*(T))*norm.cdf(d2,0,1)
    put_price=K*exp(-r*(T))*norm.cdf(-d2,0,1)-S*norm.cdf(-d1,0,1)
    return call_price,put_price
```

BSOPM.py라는 파일에 대한 코드 설명은 〈코딩사례 5.8〉을 참고하기 바란다. 이제 이 BSOPM.py을 임포트하여 strikeandcallprice.py라는 프로그램을 코딩하여 보자.

strikeandcallprice.py

```
1 from BSOPM import *
2 import matplotlib.pyplot as plt
3
4 def main():
5     S=10000
6     r=0.02
7     sigma=0.25
8     T=0.5
9     Ks=list(range(8000,12000,100))
10    calls=[0]*len(Ks)
11    for i in range(0,len(Ks)):
12        price=BS(S,Ks[i],r,sigma,T)[0]
13        calls[i]=price
14    plt.plot(Ks,calls)
15    plt.xlabel('strike price')
16    plt.ylabel('call price')
17    plt.title("Impact of strike price on call price")
18
19 main()
```

코드 설명

- 라인 1: BSOPM 파일내 정의된 모든 함수들을 임포트한다.
- 라인 2: matployilib.pyplot를 plt라는 이름으로 임포트한다.

5) 여기서는 Spyder를 이용하여 코딩하여 파일 확장자가 .py이다. Jupyter를 이용하여 코딩된 경우 파일은 파일명.ipynb로 저장된다. 파일명.ipynb를 다른 Jupyter 파일에서 import할 때는 import import_ipynb 코드를 먼저 코딩해야만 한다. import_ipynb는 아나콘다 프롬트(prompt)에서 pip install import-ipynb 명령문으로 설치하면 된다.

- 라인 4: main 함수를 정의한다.
- 라인 5: 변수 S가 10000을 가리키도록 한다. 변수 S는 현재 주가를 나타낸다.
- 라인 6: 변수 r이 0.02를 가리키도록 한다. 변수 r는 국고채수익률을 나타낸다.
- 라인 7: 변수 sigma가 0.25를 가리키도록 한다. 변수 sigma는 주가변동성을 나타낸다.
- 라인 8: 변수 T가 0.25를 가리키도록 한다. 변수 T는 옵션 잔존만기를 나타낸다.
- 라인 9: 8000과 12000사이에서 100 간격의 정수들로 구성된 리스트를 생성하고 변수 Ks가 가리키도록 한다. 리스트 Ks의 정수들은 다양한 행사가격들을 의미한다.
- 라인 10: 리스트 Ks의 요소 개수와 동일한 개수의 0으로 구성된 리스트를 생성하고 변수 calls가 가리키도록 한다. 즉, 리스트 calls는 [0,,,,,,,,0]의 리스트이다.
- 라인 11: 타겟변수 i에 0부터 (리스트 Ks의 요소 개수-1)까지의 정수들을 순차적으로 할당하여 라인 12와 라인 13의 실행문들이 반복하여 실행되도록 한다.
- 라인 12: BSOPM 파일 내에서 정의된 함수 BS에서 반환되는 튜플의 인덱스 0의 요소를 슬라이싱하여 변수 price가 가리키도록 한다. 이때 함수 BS의 인자들은 변수 S, Ks[i], r, sigma, T가 순서대로 입력된다. Ks[i]는 리스트 Ks의 인덱스 i의 요소이다.
- 라인 13: 변수 price로 리스트 calls의 요소들을 대체한다. 이후 라인 11로 돌아가서 타겟변수 i에 다음 수가 할당되도록 한다.
- 라인 14: 리스트 Ks값을 x축, 리스트 calls의 값을 y축으로 설정하여 선그래프를 생성한다.
- 라인 15: x축의 이름을 'strike price'로 설정한다.
- 라인 16: y축의 이름을 'call price'로 설정한다.
- 라인 17: 선그래프의 제목을 'Impact of strike price on call price'로 설정한다.

PART

6

데이터와 함수를 묶기 위한 파이썬

6장 데이터와 함수를 묶기 위한 파이썬

6.1 클래스(Class)와 객체(Object)

저축원금 10,000원, 이자율 3.6, 만기는 3년, 이자소득세율 15.4%인 경우 정기예금의 세후원리금을 계산하는 문제를 생각해 보자. 5장에서 공부한 파이썬 함수를 활용하면 다음과 같은 프로그램을 작성할 수 있을 것이다.

코딩 사례 6.1 : 정기예금(단리) 세후원리금 계산을 위한 파이썬 함수

코드

```
def after_tax_sum(deposit, rate, maturity, tax):
    total= deposit * (1+rate *maturity)
    after_sum=total-(total-deposit)*tax
    return after_sum
def main():
    principal = int(input('저축원금 입력: '))
    interest_rate = float(input('이자율 입력: '))
    years = int(input('만기를 연으로 입력: '))
    tax = float(input('이자소득세 입력: '))
    money = after_tax_sum(principal,interest_rate,years,tax)
    print('세후원리금은', format(money, ',.0f')+'입니다')
main()
```

코드의 실행결과

```
저축원금 입력: 10000
이자율 입력: 0.036
만기를 연으로 입력: 3
이자소득세 입력: 0.154
세후원리금은 10,914입니다
```

〈코딩사례 6.1〉에서 사용한 코딩방법을 우리는 절차적 프로그래밍 (Procedural Programming)이라고 부르는데 지금까지 우리가 사용한 코딩은 모두 이러한 절차적 프로그래밍을 따르고 있는 것이다. 그런데 이러한 절차적 프로그래밍을 사용하고 있는 〈코딩사례 6.1〉에서는 각 매개변수의 인자가 각각 10,000, 0.036, 3, 0.154인 어떤 추상적인 예금에 대하여 세후원리금을 계산하고 있을 뿐이다. 즉 이와 같은 조건으로 정기예금에 가입하면 세후원리금이 얼마일까를 미리 계산해 보는 것일 뿐이다.

그런데 이와 같이 추상적인 예금에 대한 문제가 아니라 다음과 같이 실체가 있는 특정 고객의 예금상품에 대하여 세후원리금을 계산하는 문제라면 어떨까?

- 예금자 박경욱
- 저축원금 10,000원
- 이자율 3.6%
- 만기 3년,
- 이자소득세율 15.4%

이렇게 실제 존재하는 예금상품의 경우에는 세후원리금을 산출하는 과정도 물론 중요하겠지만 해당 상품의 "예금자 이름", "예금자의 저축원금", "적용 이자율", "예금자가 설정한 만기", "적용 이자소득세율" 등의 중요 데이터를 함께 저장하는 일도 매우 중요하다. 어떻게 하면 특정 작업의 수행을 위한 함수와 함수 실행에 이용되는 데이터들을 모두 하나의 묶음으로 묶을 수 있을까? 바로 객체지향 프로그래밍(Object Oriented Programming)이라는 새로운 코딩방법이 그 해답이 된다.

〈코딩사례 6.1〉의 정기예금 원리금 계산 문제에 객체지향 프로그래밍을 적용하면 다음과 같이 코딩할 수 있을 것이다.

```
class Time_deposit:
    def __init__(self,principal,rate,maturity,tax,person):
        self.principal=principal
        self.rate=rate
        self.maturity=maturity
        self.tax=tax
        self.person=person
    def after_tax_sum(self):
        total= self.principal * (1+self.rate *self.maturity)
        after_sum=total-(total-self.principal)*self.tax
        return after_sum
```

위의 프로그램의 구조를 설명하면 다음과 같다.

- 라인 1: Time_deposit이라는 클래스를 정의한다.
- 라인 2: 저축원금(principal), 이자율(rate), 만기(maturity), 이자소득세율(tax), 예금주(person)등을 매개변수로 가지는 def __init__함수를 정의하기 위한 함수 헤더이다. 이 때 def __init__함수에서 이와 같은 매개변수들 앞에 self라는 변수가 반드시 포함되어야 한다.
- 라인 3~ 라인 7: 저축원금(principal), 이자율(rate), 만기(maturity), 이자소득세율(tax), 예금주(person)등 변수들을 소위 인스턴스변수로 정의하기 위한 코딩들이다.
- 라인 8부터 라인 11:인스턴스 변수들을 이용하여 세후 원리금을 계산하기 위한 파이썬 함수(메서드라고 함)를 정의하기 위한 함수헤더와 함수 실행문들이다.

이와 같이 세후원리금을 계산하는데 필요한 변수들과 세후원리금 계산을 위한 파이썬 함수를 하나의 묶어 놓은 묶음을 Time_deposit이라는 클래스로 정의하기 위한 코딩이 라인1이라고 할 수 있다.

객체지향프로그래밍의 다음 단계는 이와 같이 정의한 클래스로부터 객체를 생성하는 과정인데 객체를 생성하기 위해서는 클래스에서 정의한 인스턴스변수들의 값을 라인 2의 def __init__함수에서 정의한 순서대로 클래스에 입력하면 된다. 이 과정은 인자를 입력하여 파이썬 함수를 호출하는 과정과 같은 과정으로 이해하면 된다. 이제 다음과 같이 프로그램 작성을 계속하여 객체를 생성하여 보자.

```
12        deposit_1=Time_deposit(10000,0.036,3,0.154,'박경욱')
```

라인 12에서는 저축원금(principal)=10,000, 이자율(rate)=0.036, 만기(maturity)=3, 이자소득세율(tax)=0.154, 예금주(person)=박경욱 등의 값을 클래스에 입력하여 deposit_1이라는 객체를 생성하고 있는 것이다. 앞에서 정의한 클래스 Time_deposit가 인스턴스 변수들을 추상적으로 정의한 것이라면 객체는 인스턴스 변수의 실제 값들이 부여된 실존하는 대상으로 이해하면 될 것이다. 이와 같이 생성된 객체에 대해서 우리는 클래스에서 정의된 메서드들을 호출/실행할 수 있으며 객체의 인스턴스 변수 값들에 접근할 수도 있다.

```
13        money=deposit_1.after_tax_sum( )
14        depositor=deposit_1.person
15        print(format(money, ",.0f"))
16        print(depositor)
```

- 라인 13: 특정한 인스턴스 변수값을 가지는 객체에 대하여 세후 원리금 계산을 위한 메서드를 호출/실행한다.

- 라인 14: 이 객체의 예금주 값에 접근하기 위한 코딩이다. 따라서 라인 15와 라인 16의 실행결과는 다음과 같게 된다.]

```
10,914
박경욱
```

이제 클래스를 정의하는 방법을 다음과 같이 구체적으로 정리하여 보자.

<파이썬 코드>

class 정의

```
class 클래스명:        #클래스명 정의
    def __init__(self, parameter1, parameter2...) #초기자함수
        self.parameter1=parameter1        #인스턴스변수
        self.parameter2=parameter2        #인스턴스변수
        ..........................................

    def 메서드명(self):                  #메서드명 정의
        실행문                           #함수 실행문
```

⚠ 특정 작업에 필요한 데이터를 인스턴스변수 (또는 데이터속성)이라고 하며 특정 작업을 실행할 함수를 메서드라고 한다.

⚠ 클래스의 구조에서 알 수 있듯이 데이터속성과 메서드를 특정 클래스명 내에서 함께 정의함으로써 데이터속성과 메서드를 하나의 묶음으로 묶을 수 있게 된다.

⚠ def __init__( )는 초기자함수라고 부르며 초기자함수의 매개변수는 인스턴스 변수를 정의하는데 사용된다. 매개변수의 첫 변수에 "self"변수는 반드시 포함되어야 한다.

⚠ 초기자함수의 실행문에서는 self.매개변수의 형태로 인스턴스 변수를 정의하는데 인스턴스 변수들은 클래스 내 메서드의 실행문에서 사용된다.

⚠ 메서드는 파이썬 함수로서 인스턴스변수들을 이용하여 특정 작업을 수행하는데 필요한 실행문들을 정의하는데 이용된다. 메서드의 매개변수에는 "self" 변수가 반드시 포함되어야 한다.

앞에서 소개한 정기예금 원리금 계산을 위한 프로그램 사례에서 클래스가 정의되는 과정을 다시 한 번 살펴 보면 다음과 같다.

```
class Time_deposit:                                    # 클래스 Time_deposit 정의
    def __init__(self,principal,rate,maturity,tax,person):     #초기자함수
        self.principal=principal                  # 인스턴스변수 self.principal 정의
        self.rate=rate                            # 인스턴스변수 self.rate 정의
        self.maturity=maturity                    # 인스턴스변수 self.maturity 정의
        self.tax=tax                              # 인스턴스변수 self.tax 정의
        self.person=person                        # 인스턴스변수 self.person 정의
    def after_tax_sum(self):                      # 메서드 after_tax_sum 정의
        total= self.principal * (1+self.rate *self.maturity)
        after_sum=total-(total-self.principal)*self.tax
        return after_sum
```

우리가 정의한 클래스로부터 객체를 생성하여 메서드를 호출하고 인스턴스 변수에 접근하는 과정은 다음과 같이 정리할 수 있다.

<파이썬 코드>

객체 생성

```
객체명=클래스명(인자1, 인자2...)        # 객체 생성
변수=객체명.메서드( )                  # 메서드 호출
변수=객체명.매개변수                    # 객체의 인스턴스변수
                                        (데이터속성)에 접근/반환
```

⚠ 클래스의 객체(object)를 생성하기 위해서는 클래스의 매개변수들의 인자들의 값을 이용하여 클래스를 호출하고 객체명을 부여해야 한다. 주어진 인자 값들은 객체의 인스턴스변수의 값에 할당

된다.

"객체명.메서드()"는 클래스에서 정의된 특정 메서드를 실행하기 위한 코드이다.

"객체명.매개변수"는 객체의 인스턴스 변수(데이터 속성)의 값에 접근하여 그 값을 반환하는 코드이다.

앞에서 소개한 정기예금 원리금 계산을 위한 프로그램에서 객체를 생성하고 인스턴스변수 반환과 메서드 호출과정을 살펴 보면 다음과 같다.

```
deposit_1=Time_deposit(10000,0.036,3,0.154,박경욱)    # 객체 deposit_1 생성
depositor=deposit_1.person                            #  self.person 접근/반환
money=deposit_1.after_tax_sum()                       # 메서드 after_tax_sum 호출
```

이제 main 함수를 이용하여 앞에서 소개한 정기예금 원리금 계산을 위한 객체지향 프로그램을 작성하여 보자

코딩 사례 6.2:클래스와 객체를 이용한 정기예금 세후원리금 계산

코드

```
class Time_deposit:
    def __init__(self,principal,rate,maturity,tax,person):
        self.principal=principal
        self.rate=rate
        self.maturity=maturity
        self.tax=tax
        self.person=person
    def after_tax_sum(self):
        total= self.principal * (1+self.rate *self.maturity)
        after_sum=total-(total-self.principal)*self.tax
        return after_sum
def main():
    principal = int(input('저축원금 입력: '))
    rate = float(input('이자율 입력: '))
```

```
15        years = int(input('만기를 연으로 입력: '))
16        tax = float(input('이자소득세 입력: '))
17        depositor = input('예금자 입력: ')
18        deposit_1=Time_deposit(principal,rate,years,tax,depositor)
19        money=deposit_1.after_tax_sum()
20        print(deposit_1.person+'의 세후원리금은', format(money, ',.0f')+'입니다')
21    main()
```

코드 설명

- 라인 1: 클래스 Time_deposit을 정의한다.
- 라인 2: 매개변수 self,principal,rate,maturity,tax,person를 가지는 초기자함수함수룰 정의한다.
- 라인 3: 매개변수 principal에 대한 인스턴스 변수 self.principal을 정의한다.
- 라인 4: 매개변수 rate에 대한 인스턴스 변수 self.rate을 정의한다.
- 라인 5: 매개변수 maturity에 대한 인스턴스 변수 self.maturity을 정의한다.
- 라인 6: 매개변수 tax에 대한 인스턴스 변수 self.tax을 정의한다.
- 라인 7: 매개변수 person에 대한 인스턴스 변수 self.person을 정의한다.
- 라인 8: 메서드 after_tax_sum를 정의한다. 함수 실행문은 라인 9~11이다.
- 라인 9: 단리에 의한 정기예금 세전원리금을 계산하여 변수 total이 가리키도록 한다.
- 라인 10: 세전원리금에서 이자소득세를 차감하여 세후원리금을 계산하고 변수 after_sum이 가리키도록 한다.
- 라인 11: 변수 after_tax_sum을 반환한다.
- 라인 12: main 함수를 정의하는 함수 헤더이다. 함수 실행문은 라인 13~20이다.
- 라인 13: 저축원금 입력을 입력하고 변수 principal이 가리키도록 한다.
- 라인 14: 이자율을 입력하고 변수 rate가 가리키도록 한다.
- 라인 15: 만기를 연단위로 입력하고 변수 years가 가리키도록 한다.
- 라인 16: 이자소득세율을 소수로 입력하고 변수 tax가 가리키도록 한다.
- 라인 17: 예금자 성명을 입력하고 변수 depositor가 가리키도록 한다.
- 라인 18: principal,rate,years,tax,depositor를 인자로 하여 클래스 Time_deposit의 객체를 생성하고 변수 deposit_1이 가리키도록 한다.
- 라인 19: 객체 deposit_1에 대하여 메서드 after_tax_sum를 실행하고 실행결과를 변수 money가 가리키도록 한다.
- 라인 20: 변수 money를 출력한다.
- 라인 21: main 함수를 호출하여 라인 12를 실행한다.

코드의 실행결과

```
저축원금 입력: 10000
이자율 입력: 0.036
만기를 연으로 입력: 3
이자소득세 입력: 0.154
예금자 입력: 박경욱
박경욱의 세후원리금은 10,914입니다
```

이 사례의 클래스의 구조를 다시 한 번 정리하면 다음과 같다.

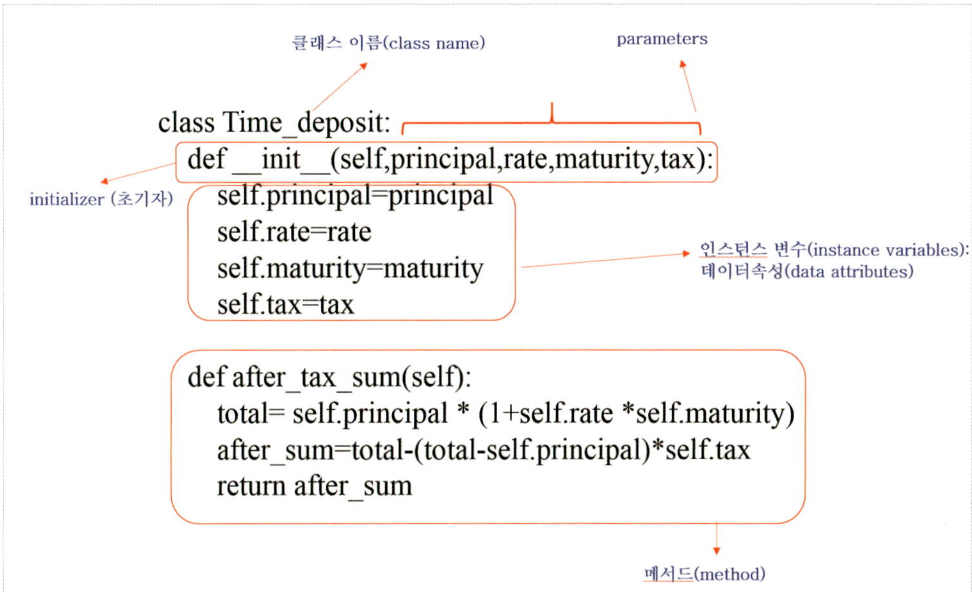

클래스/객체를 이용하는 가장 큰 이유 중 하나는 데이터속성과 메서드를 하나로 묶은 객체를 생성/활용한다는 점이다. 절차적 프로그램 방식인 〈코딩사례 6.1〉에서처럼 파이썬 함수를 이용하는 정기예금 원리금을 계산하는 과정은 가상의 경우를 가정하고 원리금을 계산해 보는 과정으로 해석할 수 있다. 그런데 〈코딩사례 6.2〉에서 생성한 "deposit_1"이라는 객체는 특정 개인 고객의 예금계좌에 대한 중요 자료인 고객이름, 예금원금, 적용금리, 만기 등의 자료를 포함하고 있을 뿐만 아니라 해당 계좌에서 필요한 여러 가지 작업(세전 원리금 계산 등)을 바로 실행할 수 있다. 또한 금융기관은 해당 예금계좌에 대한 객체를 바이너리 파일로 저장하여 보관할 수 있고, 필요한 경우 파일을 unpickling하여 데이터속성에 접근하거나 특정 메서드를 호출하는 작업을 할 수 있는 것이다.

6.2 클래스(Class)의 모듈화(modularization)

우리는 5장에서 파이썬 함수를 모듈화하면 다른 프로그램에서 해당 함수를 쉽게 이용할 수 있다는 것에 대하여 공부한 바 있다. 클래스도 이러한 모듈화가 당연히 가능하고 클래스를 모듈화하는 방법은 함수 모듈화와 마찬가지로 클래스가 정의된 함수를 파이썬 파일로 저장하면 된다.

코딩 사례 6.3 : 정기예금 세후원리금 계산을 위한 클래스 모듈화

〈코딩사례 6.2〉에서 정의한 Time_deposit 클래스를 다음과 같이 deposit.py라는 파이썬 파일로 저장하여 보자.

deposit.py

```
class Time_deposit:
    def __init__(self,principal,rate,maturity,tax):
        self.principal=principal
        self.rate=rate
        self.maturity=maturity
        self.tax=tax
    def after_tax_sum(self):
        total= self.principal * (1+self.rate *self.maturity)
        after_sum=total-(total-self.principal)*self.tax
        return after_sum
```

이제 다음과 같이 import_deposit,py라는 파일에서 deposit,py 파일을 임포트하여 보자.

import_deposit.py 파일:

```
from deposit import *
Kyunguk_Park=Time_deposit(10000,0.036,3,0.154)
money=Kyunguk_Park.after_tax_sum()
print('세후원리금은', format(money, ',.0f')+'입니다')
```

코드 설명

- 라인 1: deposit.py 파일의 모든 함수들을 임포트한다.
- 라인 2: 10000,0.036,3,0.154를 인자로 하여 클래스 Time_deposit의 객체를 생성하고 변수 Kyunguk_Park이 가리키도록 한다.
- 라인 3: 객체 Kyunguk_Park에 대하여 메서드 after_tax_sum를 실행하고 실행결과를 변수 money가 가리키도록 한다.
- 라인 4: 변수 money를 출력한다.

코드의 실행결과

```
In [2]: runfile('C:/Users/User/Spyder_files/textbook/
import_deposit.py', wdir='C:/Users/User/Spyder_files/textbook')
Reloaded modules: deposit_function
세후원리금은 10,914입니다
```

다음 사례에서는 대출 원리금균등분할상환의 월상환금 계산을 위한 클래스를 모듈화하는 사례를 살펴 보자.

코딩 사례 6.4: 원리금균등분할 상환금 계산을 위한 클래스 모듈화

다음과 같이 loan.py라는 파이썬 파일에서 클래스를 정의하여 저장하여 보자.

loan.py

```
class Loan:
    count=0
    def __init__(self, rate,maturity, principal,borrower):
        self.rate = rate
        self.maturity = maturity
        self.principal = principal
        self.borrower=borrower
        Loan.count+=1
    def monthlypay(self):
        payment = (self.principal * (self.rate/12)) /   \
                        (1-(1/(1+(self.rate/12))**(self.maturity*12)))
        return payment
```

코드 설명

- 라인 1: 클래스 Loan을 정의한다.
- 라인 2: 클래스 변수 count의 초기값을 0으로 설정한다.
- 라인 3: 매개변수 self, rate,maturity, principal,borrower를 가지는 초기자함수룰 정의한다.
- 라인 4: 매개변수 rate에 대한 인스턴스 변수 self.rate을 정의한다.
- 라인 5: 매개변수 maturity에 대한 인스턴스 변수 self.maturity을 정의한다.
- 라인 6: 매개변수 principal에 대한 인스턴스 변수 self.principal을 정의한다.
- 라인 7: 매개변수 borrower에 대한 인스턴스 변수 self.borrower을 정의한다.
- 라인 8: 클래스변수 count의 값을 1 증가시켜 값을 변경시킨다(클래스 변수는 인스턴스와 달리 클래스명.변수명으로 접근할 수 있다는 점에 유의하자).
- 라인 9:메서드 monthlypay를 정의한다. 함수 실행문은 라인 10~12이다.
- 라인 10~11: 원리금균등분할방식의 월상환액을 계산하여 변수 payment가 가리키도록 한다.
- 라인 12: 변수 payment을 반환한다.

이제 다음과 같이 loan_import,py라는 파일에서 loan,py 파일을 임포트하여 보자.

loan_import.py

```
from loan import *
def main():
    loan1=Loan(0.05, 2, 1000000, 'Park')
    loan2=Loan(0.06, 3, 2000000 ,'Kim')
    loan3=Loan(0.04, 4, 3000000 ,'Lee')
    print('차입자: ', loan3.borrower)
    print('이자율: ', format(loan3.rate, ',.4f'))
    print('대출원금: ', format(loan3.principal, ',.0f'))
    print('만기: ', format(loan3.maturity, ',.0f'))
    print('월상환액: ', format(loan3.monthlypay(), ',.0f'))
    print()
    print('차입자: ', loan1.borrower)
    print('이자율: ', format(loan1.rate, ',.4f'))
    print('대출원금: ', format(loan1.principal, ',.0f'))
    print('만기: ', format(loan1.maturity, ',.0f'))
    print('월상환액: ', format(loan1.monthlypay(), ',.0f'))
main()
```

코드 설명

- 라인 1: loan.py파일에 정의된 모든 함수들을 임포트한다.
- 라인 2: main 함수를 생성하기 위한 함수 헤더이다.
- 라인 3: 매개변수 rate,maturity, principal,borrower의 인자인 0.05, 2, 1000000, 'Park'을 입력하여 객체를 생성하고 변수 loan1이 가리키도록 한다..
- 라인 4: 매개변수 rate,maturity, principal,borrower의 인자인 0.06, 3, 2000000 ,'Kim'을 입력하여 객체를 생성하고 변수 loan2가 가리키도록 한다..
- 라인 5: 매개변수 rate,maturity, principal,borrower의 인자인 0.04, 4, 3000000 ,'Lee'을 입력하여 객체를 생성하고 변수 loan3가 가리키도록 한다..
- 라인 6: 객체 loan3의 인스턴스 변수 self.borrower에 접근/반환하여 차입자의 이름을 출력한다.
- 라인 7: 객체 loan3의 인스턴스 변수 self.rate에 접근/반환하여 이자율을 출력한다.
- 라인 8: 객체 loan3의 인스턴스 변수 self.principal에 접근/반환하여 대출원금을 출력한다.
- 라인 9: 객체 loan3의 인스턴스 변수 self.maturity에 접근/반환하여 대출 만기를 출력한다.
- 라인 10: 객체 loan3의 인스턴스 변수를 인자로 이용하여 클래스 Loan에 정의되어 있는 메서드 monthlypay를 호출/실행하고 메서드 monthlypay가 반환하는 값을 정수로 출력한다.
- 라인 12: 객체 loan1의 인스턴스 변수 self.borrower에 접근/반환하여 차입자의 이름을 출력한다.
- 라인 13: 객체 loan1의 인스턴스 변수 self.rate에 접근/반환하여 이자율을 출력한다.
- 라인 14: 객체 loan1의 인스턴스 변수 self.principal에 접근/반환하여 대출원금을 출력한다.
- 라인 15: 객체 loan1의 인스턴스 변수 self.maturity에 접근/반환하여 대출 만기를 출력한다.
- 라인 16: 객체 loan1의 인스턴스 변수를 인자로 이용하여 클래스 Loan에 정의되어 있는 메서드 monthlypay를 호출/실행하고 메서드 monthlypay가 반환하는 값을 정수로 출력한다.
- 라인 17: main 함수를 호출하여 라인 2를 실행한다.

코드의 실행결과

```
In [8]: runfile('C:/Users/User/.spyder-py3/textbook/loan_import.py', wdir='C:/Users/
User/.spyder-py3/textbook')
차입자:  Lee
이자율:  0.0400
대출원금:  3,000,000
만기:  4
월상환액:  67,737

차입자:  Park
이자율:  0.0500
대출원금:  1,000,000
만기:  2
월상환액:  43,871
```

6.3 데이터 속성 감추기 (Hiding data attributes)

클래스와 객체를 이용하는 경우에는 "객체명.매개변수"라는 코드를 이용하여 객체의 인스턴스 변수에 접근하여 그 값을 반환할 수 있는데 〈코딩사례 6.4〉에서 이에 대한 예를 소개한 바 있다. 그런데 이와 같이 객체의 인스턴스 변수를 호출하여 인스턴스 변수의 값을 확인하는 것이 편리할 수도 있지만 이러한 과정은 자칫 의도하지 않은 결과를 가져올 수도 있다.

예를 들어 〈코딩사례 6.4〉에서 정의한 loan.py 파일을 임포트하여 다음과 같이 코딩하여 실행하면 다음과 같은 결과가 얻어진다.

```
1 def main():
2     loan1=Loan(0.05, 2, 1000000, 'Park')
3     print('차입자: ', loan1.borrower)
4     loan1.borrower='Choi'
5     print('차입자: ', loan1.borrower)
6 main()
```

```
차입자:  Park
차입자:  Choi
```

위의 사례 라인3에서는 loan1.borrower코드가 loan1 객체의 데이터 속성 중 하나인 차입자 성명에 접근하여 차입자 성명을 반환하고 있다. 그런데 라인4에서는 "loan1.borrower='Choi'"라는 코드를 통하여 차입자의 성명을 변경하고 있다. 이와 같은 차입자 성명 변경의 결과는 라인5의 실행결과에서 확인할 수 있다.

여기서 알 수 있는 사실은 객체의 데이터속성에 접근한다는 것이 단순히 그 값을 반환할 수 있다는 것 뿐만 아니라 객체의 데이터속성을 변경시킬 수도 있다는 것이다. 그러나 이와 같이 객체의 데이터속성을 클래스 외부에서 변경할 수 있도록 하는 것이 바람직하지는 않은 경우가 많다. 만약 객체의 데이터속성을 변경시키는 것이 불가능하게(혹은 매우 어렵게) 하려면 데이터속성 감추기라는 방법을 이용하면 된다.

<파이썬 코드>

데이터속성 감추기

self.__매개변수 = 매개변수 # _ _ 이중밑줄

이제 객체의 데이터 속성 감추기를 적용하여 〈코딩사례 6.4〉를 다시 코딩하여 보기로 하자.

코딩 사례 6.5: 원리금균등분할 상환금 계산을 위한 데이터속성 감추기

loan_hide.py

```
1   class Loan:
2       count=0
3       def __init__(self, rate,maturity, principal,borrower):
4           self.__rate = rate
5           self.__maturity = maturity
6           self.__principal = principal
7           self.__borrower=borrower
8           Loan.count+=1
9       def monthlypay(self):
10          payment = (self.__principal*(self.__rate/12)) / \
11                (1-(1/(1+(self.__rate/12))**(self.__maturity*2)))
12          return payment
```

코드 설명

- 라인 1: 클래스 Loan을 정의한다.
- 라인 2: 클래스변수 count의 초기값을 0으로 설정한다.
- 라인 3: 매개변수 self, rate,maturity, principal,borrower)를 가지는 초기자함수함수를 정의한다.
- 라인 4: 매개변수 rate에 대한 인스턴스 변수 self.__rate을 정의한다.
- 라인 5: 매개변수 maturity에 대한 인스턴스 변수 self.__maturity을 정의한다.
- 라인 6: 매개변수 principal에 대한 인스턴스 변수 self.__principal을 정의한다.
- 라인 7: 매개변수 borrower에 대한 인스턴스 변수 self.__borrower을 정의한다.
- 라인 8: 클래스변수 count의 값을 1 증가시켜 값을 변경시킨다.
- 라인 9: 메서드 monthlypay를 정의한다. 함수 실행문은 라인 10~12이다.
- 라인 10~11: 원리금균등분할방식의 월상환액을 계산하여 변수 payment가 가리키도록 한다.
- 라인 12: 변수 payment을 반환한다.

loan_hide_import.py

```
from loan_hide import *
def main():
    loan1=Loan(0.05, 2, 1000000, 'Park')
```

```
4       print('차입자: ', loan1.borrower)
5       print('월상환액: ', format(loan1.monthlypay(), ',.0f'))
6     main()
```

코드 설명

- 라인 1: loan_hide.py 파일의 모든 함수들을 임포트한다.
- 라인 2: main 함수를 정의한다.
- 라인 3: 0.05, 2, 1000000, 'Park'을 인자로 하여 클래스 Loan의 객체를 생성하고 변수 loan_1이 가리키도록 한다.
- 라인 4: 객체 loan_1의 인스턴스변수 self.__borrower에 접근하여 그 값을 출력한다.
- 라인 5: 객체 loan_1에 대하여 메서드 monthlypay를 실행하고 실행결과를 출력한다.

코드의 실행결과

```
In [13]: runfile('C:/Users/User/.spyder-py3/textbook/loan_hide_import.py', wdir='C:/
Users/User/.spyder-py3/textbook')
Reloaded modules: loan_hide
Traceback (most recent call last):
```

....(생략)

```
AttributeError: 'Loan' object has no attribute 'borrower'
```

라인 4에서 print('차입자: ', loan1.borrower) 코드를 통하여 객체의 인스턴스변수에 접근하여 그 값을 반환하려 시도하였지만 "AttributeError"라는 실행오류가 발생하고 있다. 이것은 인스턴스변수들에 데이터속성 감추기를 적용하였기 때문에 인스턴스변수에의 접근 자체가 불가능해졌기 때문이다.

6.4 상속 (Inheritance)

상속이라는 개념은 클래스의 특징 중 매우 중요한 의미를 갖는다. 파이썬에서 클래스를 정의할 때 상위클래스와 하위클래스를 정의하고 상위클래스에서 정의한 데이터속성이나 메서드들은 하위클래스에서 다시 정의하지 않더라도 하위클래스에서 사용할 수 있도록 하는 것을 상속이라고 한다.[1] 즉, 하위클래스들에서 공통적으로 필요한 데이터속성들과 메서드들은 상위클래스에서 정의하고 하위클래스에서는 추가적인 데이터속성과 메서드만을 정의함으로써 보다 효율적인 코딩이 가능해지는 것이다. 이렇게 상위클래스와 하위클래스를 사용한 상속을 활용하면 하위클래스의 객체는 상위클래스의 데이터속성과 메서드를 그대로 사용할 수 있을 뿐만 아니라 하위클래스 고유의 데이터속성과 메서드도 사용할 수 있게 되는 것이다. 하위클래스를 정의하는 방법은 다음과 같다.

1) 법적인 의미로 상속은 피상속인(부모)의 사망 시 상속인(자녀)이 피상속인의 재산을 물려 받는 것을 의미한다. 즉, 피상속인의 사망을 전제로 상속이 이루어진다는 것이다. 그러나 파이썬에서의 상속은 상위클래스(부모)의 데이터속성과 메서드를 하위클래스(자녀)에서 공유한다는 것을 의미한다.

〈파이썬 코드〉

하위 class 정의

```
class 하위클래스명(상위클래스):
    def __init__(self, 상위클래스매개변수, 하위클래스매개변수)
        super().__init__(상위클래스매개변수)
        self.하위클래스매개변수=하위클래스매개변수
        ..............................................

    def 메서드명(self):
        실행문
```

⚠ 하위클래스를 정의할 때 ( )안에 상위클래스를 표시하여 줌으로써 상위/하위클래스가 정의된다.

⚠ 하위클래스 초기자함수의 매개변수에는 상위클래스의 매개변수들과 하위클래스 고유의 매개변수 모두를 정의해야 한다.

⚠ 하위클래스 초기자함수의 super().__init__( )코드는 상위클래스의 데이터속성들을 하위클래스에서 사용할 수 있도록 해 준다.

⚠ 하위클래스 고유의 데이터 속성은 하위클래스 초기자함수 실행문에서 정의해야 한다.

⚠ 하위클래스 메서드의 실행문내에서 상위클래스의 메서드를 실행해야 할 경우에는 "super().상위클래스메서드명 "코드를 사용해야 한다.

상속의 개념을 좀 더 쉽게 이해하기 위해서 정기예금의 경우를 생각해 보자. 일반 시중은행에 예금하는 경우 일반과세 15.4%의 이자소득세가 부과되지만 단위 농협이나 새마을금고에 예금하면 9.5%의 우대세율을 적용받는다. 만약 일반과세의 경우와 세금우대의 경우 세후원리금을 계산하기 위한 각각의 클래스를 정의한다고 하여 보자. 이 경우 두 클래스의 매개변수들(원금, 이자율, 만기)은 동일할 뿐만 아니라 세전원리금 계산을 위한 메서드도 동일하고 다만 세금 계산 과정만 차이가 있을 뿐이다.

〈별도의 클래스를 정의하는 경우〉

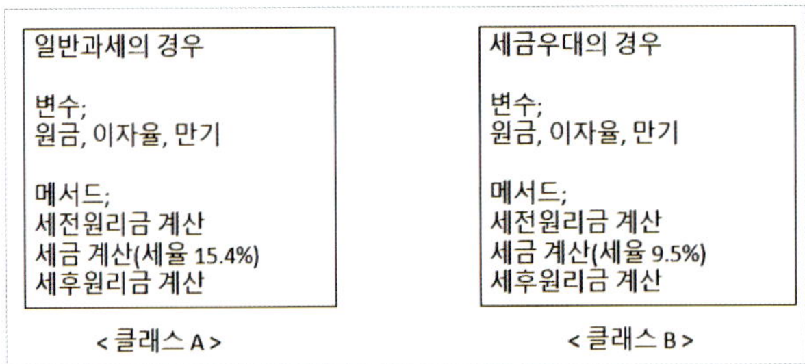

이와 같이 일반과세 세후원리금 계산과 세금우대 세후원리금 계산을 별도의 클래스로 코딩하는 과정을 살펴보면 두 클래스에서 사용되는 공통의 매개변수들(원금, 이자율, 만기)와 공통의 메서드(세전원리금 계산 함수)가 중복되고 있으며 두 클래스는 세율 적용에서의 차이만 있을 뿐이다. 이제 두 클래스에 공통으로 사용되는 매개변수들(원금, 이자율, 만기)과 세전 원리금 계산을 위한 메서드는 상위클래스에서 정의하고 하위클래스에서는 세금 계산의 차이를 계산하도록 다음과 같이 정의하여 보자.

〈상.하위 클래스를 정의하여 상속을 이용하는 경우〉

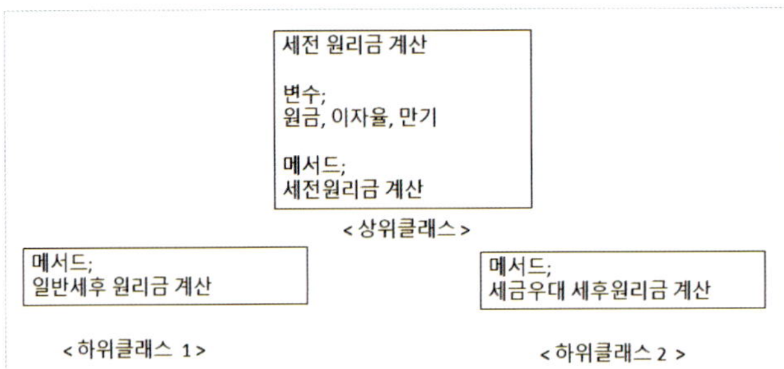

이와 같은 상위클래스와 하위클래스를 활용한 상속을 이용한 코딩은 우리로 하여금 좀 더 효율적인 프로그램을 작성할 수 있게 해 주는데 다음 사례에서 구체적으로 살펴보자.

코딩 사례 6.6: 세율에 따른 단리 정기예금의 세후 원리금 계산

코드

```
class Time_deposit:
    def __init__(self,principal,rate,maturity):
        self.principal=principal
```

```
4          self.rate=rate
5          self.maturity=maturity
6      def before_tax_sum(self):
7          total= self.principal * (1+self.rate *self.maturity)
8          return total
9  class Aftertax_general(Time_deposit):
10     tax=0.154
11     def __init__(self,principal,rate,maturity):
12         super().__init__(principal,rate,maturity)
13     def after_tax_sum(self):
14         total= super().before_tax_sum()
15         tax=(total-self.principal)*Aftertax_general.tax
16         return total-tax
17 class Aftertax_special(Time_deposit):
18     tax=0.095
19     def __init__(self,principal,rate,maturity):
20         super().__init__(principal,rate,maturity)
21     def after_tax_sum(self):
22         total= super().before_tax_sum()
23         tax=(total-self.principal)*Aftertax_special.tax
24         return total-tax
25 def main():
26     general_tax_1=Aftertax_general(10000,0.02,2)
27     print(‘일반과세 세전 원리금: ’,format(general_tax_1.before_tax_sum(),“,.0f ”))
28     print(‘일반과세 세후 원리금: ’,format(general_tax_1.after_tax_sum(),“,.0f ”))
29     special_tax_1=Aftertax_special(10000,0.02,2)
30     print(‘세금우대 세전 원리금: ’,format(special_tax_1.before_tax_sum(),“,.0f ”))
31     print(‘세금우대 세후 원리금: ’,format(special_tax_1.after_tax_sum(),“,.0f ”))
32 main()
```

코드 설명

- 라인 1: Time_deposit이라는 클래스를 생성한다.
- 라인 2: principal, rate, maturity 등을 매개변수로 가지는 초기자함수 함수 def __init__함수를 정의하기 위한 함수 헤더이다.

- 라인 3~ 라인 5: principal, rate, maturity 변수들에 대한 인스턴스변수 self.principal, self.rate, self.maturity를 정의한다.
- 라인 6~ 라인 8:인스턴스 변수들을 이용하여 세전 원리금을 계산하기 위한 메서드 before_tax_sum을 정의하기 위한 함수헤더와 함수 실행문들이다.
- 라인 9: Time_deposit 클래스의 하위클래스인 Aftertax_general을 정의한다.
- 라인 10:변수 Tax가 0.154를 가리키도록 한다. 변수 Tax는 이자소득세율을 나타낸다.
- 라인 11: principal, rate, maturity 등을 매개변수로 가지는 하위클래스 Aftertax_general의 초기자 함수를 정의하는 함수 헤더이다.
- 라인 12: 상위클래스 Time_deposit의 매개변수들을 하위 클래스 Aftertax_general에서 상속받을 수 있도록 한다.
- 라인 13:하위 클래스 Aftertax_general의 메서드 after_tax_sum를 생성하기 위한 함수헤더이다.
- 라인 14: 상위클래스 Time_deposit에서 정의한 메서드 before_tax_sum을 상속/호출/실행하여 반환되는 값을 변수 total이 가리키도록 한다. 상위클래스의 메서드 before_tax_sum을 실행해야 하므로 "super().before_tax_sum()" 코드를 사용한다.

> **super( ).상위클래스메서드명( )**
> 하위클래스의 메서드 내 실행문에서 상위클래스의 메서드를 상속받아 사용할 수 있게 해준다.

- 라인 15: 이자소득세율이 15.4%인 경우의 이자소득세를 계산하여 변수 tax가 가리키도록 한다.
- 라인 16: 변수 total에서 변수 tax를 차감하여 세후원리금을 계산하고 그 값을 반환한다.
- 라인 17: Time_deposit 클래스의 하위클래스인 Aftertax_special을 생성한다.
- 라인 18:변수 Tax(이자소득세율)가 0.095를 가리키도록 한다.
- 라인 19: principal, rate, maturity 등을 매개변수로 가지는 하위클래스 Aftertax_special의 초기자 함수함수를 정의하는 함수 헤더이다.
- 라인 20: 상위클래스 Time_deposit의 매개변수들을 하위 클래스 Aftertax_special에서 상속받을 수 있도록 한다.
- 라인 21:하위 클래스 Aftertax_special의 메서드 after_tax_sum를 생성하기 위한 함수헤더이다.
- 라인 22: 상위클래스 Time_deposit에서 정의한 메서드 before_tax_sum을 상속/호출/실행하여 반환되는 값을 변수 total이 가리키도록 한다. 상위클래스의 메서드 before_tax_sum을 실행해야 하므로 "super().before_tax_sum()" 코드를 사용한다.
- 라인 23: 이자소득세율이 9.5%인 경우의 이자소득세를 계산하여 변수 tax가 가리키도록 한다.
- 라인 24: 변수 total에서 변수 tax를 차감하여 세후원리금을 계산하고 그 값을 반환한다.
- 라인 25: main함수 생성을 위한 함수헤더이다.
- 라인 26: 상위클래스 Time_deposit의 매개변수 principal, rate,maturity의 인자인 10000, 0.02, 2

을 순서대로 입력하여 하위 클래스 aftertax_general의 객체 general_tax_1을 생성한다.

- 라인 27:상위클래스 Time_deposit의 메서드 before_tax-sum을 상속/호출/실행하여 실행결과를 출력한다.
- 라인 28:하위클래스 Aftertax_general의 메서드 after_tax_sum을 호출/실행하여 실행결과를 출력한다.
- 라인 29: 상위클래스 Time_deposit의 매개변수 principal, rate,maturity의 인자인 10000, 0.02, 2을 입력하여 하위 클래스 Aftertax_special의 객체 special_tax_1을 생성한다.
- 라인 30:상위클래스 Time_deposit의 메서드 before_tax-sum을 상속/호출/실행하여 실행결과를 출력한다.
- 라인 31:하위클래스 Aftertax_special의 메서드 after_tax_sum을 호출/실행하여 실행결과를 출력한다.
- 라인 32: main 함수를 호출하여 라인 25를 실행한다.

코드의 실행결과

```
일반과세 세전 원리금:  10,400
일반과세 세후 원리금:  10,338
세금우대 세전 원리금:  10,400
세금우대 세후 원리금:  10,362
```

```python
class Time_deposit:
    def __init__(self,principal,rate,maturity):
        self.principal=principal
        self.rate=rate
        self.maturity=maturity
    def before_tax_sum(self):
        total= self.principal * (1+self.rate *self.maturity)
        return total
```

```python
class Aftertax_general(Time_deposit):
    tax=0.154
    def __init__(self,principal,rate,maturity):
        super().__init__(principal,rate,maturity)
    def after_tax_sum(self):
        total= super().before_tax_sum()
        tax=(total-self.principal)*Aftertax_general.tax
        return total-tax
```

```python
class Aftertax_special(Time_deposit):
    tax=0.095
    def __init__(self,principal,rate,maturity):
        super().__init__(principal,rate,maturity)
    def after_tax_sum(self):
        total= super().before_tax_sum()
        tax=(total-self.principal)*Aftertax_special.tax
        return total-tax
```

Time_deposit이라는 상위클래스에서는 princial, rate, maturity 등의 매개변수들과 before_tax_sum이라는 세전원리금 계산을 위한 메서드를 정의하고 있다. Aftertax_general이라는 하위 클래스와 Aftertax_special이라는 하위 클래스에서는 각각 일반과세 세후원리금과 세금우대 세후원리금 계산을 위한 고유의 메서드를 정의하고 있다.

main함수의 general_tax_1이라는 객체는 하위 클래스인 Aftertax_general의 객체이므로 고유 메서드인 after_tax_sum을 호출할 수 있을 뿐만 아니라 상위클래스인 Time_deposit에서 정의된 메서드인 before_tax_sum 메서드를 호출할 수 있게 되는 것이다. 이와 마찬가지로 special_tax_1이라는 객체는 하위 클래스인 Aftertax_special의 객체이므로 고유 메서드인 after_tax_sum을 호출할 수 있을 뿐만 아니라 상위클래스인 Time_deposit에서 정의된 메서드인 before_tax_sum 메서드를 호출할 수 있게 되는 것이다.

PART

7

경영학을 위한 넘파이 (Numpy)

7장 경영학을 위한 넘파이(Numpy)

우리는 지금까지 프로그래밍 언어로서의 파이썬에 대하여 공부하였다. 6장까지의 내용을 학습한 독자들은 파이썬으로 코딩된 프로그램을 이용하여 경영학 관련 주제들을 이해하고 분석하는 데에 큰 도움을 받을 수 있다는 점에 공감할 것이다. 또한 matplotlib이라는 라이브러리를 이용하면 선그래프와 같은 그래프를 생성할 수 있다는 점도 이해하게 되었을 것이다. 그런데 우리가 1장에서 파이썬을 설치하면서 함께 설치하였던 Pandas, Numpy, SciPy와 같은 라이브러리들은 어떻게 활용할 수 있을까? 이제부터는 Pandas, Numpy, SciPy등의 라이브러리들에 대하여 각 라이브러리의 중요한 기능을 소개하고 활용하는 방법에 대하여 소개하기로 한다. 참고로 경영학 관련 주제들을 공부함에 있어 유용하게 활용할 수 있는 주요 라이브러리들은 아래 그림과 같다.

〈파이썬 라이브러리의 종류〉

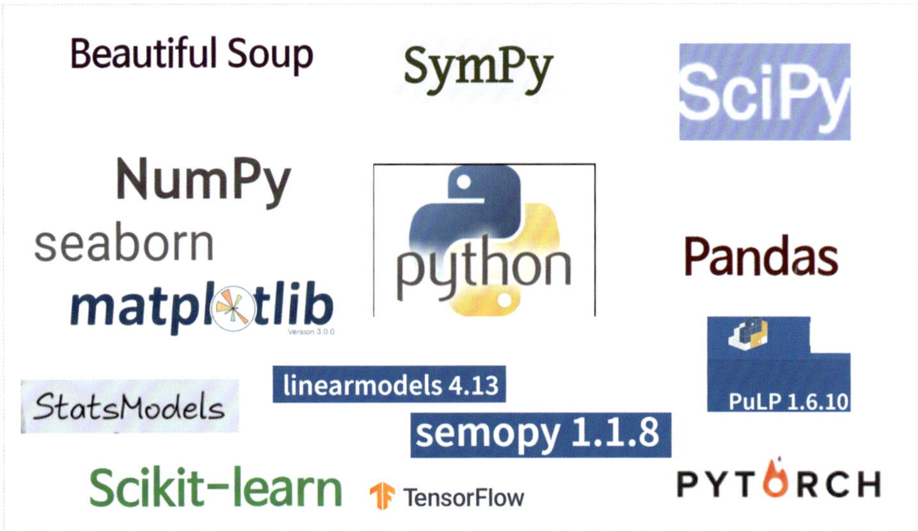

7장에서는 넘파이의 대표적인 기능과 활용 방법에 대하여 소개하기로 한다. 그런데 어떤 문제들에 넘파이를 활용하면 좋을까 ? 예를 들어 우리가 $y=x^2$이라는 함수를 정의하고 임의의 x값이 1과 10사이의 정수값일 때 함수값들을 계산할 필요가 있다고 가정하여 보자. 물론 우리가 앞에서 공부한 리스트와 for 루프를 이용하면 되겠지만 다음과 같이 넘파이를 이용하면 이러한 문제를 간단하게 해결할 수 있다.

```
import numpy as np
x=np.linspace(1,10,10)
```

```
3    print(x)
4    y=x**2
5    print(y)
```

넘파이를 사용한 위의 프로그램 중 중요한 라인에 대하여 설명하면 다음과 같다.

- 라인 1: 넘파이를 사용하기 위하여 넘파이를 임포트하는 코딩이다. 일반적으로 넘파이는 np라는 이름으로 임포트하여 사용한다.
- 라인 2: 구간 [1,10]사이에서 10개의 정수를 뽑아 생성한 자료(넘파이 배열이라고 부름)를 변수 x가 가리키도록 한다.
- 라인 4: 변수 x(1과 10사이의 10개의 정수)에 대하여 $y=x^2$ 연산을 실행한다. 일반적인 수학 연산에서는 $y=x^2$의 연산에서 변수 x는 하나의 수(스칼라)라야 연산이 가능하다. 그러나 넘파이에서는 변수 x가 넘파이 배열이어도 $y=x^2$과 같은 연산이 가능하다.

위 프로그램의 실행결과는 본래 의도했던 바와 같이 1과 10사이의 정수에 대한 제곱값들이 연산됨을 알 수 있다.

```
[ 1.  2.  3.  4.  5.  6.  7.  8.  9. 10.]
[  1.   4.   9.  16.  25.  36.  49.  64.  81. 100.]
```

넘파이는 이와 같이 간단한 문제를 해결하는데 활용할 수 있지만 보다 어려운 문제를 공부하는데에도 큰 도움을 줄 수 있다. 예를 들어 대부분의 통계학 교과서에 소개되어 있는 다음과 같은 정리에 대하여 생각해 보자.

경영학에서는?

중심극한정리(Central limit theorem)

" 표본크기가 충분히 큰 경우 임의의 분포로부터 추출된 표본들의 평균은 정규분포와 유사한 분포를 한다."

이러한 중심극한정리가 의미하는 것은 무엇일까? 예를 들어 구간 [0 , 1]사이의 균일분포를 생각해 보자. 구간 [0 , 1]사이의 균일분포의 확률밀도함수는 다음과 같다고 한다.[1]

1) 균일분포와 같은 연속확률변수에 대해서는 9장 9.1절을 참고하기 바란다.

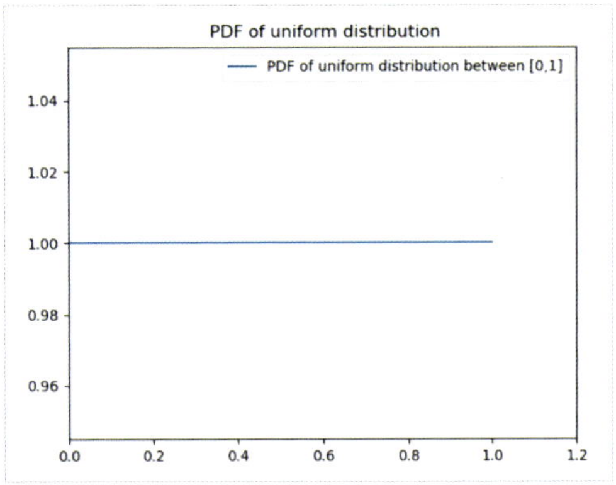

그런데 정규분포의 확률밀도함수는 다음과 같이 평균을 중심으로 좌우대칭의 분포를 가지게 되는데 균일분포와는 완전히 다른 형태의 분포이다.

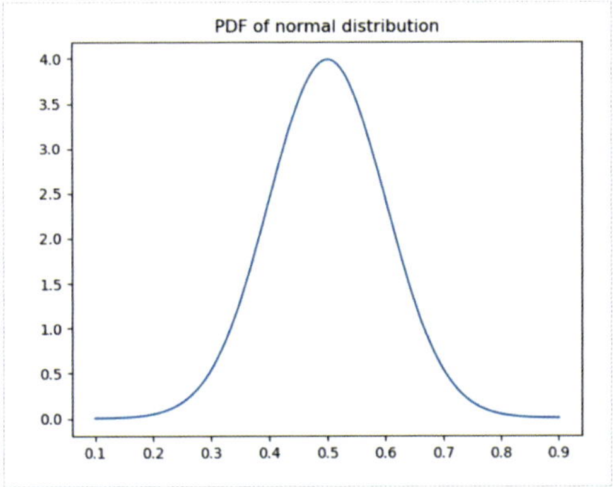

중심극한정리가 의미하는 것은 구간 [0 ,1]사이의 균일분포로부터 임의로 30개의 표본을 추출하여 평균을 계산하는 작업을 만약 10,000번 반복하는 경우 이 10,000개의 평균값들은 균일분포와는 전혀 다른 형태인 정규분포를 보인다는 것이다. 그런데 중심극한정리가 성립하는 것을 수학적으로 증명하는 것은 매우 어려우므로 다음과 같은 과정을 거쳐서 확인해 볼 수 있을 것이다.

- 구간 [0 ,1]사이의 균일분포로부터 30개의 표본을 추출한다.

- 30개 표본의 평균인 표본평균을 계산한다.

- 앞의 두 과정을 1,000,000번 반복하여 1,000,000개의 표본평균값들을 얻는다.

- 1,000,000개의 평균값들의 분포를 그래프로 생성한다.

- 1,000,000개의 평균값들의 분포 그래프가 정규분포와 유사한지 확인한다.

그런데 이와 같은 과정은 넘파이를 이용하면 다음과 같이 간단하게 코딩할 수 있다.

```
1    import numpy as np
2    import matplotlib.pyplot as plt
3    samples=np.random.uniform(0,1, (30,1000000))
4    mean_uni=np.mean(samples, axis=0)
5    plt.hist(mean_uni,bins=1000)
```
[2)]

위의 프로그램 중 중요 부분을 설명하면 다음과 같다.

- 라인 1: 넘파이를 사용하기 위하여 넘파이를 임포트하는 코딩이다. 일반적으로 넘파이는 np라는 이름으로 임포트하여 사용한다.
- 라인 3: 구간 [0 ,1]사이의 균일분포로부터 30개의 표본을 1,000,000번 반복해서 추출하여 그 결과를 변수 samples가 가리키도록 하기 위한 코딩이며, 변수 sample은 각각의 열(column)이 구간 [0 ,1]사이의 30개 난수인 1,000,000개의 열로 이루어진 데이터를 의미하게 된다.
- 라인 4: 각 열의 난수들(구간 [0 ,1]사이의 30개 난수들)의 평균을 각각 계산하여 그 결과를 변수 mean_uni가 가리키도록 하기 위한 코딩이다. 이 때 변수 mean_uni는 1,000,000개의 평균값들이 하나의 행에 입력되어 있는 데이터를 의미하게 된다
- 라인 5: 변수 mean_uni 자료를 이용하여 히스토그램을 작성하기 위한 코딩이다.

이제 위의 프로그램을 실행하면 다음과 같은 히스토그램이 생성되는데 이 히스토그램은 " 표본크기가 충분히 큰 경우 임의의 분포로부터 추출된 표본들의 평균은 정규분포와 유사한 분포를 한다."는 중심극한정리가 성립함을 잘 보여준다.

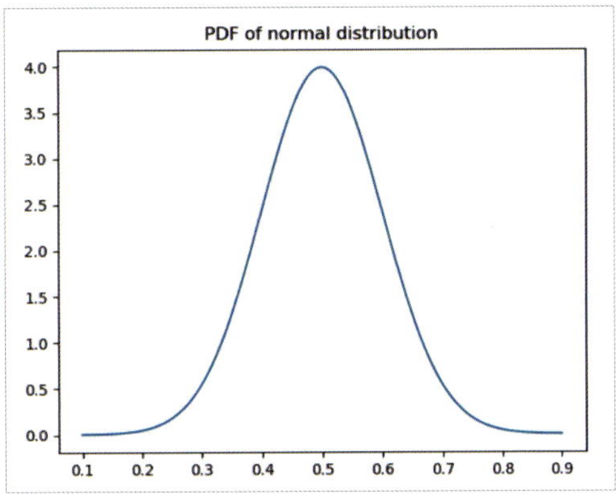

2) 히스토그램의 정의와 히스토그램을 작성하는 방법에 대해서는 7장 부록을 참고하기 바란다.

넘파이는 이러한 문제 외에도 다양한 문제들을 다루는데 유용하게 사용할 수 있는 기능이 많은 파이썬의 대표적인 라이브러리라고 할 수 있다. 이제 넘파이를 이용하기 위해 가장 기본적인 개념인 넘파이 배열에 대하여 알아 보자.

7.1 넘파이 배열(array)

넘파이를 사용하려면 우선 넘파이를 임포트해야 한다.[3]

<파이썬 코드>

넘파이 사용

```
import numpy
numpy.메서드( )

import numpy as np
np.메서드( )
```

⚠ 어떤 방법으로 넘파이를 임포트하여도 상관없지만 일반적으로는 두 번째 방법을 주로 사용하므로 이 책에서는 두 번째 방법을 사용하기로 한다.

그런데 넘파이를 사용하기 전에 우선 넘파이에서 사용하는 데이터의 유형에 대하여 이해할 필요가 있다. 독자들은 파이썬에서 수, 문자열, 리스트, 딕셔너리 등의 데이터를 사용할 수 있다는 점은 이미 충분히 이해하고 있을 것이다. 하지만 넘파이라는 라이브러리를 사용하려면 반드시 넘파이 배열이라는 데이터만을 사용해야 하는데 넘파이배열은 수(number)로만 구성되는 1차원 혹은 다차원 데이터를 의미한다.

배열의 유형과 생성

넘파이 배열은 1차원 배열, 2차원 배열, 3차원 배열 등을 정의할 수 있는데 복수의 수들이 순서대로 나열되어 있는 배열을 1차원 배열(1 dimensional array)이라고 하며 여러 개의 행과 열에 직사각형 형태로 수들이 배열된 경우 2차원 배열(2 dimensional array)이라고 한다. 이 책에서는 2차원 배열까지만

3) 1장에서 파이썬 설치시 넘파이는 기본적으로 설치하도록 권장하였다.

다루기로 한다.

1차원 배열 ; 복수의 수들이 순서대로 나열되어 있는 배열로서 (k,)크기의 배열이라고 한다.

```
array([1, 2, 3])
```

이 1차원 배열은 (3,)크기의 배열이다.

2차원 배열; 여러 개의 행과 열에 직사각형 형태로 수들이 나열된 배열로서 (1, n)크기, (m, 1)크기, (m, n)크기의 배열 등 세 유형이 있다.

```
array([[1, 2, 3]])

array([[1],
       [2],
       [3]])

array([[2, 2, 2],
       [4, 4, 4],
       [6, 6, 6]])
```

위의 2차원 배열 중 첫 번 채 배열은 (1,3)크기의 배열, 두 번째 배열은 (3,1)크기의 배열, 마지막 배열은 (3,3) 크기의 배열이다.

배열을 생성하는 방법은 매우 다양한데 일반적으로 많이 사용하는 방법은 다음과 같다.

<파이썬 코드>

넘파이 배열 생성 함수

np.array(리스트 등)
    # 수로 이루어진 리스트를 배열로 생성
np.arange(start, end, interval)
    # start값과 end값 구간의 수를 interval 값 간격의 배열로 생성
np.linspace(start, end, count)
    # start값과 end값 구간에서 count 개수의 수를 배열로 생성
np.ones(num), np.ones((num1,num2))
    # 수 1로 구성된 1차원 배열과 2차원 배열을 생성
np.zeros(num), np.ones((num1,num2))
    # 수 0으로 구성된 1차원 배열과 2차원 배열을 생성
등 다양한 방법이 있음

다음의 사례에서 배열의 유형과 생성에 대하여 자세히 알아보자.

코딩 사례 7.1: 배열 생성

다음과 같이 1차원 배열 a를 생성하여 보자. 여기서 배열 a는 (5,)크기의 배열이다. 1차원 배열은 수들이 행으로나 열로 배열되어 있다는 의미가 아니라 단순히 순서대로 수가 배열되어 있음을 의미한다.[4]

```
In [1]:  import numpy as np
         a=np.array([1,2,3,4,5])
         a
Out[1]:  array([1, 2, 3, 4, 5])
```

다음 사례에서 배열 a,b,c는 모두 2차원 배열이며 a는 수학적 의미의 행벡터, b는 열벡터, 그리고 c는 행렬이 된다. 여기서 배열 a는 (1,3)크기 배열, 배열 b는 (3,1)크기 배열, 배열 c는 (2,3)크기 배열이 된다.

4) 수로 이루어진 1차원 리스트가 수들이 행이나 열로 배열되어 있는 것이 아니라 단순히 수들이 순서대로 나열되어 있는 의미와 같다고 할 수 있다.

```
In [66]:
import numpy as np
a=np.array([[1,2,3]])
b=np.array([[1],[2],[3]])
c=np.array([[1,2,3],[3,4,5]])
print(a)
print()
print(b)
print()
print(c)

[[1 2 3]]

[[1]
 [2]
 [3]]

[[1 2 3]
 [3 4 5]]
```

다음 사례에서는 np.arange()함수를 이용하여 1이상 9미만의 구간에서 정수를 2 간격으로 뽑아 (4,)크기의 1차원 배열을 생성하였다. 여기서 9는 포함되지 않는다는 것을 기억할 필요가 있다.

```
In [6]:
import numpy as np
d=np.arange(1,9,2)
d

Out[6]: array([1, 3, 5, 7])
```

다음 사례에서는 np.linspace( )함수를 이용하여 0부터 2사이 구간에서 5개의 실수를 뽑아 (5,)크기의 1차원 배열을 생성하였다. 여기서 2가 포함되는 것을 기억할 필요가 있다.

```
In [9]:
import numpy as np
e=np.linspace(0,2,5)
e

Out[9]: array([0. , 0.5, 1. , 1.5, 2. ])
```

다음 사례에서는 np.zeros( )함수를 이용하여 5개의 "0" 요소를 갖는 (5,)크기의 1차원 배열을 생성하였다.

```
In [10]:  import numpy as np
          f=np.zeros(5)
          f

Out[10]: array([0., 0., 0., 0., 0.])
```

다음 사례에서는 np.zeros( )함수를 이용하여 5개의 "0" 요소가 5행과 1열에 나열된 (5,1)크기의 2차원 배열인 열벡터를 생성하였다.

```
In [11]:  import numpy as np
          g=np.zeros((5,1))
          g

Out[11]: array([[0.],
                [0.],
                [0.],
                [0.],
                [0.]])
```

다음 사례에서는 np.ones( )함수를 이용하여 3개 행과 4개 열에 "1" 요소를 갖는 (3.4)크기의2차원 배열인 행렬을 생성하였다.

```
In [13]:  import numpy as np
          h=np.ones((3,4))
          h

Out[13]: array([[1., 1., 1., 1.],
                [1., 1., 1., 1.],
                [1., 1., 1., 1.]])
```

다음 사례에서는 np.arange()함수를 이용하여 0부터 9까지 10개 정수를 뽑은 후 reshape 메서드를 이용하여 2행/5열에 나열하여 (2,5)크기의 2차원 배열을 생성하였다.

```
In [77]:  a=np.arange(10).reshape(2,5)
          print(a)

          [[0 1 2 3 4]
           [5 6 7 8 9]]
```

x.reshape(m,n)

배열 x의 요소들을 m개의 행과 n열에 배분한 배열을 생성한다. 이 때 배열 x의 요소는 m×n 개라야 한다.

우리는 2.6절에서 list 함수와 tuple 함수를 이용하여 리스트를 튜플로, 튜플을 리스트로 변환시킬 수 있음을 공부한 바 있다. 그런데 list 함수와 tuple 함수를 이용하면 배열로부터 리스트나 튜플을 생성할 수도 있다.

```
import numpy as np
b=list(np.linspace(1,2,5))
b
```

```
[1.0, 1.25, 1.5, 1.75, 2.0]
```

```
import numpy as np
c=tuple(np.linspace(1,2,5))
c
```

```
(1.0, 1.25, 1.5, 1.75, 2.0)
```

넘파이 배열 인덱싱과 슬라이싱

넘파이 배열의 각 요소에는 다음과 같이 인덱싱이 되어 있어 슬라이싱이 가능하다.

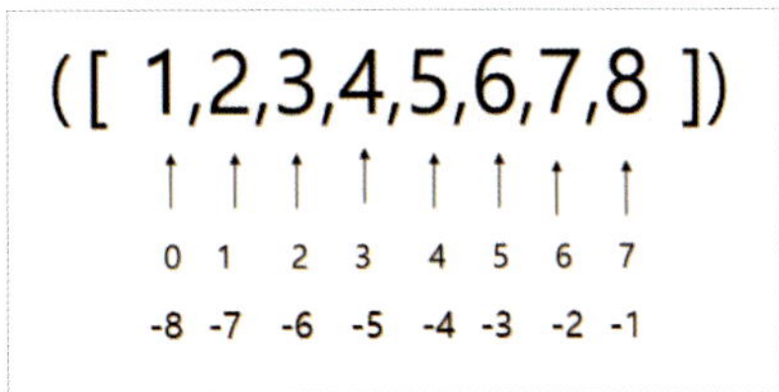

<파이썬 코드>

1차원 배열 슬라이싱

배열[인덱스] #하나의 요소를 슬라이싱

배열[[인덱스,인덱스.....]] #복수의 요소를 슬라이싱

배열[시작인덱스:종료인덱스:간격]

\# 복수의 요소를 슬라이싱

\# 종료인덱스는 슬라이싱에서 제외됨

⚠ 1차원 배열에서 하나의 요소를 슬라이싱 한 결과는 하나의 수가 되며 복수의 요소를 슬라이싱한 결과는 1차원 배열이 된다.

코딩 사례 7.2:1차원 배열 슬라이싱

```
In [73]:
1 import numpy as np
2 e=np.linspace(0,1,5)
3 print(e)
4 print(e[3])
5 print(e[[0,2]])
6 print(e[0:2])

[0.   0.25 0.5  0.75 1.  ]
0.75
[0.  0.5]
[0.   0.25]
```

코드 설명

- 라인 2: 0과 1사이의 5개의 소수로 구성된 (5,)크기의 1차원 배열을 생성하고 변수 e가 가리키도록 한다.
- 라인 3: 배열 a를 출력한다.
- 라인 4: 배열 a의 인덱스 3의 요소를 슬라이싱하여 출력한다.
- 라인 5: 배열 a의 인덱스 0과 인덱스 2의 요소를 슬라이싱하여 출력한다.

- 라인 6: 배열 a의 인덱스 0부터 인덱스 1까지의 요소를 슬라이싱하여 출력한다.

<파이썬 코드>

2차원 배열 슬라이싱

배열[인덱스,:]	# 하나의 행을 슬라이싱
배[:,인덱스]	# 하나의 열을 슬라이싱
배열[인덱스, 인덱스]	# 하나의 요소를 슬라이싱

⚠ 2차원 배열에서 하나의 행이나 열을 슬라이싱 한 결과는 1차원 배열이 된다.

코딩 사례 7.3: 2차원 배열 슬라이싱

```
import numpy as np
H=np.array([[1,2,3,4],[6,7,8,9],[10,11,12,13]])
a=H[0,0]
b=H[0,:]
c=H[:,0]
print(H,'\n\n', a,'\n\n', b,'\n\n',c)
```

```
[[ 1  2  3  4]
 [ 6  7  8  9]
 [10 11 12 13]]

 1

 [1 2 3 4]

 [ 1  6 10]
```

7.2 넘파이 배열에 대한 연산

넘파이 배열의 각 요소에 대한 연산

넘파이의 장점 중 하나는 1차원 배열의 각 요소들에 대한 다양한 연산을 일괄적으로 실행할 수 있다는 점이다.[5] 이와 같은 연산 결과는 원래 배열과 같은 크기의 1차원 배열을 반환하여 준다. 예를 들어 보자.

코딩 사례 7.3 : 1차원 배열의 요소별 연산

예를 들어 [1,2,3,4,5,6,7,8,9,10]이라는 1차원 배열이 있다고 하여 보자. 이 1차원 배열의 각 요소의 제곱수를 계산하려면 어떻게 해야 할까 ? 물론 리스트의 각 요소를 슬라이싱하여 각 요소의 제곱수를 계산하는 for 루프를 활용하면 이러한 계산이 가능할 것이다. 그러나 넘파이 배열을 이용하면 이러한 계산을 훨씬 간단하게 실행하 수 있다. 다음 코드를 살펴보자.

코드

```
1    import numpy as np
2    x=np.array([1,2,3,4,5,6,7,8,9,10])
3    y=x**2
4    print(x,'\n')
5    print(y)
```

코드 설명

- 라인 1: 넘파이를 임포트한다.
- 라인 2: 리스트 [1,2,3,4,5,6,7,8,9,10]로부터 1차원 배열을 생성하고 변수 x가 가리키도록 한다.
- 라인 3: 배열 x의 모든 요소들의 제곱으로 구성된 배열을 생성하고 변수 y가 가리키도록 한다.

코드의 실행결과

```
[ 1  2  3  4  5  6  7  8  9 10]

[  1   4   9  16  25  36  49  64  81 100]
```

만약 x가 리스트라면 x의 모든 요소들에 대한 제곱값을 계산하기 위해서는 리스트 슬라이싱과 for 루프를 이용하는 번거로운 작업을 실행해야 하지만 넘파이 배열을 이용하면 이러한 작업을 매우 쉽게 수행할 수 있는 것이다.

5) 리스트나 튜플의 경우 수로 이루어진 경우에도 하나의 요소가 슬라이싱된 경우에만 사칙연산 등이 가능하다는 점을 기억하면 배열의 편리성을 쉽게 이해할 수 있을 것이다.

다음 사례는 배열의 각 요소에 대한 연산을 이용하여 다양한 함수들의 그래프를 손쉽게 작성할 수 있음을 보여 주고 있다.

코딩 사례 7.4 : 함수 그래프 생성

코드

```
1   import numpy as np
2   import matplotlib.pyplot as plt
3   %matplotlib tk
4   x=np.linspace(-1,1,100)
5   y_1=x
6   y_2=x**2
7   y_3=x**3
8   plt.plot(x,y_1,label='linear')
9   plt.plot(x,y_2,label='quadratic')
10  plt.plot(x,y_3,label='cube')
11  plt.legend()
12  plt.grid()
```

코드 설명

- 라인 1: 넘파이를 임포트한다.
- 라인 2: matplotlib.pyplot를 임포트한다.
- 라인 3: 별도의 창에 그래프가 생성되도록 한다.
- 라인 4: -1과 1사이의 수 100개로 구성되는 1차원 배열을 생성하고 변수 x가 가리키도록 한다.
- 라인 5: 배열 x의 요소들에 대한 1차 함수값을 계산하고 변수 y_1가 가리키도록 한다.
- 라인 6: 배열 x의 요소들에 대한 2차 함수값을 계산하고 변수 y_2가 가리키도록 한다.
- 라인 7: 배열 x의 요소들에 대한 3차 함수값을 계산하고 변수 y_3가 가리키도록 한다.
- 라인 8: 배열 x의 요소들을 x축, 배열 y_1의 요소들을 y축으로 가지는 선그래프를 그린다. 선그래프의 범례를 'linear'로 표시한다.
- 라인 9: 배열 x의 요소들을 x축, 배열 y_2의 요소들을 y축으로 가지는 선그래프를 그린다. 선그래프의 범례를 'quadratic'으로 표시한다.
- 라인 10: 배열 x의 요소들을 x축, 배열 y_3의 요소들을 y축으로 가지는 선그래프를 그린다. 선그래프의 범

례를 'cube'로 표시한다.

- 라인 11: 선그래프들의 범례가 그래프에 출력되도록 한다.
- 라인 12: 그래프에 x축, y축의 그리드가 표시되도록 한다.

코드의 실행결과

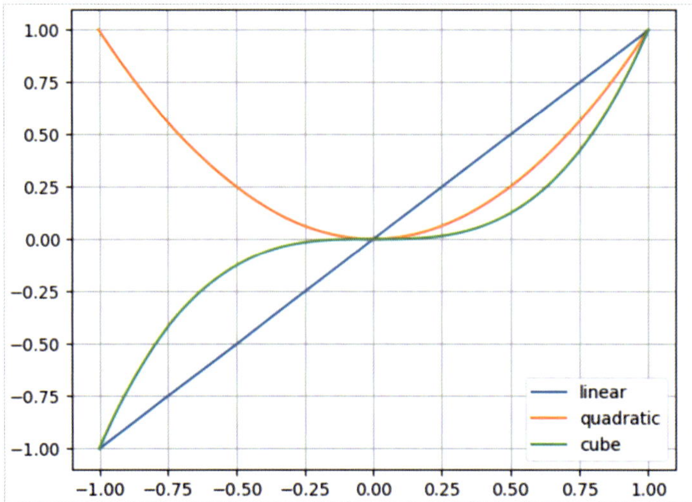

넘파이 배열을 이용하면 이와 같이 배열의 각 요소에 대하여 거듭 제곱수뿐만 아니라 제곱근, 로그 값 등을 일괄적으로 계산할 수 있다. 이러한 계산에 이용할 수 있는 대표적인 함수 들은 다음과 같다.

<파이썬 코드>

np.sqrt( )	각 요소의 제곱근 값
np.exp( )	각 요소의 e^x
np.log( )	각 요소의 $\log_e x$
np.abs( )	각 요소의 절대값
np.cumprod( )	요소들의 누적곱
np.cumsum( )	요소들의 누적합
np.reciprocal( )	각 요소의 역수
np.flip( )	요소들의 순서를 뒤바꿈

코딩 사례 7.5 : 1차원 배열의 각 요소에 대한 연산

코드

```
1 import numpy as np
2 a=np.array([1,4,9])
3 b=np.sqrt(a)
4 c=np.cumsum(a)
5 d=np.exp(a)
6 print(b)
7 print(c)
8 print(d)
```

코드 설명

- 라인 2: 배열 ([1,4,9])를 생성하여 변수 a가 가리키도록 한다.
- 라인 3: 배열 a의 각 요소에 대한 제곱근이 계산된 배열을 생성하고 변수 b가 가리키도록 한다.
- 라인 4: 배열 a의 요소들에 대한 누적합이 계산된 배열을 생성하고 변수 c가 가리키도록 한다.
- 라인 5: 배열 a의 각 요소에 대한 지수함수 값이 계산된 배열을 생성하고 변수 d가 가리키도록 한다.

코드의 실행결과

```
In [78]: import numpy as np
         a=np.array([1,4,9])
         b=np.sqrt(a)
         c=np.cumsum(a)
         d=np.exp(a)
         print(b)
         print(c)
         print(d)

[1. 2. 3.]
[ 1  5 14]
[2.71828183e+00 5.45981500e+01 8.10308393e+03]
```

이와 같은 배열의 각 요소에 대한 거듭 제곱수, 제곱근, 지수함수(exponential function)값 등의 연산은 다음 사례에서도 알 수 있듯이 2차원 배열에 대해서도 당연히 가능하다.

코딩 사례 7.6 : 2차원 배열의 요소별 연산

코드

```
1    import numpy as np
2    a=np.random.randn(9).reshape(3,3)
3    b=np.exp(a)
4    print(a,'\n')
5    print(b)
```

코드 설명

- 라인 1: 넘파이를 임포트한다.
- 라인 2: 표준정규분포로부터 추출한 난수 9개로 (3,3)크기의 2차원 배열을 생성하고 변수 a가 가리키도록 한다.
- 라인 3: 배열 a의 각 요소에 대한 지수함수값을 계산하고 그 결과 생성되는 (3,3)크기의 2차원 배열을 변수 b가 가리키도록 한다.

코드 실행결과

```
[[-0.47395159  0.02566658 -1.72066226]
 [ 0.42776681 -0.73284699 -0.34164677]
 [ 1.49653239 -1.06548214  0.45856975]]

[[0.62253739 1.0259988  0.1789476 ]
 [1.53382836 0.48053895 0.71059917]
 [4.46617525 0.34456169 1.58180998]]
```

넘파이 배열 요소들의 기술통계량 연산

넘파이에서는 배열의 원소들에 대한 다양한 기술통계량(descriptive statistics)들의 계산을 위한 함수들이 정의되어 있다. 대표적인 넘파이 연산함수는 아래의 표에 정리되어 있는데 이 함수들을 배열에 적용하면 기술통계량을 나타내는 하나의 수가 반환된다.

파이썬과 함께 하는 경영학

표본분산과 표본표준편차

분산과 표준편차는 수치자료가 평균을 중심으로 흩어진 정도를 나타내는 기술통계량으로 다음과 같이 계산한다.

$$\frac{1}{n-1}\sum_{i=1}^{n}(x_i-\overline{X})^2$$

$$\sqrt{\frac{1}{n-1}\sum_{i=1}^{n}(x_i-\overline{X})^2}$$

$\overline{X}$= 표본평균 $X_i = i$번째 자료값 $n=$ 자료의 갯수

<파이썬 코드>

np.sum( )	모든 요소들의 합
np.prod( )	모든 요소들의 곱
np.mean( )	요소들의 산술평균
np.var( )	요소들의 표본분산
np.std( )	요소들의 표본표준편차
np.max( )	요소들 중 최대값
np.min( )	요소들 중 최솟값

⚠ (m, n)크기의 2차원 배열의 경우 열 요소들의 기술통계량을 계산할 때는 axis=0 옵션, 행 요소들의 기술통계량을 계산할 때는 axis=1 옵션을 이용한다.

코딩 사례 7.7 : 1차원 배열 요소들의 기술통계량

코드

```
1   import numpy as np
2   a=np.array([1.0, 2.0, 3.0, 4.0, 5.0])
3   a_sum=np.sum(a)
4   a_prod=np.prod(a)
5   a_mean=np.mean(a)
6   a_std=np.std(a)
7   a_max=np.max(a)
8   print(a_sum)
9   print(a_prod)
10  print(a_mean)
11  print(format(a_std,'.4f'))
12  print(a_max)
```

코드 설명

- 라인 1: 리스트 [1.0, 2.0, 3.0, 4.0, 5.0]로부터 크기 (5,)인 1차원 배열을 생성하고 변수 a가 가리키도록 한다.
- 라인 2: 배열 a의 모든 요소들의 합을 계산하고 그 결과를 변수 a_sum이 가리키도록 한다.
- 라인 3: 배열 a의 모든 요소들의 곱을 계산하고 그 결과를 변수 a_prod이 가리키도록 한다.
- 라인 4: 배열 a의 요소들의 평균을 계산하고 그 결과를 변수 a_mean이 가리키도록 한다.
- 라인 5: 배열 a의 요소들의 표준편차를 계산하고 그 결과를 변수 a_std가 가리키도록 한다.
- 라인 6: 배열 a의 요소들중 최대값을 계산하고 그 결과를 변수 a_max이 가리키도록 한다.

코드의 실행결과

```
15.0
120.0
3.0
1.4142
5.0
```

코딩 사례 7.8 : 2차원 배열 요소들의 기술통계량

```
1    import numpy as np
2    a=np.array([[1,2,3,4,5],[4,5,6,7,8]])
3    b=np.mean(a, axis=0)
4    c=np.mean(a, axis=1)
5    print('배열 a')
6    print(a,'\n')
7    print('배열a의 각 열의 평균')
8    print(b,'\n')
9    print('배열a의 각 행의 평균')
10   print(c)
```

코드 설명

- 라인 2: 2차원 리스트 [[1,2,3,4,5],[4,5,6,7,8]])로부터 (2,5)크기의 2차원 배열을 생성하고 변수 a가 가리키도록 한다.
- 라인 3: 2차원 배열 a의 각 열의 평균이 계산된 1차원배열을 변수 b가 가리키도록 한다.
- 라인 4: 2차원 배열 a의 각 행의 평균이 계산된 1차원배열을 변수 c가 가리키도록 한다.

코드 실행결과

```
배열 a
[[1 2 3 4 5]
 [4 5 6 7 8]]

배열a의 각 열의 평균
[2.5 3.5 4.5 5.5 6.5]

배열a의 각 행의 평균
[3. 6.]
```

넘파이 배열간 연산

크기가 동일한 1차원 배열 간에는 대응하는 요소들간에 다음과 같은 다양한 연산을 할 수 있으며 연산 결과는 동일한 크기의 1차원 배열로 반환된다.

<파이썬 코드>

연산부호	연산
+	배열들의 대응 요소간의 합
−	배열들의 대응 요소간의 차
*	배열들의 대응 요소간의 곱
/	배열들의 대응 요소간의 나눗셈
**	배열들의 대응 요소간의 거듭제곱 계산
//	배열들의 대응 요소간의 몫을 계산
%	배열들의 대응 요소간의 나머지를 계산

코딩 사례 7.9 : 1차원 배열간의 연산

코드

```
import numpy as np
a=np.array([1,2,3])
b=np.array([4,5,6])
c=a+b
d=a-b
e=a*b
f=a/b
g=b**a
print(a,'\n')
print(b,'\n')
print(c,'\n')
print(d,'\n')
print(e,'\n')
print(f,'\n')
print(g,'\n')
```

코드 설명

- 라인 2: 리스트 [1,2,3]로부터 크기 (3,)인 1차원 배열을 생성하고 변수 a가 가리키도록 한다.
- 라인 3: 리스트 [4,5,6]로부터 크기 (3,)인 1차원 배열을 생성하고 변수 b가 가리키도록 한다.
- 라인 4: 배열 a의 각 요소와 배열 b의 각 요소의 합을 계산하여 생성되는 크기 (3,)인 1차원 배열을 변수 c가 가리키도록 한다.
- 라인 5: 배열 a의 각 요소와 배열 b의 각 요소의 차를 계산하여 생성되는 크기 (3,)인 1차원 배열을 변수 d가 가리키도록 한다.
- 라인 6: 배열 a의 각 요소와 배열 b의 각 요소의 곱을 계산하여 생성되는 크기 (3,)인 1차원 배열을 변수 e가 가리키도록 한다.
- 라인 7: 배열 a의 각 요소를 배열 b의 각 요소로 나누어 생성되는 크기 (3,)인 1차원 배열을 변수 f가 가리키도록 한다.
- 라인 8: 배열 b의 각 요소를 배열 a의 각 요소로 거듭제곱하여 생성되는 크기 (3,)인 1차원 배열을 변수 g가 가리키도록 한다.

코드의 실행결과

```
[1 2 3]
[4 5 6]
[5 7 9]
[-3 -3 -3]
[ 4 10 18]
[0.25 0.4  0.5 ]
[  4  25 216]
```

코딩 사례 7.10 : 포트폴리오 수익률 계산하기

파이썬과 함께 하는 경영학

포트폴리오

포트폴리오란 투자액을 복수의 투자자산(예를 들어 주식)에 배분하여 구성한 자산을 의미한다.
(예)

- 국고채와 삼성전자 주식에 각각 50%씩 투자한 포트폴리오
- 삼성전자 주식과 SK 텔레콤 주식에 각각 60%, 40%씩 투자한 포트폴리오

이와 같은 포트폴리오에서 얻게 되는 수익률은 포트폴리오를 구성하는 개별 주식들의 수익률의 가중평균이 된다. 예를 들어 복수의 주식들로 구성된 포트폴리오의 수익률은 아래와 같이 각 주식의 수익률과 각 주식에의 투자가중치를 곱하여 더한 값이 된다.

포트폴리오 수익률

$$R_p = \sum_{i=1}^{n} x_i R_i$$

R_p = 포트폴리오 수익률
x_i = 주식 i에의 투자가중치
R_i = 주식 i의 수익률
$\sum_{i=1}^{n} x_i = 1$

(식 7 1)

```
import numpy as np
m=np.array([0.06 , 0.08])                # 수익률 벡터
weight=np.array([0.5,0.5])               # 투자가중치 벡터
ER=np.sum(m*weight)
print(format(ER,'.4f'))
```

```
0.0700
```

코딩 사례 7.11 : 포트폴리오 수익률 계산하기

두 개의 주식만으로도 포트폴리오는 무수히 많이 구성할 수 있겠지만 여기서는 20개 포트폴리오의 수익률만을 계산해 보자.

코드

```
1   import numpy as np
2   m=np.array([0.06 , 0.08])                       # 두 주식의 수익률 배열
3   L=20                                            # 포트폴리오 개수
4   weight=np.linspace(0,1,L)                       #주식1의 투자가중치 배열
5   print(“주식1 가중치”, “\t”, “주식2 가중치”, “\t”, “포트폴리오수익률”)
6   for i in range(0,L):
7     weights=np.array([weight[i], 1−weight[i]])   # 두 주식의 투자가중치 베열
8     ER=np.sum(weights*m)
9     print(format(weight[i],'.4f'),"\t",format(1−weight[i],'.4f'),
              “\t”,format(ER,'.4f'))
```

코드 설명

- 라인 1: 넘파이를 임포트한다.
- 라인 2: 1차원 배열 ([0.06 0.08])을 생성하고 변수 m이 가리키도록 한다.
- 라인 3: 포트폴리오의 개수를 나타내는 변수 L을 20으로 설정한다.
- 라인 4: 0과 1사이의 20개의 수로 구성되는 1차원 배열을 생성하고 변수 weight가 가리키도록 한다.
- 라인 6: 0부터 (L-1)까지의 정수를 순서대로 타겟변수 i에 할당하고 라인 7~라인 9의 for 루프 실행문들이 반복/실행되도록 한다.
- 라인 7: 배열 weight의 인덱스 i 요소(첫 번째 주식의 투자가중치를 의미)와 1과 배열 weight의 인덱스 i 요소의 차이(두 번째 주식의 투자가중치를 의미)로 구성되는 1차원 배열을 생성하고 변수 weights가 가리키도록 한다.
- 라인 8: (식 7-1)을 적용하여 포트폴리오의 수익률을 계산하고 변수 ER이 가리키도록 한다.
- 라인 9: 변수 weight[i]), 1-weight[i], ER을 차례롤 한 줄에 출력한다. 라인 6으로 돌아가서 타겟변수에 i에 다음 수가 할당되도록 한다.

코드의 실행결과

```
주식1 가중치        주식2 가중치        포트포리오수익률
0.0000          1.0000              0.0800
0.1111          0.8889              0.0778
0.2222          0.7778              0.0756
0.3333          0.6667              0.0733
0.4444          0.5556              0.0711
0.5556          0.4444              0.0689
0.6667          0.3333              0.0667
0.7778          0.2222              0.0644
0.8889          0.1111              0.0622
1.0000          0.0000              0.0600
```

넘파이 브로드캐스팅(Broadcasting)

우리는 앞에서 원소의 수가 동일한 배열 간에는 다양한 연산이 가능하다는 것을 알게 되었다. 그런데 하나의 수와 1차원 배열 간에 사칙연산이 가능할까? 예를 들어 다음과 같은 변수 a와 1차원 배열 b간에 사칙연산 등의 연산이 가능할까?

```
In [9]:  a=2
         a
Out[9]:  2

In [10]: b=np.array([1,2,3])
         b
Out[10]: array([1, 2, 3])
```

넘파이 브로드캐스팅은 이와 같이 차원이 서로 다른 배열들 간에도 연산이 가능한 넘파이만의 독특한 연산법이다.

다음 사례에서는 하나의 수와 1차원 배열간 브로드캐스팅이 어떻게 작동하는지 간단한 예를 들어 살펴보기로 한다.

코딩 사례 7.12: 수와 배열의 브로드캐스팅

```
1    import numpy as np
2    a=3
3    b=2
4    c=np.arange(10,13,1)
5    d=a+c
6    e=b*c
7    f=a+e
8    print(c,'\n')
9    print(d,'\n')
10   print(e,'\n')
11   print(f)
```

코드 설명

- 라인 2: 정수 3을 변수 a가 가리키도록 한다.
- 라인 3: 정수 2를 변수 b가 가리키도록 한다.
- 라인 4: 정수 10에서 12까지 연속된 정수로 구성된 크기 (3,)인 1차원 배열을 생성하고 변수 c가 가리키도록 한다.
- 라인 5: 정수 a를 배열 c의 각 요소에 더한 크기 (3,)인 1차원 배열을 변수 d가 가리키도록 한다.
- 라인 6: 정수 b를 배열 c의 각 요소에 곱한 크기 (3,)인 1차원 배열을 변수 e가 가리키도록 한다.
- 라인 7: 정수 a를 배열 e의 각 요소에 더한 크기 (3,)인 1차원 배열을 변수 f가 가리키도록 한다.

코드의 실행결과

```
[10 11 12]

[13 14 15]

[20 22 24]

[23 25 27]
```

하나의 수 변수와 배열간 브로드캐스팅은 다양한 문제들을 해결하는데 큰 도움을 줄 수 있는데 다음 사례에서는 콜옵션의 투자수익을 계산하는 문제에 활용하여 보자..

코딩 사례 7.13: 콜옵션의 투자수익 계산

4장의 〈코딩 사례 4.4〉에서 소개한 바 있는 콜옵션의 만기일 시점에서의 투자수익은 다음과 같이 간단하게 정리할 수 있다.

파이썬과 함께 하는 경영학

만기일시점에서 콜옵션 투자수익

$$\text{콜옵션 투자수익} = \max(S_T - X, 0)$$

S_T = 만기일의 기초자산 가격
X = 옵션의 행사가격
T = 옵션 만기일

(식 7-2)

코드

```
1    import numpy as np
2    strike=10000
3    stock_price=np.arange(8000,15000,1000)
4    null=np.zeros(len(stock_price))
5    cash=np.maximum(stock_price-strike, null)     # max (S_T - X, 0)을 계산
6    print(cash)
```

코드 설명

- 라인 1: 넘파이를 임포트한다.
- 라인 2: 변수 strike가 10000를 가리키도록 한다.
- 라인 3: 8000이상 15000 미만의 구간에서 1000 간격의 정수들로 구성되는 1차원 배열을 생성하고 변수 stock_price가 가리키도록 한다. 배열 stock_price의 요소들은 콜옵션 만기일의 다양한 주가들을 의미한다.
- 라인 4: 배열 stock_price의 요소 개수만큼의 0으로 구성된 1차원 배열을 생성하고 변수 null이 가리키도록 한다.
- 라인 5: 배열 stock_price의 요소에서 변수 strike를 차감한 배열의 요소와 배열 null의 요소 중 큰

값으로 구성되는 배열을 생성하고 변수 cash가 가리키도록 한다. 여기서 np.maximum 함수는 두 배열의 요소 중 큰 값을 계산해 주는 함수이다.

> **np.maximum(배열 x, 배열 y)**
> 배열 x의 요소와 배열 y의 대응 요소 중 큰 값으로 배열 생성

- 라인 6: 배열 cash를 출력한다.

코드의 실행결과

```
array([   0.,    0.,    0., 1000., 2000., 3000., 4000.])
```

코딩 사례 7.14: 효용함수 그래프 그려 보기

여기서는 넘파이 브로드캐스팅을 이용하여 다음과 같은 멱함수형태의 효용함수가 감마값에 따라서 어떤 양상을 보이는 지 알아 보기로 한다.

$$u(z) = \frac{1}{\gamma} z^{\gamma} \quad ,0 < \gamma < 1$$

z= 부(wealth) 또는 소비(consumption)

코드

```
import numpy as np
import matplotlib.pyplot as plt
z=np.linspace(0, 5, 100)
gammas=[0.4, 0.6]
for gamma in gammas:
    y=(1/gamma)*(z**gamma)
    plt.plot(z,y,label='utility function for gamma '+str(gamma))
plt.xlabel('Wealth')
plt.ylabel('Utility')
```

```
10    plt.title("Power utility function")
11    plt.legend()
```

코드 설명

- 라인 1: 넘파이를 임포트한다.
- 라인 3: 0과 5사이의 100개의 수로 구성되는 1차원 배열을 생성하고 변수 z가 가리키도록 한다.
- 라인 4: 리스트 [0.4, 0.6]을 생성하고 변수 gamms가 가리키도록 한다.
- 라인 5: 리스트 gammas의 값을 타겟변수 gamma에 순서대로 할당하여 for 루프 실행문 라인 6과 라인 7을 실행하도록 한다.
- 라인 6: 1차원 배열 z와 변수 gamma간의 브로드캐스팅을 이용하여 효용함수의 함수값들을 계산하고 그 결과를 변수 y가 가리키도록 한다.
- 라인 7: 1차원 배열 z를 x축, 1차원 배열 y를 축으로 하는 선그래프를 그린다. 라인 5로 되돌아가 타겟변수 gamma에 0.6이 할당되면 라인6~7의 실행문들을 다시 실행한다.

코드의 실행결과

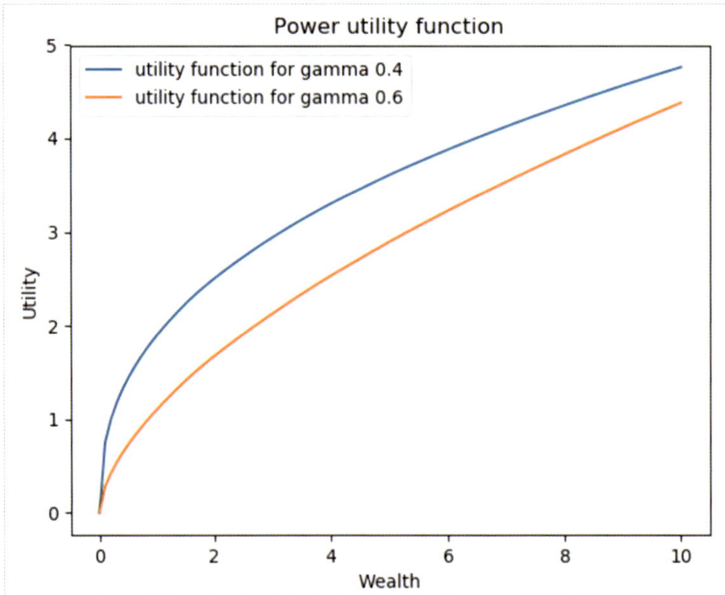

코드 실행결과 생성된 그래프를 보면 감마값의 크기가 효용함수의 형태에 큰 영향을 준다는 점을 알 수 있게 된다.[6]

6) 이와 같은 효용함수에서 γ는 소위 위험회피(risk aversion)의 크기를 좌우하는 모수로서 γ가 작을수록 투자자의 위험회피의 정도가 크다는 것을 의미한다.

7.3 넘파이를 이용한 난수생성

난수(random number)란 임의의 구간 내의 수들로부터 "무작위로" 추출된 수를 말한다.[7] 그런데 난수를 추출할 때 어떤 확률분포를 따르는 확률변수에 대해서 난수를 추출하는 경우가 종종 있다. 예를 들어 어떤 변수가 표준정규분포를 따른다고 가정할 경우 표준정규난수는 표준정규분포로부터 무작위로 추출된 수를 말한다. 그런데 확률변수와 확률분포란 무엇일까?

파이썬과 함께 하는 경영학

연속확률변수와 확률밀도함수

연속확률변수(continuous random variable): 일정한 구간내의 값이 발생할 확률이 정해져 있는 변수를 말한다.

(예)연속확률변수의 예:

- 삼성전자 주식에 투자할 경우 수익률(%)
- 소타나의 연비(Km/L)
- 빔 프로젝터의 수명(시간)

연속확률변수의 확률밀도함수(probability density function, pdf): 연속확률변수가 임의의 구간 내의 값을 가질 확률을 정의(계산)하는데 이용되는 함수이다.

확률분포(probability distribution): 확률변수가 가질 수 있는 값과 그 값에 대응하는 확률들을 표, 그래프, 함수등의 형태로 표시한 것으로 연속확률변수의 경우 확률밀도함수로 확률분포를 표시할 수 있다.

연속확률변수의 확률분포 중 우선 균일분포에 대해서 알아 보자. 균일분포를 따르는 확률변수의 경우 확률변수가 가질 수 있는 모든 값에 대하여 확률이 모두 동일하다는 특징을 가지는데 이러한 균일분포는 다음과 같은 확률밀도함수를 가지게 된다.

균일분포의 확률밀도함수

$$f(x) = \begin{cases} 1/(b-a) & ,a \le x \le b \\ 0 & ,elsewhere \end{cases}$$

7) 진정한 의미의 난수를 추출하는 방법은 최근까지 불가능한 것으로 알려져 있었으나 2018년 미국 국립표준기술원이 양자역학적 원리를 기반으로 완벽하게 무작위인 '진짜 난수'를 생성하는 데 성공한 연구결과를 '네이처'(Nature)에 발표했다. 넘파이에서 추출하는 난수는 소위 의사난수(pseudo-random number)로서 미리 정해진 규칙에 따라 프로그램화되어 생성되는 난수이다.

연속확률변수의 확률분포 중 가장 많이 활용되는 확률분포은 아마도 정규분포일 것이다. 정규분포의 확률분포는 확률밀도함수가 평균을 중심으로 좌우대칭 형태를 가지는 것이 특징이라 할 수 있는데 정규분포의 확률밀도함수는 다음과 같은 함수형태를 가진다. 그런데 정규분포 중에서 평균이 0이고 표준편차가 1인 경우 표준정규분포라고 한다.

정규분포의 확률밀도함수

$$f(x) = \frac{1}{\sqrt{2\pi}\sigma} e^{-\frac{1}{2}(\frac{x-\mu}{\sigma})^2} \qquad -\infty < x < \infty$$

평균 μ 표준편차 σ

넘파이에서는 다음과 같은 함수들을 이용하여 균일분포와 정규분포(표준정규분포)로부터 난수들을 생성할 수 있다.[8]

<파이썬 코드>

넘파이 난수생성 함수

np.random.uniform(a, b, N)

\# [a, b]구간사이의 균일분포로부터의 N개의 난수들로 구성된 1차원 배열생성
\# N을 (M,N)으로 대체하면 (M,N)크기의 2차원 배열 생성
\# N을 생략하면 난수 스칼라를 생성

np.random.normal(μ,σ,**N**)

\# 평균이 μ, 표준편차 σ인 정규분포로부터 N개의 난수들로 구성된 1차원 배열 생성
\# N을 (M,N)으로 대체하면 (M,N)크기의 2차원 배열 생성
\# N을 생략하면 난수 스칼라를 생성

np.random.randn(N)

\# 표준정규분포로부터 N개의 난수들로 구성된 1차원 배열 생성
\# N을 M,N으로 대체하면 (M,N)크기의 2차원 배열 생성
\# N을 생략하면 난수 스칼라를 생성

8) 균일분포와 정규분포 이외의 연속확률변수에 대해서는 9장을 참고하기 바란다.

이와 같은 넘파이의 난수 생성 기능을 활용하면 경영학 관련 주제의 학습에 많은 도움을 받을 수 있는데 다음 사례에서 살펴보기로 한다.

코딩 사례 7.15: 표본평균의 분포와 중심극한정리 I

파이썬과 함께 하는 경영학

중심극한정리 1:

" 표본크기가 충분히 큰 경우 임의의 분포로부터 추출된 표본들의 표본 평균은 정규분포와 유사한 분포를 한다."

중심극한정리의 핵심은 원래의 분포와 관계없이 어떤 분포에서 추출된 난수들의 평균값들은 정규분포에 가까운 분포를 한다는 것이다.

중심극한 정리가 성립하는지를 알아보기 위하여 우선 넘파이의 난수생성함수를 이용하여 구간 [0 , 1]사이의 균일분포로부터 표본 백만 개를 추출하여 히스토그램을 생성하여 보자.

코드

```
1    import numpy as np
2    import matplotlib.pyplot as plt
3    size=1000000
4    samples=np.random.uniform(0,1,size)
5    plt.hist(samples,bins=1000, \
6             label="distribution of samples of uniform distribution")
7    plt.legend()
```

코드 설명

- 라인 3: 난수의 개수(표본크기라고 부른다)를 나타내는 변수 size를 1000000으로 설정한다.
- 라인 4: [0,1]사이의 균일분포로부터 추출된 백만개 난수로 구성되는 1차원 배열을 생성하고 변수 samples가 가리키도록 한다.

- 라인 5~6: 1차원 배열 samples의 요소들을 이용하여 계급구간이 1000개인 히스토그램을 그린다.

코드의 실행결과

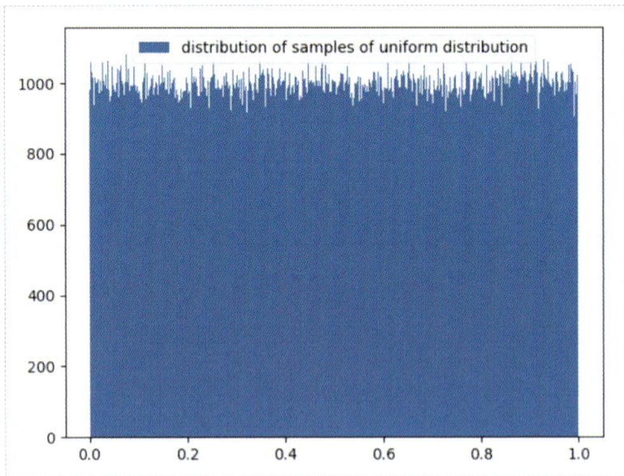

우리의 예상대로 구간 [0 , 1]사이의 균일분포로부터 추출된 난수들은 구간 [0 , 1]사이에서 균일분포를 가짐을 알 수 있다.

이제 구간 [0 , 1]사이의 균일분포로부터 표본크기가 30인 표본들을 백만세트 추출하여 평균을 계산하고 백만개의 평균값들의 히스토그램을 그리기 위하여 다음과 같이 코딩하여 보자.

코드

```
1    import numpy as np
2    import matplotlib.pyplot as plt
3    size=30
4    N=1000000
5    samples=np.random.uniform(0,1, (size,N))
6    mean_uni=np.mean(samples, axis=0)          # 표본평균 백만개 계산
7    plt.hist(mean_uni,bins=1000,color='r',\
8             label="distribution of sample mean of size"+str(size))
9    plt.legend()
```

코드 설명

- 라인 3: 난수의 개수(표본크기)를 나타내는 변수 size를 30으로 설정한다.
- 라인 4: 표본의 세트 수를 나타내는 변수 N을 1000000으로 설정한다.
- 라인 5:구간 [0 , 1]사이의 균일분포로부터 표본크기가 size인 표본들을 N 세트 추출하여 생성한

(30, 1000000)크기의 2차원 배열을 변수 samples가 가리키도록 한다.
- 라인 6: 2차원 배열 samples의 각 열의 30 개 난수들의 평균이 계산된 1차원 배열을 생성하고 변수 mean_uni가 가리키도록 한다.
- 라인 7~8: 1차원 배열 mean_uni의 요소들을 이용하여 계급구간이 1000개인 히스토그램을 그린다.

코드의 실행결과

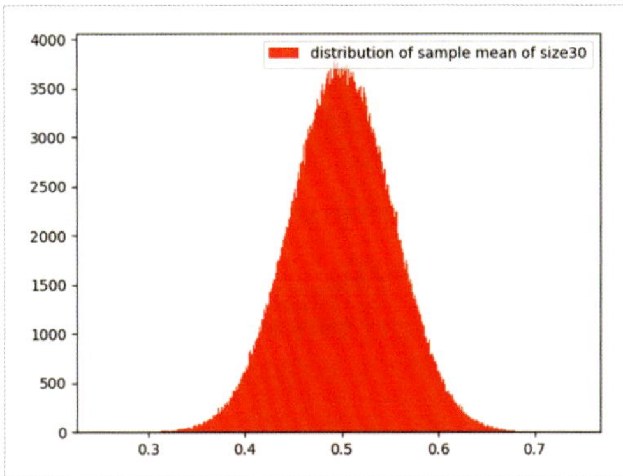

위의 히스토그램은 구간 [0 , 1]사이의 균일분포에서 추출한 난수들의 평균값들은 균일분포가 아닌 정규분포와 매우 유사하게 분포한다는 사실을 잘 보여 주고 있다.

그런데 앞에서 소개한 중심극한정리와 밀접한 관련이 있는 또 하나의 정리로서 다음과 같은 내용이 있다.

파이썬과 함께 하는 경영학

"평균과 표준편차가 각각 μ,σ인 임의의 분포로부터 추출된 난수들의 표본평균의 평균과 표준편차는 각각 $\mu, \frac{\sigma}{\sqrt{n}}$이다."

이 정리에 따르면 임의의 분포로부터 추출된 난수들의 표본평균값들의 평균은 원래 분포의 평균과 같지만 표준편차는 표본크기에 비례하여 작아진다는 것을 의미한다. 이러한 정리를 확인해 보기 위하여 [0 , 1]사이의 균일분포로부터 표본크기가 각각 36과 100인 난수들을 추출하여 평균값들을 계산하고, 평균값들의 히스토그램을 작성하기 위하여 다음 사례에서와 같이 코딩하여 보자.

코딩 사례 7.16: 표본평균의 분포와 중심극한정리 II

코드

```
1   import numpy as np
2   import matplotlib.pyplot as plt
3   sizes=[36,100]
4   N=1000000
5   for size in sizes:
6       mean_uni=np.mean(np.random.uniform(0,1,(size,N)),axis=0)
7       plt.hist(mean_uni, bins=1000,\
8               label="distribution of sample mean of size"+str(size))
9   plt.legend()
```

코드 설명

- 라인 3: 리스트 [36, 100]을 생성하고 변수 size가 가리키도록 한다.
- 라인 4: 표본의 세트 수를 나타내는 변수 M을 1000000으로 설정한다.
- 라인 5: 리스트 sizes의 값 36, 100을 순서대로 타겟변수 size에 할당하고 for 루프 실행문인 라인 6~8을 반복/실행하도록 한다.
- 라인 6:구간 [0 , 1]사이의 균일분포로부터 표본크기가 size인 표본들을 N 세트 추출하여 2차원 배열을 생성하고 이 배열의 각 열의 평균이 계산된 변수 mean_uni가 가리키도록 한다.
- 라인 7~8: 1차원 배열 mean_uni의 요소들을 이용하여 계급구간 1000개인 히스토그램을 그린다. 라인 5로 돌아가서 타겟변수 size에 100이 할당되면 라인 6~8의 실행문들을 다시 실행하고 for 루프를 종료한다.

코드의 실행결과

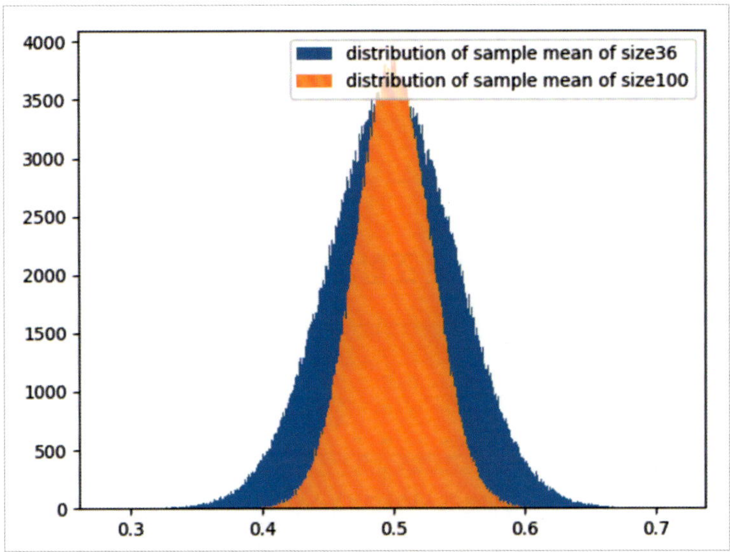

위의 히스토그램에서 우리는 표본크기가 증가함에 따라 표본평균값들의 표준편차가 점점 작아진다는 사실을 확인할 수 있다. 표본평균값들의 분포가 정규분포와 유사한 분포를 가진다는 것은 앞에서 확인한 중심극한정리에 따른 결과라는 것도 확인할 수 있다.

7.4 넘파이와 투자공학 (Investment Engineering)

투자공학 분야는 경영학 관련 주제 가운데서도 학습이 까다로운 분야로 알려져 있다. 왜냐하면 투자공학 분야를 학습하는 과정에서는 복잡한 수학 연산을 수행해야만 하는 경우가 많기 때문이다. 이와 같은 특성을 가지는 투자공학 분야의 학습에 넘파이가 어떻게 도움을 줄 수 있는지 몇 가지 사례를 중심으로 살펴보기로 한다.

넘파이를 이용한 포트폴리오 조합선(combination line) 생성

파이썬과 함께 하는 경영학

개별주식의 기대수익률과 분산

기대수익률(Expected return); 주식 투자로부터 기대(예상)할 수 있는 수익률

분산(표준편차); 주식투자로부터 발생하는 수익률의 분산(표준편차)으로서 투자 위험(Risk)의 크기

기대수익률이 각각 6%, 8%이고 분산은 각각 0.1, 0.2(표준편차는 0.3162, 0.4472)인 두 주식이 있다고 가정하여 보자. 이러한 두 주식의 표준편차와 기대수익률을 각각 가로축과 세로축의 좌표평면에 표시하면 아래 그림과 같다.

〈두 주식의 기대수익률과 표준편차〉

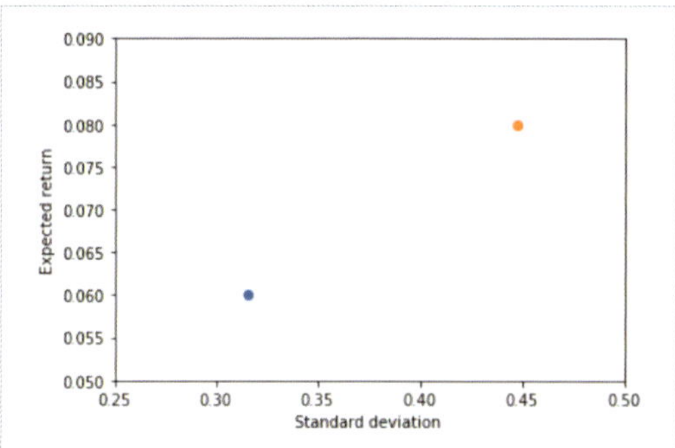

포트폴리오가 투자액을 복수의 투자자산에 배분하여 구성한 자산이라는 점에 대해서는 〈코딩사례 7.11〉에서 소개한 바 있다. 그런데 여러 개의 주식들로 구성된 포트폴리오의 기대수익률과 분산(표준편

차)은 어떻게 계산될까?

파이썬과 함께 하는 경영학

포트폴리오의 기대수익률과 분산

$$\mathrm{E}(R_p) = \sum_{i=1}^{n} x_i E(R_i)$$

$E(R_p)$ = 포트폴리오 기대수익률
x_i = 주식 i에의 투자가중치
$E(R_i)$ = 주식 i의 기대수익률
n = 포트폴리오 구성 주식의 수

(식 7-3)

$$VaR(R_p) = \sum_{i=1}^{n}\sum_{j=1}^{n} x_i x_j \sigma_{ij} = [x_1 \;\cdots\; x_n] \begin{bmatrix} \sigma_{11} & \cdots & \sigma_{1n} \\ \vdots & \ddots & \vdots \\ \sigma_{n1} & \cdots & \sigma_{nn} \end{bmatrix} \begin{bmatrix} x_1 \\ \vdots \\ x_n \end{bmatrix}$$

$Var(R_p)$;포트폴리오 분산
σ_{ii} = 주식 i의 (수익률)분산
σ_{ij} = 주식 i(수익률)와 주식 j(수익률)간 공분산

(식 7-4)

코딩 사례 7.17: 포트폴리오 기대수익률과 표준편차의 계산

기대수익률이 각각 6%, 8%이고 분산은 각각 0.1, 0.2(표준편차는 0.3162, 0.4472)인 두 주식의 투자가중치가 각각 0.3, 0.7인 포트폴리오의 기대수익률과 표준편차를 (식 7-3)와 (식 7-4)을 이용하여 계산하여 보자.

코드

```
import numpy as np
m=np.array([0.06 , 0.08])
H=np.array([[0.1 ,0], [0,0.2]])
weights=np.array([0.3,0.7])
er=np.sum(weights*m)
var=np.dot(np.dot(weights,H),weights)[10]
std=np.sqrt(var)
```

10) 넘파이 배열을 이용한 행렬곱 계산에 대해서는 7장 부록 A를 참고하기 바란다.

```
8	print( “포트폴리오 상세: ”, “\n”)
9	print(“주식1”, “주식2”, “   기대수익률”, “표준편차” , “\n”)
10	print(format(weights[0], “.2f” ), format(weights[1], “.2f” ), “\t”,
11	   format(er, “.4f” ), format(std, “.4f” ))
```

코드 설명

- 라인 1: 넘파이를 임포트한다.
- 라인 2: 기대수익률 배열 ([0.06 , 0.08])을 생성하고 변수 m이 가리키도록 한다.
- 라인 3: 분산-공분산 행렬인 배열 ([[0.1 , 0], [0 , 0.2]])을 생성하고 변수 H가 가리키도록 한다.
- 라인 4: 투자가중치 배열 ([0.3 , 0.7])을 생성하고 변수 weights가 가리키도록 한다.
- 라인 5: (식 7-3)을 적용하여 투자가중치 (0.3 , 0.7)인 포트폴리오의 기대수익률을 계산하고 변수 er이 가라키도록 한다.
- 라인 6: (식 7-4)를 적용하여 투자가중치 (0.3 , 0.7)인 포트폴리오의 분산을 계산하고 변수 var이 가라키도록 한다.
- 라인 7: 포트폴리오의 표준편차를 계산하고 변수 std가 가리키도록 한다.

코드의 실행결과

```
포트폴리오 상세:
주식1 주식2    기대수익률 표준편차
0.30 0.70      0.0740 0.3271
```

그런데 두 주식으로 무수히 많은 포트폴리오를 구성할 수 있는데 이러한 포트폴리오들의 기대수익률과 표준편차를 좌표평면에 표시한 것을 조합선이라고 부른다.

파이썬과 함께 하는 경영학

두 주식으로 구성된 조합선

두 개의 주식들로 구성된 포트폴리오들의 기대수익률과 표준편차를 기대수익률/표준편차 좌표평면에 표시한 그래프

두 주식으로 구성되는 조합선을 생성하는 과정을 다음 사례에서 살펴보기로 한다.

코딩 사례 7.18: 포트폴리오 조합선 그리기

기대수익률이 각각 6%, 8%이고 분산은 각각 0.1, 0.2(표준편차는 0.3162, 0.4472)인 두 주식으로 구성되는 조합선을 생성하여 보자.

코드

```
1   import numpy as np
2   import matplotlib.pyplot as plt
3   m=np.array([0.06 , 0.08])                          # 기대수익률 배열
4   H=np.array([[0.1 ,0], [0,0.2]])                    # 분산공분산 배열
5   L=50
6   weight=np.linspace(0,1,L)                          #주식1의 투자가중치 배열
7   combiexreturns=np.zeros(L)
8   combisigmas=np.zeros(L)
9   for i in range(0,L):
10      weights=np.array([weight[i], 1-weight[i]])     #포트폴리오 투자가중치 배열
11      er=np.sum(weights*m)                           #포트폴리오 기대수익률 계산
12      combiexreturns[i]=er
13      var=np.dot(np.dot(weights,H),weights)          #포트폴리오 분산 계산
14      std=np.sqrt(var)                               #포트폴리오 표준편차
15      combisigmas[i]=std
16  plt.plot(combisigmas,combiexreturns, color="b",label="combination line")
17  plt.xlabel('Standard deviation')
18  plt.ylabel('Expected Return')
18  plt.title("Combination Line")
20  plt.legend(loc="upper left")
```

코드 설명

- 라인 3: 기대수익률 배열 ([0.06 , 0.08])을 생성하고 변수 m이 가리키도록 한다.
- 라인 4: 분산-공분산 행렬인 배열 ([[0.1 , 0], [0 , 0.2]])을 생성하고 변수 H가 가리키도록 한다.
- 라인 5: 포트폴리오 개수를 나타내는 변수 L을 50으로 설정한다.
- 라인 6: 0과 1사이의 수 50개로 구성되는 1차원 배열을 생성하고 변수 weight가 가리키도록 한다.
- 라인 7: 변수 L의 수만큼 0으로 구성된 1차원 배열을 생성하고 변수 combiexreturns가 가리키도록 한다.

- 라인 8: 변수 L의 수만큼 0으로 구성된 1차원 배열을 생성하고 변수 combisigmas가 가리키도록 한다.
- 라인 9:0과 (L-1)까지의 정수를 타겟변수 i에 순서대로 할당하고 for 루프 실행문 라인 10~15를 실행하여 포트폴리오 50개의 기대수익률과 표준편차가 계산되도록 한다.
- 라인 10: 배열 weight의 인덱스 i의 요소와 1과 배열 weight의 인덱스 i의 요소의 차이로 배열을 구성하고 변수 weights가 가리키도록 한다.
- 라인 11: (식 7-3)을 적용하여 투자가중치가 배열 weights인 포트폴리오의 기대수익률을 계산하고 변수 er이 가라키도록 한다.
- 라인 12: 라인 11에서 생성된 er의 값으로 배열 combiexreturns의 i 번째 요소를 대체한다.
- 라인 13: (식 7-4)를 적용하여 투자가중치가 배열 weights인 포트폴리오의 분산을 계산하고 변수 var이 가라키도록 한다.
- 라인 14: 변수 var 값의 표준편차를 계산하고 변수 std가 가리키도록 한다.
- 라인 15: 변수 std의 값으로 배열 combisigmas의 인덱스 i의 요소를 대체한다. 라인 9로 돌아가서 타겟변수 i에 (L-1)이 할당될 때까지 라인 10~15를 반복/실행한다. for 루프 실행이 종료되면 배열 combisigmas와, 배열combiexreturns은 각각 50개 포트폴리오들의 기대수익률과 표준편차를 나타내는 배열이 된다.
- 라인 16:배열 combisigmas을 x축, ,combiexreturns를 y축으로 하는 선그래프를 그린다.

코드의 실행결과

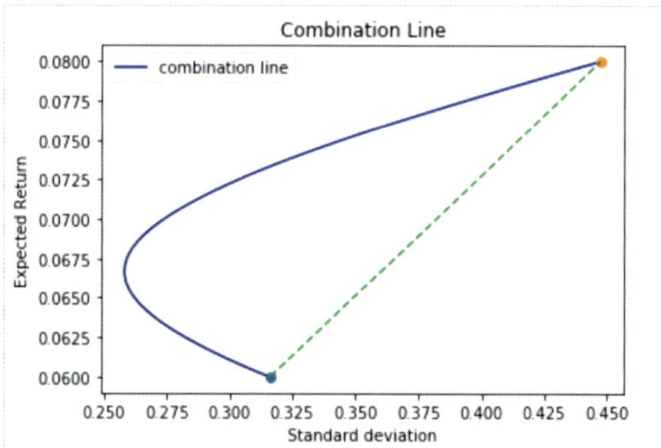

코드 실행 결과 생성된 두 주식의 조합선은 두 주식 사이의 포물선의 형태를 보이게 된다. 여기서 두 주식을 연결하는 가상의 직선(그래프 상 점선)은 두 주식의 기대수익률과 표준편차의 (가중)평균 조합을 의미하는데 조합선 상의 포트폴리오들의 표준편차들은 표준편차의 (가중)평균보다 훨씬 작다는 것을 알 수 있다.

이와 같이 두 주식으로 포트폴리오를 구성하는 경우 포트폴리오의 표준편차가 두 주식 표준편차의 (가중)평균보다 훨씬 작아지는 현상을 포트폴리오의 위험감소효과라고 부른다.

A. 넘파이를 이용한 행렬곱(matrix multiplication)계산

7장 부록

파이썬과 함께 하는 경영수학

벡터(vector)와 행렬(matrix)

벡터: 수들을 가로 혹은 세로로 배열해 놓은 자료를 말하며 가로로 배열된 경우 행벡터(row vector), 세로로 배열된 경우 열벡터(column vector)라고 한다.

$$x = \begin{bmatrix} 1 & 3 & 7 \end{bmatrix} \qquad y = \begin{bmatrix} 1 \\ 3 \\ 7 \end{bmatrix}$$

행렬: 수들을 가로/세로로 배열해 놓은 자료를 의미한다.

$$A = \begin{bmatrix} 1 & 4 & 5 & 7 \\ 3 & 1 & 2 & 0 \\ 2 & 1 & 4 & 8 \end{bmatrix}$$

행렬곱(matrix multiplication)

두 행렬 간 다음과 같은 연산을 통하여 새로운 행렬을 생성하는 과정을 행렬곱이라고 한다.

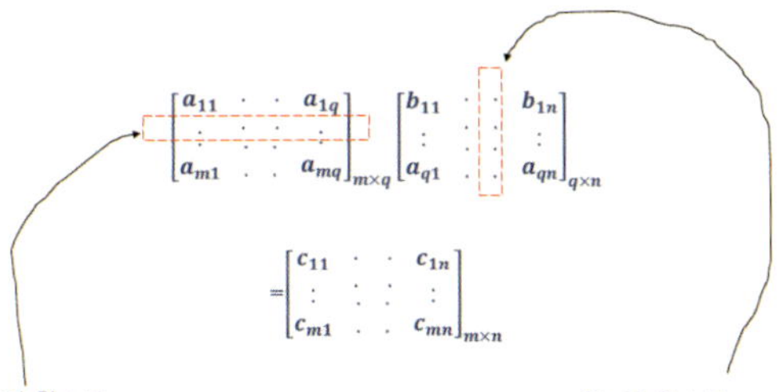

행 i의 원소들

$[a_{i1}, a_{i2} \dots . a_{iq}]$

열 j의 원소들

$[b_{1j}, b_{2j} \dots . b_{qj}]$

$$[a_{i1} \times b_{1j} + a_{i2} \times b_{2j} + \dots . + a_{iq} \times b_{qj}]$$

$$= c_{ij}$$

두 행렬간의 행렬곱 연산이 가능하려면 앞 행렬의 열의 갯수와 뒤 행렬의 행의 갯수가 일치해야 한다.

(예)

$$[0.2 \quad 0.3 \quad 0.4 \quad 0.1]\begin{bmatrix} 0.1 & 0.01 & 0.03 & 0.05 \\ 0.01 & 0.3 & 0.06 & -0.04 \\ 0.03 & 0.06 & 0.4 & 0.02 \\ 0.05 & -0.04 & 0.02 & 0.5 \end{bmatrix}$$

$$= [0.04 \quad 0.112 \quad 0.186 \quad 0.056]$$

$$[0.2 \quad 0.3 \quad 0.4 \quad 0.1]\begin{bmatrix} 0.1 & 0.01 & 0.03 & 0.05 \\ 0.01 & 0.3 & 0.06 & -0.04 \\ 0.03 & 0.06 & 0.4 & 0.02 \\ 0.05 & -0.04 & 0.02 & 0.5 \end{bmatrix}\begin{bmatrix} 0.2 \\ 0.3 \\ 0.4 \\ 0.1 \end{bmatrix}$$

$$= [0.04 \quad 0.112 \quad 0.186 \quad 0.056]\begin{bmatrix} 0.2 \\ 0.3 \\ 0.4 \\ 0.1 \end{bmatrix} = 0.1216$$

행렬의 크기가 큰 경우 행렬곱 연산은 시간이 많이 소요될 수 있는데 넘파이에서는 np.dot( )이라는 함수를 사용하면 간단하게 행렬곱의 결과를 얻을 수 있다.

<파이썬 코드>

행렬곱

np.dot(2차원 배열, 2차원 배열)

⚠ 행렬곱의 조건은 앞에 곱해지는 2차원 배열의 열의 개수와 뒤에 곱해지는 2차원 배열의 행의 개수가 같아야 한다. 행렬곱의 결과는 2차원 배열로 반환된다.

코딩 사례 7.A.1: 2차원 배열을 이용한 행렬곱 계산

```
import numpy as np
a=np.array([[1,2,3]])
b=np.array([[1],[2],[3]])
```

```
4    c=a.dot(b)
5    d=b.dot(a)
6    print(a,'\n')
7    print(b,'\n')
8    print(c,'\n')
9    print(d,'\n')
```

코드 설명

- 라인 2: 크기 (1,3)의 2차원 배열을 생성하고 변수 a가 가리키도록 한다.
- 라인 3: 크기 (3,1)의 2차원 배열을 생성하고 변수 b가 가리키도록 한다.
- 라인 4: 행렬곱 a×b를 계산하고 변수 c가 가리키도록 한다.
- 라인 5: 행렬곱 b×a를 계산하고 변수 d가 가리키도록 한다.

코드의 실행결과

```
[[1 2 3]]

[[1]
 [2]
 [3]]

[[14]]

[[1 2 3]
 [2 4 6]
 [3 6 9]]
```

2차원 배열들을 행렬곱을 하게 되면 그 결과도 2차원 배열로 반환되는 것을 알 수 있다.

그런데 1차원 배열도 행렬곱에 이용할 수 있는데 이러한 경우 행렬곱의 결과는 2차원이 아니라 하나의 수 또는 1차원 배열이 된다.

<파이썬 코드>

1차원 배열의 행렬곱

np.dot(1차원 배열, 1차원 배열)

행렬곱의 결과는 하나의 수임

np.dot(1차원 배열, 2차원 배열)

행렬곱의 결과는 1차원 배열임

np.dot(2차원 배열, 1차원 배열)

행렬곱의 결과는 1차원 배열임

⚠ 1차원 배열이 행렬곱에 이용되는 경우 1차원 행렬이 앞에서 곱해질 때는 행벡터로, 뒤에서 곱해질 때는 열벡터로 작용한다.

코딩 사례 7.A.2 : 1차원 배열을 행렬곱 계산에 이용하기

다음 사례에서 1차원 배열 a는 행벡터로, 1차원 배열 b는 열벡터로 작용하고 있으며 행렬곱의 결과는 하나의 수로 반환되고 있음에 유의할 필요가 있다.

```
In [112]:  import numpy as np
           a=np.array([1,2,3])
           b=np.array([2,2,2])
           c=np.dot(a,b)
           c

Out[112]:  12
```

다음 사례에서는 1차원 배열 a는 행벡터로 작용하고 있으며 행렬곱의 결과는 1차원 배열로 반환되고 있음에 주의하자.

```
In [110]:  import numpy as np
           a=np.array([1,2,3])
           b = np.array([[1, 0, 0], [0, 1, 0], [0, 0, 1]])
           c=np.dot(a,b)
           c

Out[110]:  array([1, 2, 3])
```

다음 사례에서는 1차원 배열 a가 각각 행벡터와 열벡터로 작용하고 있는데 행렬곱의 결과가 스칼라임에 유의할 필요가 있다. 왜냐하면 np.dot(a,b)의 결과가 1차원 행렬이기 때문이다.

```
In [113]:  import numpy as np
           a=np.array([1,2,3])
           b = np.array([[1, 0, 0], [0, 1, 0], [0, 0, 1]])
           c=np.dot(np.dot(a,b),a)
           c

Out[113]:  14
```

B. 넘파이를 이용한 행렬식(Determinant)과 역행렬(Inverse matrix) 계산

다음과 같은 임의의 정방행렬(square matrix) A가 있다고 하여 보자.

$$\begin{pmatrix} a_{11} & \cdots & a_{1n} \\ \vdots & \ddots & \vdots \\ a_{n1} & \cdots & a_{nn} \end{pmatrix}$$

임의의 정방행렬(square matrix) A에 대한 역행렬 A^{-1}:

$$AA^{-1} = A^{-1}A = I_n$$

여기서 I_n은 다음과 같은 항등행렬(Identity matrix)이다.

$$\begin{pmatrix} 1 & 0 & 0 & \cdots & 0 \\ 0 & 1 & 0 & \cdots & 0 \\ 0 & 0 & 1 & \cdots & 0 \\ \vdots & \vdots & \vdots & & \vdots \\ 0 & 0 & 0 & \cdots & 1 \end{pmatrix}_{n \times n}$$

<파이썬 코드>

역행렬 계산

np.linalg.inv(A)

A=정방행렬

코딩 사례 7.B.1 : 역행렬 계산

우선 다음과 같이 행렬 A를 정의하여 보자.

```
In [114]: import numpy as np
          A = np.array([[1, 1, 0], [0, 1, 1], [1, 1, 1]])
          A

Out[114]: array([[1, 1, 0],
                 [0, 1, 1],
                 [1, 1, 1]])
```

행렬 A의 역행렬을 다음과 같이 간단하게 계산할 수 있다.

```
In [115]: Ainv = np.linalg.inv(A)
          Ainv

Out[115]: array([[ 0., -1.,  1.],
                 [ 1.,  1., -1.],
                 [-1.,  0.,  1.]])
```

이제 다음과 같이 행렬 A와 A의 역행렬간의 행렬곱 계산을 하면 그 결과는 항등행렬이 됨을 확인할 수 있다 .

```
In [120]: np.dot(A,Ainv)

Out[120]: array([[1., 0., 0.],
                 [0., 1., 0.],
                 [0., 0., 1.]])
```

그런데 임의의 정방행렬이 역행렬을 가지려면 행렬의 행렬식(determinant)이 "0"이 아니라야 한다. 즉, 행렬식이 "0"이면 행렬식이 존재하지 않는다. 넘파이에서 행렬식의 계산은 다음과 같다.

<파이썬 코드>

행렬식계산

np.linalg.det(A)

A=정방행렬

코딩 사례 7.B.2 : 행렬식 계산

```
import numpy as np
A = np.array([[1, 1, 0], [0, 1, 1], [1, 1, 1]])
Adet = np.linalg.det(A)
print(Adet)
```

```
1.0
```

C. Matplotlib을 이용한 히스토그램 그리기

파이썬과 함께 하는 경영학

히스토그램(Histogram)

수치자료를 일정한 간격의 구간으로 구분하여 각 구간에 속하는 자료의 개수(도수라고 함)를 계산한 후 x축에는 구간을 표시하고 y축에는 구간별 도수를 나타내는 세로형 막대그래프를 말한다.

<파이썬 코드>

Matplotlib 활용한 히스토그램 생성

```
import matplotlib.pyplot as plt
plt.hist(배열, bins=, label= )
plt.xlabel('x축 이름')
plt.ylabel('y축 이름')
plt.title('그래프 제목')
plt.legend( );범례(label)를 표시하기 위한 옵션
```

⚠ bins= 옵션은 계급구간의 개수를 정하기 위한 옵션이다.

코딩 사례 7.C.1 : 표준정규분포 난수의 히스토그램

코드

```
1    import numpy as np
2    import matplotlib.pyplot as plt
3    size=1000000
4    samples=np.random.randn(size)        # 표준정규분포로부터 표본을 백만개 추출
5    plt.hist(samples,bins=1000, \
6              label="distribution of samples of standard normal distribution")
7    plt.legend()
```

코드 설명

- 라인 3: 변수 size가 1000000를 가리키도록 한다.
- 라인 4: 표준정규분포로부터 표본크기가 size 값인 난수들을 추출하여 1차원 배열을 생성하고 변수 samples가 가리키도록 한다.
- 라인 5~6: 1차원 배열 samples에 대하여 계급구간이 100인 히스토그램을 생성한다.

코드의 실행결과

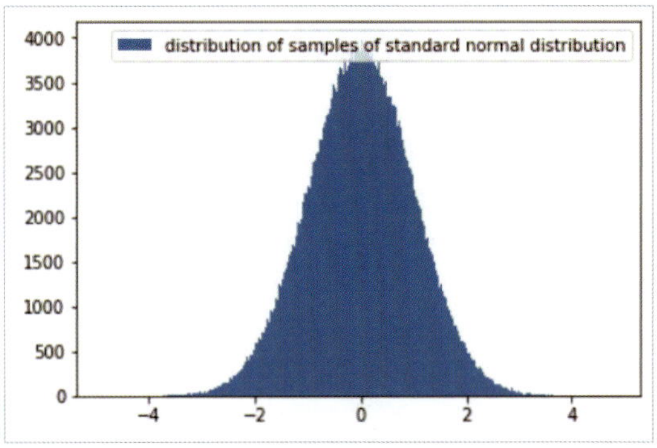
distribution of samples of standard normal distribution
4000
3500
3000
2500
2000
1500
1000
500
0
−4
−2
0
2
4

PART

8

파이썬과 경영데이터 가공 및 시각화

8장 파이썬과 경영데이터 가공및 시각화

다음과 같이 당신의 PC에 C:/PKW/textbook/excel이라는 디렉토리에 employee.xlsx라는 엑셀 파일이 저장되어 있다고 하여 보자. 이 엑셀파일에는 사원들의 사원번호, 직무, 성별, 만족도, 연봉(단위 백만원) 등의 자료들이 입력되어 있음을 알 수 있다.

만약 employee.xlxs라는 엑셀파일로부터 "직무"유형이 "마케팅"인 사원들의 자료만 뽑아 분석할 필요가 있다면 어떻게 해야 할까? 이러한 경우 판다스라는 라이브러리를 이용하여 아래와 같이 코딩하여 보자.

```
1    import pandas as pd
2    data=pd.read_excel("C:/PKW/textbook/excel/employee.xlsx")
3    marketing=data.query(" 직무=='마케팅' " )
4    print(marketing.head( ))
```

위 프로그램의 각 라인의 코딩은 다음과 같은 작업을 실행하기 위한 코딩이다.

- 라인 1:판다스를 사용하기 위하여 판다스를 임포트하는 코딩이다. 일반적으로 판다스는 pd라는 이름으로 임포트하여 사용한다.
- 라인 2: C:/PKW/textbook/excel이라는 디렉토리에 employee.xlsx라는 엑셀 파일을 읽어 들여 판다스 데이터(데이터프레임이라고 부름)로 변환하고 이 데이터를 변수 data가 가리키도록 한다.
- 라인 3:data라는 판다스 데이터(데이터프레임)로부터 "직무" 유형이 "마케팅"인 행들만을 추출하여 새로운 데이터(데이터프레임)를 생성하고 이 데이터(데이터프레임)를 변수 marketing이 가리키도록 한다.
- 라인 4:변수 marketing이 가리키는 데이터(데이터프레임)의 첫 5행의 자료들만을 출력한다.

이제 라인 4가 실행되면 다음과 같은 결과가 얻어진다.

	사원번호	직무	성별	만족도	연봉
4	5	마케팅	남	3	49
5	6	마케팅	남	3	54
24	25	마케팅	남	1	58
29	30	마케팅	남	1	62
30	31	마케팅	남	1	53

만약 employee.xlxs파일로부터 "연봉"이 60(백만원)이상인 사원들의 자료만 추출할 필요가 있다면 어떻게 해야 할까?

```
1    import pandas as pd
2    data=pd.read_excel("C:/PKW/textbook/excel/employee.xlsx")
3    high_salary=data.query( " 연봉>=60 " )
4    print(high_salary)
```

위 프로그램의 각 라인의 코딩은 다음과 같은 작업을 하기 위한 코딩이다.

- 라인 1:판다스를 사용하기 위하여 판다스를 임포트한다.
- 라인 2: C:/PKW/textbook/excel이라는 디렉토리에 employee.xlxs라는 엑셀 파일을 읽어 들여 판다스 데이터(데이터프레임이라고 부름)로 변환하고 이 데이터를 변수 data가 가리키도록 한다.
- 라인 3:data라는 판다스 데이터(데이터프레임)로부터 "연봉"이 60보다 큰 사원들의 자료들만 추출한 데이터(데이터프레임)를 생성하고 이 데이터(데이터프레임)를 변수 high_salary가 가리키도록 한다.

다음과 같은 라인 3의 실행결과에서 볼 수 있듯이 우리가 의도한데로 "연봉"이 60보다 큰 사원들의 자료들만 추출되었다.

	사원번호	직무	성별	만족도	연봉
29	30	마케팅	남	1	62
35	36	회계	남	1	62
38	39	마케팅	남	1	64
157	158	회계	여	1	61
162	163	마케팅	여	1	65
208	209	마케팅	여	1	63

위의 사례에서 볼 수 있듯이 판다스는 데이터를 가공하거나 조작하는데 매우 유용한 라이브러리이다. 8장에서는 다양한 방식으로 데이터를 가공하는 데 어떻게 판다스를 이용할 수 있는지에 대하여 공부하기로 한다.

8.1 판다스 시리즈(Series)와 데이터프레임(Dataframe)

판다스는 스프레드시트(spread sheet)형태의 자료를 이용하여 데이터분석이나 데이터 전처리 등에 활용하는 라이브러리이다. 다른 라이브러리와 마찬가지로 판다스를 사용하기 위해서는 판다스를 임포트해야 한다.

<파이썬 코드>

pandas 사용

```
import pandas as pd
```

7장에서 소개한 넘파이는 기본적으로 배열 데이터를 기반으로 작동한다는 점을 소개하였는데 판다스도 기본적으로 사용하는 데이터 유형이 있는데 시리즈(Series)와 데이터프레임(DataFrame)이 판다스가 사용하는 데이터이다. 넘파이가 배열에 대해서만 작동하는 것과 마찬가지로 판다스도 시리즈와 데이터프레임에 대해서만 작동한다.

판다스 시리즈(Series)의 구조와 생성

시리즈는 자료 값들이 하나의 열로 정렬되어 있는 데이터이다. 이때 각 자료 값에는 인덱스(index)가 함께 표시된다. 시리즈를 생성하는 방법은 다음과 같다.

<파이썬 코드>

시리즈의 생성

pd.Series(1차원 리스트, 1차원 배열 등)

다음 예에서 시리즈에 대해 자세히 알아보자.

코딩 사례 8.1 : 시리즈 생성

코드

```
1    import pandas as pd
2    numbers = [1,2,3,4,5]
3    s2=pd.Series(numbers)
4    print(s2)
```

코드 설명

- 라인 2: [1,2,3,4,5]라는 리스트를 생성하고 변수 numbers가 가리키도록 한다.
- 라인 3: 리스트 numbers를 이용하여 시리즈를 생성하고 변수 s2가 가리키도록 한다.

코드의 실행결과

```
0    1
1    2
2    3
3    4
4    5
dtype: int64
```

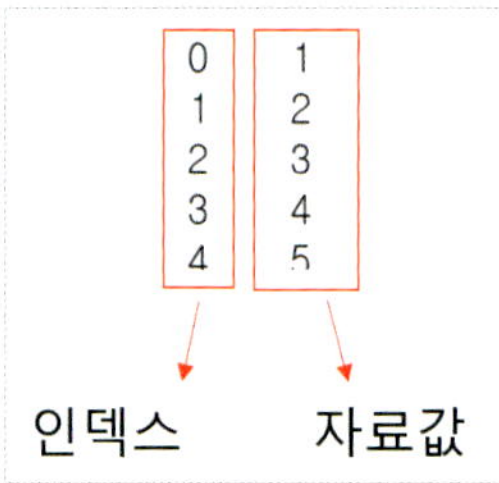

여기서는 리스트를 이용하여 시리즈를 만들었는데 자료값 1,2,3,4,5가 하나의 열에 나열되어 있고 각 자료의 인덱스가 첫 번째 열에 표시되어 있다. 인덱스가 "0"부터 시작하고 있음에 유의하자. 이와 같이 "0"부터 시작하는 인덱스는 시리즈 생성 시 디폴트로 주어지며 필요에 따라 날짜, 이름, 회사이름, 상품명 등을 인덱스로 설정할 수 있다. 아래쪽의 "dtype"은 자료 유형이 정수(int64)라는 것을 표시해 주고 있다.

코드

```
1    import numpy as np
2    import pandas as pd
3    a=np.random.randn(5)
4    s1 = pd.Series(a)
5    print(s1)
```

코드 설명

- 라인 2: 표준정규분포로부터 추출한 5개의 난수로 구성된 배열을 생성하고 변수 a가 가리키도록 한다.
- 라인 3: 배열 a를 이용하여 시리즈를 생성하고 변수 s1이 가리키도록 한다.:

코드의 실행결과

```
0     0.210469
1    -1.189851
2    -0.873788
3     0.842053
4    -0.456304
dtype: float64
```

여기서는 표준정규 난수로 구성된 1차원 배열을 이용하여 시리즈를 만들었다. "dtype"은 자료값들이 실수(float64)라는 것을 표시해 주고 있다.

판다스 데이터프레임의 구조와 생성

데이터프레임은 자료 값들이 복수의 열들에 정렬되어 있는 데이터이다. 아래의 데이터 프레임 사례에서도 알 수 있듯이 시리즈와 마찬가지로 데이터 프레임에도 가장 왼 쪽에는 인덱스가 표시된다. 그러나 시리즈와는 달리 데이터 프레임에는 각 열(column)에도 인덱스가 표시되는데 이것을 데이터프레임의 열 레이블(column label)이라고 한다. 데이터 프레임을 생성할 때 명시적으로 열 레이블이 주어지지 않는 경우에는 0,1,2,.....가 디폴트 열 레이블로 표시된다.

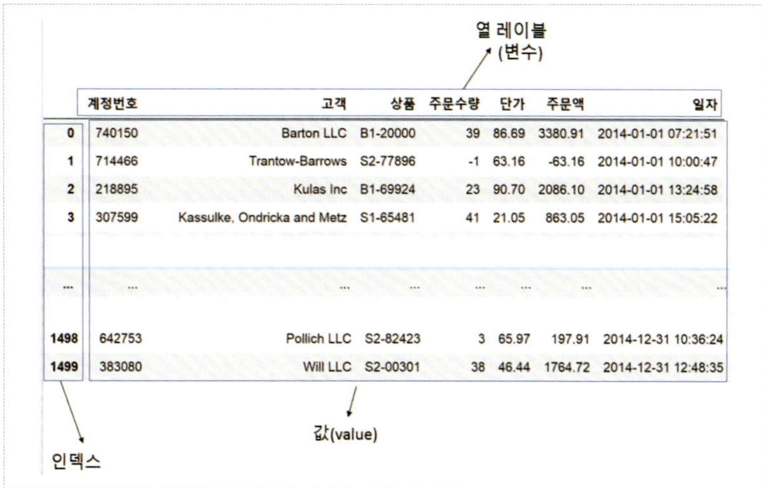

	계정번호	고객	상품	주문수량	단가	주문액	일자
0	740150	Barton LLC	B1-20000	39	86.69	3380.91	2014-01-01 07:21:51
1	714466	Trantow-Barrows	S2-77896	-1	63.16	-63.16	2014-01-01 10:00:47
2	218895	Kulas Inc	B1-69924	23	90.70	2086.10	2014-01-01 13:24:58
3	307599	Kassulke, Ondricka and Metz	S1-65481	41	21.05	863.05	2014-01-01 15:05:22
...	...	...	...	...	...	...	...
1498	642753	Pollich LLC	S2-82423	3	65.97	197.91	2014-12-31 10:36:24
1499	383080	Will LLC	S2-00301	38	46.44	1764.72	2014-12-31 12:48:35

판다스의 주요 데이터 유형이라고 할 수 있는 데이터프레임을 생성하는 방법은 여러 가지가 있는데 우선 다음과 같이 2차원 리스트 혹은 2차원 배열을 이용하여 데이터 프레임을 생성할 수 있다.

<파이썬 코드>

데이터프레임의 생성 I

pd.DataFrame(리스트,배열 등)

다음 사례는 2차원 배열을 이용하여 데이터 프레임을 생성하는 사례이다.

코딩 사례 8.2 : 2차원 배열과 데이터프레임

코드

```
1    import numpy as np
2    import pandas as pd
3    a=np.arange(1,10).reshape(3,3)
4    df=pd.DataFrame(a)
5    print(df)
```

코드 설명

- 라인 3: 1부터 9까지의 정수를 3행/3열에 배분하여 2차원 배열을 생성하고 변수 a가 가리키도록 한다.
- 라인 4: 2차원 배열 a를 이용하여 데이터프레임을 생성하고 변수 df가 가리키도록 한다.

코드의 실행결과

	0	**1**	**2**
0	1	2	3
1	4	5	6
2	7	8	9

여기서는 정수로 구성된 2차원 배열을 이용하여 데이터프레임을 생성하는데 명시적으로 인덱스와 열레이블을 사용하지 않음으로 인해 인덱스와 열레이블 모두 디폴트 값 (0,1,.......)이 사용되었다.

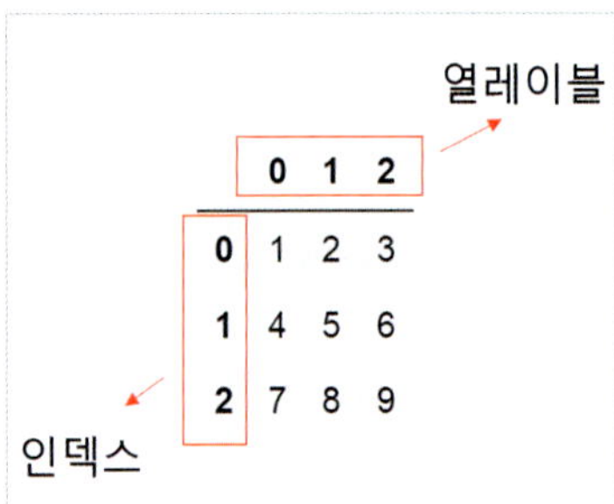

그런데 판다스의 시리즈나 데이터프레임을 넘파이 배열로 변환시킬 수도 있다. 이때는 df.values 명령문을 이용하면 된다.

코드

```
1    import numpy as np
2    import pandas as pd
3    a=np.arange(1,10).reshape(3,3)
4    df=pd.DataFrame(a)
5    array=df.values              # 데이터프레임을 2차원 넘파이 배열로 변환
6    print(array)
```

코드 설명

- 라인 3: 1부터 9까지의 정수를 3행/3열에 배분하여 2차원 배열을 생성하고 변수 a가 가리키도록 한다.
- 라인 4: 2차원 배열 a를 이용하여 데이터프레임을 생성하고 변수 df가 가리키도록 한다.
- 라인 5: 데이터프레임 df를 2차원 배열로 변환하고 변수 array가 가리키도록 한다.

코드의 실행결과

```
array([[1, 2, 3],
       [4, 5, 6],
       [7, 8, 9]])
```

열레이블과 리스트(또는 넘파이 배열)이 각각 키(key)와 값(value)으로 구성된 딕셔러리를 이용하여 데이터프레임을 생성하면 데이터프레임 생성 시 열레이블을 설정할 수 있다는 점에서 편리한데 구체적으로는 다음과 같은 방법을 이용하면 된다.

<파이썬 코드>

데이터프레임의 생성 II

pd.DataFrame({'열레이블':리스트(배열,시리즈), ...})

⚠ '열레이블'이 딕셔너리의 키(key)이고 리스트(또는 배열, 시리즈)가 딕셔너리의 값(value)이다.

⚠ 딕셔너리의 키(key)가 열레이블이 되고 딕녀너리의 값이 각 열의 값들이 된다.

코딩 사례 8.3 : 딕셔너리를 이용한 데이터프레임 생성

코드

```
1    import pandas as pd
2    name=['정', '이', '박', '김', '최']
3    job=['재무','회계', '총무', '마케팅', '기획']
4    salary=[200, 240, 300, 180, 220]
5    data=pd.DataFrame({'이름':name, '직무':job, '연봉':salary})
6    print(data)
```

코드 설명

- 라인 2: 리스트 ['정', '이', '박', '김', '최']를 생성하여 변수 name이 가리키도록 한다.
- 라인 3: 리스트 ['재무','회계', '총무', '마케팅', '기획']를 생성하여 변수 job이 가리키도록 한다.
- 라인 4: 리스트 [200, 240, 300, 180, 220]를 생성하여 변수 salary가 가리키도록 한다.
- 라인 5:열레이블 '이름', '직무', '연봉'에 각각 리스트 name, job, salary의 요소들이 값으로 입력된 데이터프레임을 생성하고 변수 data가 가리키도록 한다.

코드의 실행결과

	이름	직무	연봉
0	정	재무	200
1	이	회계	240
2	박	총무	300
3	김	마케팅	180
4	최	기획	220

다음 사례에서는 리스트와 딕셔너리를 이용하여 옵션의 투자수익과 투자이익이 계산된 데이터프레임을 생성하여 보자.

코딩 사례 8.4 : 옵션 투자수익/투자이익 표 생성

4장 〈표 4.1〉에는 콜옵션의 투자수익이 주가에 따라 어떻게 결정되는지 설명되어 있다. 이를 바탕으로 다음과 같이 코딩하여 보자.

코드

```
1   import pandas as pd
2   call_price=20                  # 콜옵션 가격
3   strike=10000
4   stock_price=list(range(9500,10600,100))          # 만기일 주가 리스트
5   L=len(stock_price)
6   payoff=[ ]
7   profit=[ ]
8   for i in range(0,L):   # 타겟변수에 0부터 L−1까지의 정수를 순차적으로 할당
9     if stock_price[i]>strike:     #주가 리스트에서 슬라이싱된 주가와 행사가격 비교
10      cash= −strike+stock_price[i]  # 콜옵션 행사할 경우의 투자수익
11    else:
12      cash=0                       # 콜옵션 포기할 경우의 투자수익
13    net_cash=cash−call_price                  # 투자이익
14    payoff.append(cash)      # cash 값을 순차적으로 payoff 리스트에 추가
15    profit.append(net_cash)  # net_cash 값을 순차적으로 profit 리스트에 추가
16  data=pd.DataFrame({'주가':stock_price, '투자수익':payoff, '투자이익':profit})
17  print(data)
```

코드 설명

- 라인 1: 팬더스를 임포트한다.
- 라인 2: 변수 call_price가 20을 가리키도록 한다.
- 라인 3: 변수 strike가 10000을 가리키도록 한다.
- 라인 4: 9500과 10600 사이에서 100 간격의 정수로 구성되는 리스트를 구성하고 변수 stock_price가 가리키도록 한다. 리스트 stock_price의 각 요소는 만기일 주가를 의미한다.
- 라인 6: 빈 리스트 payoff를 생성한다.
- 라인 7: 빈 리스트 profit을 생성한다.

- 라인 8: 타겟변수 i에 0부터 $L-1$까지의 정수를 순차적으로 할당하여 for 루프 실행문 라인 9~15이 반복/실행되도록 한다.
- 라인 9: 리스트 stock_price의 인덱스 i의 요소가 변수 strike 값보다 크면 라인 10을 실행하고 그렇지 않으면 라인 12가 실행되도록 한다.
- 라인 10: 리스트 stock_price의 인덱스 i의 요소에서 변수 strike 값을 차감하여 변수 cash가 가리키도록 한다.
- 라인 12: 변수 cash가 0을 가리키도록 한다.
- 라인 13: 변수 cash의 값에서 변수 call_price의 값을 차감하여 변수 net_cash가 가리키도록한다.
- 라인 14: 변수 cash의 값을 리스트 payoff에 추가한다.
- 라인 15: 변수 net_cash의 값을 리스트 profit에 추가한다. 라인 8로 되돌아 가서 타겟변수 i에 다음 정수가 할당되도록 한다.
- 라인 16: 리스트 stock_price의 요소들로 '주가'라는 열레이블을 구성하고, 리스트 payoff의 요소들로 '투자수익'이라는 열레이블을 구성한다. 마지막으로 리스트 profit의 요소들로 '투자이익'이라는 열레이블을 구성하여 데이터프레임을 생성하고 변수 data가 가리키도록 한다.

코드의 실행결과

	주가	투자수익	투자이익
0	9500	0	-20
1	9600	0	-20
2	9700	0	-20
3	9800	0	-20
4	9900	0	-20
5	10000	0	-20
6	10100	100	80
7	10200	200	180
8	10300	300	280
9	10400	400	380
10	10500	500	480

한편, 엑셀, csv 파일 등의 데이터들도 쉽게 데이터프레임으로 변환시킬 수 있는데 그 방법은 다음과 같다.

<파이썬 코드>

데이터프레임의 생성 III

pd.read_excel("파일 디렉토리")
　　# PC에 저장되어 있는 엑셀 파일을 데이터프레임으로 변환
pd.read_excel("URL")
　　# 웹(Web)에 있는 엑셀파일을 데이터프레임으로 변환

pd.read_csv("파일 디렉토리")
　　# PC에 저장되어 있는 csv 파일을 데이터프레임으로 변환
pd.read_csv("URL")
　　# 웹(Web)에 있는 csv 파일을 데이터프레임으로 변환

⚠ 엑셀파일이나 csv파일에 여러 개의 쉬트(sheet)가 있는 경우 read_excel함수는 디폴트로 첫 번째 쉬트의 자료들을 데이터프레임으로 변환한다. 파일 내의 특정 시트를 읽어 들여야 할 경우에는 sheetname= 이라는 매개변수에서 지정하면 된다. read_excel 함수에는 이외에도 다양한 매개변수들을 활용하여 엑셀파일이나 csv 파일을 데이터프레임으로 변화시킬 수 있다.

엑셀 파일을 데이터 프레임으로 변환시키는 방법에 대하여 다음 사례를 이용하여 설명해 보기로 한다. PC의 C 드라이브 excel이라는 폴더에 "survey.xlsx"라는 파일이 저장되어 있다고 하여 보자. read_excel 함수를 이용하여 엑셀파일을 "데이터"라는 데이터 프레임으로 전환한 후 출력한 결과는 다음과 같다.

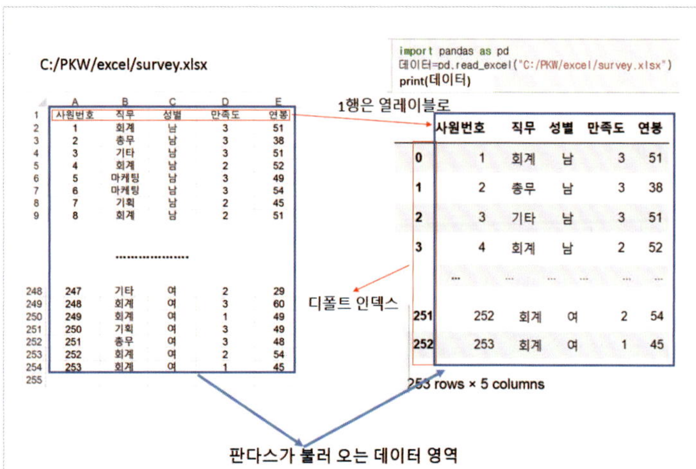

다음 사례에서는 PC에 저장되어 있는 엑셀 파일을 데이터프레임으로 변환하기 위한 코딩을 하여 보자.

코딩 사례 8.5 : 엑셀파일을 데이터프레임으로 변환하기

sale.xlsx라는 엑셀 파일의 경로가 다음과 같은 경우 이 엑셀 파일을 데이터프레임으로 변환하기 위하여 아래와 같이 코딩해 보자.

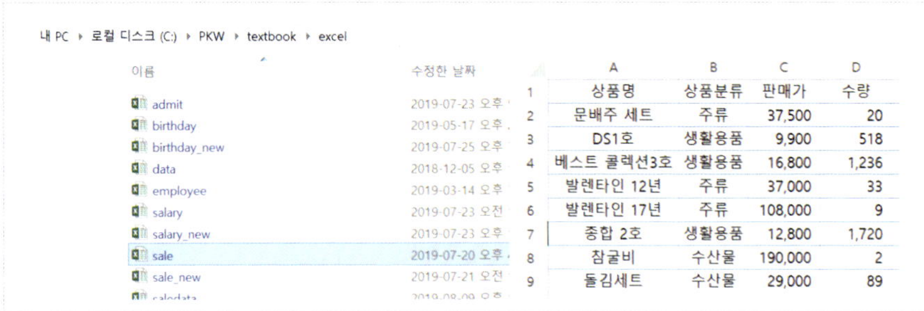

코드

```
1    import pandas as pd
2    data=pd.read_excel('C:/PKW/textbook/excel/sale.xlsx')
3    print(data)
```

코드 설명

- 라인 2:C:/PKW/textbook/excel 폴더의 sale.xlsx 파일을 데이터프레임으로 변환하여 변수 data가 가리키도록 한다.
- 라인 3:: 데이터프레임 data를 출력한다.

코드의 실행결과;

	상품명	상품분류	판매가	수량
0	문배주 세트	주류	37500	20
1	DS1호	생활용품	9900	518
2	베스트 콜렉션3호	생활용품	16800	1236
3	발렌타인 12년	주류	37000	33
4	발렌타인 17년	주류	108000	9
5	종합 2호	생활용품	12800	1720
6	참굴비	수산물	190000	2
7	돌김세트	수산물	29000	89

실행 결과에서 알 수 있듯이 sale.xlsx라는 엑셀 파일이 데이터프레임으로 변환되어 있다.

판다스 데이터프레임 슬라이싱과 연산

데이터프레임은 기본적으로 행(인덱스)와 열(열레이블)을 기준으로 자료들이 입력되어 있는 자료이기 때문에 인덱스를 기준으로 특정 행의 자료들만을 선택하거나 열레이블을 기준으로 특정 열이 자료들만을 선택하는 작업이 가능하다. 이러한 작업을 행슬라이싱과 열슬라이싱이라고 하는데 여기서는 열슬라이싱에 대해서만 알아 보기로 한다.

<파이썬 코드>

데이터프레임 열 슬라이싱

df['열레이블']
df[['열레이블','열레이블,...,'열레이블]]

⚠ df['열레이블']은 하나의 열을 슬라이싱하며 그 결과는 시리즈이다.

⚠ df[['열레이블','열레이블,...,'열레이블]]은 복수의 열들을 슬라이싱하며 그 결과는 데이터프레임이다.

코딩 사례 8.6 : 데이터프레임 슬라이싱

코드

```
import pandas as pd

name=['정', '이', '박', '김', '최']
job=['재무','회계', '총무', '마케팅', '기획']
salary=[200, 240, 300, 180, 220]

data=pd.DataFrame({'이름':name, '직무':job, '연봉':salary})
```

```
6    print(data,'\n')
7    b=data['직무']
8    print(b)
```

코드 설명

- 라인 7: 데이터프레임 data로부터 슬라이싱한 '직무'열을 시리즈로 반환하여 변수 b가 가리키도록 한다.
- 라인 8: 시리즈 b를 출력한다.

코드의 실행결과

```
  이름   직무   연봉
0  정    재무  200
1  이    회계  240
2  박    총무  300
3  김  마케팅  180
4  최    기획  220

0      재무
1      회계
2      총무
3     마케팅
4      기획
Name: 직무, dtype: object
```

"직무"열을 슬라이싱한 결과가 시리즈로 반환됨을 알 수 있다.

코드

```
1    import pandas as pd
2    name=['정', '이', '박', '김', '최']
3    job=['재무','회계', '총무', '마케팅', '기획']
4    salary=[200, 240, 300, 180, 220]
5    data=pd.DataFrame({'이름':name, '직무':job, '연봉':salary})
6    print(data,'\n')
7    c=data[['직무','연봉']]
8    print(c)
```

코드 설명

- 라인 7: 데이터프레임 data로부터 슬라이싱한 '직무'열과 '연봉'열로 구성된 데이터프레임을 변수 c가

가리키도록 한다.

- 라인 8: 데이터프레임 c를 출력한다.

코드의 실행결과

```
  이름    직무    연봉
0  정    재무   200
1  이    회계   240
2  박    총무   300
3  김   마케팅   180
4  최    기획   220

    직무   연봉
0   재무   200
1   회계   240
2   총무   300
3  마케팅   180
4   기획   220
```

다음 사례에서는 열슬라이싱을 이용하여 열레이블간의 연산을 실행하는 예를 소개하기로 한다.

코딩 사례 8.7 :데이터프레임 열연산

〈코딩사례 8.5〉의 sale.xlsx라는 엑셀 파일의 "판매가"라는 열과 "수량"이라는 열을 곱하여 "매출액"이라는 새로운 열을 생성하여 보자.

코드

```
1    import pandas as pd
2    data=pd.read_excel('C:/PKW/textbook/excel/sale.xlsx')
3    data['매출액']=data['판매가']*data['수량']
4    print(data)
```

코드 설명

- 라인 2: C:/PKW/textbook/excel 폴더의 sale.xlsx 파일을 데이터프레임으로 변환하여 변수 data가 가리키도록 한다.
- 라인 3: 데이터프레임 data로부터 '판매가'열과 '수량'열을 슬라이싱하여 대응하는 값끼리 곱하여 시리즈를 생성하고, 이 시리즈를 이용하여 '매출액'이라는 새로운 열을 데이터프레임 data에 마지막 열로 추가한다.

코드의 실행결과;

	상품명	상품분류	판매가	수량	매출액
0	문배주 세트	주류	37500	20	750000
1	DS1호	생활용품	9900	518	5128200
2	베스트 콜렉션3호	생활용품	16800	1236	20764800
3	발렌타인 12년	주류	37000	33	1221000
4	발렌타인 17년	주류	108000	9	972000
5	종합 2호	생활용품	12800	1720	22016000
6	참굴비	수산물	190000	2	380000
7	돌김세트	수산물	29000	89	2581000

프로그램 실행결과 데이터프레임 data에 '매출액'이라는 새로운 열이 마지막 열에 추가된 것을 알 수 있다.

데이터프레임으로부터 슬라이싱한 열들에 대해서는 사칙연산, 거듭제곱 계산 등 파이썬에서 실행할 수 있는 모든 연산 작업이 가능하다는 사실도 기억하기 바란다.

8.2 판다스를 이용한 데이터 가공

판다스는 여러 용도에 사용할 수 있는데 그 중 가장 중요한 용도는 데이터 가공이라고 할 수 있다. 8.2절에서는 판다스의 다양한 데이터 가공 기능에 대하여 알아보기로 한다.

데이터프레임의 병합 I

판다스를 이용한 데이터 가공 작업 중 가장 중요한 작업은 여러 개의 데이터프레임들을 병합하는 작업이다.

<파이썬 코드>

데이터프레임을 병합하는 방법 I

pd.concat([df_1, df_2,...,df_n], axis=0)
# 데이터들을 행기준으로 병합/axis=0는 디폴트

pd.concat([df_1, df_2,...,df_n], axis=1)
# 데이터들을 열기준으로 병합

⚠ 행기준 데이터 병합은 공통 변수들에 대한 관측치들이 과정이다 (아래 그림은 pandas.pydata.org의 Pandas Cheat Sheet에서 인용하였음).

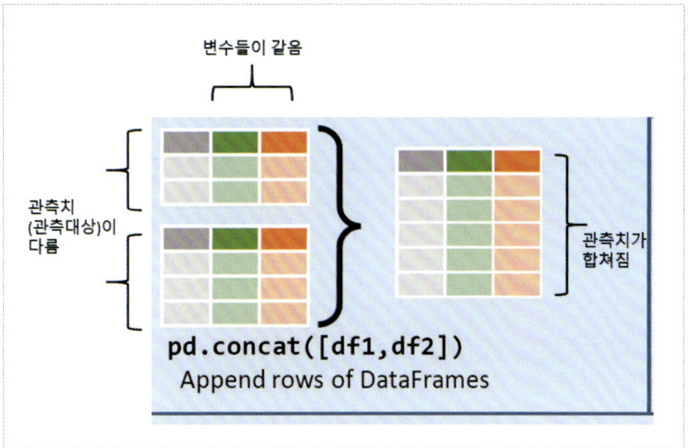

⚠ 열기준 데이터 병합은 공통의 관측치들에 대하여 변수들이 추가되는 과정이다.

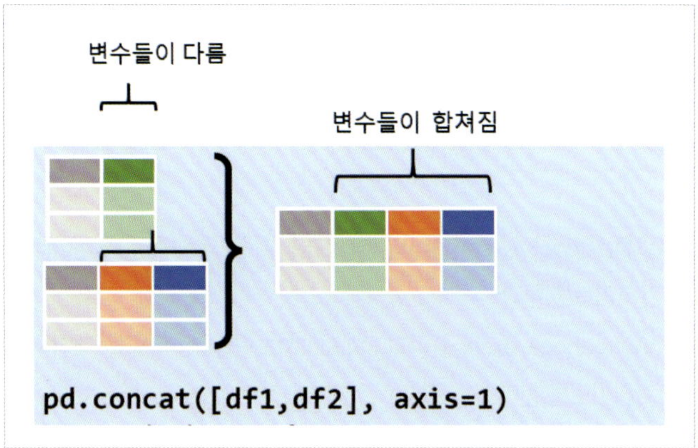

다음 사례는 여러 개의 엑셀파일들을 열기준으로 하나의 데이터프레임으로 병합하는 작업을 소개하고 있다.

코딩 사례 8.8 : 행기준 데이터프레임 병합

다음과 같이 C:/PKW/textbook/excel이라는 경로에 station(송파구), station(서초구), station(강남구) 등 서울시내 3개 구의 주유소에 대한 엑셀파일이 저장되어 있다고 하여 보자.

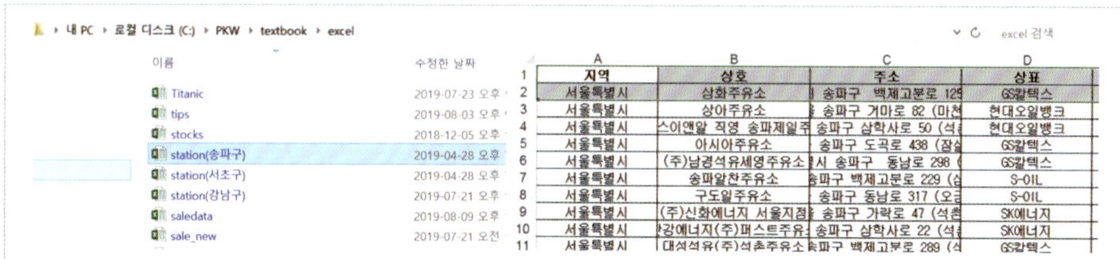

이 때 각 엑셀파일은 모두 동일한 변수 들에 대한 자료로 구성되어 있다. 이제 이 엑셀파일들을 행기준으로 병합하여 보자.

코드

```
1    import pandas as pd
2    gas_1=pd.read_excel('C:/PKW/textbook/excel/station(강남구).xlsx')
3    gas_2=pd.read_excel('C:/PKW/textbook/excel/station(서초구).xlsx')
4    gas_3=pd.read_excel('C:/PKW/textbook/excel/station(송파구).xlsx')
5    gas_all=pd.concat([gas_1, gas_2, gas_3],axis=0,ignore_index=True)
6    gas_all.tail()
```
[1]

코드 설명

- 라인 2: C:/PKW/textbook/excel 폴더의 station(강남구).xlsx 파일을 데이터프레임으로 변환하여 변수 gas_1이 가리키도록 한다.
- 라인 3: C:/PKW/textbook/excel 폴더의 station(서초구).xlsx 파일을 데이터프레임으로 변환하여 변수 gas_2가 가리키도록 한다.
- 라인 4: C:/PKW/textbook/excel 폴더의 station(송파구).xlsx 파일을 데이터프레임으로 변환하여

1) 데이터프레임의 내용을 간략하게 파악하기 위하여 여러 가지 메서드들을 이용할 수 있는데 주요 메서드만 소개하면 다음과 같다.
df.head( ): 첫 5행까지의 자료만 출력
df.tail( ): 마지막 5행의 자료만 출력
df.sample( ): 무작위로 선택된 행의 자료만 출력

변수 gas_3이 가리키도록 한다.

- 라인 5: 데이터프레임 gas_1, gas_2, ,gas_3를 행기준으로 병함한 데이터프레임을 생성하고 변수 gas_all이 가리키도록 한다. ignore_index=True를 사용하여 병합된 데이터프레임에는 디폴트인덱스가 새롭게 부여된다.

> **ignore_index=True**
>
> 데이터프레임을 행기준으로 병합할 때 기존 데이터프레임들의 인덱스는 무시하고 병합된 데이터프레임에 디폴트인덱스를 새로 부여한다.

코드의 실행결과

	지역	상호	주소	상표	전화번호	셀프여부	고급휘발유	휘발유	경유	실내등유
116	서울특별시	대신석유(주)진양주유소	서울 송파구 올림픽로 499 (풍납동)	SK에너지	02-477-1906	N	-	1698	1498	-
117	서울특별시	인광주유소	서울 송파구 송파대로 397 (석촌동)	SK에너지	02-417-7111	N	-	1698	1539	1338
118	서울특별시	서원주유소	서울 송파구 중대로 154 (가락동)	SK에너지	02-402-5929	N	1907	1718	1508	1094
119	서울특별시	(주)삼정석유	서울 송파구 백제고분로 252 (삼전동)	GS칼텍스	02-412-5189	N	-	1737	1496	-
120	서울특별시	선우상사	서울 송파구 백제고분로 199 (삼전동)	SK에너지	02-420-5101	N	2258	1998	1794	1289

여기서는 C:/PKW/textbook/excel 경로에 저장되어 있는 각 엑셀파일을 데이터프레임으로 변환한 후 데이터프레임들을 행기준으로 병합하고 있다.

이와 같이 병합해야 할 엑셀 파일 들의 개수가 적을 경우에는 각 파일을 일단 데이터프레임으로 변환한 이후 병합하면 되지만 엑셀파일들의 개수가 매우 많은 경우에는 어떻게 해야 할까? 예를 들어 다음과 같이 C:/PKW/textbook/excel/test1 폴더에 엑셀파일들이 저장되어 있다고 하여 보자.

〈C:/PKW/textbook/excel/test1 폴더내 파일들〉

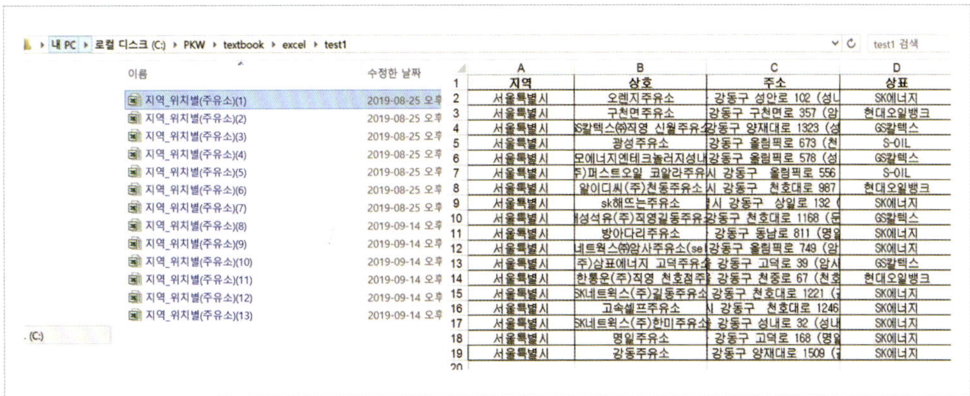

이러한 경우에 우리는 라이브러리인 OS 라이브러리를 활용하면 효율적으로 파일들을 병합할 수 있는데 우리가 필요한 OS 라이브러리의 함수들은 다음과 같다.

<파이썬 코드>

OS 모듈의 사용

```
import OS
 os.listdir(폴더)
          # 컴퓨터 디스크상의 특정 폴더내의 파일명들을 요소로 갖는 리스트를 생성

os.path.join(폴더, 파일명)
          # "폴더/파일명"이라는 파일 경로를 생성
```

os 라이브러리의 os.listdir(폴더)함수는 폴더 내에 저장되어 있는 파일들의 파일명을 요소로 가지는 리스트를 생성하는데 이용할 수 있다. 예를 들어 다음과 같은 프로그램을 실행하면 폴더 내에 저장되어 있는 파일들의 파일명을 요소로 가지는 리스트가 생성됨을 알 수 있다.

```
import os
base="C:/PKW/textbook/excel/test1"
os.listdir(base)
```

```
['지역_위치별(주유소)(1).xls',
 '지역_위치별(주유소)(10).xls',
 '지역_위치별(주유소)(11).xls',
 '지역_위치별(주유소)(12).xls',
 '지역_위치별(주유소)(13).xls',
 '지역_위치별(주유소)(2).xls',
 '지역_위치별(주유소)(3).xls',
 '지역_위치별(주유소)(4).xls',
 '지역_위치별(주유소)(5).xls',
 '지역_위치별(주유소)(6).xls',
 '지역_위치별(주유소)(7).xls',
 '지역_위치별(주유소)(8).xls',
 '지역_위치별(주유소)(9).xls']
```

한편 os 라이브러리의 os.path.join(폴더, 파일)함수는 폴더/파일명"이라는 파일 경로를 생성하여 주는데 다음 사례의 프로그램 실행 결과 "C:/PKW/textbook/excel/test1/지역_위치별(주유소)(1).xls"라는 파일 경로가 생성되는 것을 알 수 있다.

```
import os
base="C:/PKW/textbook/excel/test1"
file="지역_위치별(주유소)(1).xls"
os.path.join(base,file)
```

```
'C:/PKW/textbook/excel/test1₩₩지역_위치별(주유소)(1).xls'
```

이제 for 루프와 파이썬의 OS 모듈을 이용하여 좀 더 효율적으로 데이터를 병합할 수 있는 사례에 대하여 살펴 보기로 한다.

코딩 사례 8.9 : 행기준 데이터프레임 병합

C:/PKW/textbook/excel/test1 폴더에 엑셀파일들을 OS 모듈의 함수들을 이용하여 병합하기 위한 프로그램을 작성하여 보자.

코드

```
1 import pandas as pd
2 import os
3 base="C:/PKW/textbook/excel/test1"
4 dfs=[ ]
5 for file in os.listdir(base):
6     temp=pd.read_excel(os.path.join(base,file))
7     dfs.append(temp)
8 data=pd.concat(dfs,axis=0,ignore_index=True)
9 data.tail()
```

코드 설명

- 라인 2: os 라이브러리를 임포트한다.
- 라인 3: "C:/PKW/textbook/excel/test1"라는 문자열을 생성하고 변수 base가 가리키도록 한다.
- 라인 4: 빈 리스트를 생성하고 변수 dfs가 가리키도록 한다.

- 라인 5: C:/PKW/textbook/excel/test1 폴더 내의 파일명들을 요소로 갖는 리스트의 요소들을 순서대로 타겟변수 file에 할당하고 for 루프의 실행문 라인 6~7이 반복실행되도록 한다.
- 라인 6: 타겟변수 file이 가리키는 엑셀파일로부터 데이터프레임을 생성하고 변수 temp가 가리키도록 한다. 여기서 os.path.join(base, file)함수는 "C:/PKW/textbook/excel/test1/file"라는 파일경로를 생성하여 준다.
- 라인 7: 변수 temp가 가리키는 데이터프레임을 빈 리스트 dfs에 추가한다. 이후 라인 5로 되돌아가서 타겟변수 file에 C:/PKW/textbook/excel/test1 내의 다음 파일명이 할당되도록 한다.
- 라인 8: 리스트 dfs의 모든 데이터프레임들을 행기준으로 병합한 데이터프레임을 변수 data가 가리키도록 한다. 데이터프레임 data에는 디폴트인덱스를 새로 부여한다.

코드의 실행결과

	지역	상호	주소	상표	전화번호	셀프여부	고급휘발유	휘발유	경유	실내등유
235	서울특별시	대성산업(주)신창주유소	서울 도봉구 덕릉로 267 (창동)	GS칼텍스	02-905-4441	N	-	1548.0	1329.0	-
236	서울특별시	도담주유소	서울특별시 도봉구 도봉로 941 (도봉동)	SK에너지	02-3491-5577	N	-	1559.0	1345.0	-
237	서울특별시	제일주유소	서울 도봉구 해등로3길 86 (창동)	S-OIL	02-996-8790	N	-	1598.0	1398.0	-
238	서울특별시	sk네트웍스 영신주유소	서울특별시 도봉구 방학로 151 (방학동 671-2)	SK에너지	02-956-5152	N	-	1639.0	1429.0	963
239	서울특별시	해와달주유소	서울 도봉구 마들로 776 (도봉동)	현대오일뱅크	02-956-1600	N	-	1998.0	1690.0	1188

코딩 사례 8.10 : 열기준 데이터프레임 병합

다음 엑셀 파일 quiz1, quiz2, quiz3에는 각각 세 차례의 시험성적이 입력되어 있다고 하여 보자. 세 차례의 시험성적을 하나의 파일로 병합하려면 어떻게 해야할까?

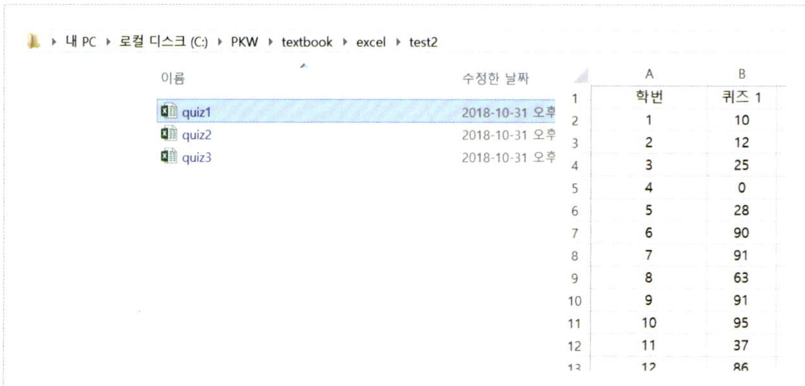

코드

```
1   import pandas as pd
2   import os
3   base="C:/PKW/textbook/excel/test2"
4   dfs=[ ]
5   for file in os.listdir(base):
6       temp=pd.read_excel(os.path.join(base,file))
7       temp.set_index('학번',inplace=True)
8       dfs.append(temp)
9   data=pd.concat(dfs,axis=1)
10  data.tail(5)
```

코드 설명

- 라인 2: os 라이브러리를 임포트한다.
- 라인 3: "C:/PKW/textbook/excel/test2"라는 문자열을 생성하고 변수 base가 가리키도록 한다.
- 라인 4: 빈 리스트를 생성하고 변수 dfs가 가리키도록 한다.
- 라인 5: C:/PKW/textbook/excel/test2 폴더 내의 파일명들을 요소로 갖는 리스트의 요소들을 순서대로 타겟변수 file에 할당하고 for 루프의 실행문 라인 6~8이 반복실행되도록 한다.
- 라인 6: C:/PKW/textbook/excel/test2폴더 내의 file로부터 데이터프레임을 생성하고 변수 temp가 가리키도록 한다.
- 라인 7: temp가 가리키는 데이터프레임의 '학번' 열을 인덱스로 사용하여 원래의 데이터프레임을 변경시킨다.

> **df.set_index('열레이블', inplace=True)**
> 데이터프레임 df의 특정 열레이블의 자료값들을 인덱스로 사용하도록 하기 위한 함수이다. inplace=True 코드는 이와 같이 변환시킨 데이터로 기존의 데이터프레임을 덮어 쓰라는 의미이다.

- 라인 8: temp가 가리키는 데이터프레임을 빈 리스트 dfs에 추가한다. 라인 5로 되돌아가서 C:/PKW/textbook/excel/test1 폴더 내의 다음 파일명이 타겟변수 file에 할당되도록 한다.
- 라인 9: 리스트 dfs의 모든 데이터프레임들을 열기준으로 병합한 데이터프레임을 변수 data가 가리키도록 한다.

코드의 실행결과

	퀴즈 1	퀴즈 2	퀴즈 3
학번			
55	69	67	73
56	39	31	37
57	76	69	71
58	65	82	80
59	75	93	84

데이터프레임의 병합 II

다음과 같이 house_info_part와 house_price_part라는 엑셀파일들이 특정 폴더 내에 저장되어 있다고 하여 보자.

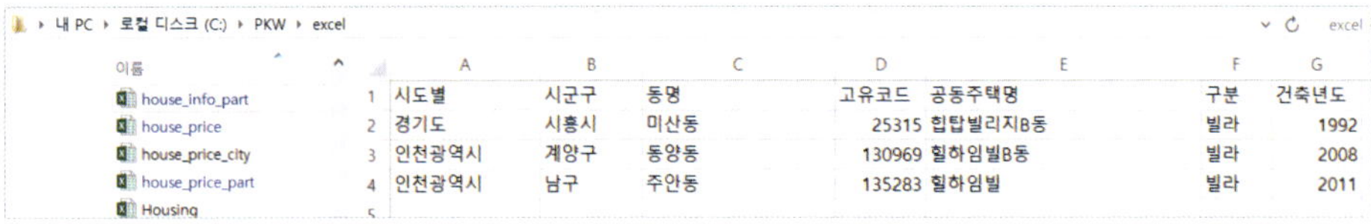

	A	B	C	D	E	F	G
1	시도별	시군구	동명	고유코드	공동주택명	구분	건축년도
2	경기도	시흥시	미산동	25315	힙탑빌리지B동	빌라	1992
3	인천광역시	계양구	동양동	130969	힐하임빌B동	빌라	2008
4	인천광역시	남구	주안동	135283	힐하임빌	빌라	2011

	A	B	C	D	E	F	G	H	I
1	고유코드	공동주택명	구분	가격구분	평형	계약일	보증금	월세액	년월
2	25315	힙탑빌리지B동	빌라	전세	35.15	11~20	2000	0	201508
3	25315	힙탑빌리지B동	빌라	월세	35.33	21~30	500	30	201509
4	25315	힙탑빌리지B동	빌라	전세	35.15	21~30	3000	0	201511
5	135283	힐하임빌	빌라	월세	52.53	11~20	2000	35	201504
6	135283	힐하임빌	빌라	월세	47.15	1~10	1000	45	201507

house_info_part라는 엑셀파일에는 공동주택(아파트/ 빌라)에 대한 지역, 고유코드, 공동주택명, 구분, 건축년도 등의 기본정보들이 공동주택별로 하나의 행에 기록되어 있음을 알 수 있다.

한편, house_info_part라는 엑셀파일에는 매매구분, 평형, 매매가격, 매매시기 등 공동주택들의 매매가격 정보가 기록되어 있는데 한 공동주택의 가격 정보가 여러 행에 기록되어 있음을 알 수 있다. 이것은 하나의 공동주택 내에서도 여러 주택들의 거래(매매/전세/월세)가 이루어지기 때문이다. 또한 house_info_part 파일에 기본 정보가 기록되어 있는 공동주택의 경우 house_info_part 파일에는 가격정보가 없을 수도 있는데 이는 해당 공동주택의 경우 거래가 없었기 때문일 것이다.

또한 두 엑셀파일에는 고유코드/공동주택명/구분이라는 공통의 변수들이 존재한다는 것도 알 수 있다.

이와 같은 경우 다음과 같이 기본정보와 가격정보가 합쳐진 하나의 데이터로 병합하는 방법은 무엇일까?

	시도별	시군구	동명	고유코드	공동주택명	구분	건축년도	가격구분	평형	계약일	보증금	월세액	년월
0	경기도	시흥시	미산동	25315	힙탑빌리지B동	빌라	1992	전세	35.15	11~20	2000	0	201508
1	경기도	시흥시	미산동	25315	힙탑빌리지B동	빌라	1992	월세	35.33	21~30	500	30	201509
2	경기도	시흥시	미산동	25315	힙탑빌리지B동	빌라	1992	전세	35.15	21~30	3000	0	201511
3	인천광역시	남구	주안동	135283	힐하임빌	빌라	2011	월세	52.53	11~20	2000	35	201504
4	인천광역시	남구	주안동	135283	힐하임빌	빌라	2011	월세	47.15	1~10	1000	45	201507

이러한 경우 우리는 "merge"함수를 활용함으로써 원하는 결과를 얻을 수 있는데 그 방법은 다음과 같다.

<파이썬 코드>

데이터프레임을 병합하는 방법 II

pd.merge(df_1, df_2, on=, how=)
on= ; 데이터 병합의 기준이 되는 열레이블을 지정
how= ; Inner/outer/left/right 등의 값을 사용

⚠ inner; 두 데이터에 공통으로 존재하는 인덱스의 자료들만을 병합(디폴트)

⚠ outer; 두 데이터에 존재하는 모든 인덱스들의 자료들을 병합

⚠ left; 앞 데이터(df_1)의 인덱스 자료들만을 병합

⚠ right; 뒤 데이터(df_2)의 인덱스 자료들만을 병합

코딩 사례 8.11 : 복잡 데이터의 병합

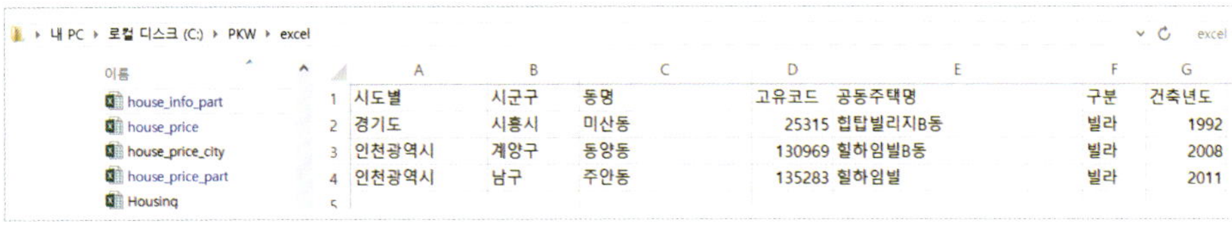

	A	B	C	D	E	F	G
1	시도별	시군구	동명	고유코드	공동주택명	구분	건축년도
2	경기도	시흥시	미산동	25315	힙탑빌리지B동	빌라	1992
3	인천광역시	계양구	동양동	130969	힐하임빌B동	빌라	2008
4	인천광역시	남구	주안동	135283	힐하임빌	빌라	2011

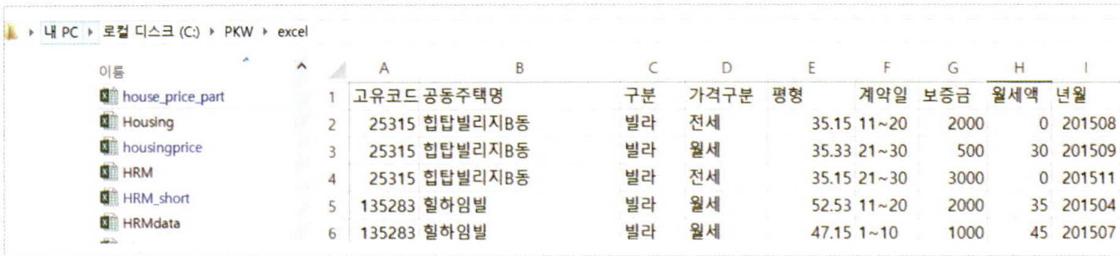

	A	B	C	D	E	F	G	H	I
1	고유코드	공동주택명	구분	가격구분	평형	계약일	보증금	월세액	년월
2	25315	힙탑빌리지B동	빌라	전세	35.15	11~20	2000	0	201508
3	25315	힙탑빌리지B동	빌라	월세	35.33	21~30	500	30	201509
4	25315	힙탑빌리지B동	빌라	전세	35.15	21~30	3000	0	201511
5	135283	힐하임빌	빌라	월세	52.53	11~20	2000	35	201504
6	135283	힐하임빌	빌라	월세	47.15	1~10	1000	45	201507

pd.merge( )를 이용하여 두 엑셀파일에 모두 존재하는 use_id 자료값을 기준으로 변수들을 병합하기 위하여 다음과 같이 코딩하고 그 결과를 살펴 보자.

코드

```
1    import pandas as pd
2    df1=pd.read_excel("C:/PKW/excel/house_info_part.xlsx")
3    df2=pd.read_excel("C:/PKW/excel/house_price_part.xlsx")
4    data=pd.merge(df1,df2,on=['고유코드','공동주택명','구분'])
5    print(data)
```

코드 설명

- 라인 4:공통변수인 고유코드, 공동주택명, 구분열의 값이 df1와 df2 모두에 존재하는 공동주택들에 대하여 df1과 df2의 열들을 병합하여 data라는 데이터프레임을 생성한다.

코드의 실행결과

	시도별	시군구	동명	고유코드	공동주택명	구분	건축년도	가격구분	평형	계약일	보증금	월세액	년월
0	경기도	시흥시	미산동	25315	힙탑빌리지B동	빌라	1992	전세	35.15	11~20	2000	0	201508
1	경기도	시흥시	미산동	25315	힙탑빌리지B동	빌라	1992	월세	35.33	21~30	500	30	201509
2	경기도	시흥시	미산동	25315	힙탑빌리지B동	빌라	1992	전세	35.15	21~30	3000	0	201511
3	인천광역시	남구	주안동	135283	힐하임빌	빌라	2011	월세	52.53	11~20	2000	35	201504
4	인천광역시	남구	주안동	135283	힐하임빌	빌라	2011	월세	47.15	1~10	1000	45	201507

판다스를 이용한 데이터 필터링

데이터로부터 일정한 조건을 만족시키는 데이터만을 추출하는 작업을 데이터 필터링이라고 한다. 데이터프레임 필터링을 가장 효율적으로 실행하는 방법은 다음과 같이 "query"함수를 이용하는 방법이다.

<파이썬 코드>

데이터프레임 필터링

```
df.query("조건문")
```

⚠ query 함수의 인자에 조건을 표현하는 문자열을 입력한다.

코딩 사례 8.12 : 특정 범주에 속하는 데이터만 필터링하기

다음과 같이 C:/PKW/textbook/excel 디렉토리에 employee.xlxs라는 파일이 저장되어 있다고 하여 보자. 이러한 자료로부터 "직무"유형이 "마케팅"인 사원들의 자료만 추출할 필요가 있다면 어떻게 해야 할까?

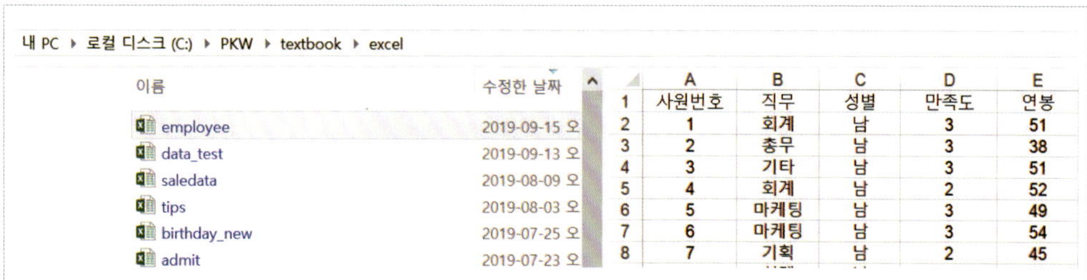

"직무"유형이 "마케팅"인 사원들의 자료만 추출하기 위하여 아래와 같이 코딩하여 보자.

코드

```
1 import pandas as pd
2 data=pd.read_excel("C:/PKW/textbook/excel/employee.xlsx")
3 marketing=data.query(' 직무== "마케팅" ')
4 marketing.head()
```

코드 설명

- 라인 2: C:/PKW/textbook/excel 폴더의 employee.xlsx 파일을 데이터프레임으로 변환하여 변수 data가 가리키도록 한다.
- 라인 3:데이터프레임 data로부터 '직무'열의 값이 "마케팅"인 행들만을 추출하여 새로운 데이터프레임을 생성하고 변수 marketing이 가리키도록 한다.

코드의 실행결과

	사원번호	직무	성별	만족도	연봉
4	5	마케팅	남	3	49
5	6	마케팅	남	3	54
24	25	마케팅	남	1	58
29	30	마케팅	남	1	62
30	31	마케팅	남	1	53

코딩 사례 8.13 : 조건을 만족시키는 데이터만 필터링하기

여기서는 〈코딩사례 8.12〉의 자료로부터 "연봉"이 60(백만원)이상인 사원들의 자료만 추출하여 보자.

코드

```
import pandas as pd
data=pd.read_excel("C:/PKW/textbook/excel/employee.xlsx")
high_salary=data.query('연봉>60')
print(high_salary)
```

코드 설명

- 라인 2: C:/PKW/textbook/excel 폴더의 employee.xlsx 파일을 데이터프레임으로 변환하여 변수 data 가 가리키도록 한다.
- 라인 3:데이터프레임 data로부터 '연봉'열의 값이 60보다 큰 행들만을 추출하여 새로운 데이터프레임을 생성하고 변수 high_salary가 가리키도록 한다.

코드의 실행결과

	사원번호	직무	성별	만족도	연봉
29	30	마케팅	남	1	62
35	36	회계	남	1	62
38	39	마케팅	남	1	64
157	158	회계	여	1	61
162	163	마케팅	여	1	65
208	209	마케팅	여	1	63

판다스를 이용한 엑셀 파일 생성

우리는 앞에서 엑셀파일을 데이터프레임으로 변형하는 방법에 대하여 소개한 바 있다. 그런데 이와는 반대로 데이터프레임을 엑셀파일로 변환할 수는 없을까? 판다스를 이용하면 다음과 같은 간단한 코딩으로 데이터프레임을 엑셀파일로 변화시킬 수 있다.

<파이썬 코드>

데이터프레임으로부터 엑셀 파일 생성하는 방법

```
df.to_excel("파일 디렉토리")
```

⚠ 예를 들어 df.to_excel("C:/Temp/data.xlsx")라는 코딩은 "df"라는 데이터프레임을 data.xlsx라는 엑셀파일로 변형하여 C:/Temp 디렉토리에 저장하라는 의미이다.

코딩 사례 8.14 : 엑셀파일을 데이터프레임으로 변환하기

코드

```
1    import pandas as pd
2    data=pd.read_excel("C:/PKW/textbook/excel/employee.xlsx")
3    marketing=data[data['직무']=='마케팅']
4    marketing.to_excel("C:/PKW/textbook/excel/marketing.xlsx")
```

코드 설명

- 라인 2: C:/PKW/textbook/excel 폴더의 employee.xlsx 파일을 데이터프레임으로 변환하여 변수 data가 가리키도록 한다.
- 라인 3:데이터프레임 data로부터 '직무'열의 값이 '마케팅'인 행들만을 추출하여 새로운 데이터프레임을 생성하고 변수 marketing이 가리키도록 한다.
- 라인 4: 데이터프레임 marketing을 이용하여 C:/PKW/textbook/excel 폴더내에 marketing.xlsx 이라는 엑셀파일을 생성한다.

코드의 실행결과

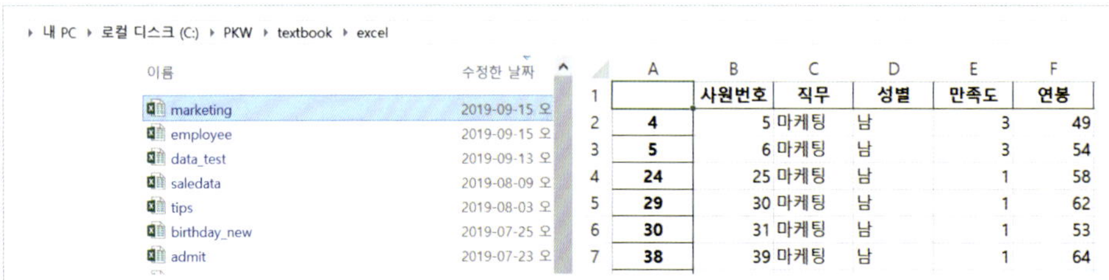

	A	B	C	D	E	F
1		사원번호	직무	성별	만족도	연봉
2	4	5	마케팅	남	3	49
3	5	6	마케팅	남	3	54
4	24	25	마케팅	남	1	58
5	29	30	마케팅	남	1	62
6	30	31	마케팅	남	1	53
7	38	39	마케팅	남	1	64

직무가 "마케팅"인 사원들의 데이터만으로 구성된 새로운 엑셀파일 "marketing.xlsx"이 C:/PKW/textbook/excel 디렉토리에 생성되어 있는 것을 알 수 있다.

판다스를 이용한 시계열 데이터의 시간 간격 조절

다음과 같이 C:/PKW/textbook/excel 디렉토리에 sale_all.xlxs라는 파일이 저장되어 있다고 하여 보자. 이 파일에는 실시간별로 1년 동안 고객들의 주문상품, 수량, 주문액 등의 자료가 입력되어 있다고 한다.

그런데 이러한 데이터로부터 만약 월별 주문액 합계를 계산하고자 한다면 어떻게 해야할까? 혹은 월별 주문액 평균을 계산하고자 한다면 어떻게 해야 할까? 이와 같은 연산은 자료들이 초단위로 입력되어 있으므로 계산이 그리 간단하지 않다는 것을 짐작할 수 있다. 그러나 resample( )함수를 이용하면 이러한 문제를 매우 쉽게 해결할 수 있다.

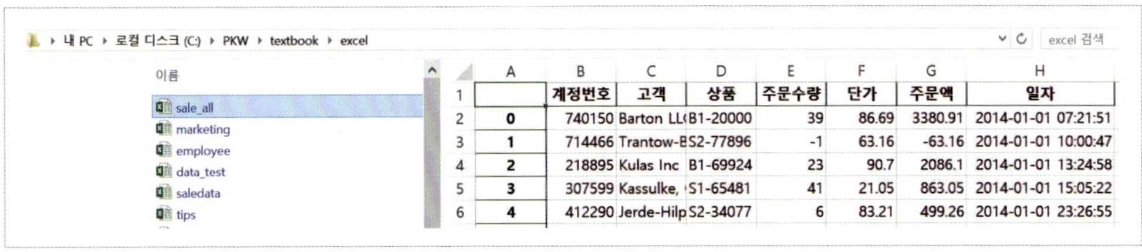

	A	B	C	D	E	F	G	H
1		계정번호	고객	상품	주문수량	단가	주문액	일자
2	0	740150	Barton LL(	B1-20000	39	86.69	3380.91	2014-01-01 07:21:51
3	1	714466	Trantow-E	S2-77896	-1	63.16	-63.16	2014-01-01 10:00:47
4	2	218895	Kulas Inc	B1-69924	23	90.7	2086.1	2014-01-01 13:24:58
5	3	307599	Kassulke,	S1-65481	41	21.05	863.05	2014-01-01 15:05:22
6	4	412290	Jerde-Hilp	S2-34077	6	83.21	499.26	2014-01-01 23:26:55

<파이썬 코드>

시계열 데이터의 시간 간격 조절

df.**resample( )**.메서드( )

⚠ resample( ) 함수를 이용하려면 데이터프레임의 인덱스가 일자를 나타내는 자료형인 datetime64이어야만 한다.

⚠ resample( ).메서드( )에서 사용할 수 있는 주요 메서드는 다음과 같다.

sum : 자료값들의 합
mean :자료값들의 평균
max: 자료값들중 최대값
min:자료값들중 최소값
std:자료값들의 표준편차
var:자료값들의 분산

코딩 사례 8.15 : 실시간 데이터에서 기간별(월별 등) 통계량 계산하기

앞서 소개한 sale_all.xlxs자료를 이용하여 다음과 같이 월별 주문액 합계를 계산하기 위한 코딩을 하여 보자.

코드

```
1    import pandas as pd
2    pd.set_option('display.float_format','{: ,.0f}'.format)
3    df = pd.read_excel("C:/PKW/textbook/excel/sale_all.xlsx")
4    df['일자']=pd.to_datetime(df['일자'])
5    df.set_index('일자',inplace=True)
6    df1=df['주문액'].resample('M').sum()
7    print(df1)
```

코드 설명

- 라인 2: 데이터프레임의 값들이 정수로 출력되도록 한다.
- 라인 3:C:/PKW/textbook/excel 폴더의 employee.xlsx 파일을 데이터프레임으로 변환하여 변수 data가 가리키도록 한다.
- 라인 4: 데이터프레임 df의 '일자'열의 값들의 자료유형을 datatime64형으로 변환시켜 데이터프레임 df의 '일자'열을 변경시킨다.

> **pd.to_datetime(df[ ])**
> 슬라이싱한 열의 자료유형을 일자로 변환한 시리즈를 반환한다.

- 라인 5: 데이터프레임 df의 '일자'열의 값들을 인덱스로 사용하고 기존의 데이터프레임 df를 덮어쓴다.
- 라인 6: 데이터프레임 df의 '주문액'열의 값들로부터 월별 합계액이 계산된 시리즈를 생성하고 변수 df1이 가리키도록 한다.
- 라인 7: 시리즈 df1을 출력한다.

코드의 실행결과

```
일자
2014-01-31    185,362
2014-02-28    146,212
2014-03-31    203,921
2014-04-30    174,574
2014-05-31    165,419
2014-06-30    174,089
2014-07-31    191,662
2014-08-31    153,779
2014-09-30    168,443
2014-10-31    171,495
2014-11-30    119,961
2014-12-31    163,867
Freq: M, Name: 주문액, dtype: float64
```

판다스를 이용한 자료값의 변경

다음과 같이 birthday.xlsx라는 엑셀 파일에 '생일'이라는 변수가 입력되어 있다고 하여 보자. 만약 '생일'변수의 자료값을 이용하여 '출생년도', '출생월', '출생일', '나이'라는 새로운 변수들을 생성하여 새로운 엑셀 파일을 만들어야 할 필요가 있다고 하여 보자. 이러한 경우 apply( )함수를 사용하면 편리하다.

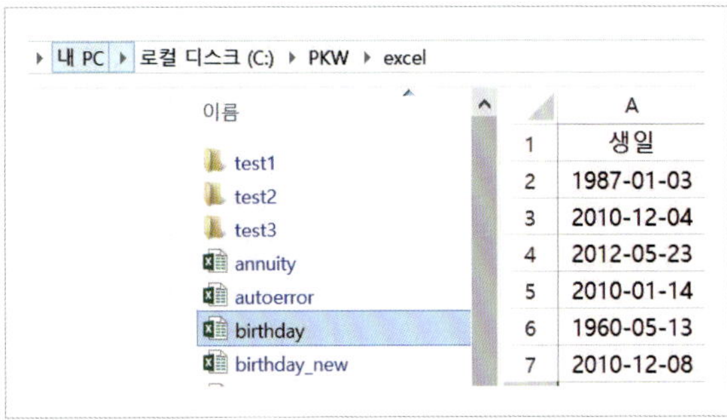

<파이썬 코드>

자료값의 변경

df.apply(lambda 함수)

apply 함수의 인자로 익명함수 뿐만 아니라 파이썬 함수를 사용할 수도 있다.[2]

2) 익명함수에 대해서는 8장 부록을 참고하기 바란다.

코딩 사례 8.16 : 문자열인 자료값을 분리하기

앞서 소개한 birthday.xlsx 파일의 '생일'변수의 자료값들에 apply( )함수를 적용하여 '출생년도', '출생월', '출생일', '나이'라는 새로운 변수들이 생성된 데이터프레임을 만들고 이를 엑셀파일로 변환하기 위하여 다음과 같이 코딩하였다.

코드

```
1    import pandas as pd
2    data=pd.read_excel('C:/PKW/textbook/excel/birthday.xlsx')
3    data['생일']=data['생일'].astype(str)
4    data["출생년도"]=data["생일"].apply(lambda x: x.split("-")[0] )
5    data["출생월"]=data["생일"].apply(lambda x: x.split("-")[1])
6    data["출생일"]=data["생일"].apply(lambda x: x.split("-")[2])
7    data["나이"]=2019-data["출생년도"].astype(int)
8    data.to_excel('C:/PKW/textbook/excel/birthday_new.xlsx')
```

코드 설명

- 라인 3: 데이터프레임 data의 '생일'열의 자료값을 문자열로 변환한다.

> **df[ ].astype(str)**
> 수인 열의 자료 값을 문자열로 변환시킨다.

- 라인 4: 데이터프레임 data의 '생일'열의 자료값에서 " - "로 분리된 문자열들을 요소로 가지는 리스트의 인덱스 0의 요소들로 '출생년도'라는 열을 생성하여 data에 추가한다.

> **x.split("_")**
> 문자열 x에서 " - " 기호로 분리된 문자열들을 요소로 가지는 리스트를 생성한다.

- 라인 5: 데이터프레임 data의 '생일'열의 자료값에서 " - "로 분리된 문자열들을 요소로 가지는 리스트의 인덱스 1의 요소들로 '출생월'이라는 열을 생성하여 data에 추가한다.

- 라인 6:데이터프레임 data의 '생일'열의 자료값에서 " – "로 분리된 문자열들을 요소로 가지는 리스트의 인덱스 2의 요소들로 '출생일이라는 열을 생성하여 data에 추가한다.
- 라인 7: 수 2019에서 data의 '생일'열의 자료값을 정수로 변환한 값을 차감한 값들로 '나이'라는 열을 생성하여 data에 추가한다.

> **df[ ].astype(int)**
> 열의 자료 값이 문자열인 경우 정수로 변환시킨다.

- 라인 8:'C:/PKW/textbook/excel' 폴더에 birthday_new.xlsx라는 엑셀파일을 생성한다.

코드의 실행결과

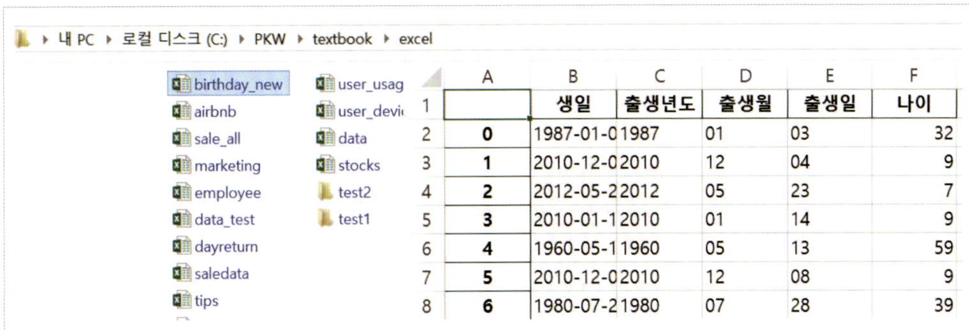

	A	B	C	D	E	F
1		생일	출생년도	출생월	출생일	나이
2	0	1987-01-0	1987	01	03	32
3	1	2010-12-0	2010	12	04	9
4	2	2012-05-2	2012	05	23	7
5	3	2010-01-1	2010	01	14	9
6	4	1960-05-1	1960	05	13	59
7	5	2010-12-0	2010	12	08	9
8	6	1980-07-2	1980	07	28	39

코드를 실행한 결과 C:/PKW/textbook/excel 디렉토리에 birthday_new.xlsx라는 엑셀파일이 생성되어 있으며 '출생년도', '출생월', '출생일', 그리고 '나이'라는 새로운 변수들이 성공적으로 생성되어 있음을 알 수 있다.

코딩 사례 8.17: 자료값 변경하기

〈코딩사례 8.12〉의 employee.xlsx라는 엑셀파일에는 성별이라는 변수의 값이 문자열로 입력되어 있다. 이때 "여"와 "남"을 각각 "0"과 "1로 변경할 필요가 있다면 어떻게 해야할까?

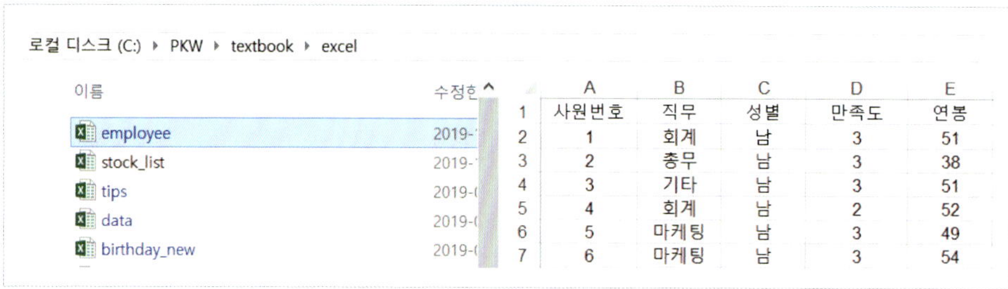

코드

```
1    import pandas as pd
2    data=pd.read_excel('C:/PKW/textbook/excel/employee.xlsx')
3    data['성별']=data['성별'].apply(lambda x: 0 if x=='여' else 1)
4    data.sample(5)
```

코드 설명

- 라인 3: 익명함수 "lambda x: 0 if x=='여' else 1"는 x의 값이 "여"인 경우 x의 값을 "0"으로 변경하고 그렇지 않은 경우(즉, x=="남"인 경우) x 값을 1로 바꾸어 준다. 따라서 데이터프레임 data의 '성별' 열의 값들중 '여'는 '0'으로, '남'은 '1'로 바꾸어 데이터프레임 data의 '성별' 열을 변경시킨다.

코드의 실행결과

	사원번호	직무	성별	만족도	연봉
249	250	기획	0	3	49
115	116	기타	1	3	38
217	218	기타	0	3	46
33	34	기획	1	3	41
149	150	기타	1	4	50

여기서 익명함수 "lambda x: 0 if x=='여' else 1"는 x의 값이 "여"인 경우 x의 값을 "0"으로 변경하고 그렇지 않은 경우(즉, x=="남"인 경우) x 값을 1로 변경시키라는 의미의 익명함수이다.

파이썬과 함께 하는 경영학

8.3 판다스를 이용한기술 통계량 연산

우리는 7.2절에서 분산과 표준편차에 대하여 공부한 바 있다. 여기서는 좀 더 다양한 기술통계량에 대하여 알아 보기로 한다.

중앙값(Median)

수치자료를 작은 값부터 순서대로 정렬할 경우 가운데에 위치하는 값

최빈값(Mode)

수치자료값들 중 가장 많은 빈도로 발생하는 값

분위수(Quantile)

수치자료를 작은 값부터 순서대로 정렬하여 동일한 개수로 등분하는 경우 각 등분의 경계에 위치하는 수

(예)

- 사분위수(Quartile); 수치자료를 작은 값부터 순서대로 정렬하여 동일한 개수로 4 등분하는 경우 각 등분의 경계에 위치하는 수를 말하며 제1사분위수, 제2사분위수, 제3사분위수 등이 있다.

분산, 표준편차 및 분위수는 수치자료값들이 평균을 중심으로 얼마나 흩어져 있는 지를 파악하는데 이용된다.

표본공분산과 표본상관계수(Correlation coefficient)

표본 공분산: 2개의 수치자료간에 존재하는 관계의 방향성과 크기를 나타내는 통계량

상관계수: 2개의 수치자료간에 존재하는 관계의 방향성과 표준화된 크기를 나타내는 통계량으로 "-1"과 "+1"사이의 값을 가진다.

판다스에서는 이와 같은 기술통계량들을 연산하기 위한 다양한 메서드들을 사용할 수 있다.

<파이썬 코드>

기술통계량 연산을 위한 판다스 함수

```
df.mean( ) #평균값 연산
df.median() #중앙값 연산
df.mode( ) #최빈값 연산
df.var( ) #분산 연산
df.std( ) #표준편차 연산
df.quantile( ) #분위수 연산
df.describe( ) #요약 기술통계량 연산
df.cov( ) #변수들간 공분산 연산
df.corr( ) #변수들간 상관계수 연산
```

⚠ df는 데이터 프레임 전체일 수도 있고 슬라이싱을 이용하여 선택된 일부 열이나 행일 수도 있다.

⚠ 기술통계량 연산 함수를 데이터프레임 전체에 적용하는 경우 행기준 연산인 경우(각 열 자료값들의 통계량 계산)에는 axis=0을 열기준 연산인 경우(각 행 자료값들의 통계량 계산))에는 axis=1 명령어를 지정해 주어야 한다.

코딩 사례 8.18: 수치자료의 기술통계량 계산하기

〈코딩사례 8.12〉에서 소개한 employee.xlsx에는 수치자료인 '연봉'열의 값들에 대한 기술통계량을 연산하기 위한 코딩은 다음과 같다.

코드

```
import pandas as pd
df=pd.read_excel("C:/PKW/textbook/excel/employee.xlsx")
average=df['연봉'].mean()
center=df['연봉'].median()
variance=df['연봉'].var()
std_dev=df['연봉'].std()
```

```
7    print("연봉평균/중앙값/분산/표준편차","\n')
8    print(format(average,'.2f'),format(center,'.2f'),
9          format(variance,'.2f'),format(std_dev,'.2f'))
```

코드 설명

- 라인 3: df의 '연봉' 열의 평균을 계산하여 변수 average가 가리키도록 한다.
- 라인 4: df의 '연봉' 열의 중앙값을 계산하여 변수 center가 가리키도록 한다.
- 라인 5: df의 '연봉' 열의 분산을 계산하여 변수 variance가 가리키도록 한다.
- 라인 6: df의 '연봉' 열의 표준편차를 계산하여 변수 std_dev가 가리키도록 한다.

코드의 실행결과

```
연봉평균/중앙값/분산/표준편차

47.13 47.00 46.83 6.84
```

그룹별 기술통계량 연산

수치변수의 기술통계량들을 그룹별로 연산하는 작업이 필요한 경우가 종종 발생하는데 판다스에서는 groupby( ) 함수를 이용하면 쉽게 이러한 작업을 수행할 수 있다.

<파이썬 코드>

그룹별 기술통계량 연산

df.**groupby( )[ ]**.메서드( )

⚠ groupby( )함수의 인자는 그룹 분류의 기준이 되는 열레이블(또는 열레이블 리스트)를 입력하고, [ ]에는 통계량 연산 대상인 열레이블(또는 열레이블 리스트)를 입력한다.

코딩 사례 8.19: 사원들의 직무유형별로 평균 연봉 계산하기

〈코딩사례 8.11〉에서 수치자료인 '연봉'의 자료값들을 "직무"의 유형별로 평균값을 연산하기 위한 코딩은 다음과 같다.

코드

```
1    import pandas as pd
2    df=pd.read_excel("C:/PKW/textbook/excel/employee.xlsx")
3    df_job=df.groupby('직무')['연봉'].describe().round(2)
4    print(df_job)
```

코드 설명

- 라인 3: 데이터프레임 df의 '연봉'열의 요약통계량을 '직무'열의 값별로 계산하여 그 결과를 변수 df_job이 가리키도록 한다.

코드의 실행결과

직무	count	mean	std	min	25%	50%	75%	max
기타	28.0	39.29	6.33	26.0	35.75	37.5	45.00	51.0
기획	36.0	43.67	4.47	34.0	41.00	44.0	46.25	54.0
마케팅	52.0	52.08	6.54	37.0	46.00	53.0	58.00	65.0
총무	64.0	44.69	4.55	33.0	42.00	45.0	48.00	54.0
회계	73.0	50.45	5.16	40.0	47.00	51.0	54.00	62.0

다음 사례에서는 수치자료의 기술통계량을 두 가지 기준에 따른 그룹별로 연산하는 사례에 대한 코딩과 실행결과를 보여 주고 있다.

코딩 사례 8.20: 사원들의 직무유형별/성별 연봉 평균 계산하기

〈코딩사례 8.11〉에서 '연봉'의 자료값들을 "직무"와 "성별" 기준으로 요약 기술통계량을 연산하기 위한 코딩은 다음과 같다.

코드

```
1    import pandas as pd
2    df=pd.read_excel("C:/PKW/textbook/excel/employee.xlsx")
3    df_job_gender=df.groupby(['직무','성별'])['연봉'].describe().round(2)
4    df_job_gender
```

코드 설명

- 라인 3: 데이터프레임 df의 '연봉'열의 평균을 '직무'열의 값과 '성별'열의 값별로 계산하고 그 결과를 변수 df_job-gender가 가리키도록 한다.

코드의 실행결과

직무	성별	count	mean	std	min	25%	50%	75%	max
기타	남	13.0	41.62	5.87	34.0	37.00	39.0	46.0	51.0
	여	15.0	37.27	6.19	26.0	33.50	36.0	43.5	46.0
기획	남	18.0	42.89	3.68	34.0	41.00	44.0	45.0	48.0
	여	18.0	44.44	5.14	35.0	41.25	44.0	48.0	54.0
마케팅	남	21.0	52.95	5.94	37.0	51.00	53.0	55.0	64.0
	여	31.0	51.48	6.95	39.0	46.00	51.0	58.5	65.0
총무	남	39.0	44.64	4.67	35.0	42.00	45.0	48.0	54.0
	여	25.0	44.76	4.46	33.0	42.00	45.0	48.0	52.0
회계	남	40.0	50.90	4.51	43.0	48.00	51.0	55.0	62.0
	여	33.0	49.91	5.89	40.0	45.00	50.0	54.0	61.0

8.4 판다스를 이용한 도수분포표와 분류표 작성

도수분포표 작성

파이썬과 함께 하는 경영학

도수분포표

도수분포표는 범주변수의 자료값별 절대도수(빈도)를 표시해 놓은 표이다.

(예)1차원 도수분포표: 직무유형에 따른 사원수

col_0	사원수
직무	
기타	28
기획	36
마케팅	52
총무	64
회계	73

(예) 2차원도수분포표: 직무유형에 따른 남/여 사원수

성별	남	여
직무		
기타	13	15
기획	18	18
마케팅	21	31
총무	39	25
회계	40	33

판다스를 이용하여 도수분포표를 작성하는 방법은 다음과 같다.

<파이썬 코드>

도수분포표 작성

```
pd.crosstab(index= , columns= , normalize= )
```

⚠ 1차원 도수분포표를 작성할 경우에는 " index= "에는 인덱스로 사용할 열(범주변수)을 지정한다.

열레이블은 " columns= "에서 지정한다(index=와 columns=를 반대로 사용해도 된다).

⚠ 2차원 도수분포표를 작성할 경우에는 " index= "에서는 인덱스로 사용할 열(범주변수)을 지정하고 " columns= " 에서는 열레이블로 사용할 열(범주분수)을 지정한다.

⚠ 도수분포표에 절대도수가 아니라 상대도수(비율)를 계산하려면 " normalize="라는 매개변수를 이용하면 된다. 매개변수 값은 행별로 비율을 계산하는 경우에는 'index'를 사용하고 열별로 비율을 계산할 때는 'columns'를 사용한다.

코딩 사례 8.21: 도수분포표 작성

예를 들어 다음과 같은 자동차 보험 가입자에 대한 엑셀 자료 insurance.xlsx가 있다고 하여 보자. 여기서 각 변수는 다음과 같은 변수들이다.

- Education; 자동차 보험가입자의 교육수준 (범주변수)
- EmploymentStatus: 취업 상태 (범주변수)
- Income; 자동차 보험가입자의 소득 (수치변수)
- SalesChannel; 보험 가입 채널 (범주변수)
- TotalClaimAmount: 보험금 청구 총액 (수치변수)
- VehicleSize; 차량 크기(범주변수)

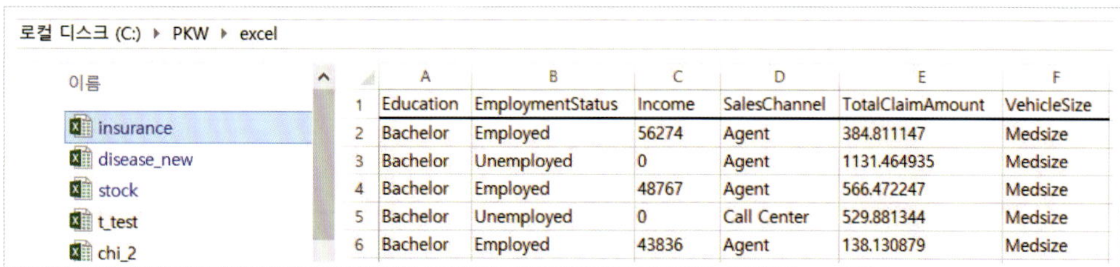

	A	B	C	D	E	F
1	Education	EmploymentStatus	Income	SalesChannel	TotalClaimAmount	VehicleSize
2	Bachelor	Employed	56274	Agent	384.811147	Medsize
3	Bachelor	Unemployed	0	Agent	1131.464935	Medsize
4	Bachelor	Employed	48767	Agent	566.472247	Medsize
5	Bachelor	Unemployed	0	Call Center	529.881344	Medsize
6	Bachelor	Employed	43836	Agent	138.130879	Medsize

보험가입채널별로 보험가입자수를 표시하는 1차원 도수분포표를 작성하기 위하여 다음과 같이 코딩하여 보자.

코드

```
import pandas as pd
df=pd.read_excel('C:/PKW/excel/insurance.xlsx')
```

```
3	table=pd.crosstab(index=df['SalesChannel'],columns='Count')
4	print(table)
```

코드 설명

- 라인 3: 데이터프레임 df의 'SalesChannel'열을 인덱스로 사용한다. 인덱스별로 계산된 도수가 열레이블 "Count"열에 입력된 1차원 도수분포표를 생성하고 변수 table이 가리키도록 한다.

코드의 실행결과

col_0	Count
SalesChannel	
Agent	3477
Branch	2567
Call Center	1765
Web	1325

다음으로는 보험가입채널별/교육수준 별 보험가입자수를 표시하는 2차원 도수분포표를 작성하기 위하여 다음과 같이 코딩하여 보자.

코드

```
1	import pandas as pd
2	df=pd.read_excel('C:/PKW/excel/insurance.xlsx')
3	table=pd.crosstab(index=df['Education'],columns=df['SalesChannel'])
4	print(table)
```

코드 설명

- 라인 3: 데이터프레임 df의 'Education'열의 값들을 인덱스로 사용하고 'SalesChannel'열의 값들을 열레이블로 사용한다. 각 인덱스와 열레이블별로 절대도수(빈도)가 계산된 2차원 도수분포표를 생성하고 변수 table이 가리키도록 한다.

코드의 실행결과

SalesChannel	Agent	Branch	Call Center	Web
Education				
Bachelor	1059	712	574	403
College	984	833	472	392
Doctor	134	96	74	38
High School or Below	1035	700	509	378
Master	265	226	136	114

코드

```
1    import pandas as pd
2    df=pd.read_excel('C:/PKW/excel/insurance.xlsx')
3    table=pd.crosstab(index=df['Education'],columns=df['EmploymentStatus'],
             normalize='index')
4    print(table)
```

코드 설명

- 라인 3: 데이터프레임 df의 'Education'열의 값들을 인덱스로 사용하고 'EmploymentStatus'열의 값들을 열레이블로 사용한다. 각각의 교육수준별로 취업형태별 상대도수(비율)이 계산된 2차원 도수분포표를 생성하고 변수 table이 가리키도록 한다.

코드의 실행결과

EmploymentStatus	Disabled	Employed	Medical Leave	Retired	Unemployed
Education					
Bachelor	0.044032	0.619360	0.045852	0.032023	0.258734
College	0.036554	0.620664	0.054084	0.038046	0.250653
Doctor	0.064327	0.728070	0.049708	0.002924	0.154971
High School or Below	0.045004	0.582761	0.043860	0.027460	0.300915
Master	0.062078	0.748988	0.039136	0.025641	0.124157

분류표 작성

분류표는 수치 자료의 기술통계량(합계, 평균 등)을 범주자료별로 산출한 표를 말한다. 판다스에서는 다음과 같이 1차원 또는 2차원 분류표를 생성할 수 있다.

<파이썬 코드>

분류표 작성

```
df.pivot_table(index= , columns= , values=, aggfunc=)
```

⚠ 1차원 분류표를 작성할 경우에는 " index= "에서는 인덱스로 사용할 열(범주변수)을 지정하고 " values= "에서는 기술통계량 계산의 대상이 되는 열(수치변수)을 지정한다. " aggfunc= "에는 기술통계량 계산을 위한 명령어('mean', 'sum' 등)을 지정해 준다.

⚠ 2차원 분류표를 작성할 경우에는 " index= "에서는 인덱스로 사용할 범주변수를 지정하고 " columns= " 에서는 열레이블로 사용할 범주변수를 지정하여 준다.

코딩 사례 8.22: 분류표 작성

〈코딩사례 8.21〉의 insurance.xlsx 데이터를 이용하여 보험가입자들의 교육수준별 평균 소득을 표시하는 1차원 분류표를 작성하여 보자.

코드

```
1    import pandas as pd
2    df=pd.read_excel('C:/PKW/excel/insurance.xlsx')
3    pd.set_option('display.float_format', '{:,.0f}'.format)
4    table=df.pivot_table(index='Education',values='Income',aggfunc='mean')
5    print(table)
```

코드 설명

- 라인 3: 데이터프레임의 자료값들을 정수로 출력한다.

> **pd.set_option('display.float_format', '{:,.0f}'.format)**
> 데이터프레임의 자료 값들을 정수로 출력한다.

- 라인 4: 데이터프레임 df의 'Education'열을 인덱스로 지정하고 인덱스 별로 'Income'열의 값들의 평균을 열레이블 'Income'열에 입력한 1차원 분류표를 생성하고 변수 table이 가리키도록 한다.

코드의 실행결과

Education	Income
Bachelor	37,427
College	37,357
Doctor	42,353
High School or Below	35,584
Master	44,768

다음으로 보험가입자들의 교육수준별/취업상태별 평균 소득을 표시하는 2차원 분류표를 작성하기 위하여 다음과 같은 프로그램을 작성하고 실행하여 보자.

코드

```
1   import pandas as pd
2   df=pd.read_excel('C:/PKW/excel/insurance.xlsx')
3   pd.set_option('display.float_format', '{:,.0f}'.format)
4   table=df.pivot_table(index='Education',columns='EmploymentStatus',
5      values='Income',aggfunc='mean')
6   print(table)
```

코드 설명

- 라인 3: 데이터프레임의 자료값들을 정수로 출력한다.
- 라인 4~5: 데이터프레임 df의 'Education'열을 인덱스로 지정하고 'EmploymentStatus'열을 열레이블로 지정한다. 인덱스와 열레이블별로 'Income'열의 값들의 평균이 계산된 2차원 분류표를 생성하고 변수 table이 가리키도록 한다.

코드의 실행결과

EmploymentStatus	Disabled	Employed	Medical Leave	Retired	Unemployed
Education					
Bachelor	19,813	56,457	19,774	21,254	0
College	20,587	55,922	20,585	20,565	0
Doctor	20,470	55,048	18,141	19,186	0
High School or Below	19,238	57,057	21,041	19,846	0
Master	21,374	56,302	19,381	20,025	0

8.5 시본을 이용한 자료시각화(data visualization)

자료시각화(data visualization)란 ?

자료시각화는 데이터가 내포하고 있는 정보를 시각적으로 명확하게 전달하기 위하여 데이터 자체 혹은 데이터의 분석 결과를 그래프로 작성하는 과정을 의미한다.

예를 들어 〈코딩사례 8.12〉의 employee.xlxs라는 엑셀 파일로부터 아래 그림과 같은 그래프를 작성하였다고 하여 보자. 이와 같은 막대그래프는 직무유형별로 사원들의 수를 파악하는데 매우 편리한 그래프라고 할 수 있다.

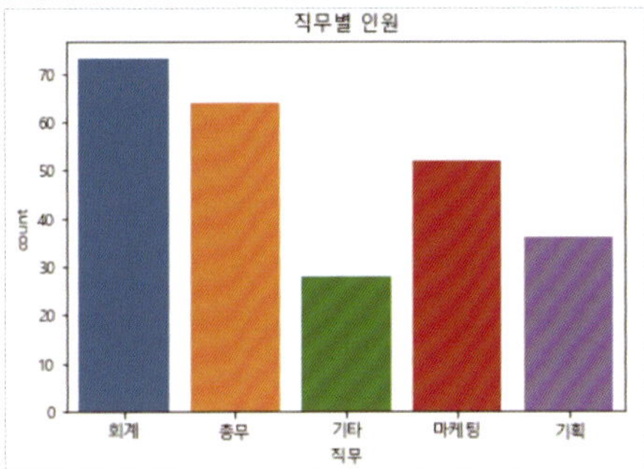

그런데 employee.xlxs라는 엑셀파일로부터 위와 같은 그래프를 얻으려면 어떻게 해야할까? 우리는 시본이라는 라이브러리를 이용하여 이 문제를 다음과 같은 프로그램을 실행함으로써 간단히 해결할 수 있다.

```
1    import pandas as pd
2    import seaborn as sns
3    worker=pd.read_excel('C:/PKW/textbook/excel/employee.xlsx')
4    sns.countplot(x="직무", data=worker)
```

위 프로그램의 각 라인의 코딩은 다음과 같은 작업을 하기 위한 코딩이다.

- 라인 1:판다스를 사용하기 위하여 판다스를 임포트한다.
- 라인 2:시본을 사용하기 위하여 시본을 임포트한다. 일반적으로 시본은 sns라는 이름으로 임포트한다.
- 라인 3: C:/PKW/textbook/excel이라는 디렉토리에 employee.xlxs라는 엑셀 파일을 읽어 들여 판다스 데이터로 변환하고 이 데이터를 변수 worker가 가리키도록 한다.
- 라인 4:worker라는 판다스 데이터(데이터프레임)에서 "직무"유형별로 사원의 수(빈도 또는 도수)를 세어 막대그래프를 생성한다.

이와 같이 시본을 이용하면 자료시각화 작업을 매우 수월하게 수행할 수 있으며 자료시각화를 통해 데이터가 가지고 있는 정보들을 시각적으로 신속하게 표현할 수 있게 된다. 여기서는 시본을 이용한 자료시각화에 대해서 자세히 소개하기로 한다.

시본을 이용한 범주자료의 막대형 차트 생성

범주자료들의 각 범주별 도수를 그래프로 표시하는 작업은 데이터 시각화에서 가장 빈번하게 이용되는 작업이라 할 수 있다. 엑셀과 같은 프로그램을 이용하여 이러한 작업을 하려면 일단 도수분포표를 생성해야 하는 번거로운 과정을 거쳐야 하지만 시본을 이용하면 "countplot" 함수를 이용하여 간단하게 해결할 수 있다.

<파이썬 코드>

범주변수의 막대형 차트 생성

```
import seaborn as sns
sns.countplot(x=, data= )
```

data=에는 데이터프레임을 지정하고 x=(또는 y=)에는 데이터프레임의 열을 지정하면 열의 값(범주변수)별로 도수를 계산하여 막대형 차트를 생성한다.

⚠ " x= "는 세로 막대형 차트를, " y= "는 가로 막대형 차트를 생성한다.

⚠ " x= "과 " hue= "에 각각 데이터프레임의 열을 지정하면 2차원 막대형 차트를 생성한다.

코딩 사례 8.23: 직무유형별 사원수의 막대형 차트 생성하기

〈코딩사례 8.12〉의 employee.xlsx 파일로부터 직무 유형별 사원를 표시하는 막대형 차트를 생성하기 위한 코드는 다음과 같다.

코드

```
#한글 폰트 사용을 위한 코드
import matplotlib.pyplot as plt
plt.rcParams['font.family']='batang'

1    import pandas as pd
2    import seaborn as sns
3    worker=pd.read_excel('C:/PKW/textbook/excel/employee.xlsx')
4    sns.countplot(x="직무", data=worker)
```

코드 설명

- 라인 4: 데이터프레임 worker의 '직무'열의 범주변수별로 도수를 표시한 세로 막대형 차트를 생성한다.

코드의 실행결과

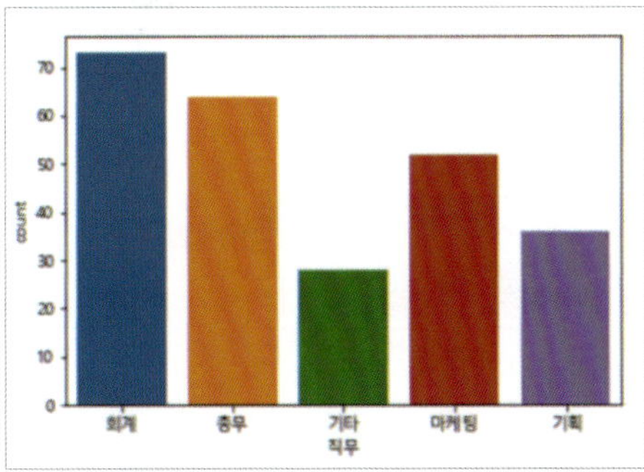

예를 들어 〈코딩사례 8.23〉의 경우 직무유형별/성별 인원의 도수를 표시하는 막대형 차트를 생성하려면 다음 사례에서와 같이 코딩하면 원하는 결과를 얻을 수 있다.

코딩 사례 8.24:직무유형별/성별 사원수의 막대형 차트 생성하기

코드

```
1    import pandas as pd
2    import seaborn as sns
3    worker=pd.read_excel('C:/PKW/textbook/excel/employee.xlsx')
4    sns.countplot(y="직무",hue='성별', data=worker)
```

코드 설명

- 라인 4: 데이터프레임 worker의 '직무'열과 '성별'열의 범주변수별로 도수를 표시한 2차원 가로 막대형 차트를 생성한다.

코드의 실행결과

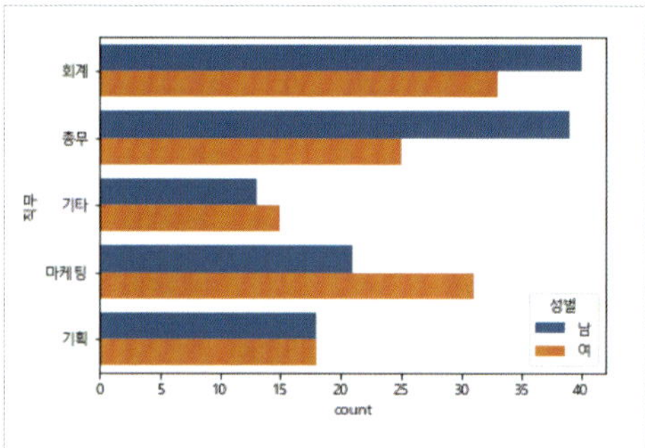

여기서는 직무유형별/성별 인원의 도수를 가로막대형 차트로 표시하고 있다.

시본을 이용한 수치자료의 히스토그램 및 커널밀도 차트 생성

어떤 데이터에 포함되어 있는 수치자료에 대하여 개괄적으로 파악할 수 있는 가장 손쉬운 방법은 수치자료의 분포를 히스토그램으로 표시하는 것이다. 예를 들어 〈코딩사례 8.12〉의 employee.xlsx 파일에서 사원들의 연봉 자료에 대한 히스토그램은 연봉 자료가 어떻게 분포되어 있는 지를 쉽게 파악하게 해 줄 수 있다. 이러한 경우 시본의 "displot" 함수를 이용하면 간단하게 히스토그램을 생성할 수 있을 뿐만 아니라 자료의 분포에 대한 곡선 형태의 밀도함수까지도 만들어 낼 수 있다.

<파이썬 코드>

수치자료의 히스토그램과 커널밀도 차트 생성

```
import seaborn as sns
sns.distplot(df,[ ] kde=, hist= )
```

⚠ kde=와 hist= 값은 True/False을 지정할 수 있는데 False값을 지정하면 해당 차트는 생략된다. 두 매개변수 모두 True값이 디폴트이다.

코딩 사례 8.25: 사원들의 연봉자료의 히스토그램/커널밀도 생성하기

〈코딩사례 8.12〉의 employee.xlsx 파일에서 연봉의 자료값에 대한 히스토그램와 커널밀도 차트를 생성하여 보자.

코드

```
1    import pandas as pd
2    import seaborn as sns
3    worker=pd.read_excel('C:/PKW/textbook/excel/employee.xlsx')
4    sns.distplot(worker['연봉'], kde=True)
```

코드 설명

- 라인 4: 데이터프레임 worker의 '연봉'열의 값들에 대한 히스토그램와 커널밀도 차트를 생성한다.

코드의 실행결과

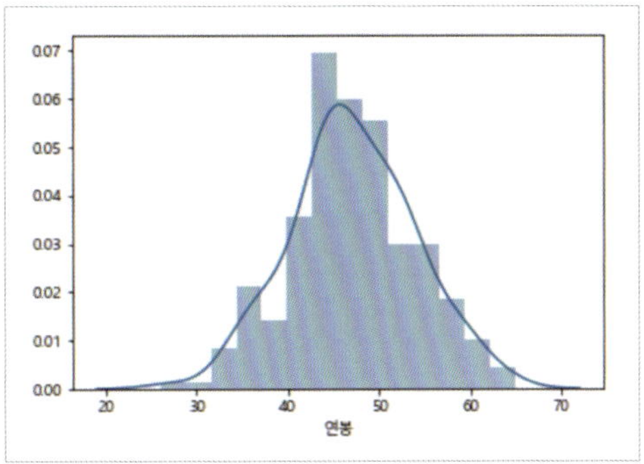

시본을 이용한 수치자료들간 관계파악을 위한 차트 생성

스캐터플롯(Scatter plot)은 두 수치자료간의 관계를 파악하는데 유용한 차트이다. 시본의 메서드인 "jointplot"함수를 이용하면 수치자료들간의 스캐터플롯을 생성할 수 있다.

<파이썬 코드>

수치자료들간 스캐터플롯 생성

```
import seaborn as sns
sns.jointplot(x=, y=, kind=, data=)
```

⚠ x=과 y=에는 각각 x축과 y축에 사용할 열(수치변수)을 지정한다. data=에는 데이터프레임을 지정한다. kind= 값은 'scatter', 'kde' 등을 지정하여 플롯 유형을 결정한다.

코딩 사례 8.26: 두 주식의 주가들간의 스캐터플롯 생성하기

다음과 같이 data.xlsx 파일에 세 주식의 주가들이 일자별로 입력되어 있다고 하여 보자. SK텔레콤 주가와 현대모비스 주가라는 수치자료들간의 관계를 파악하기 위하여 스캐터플롯을 생성하여 보자.

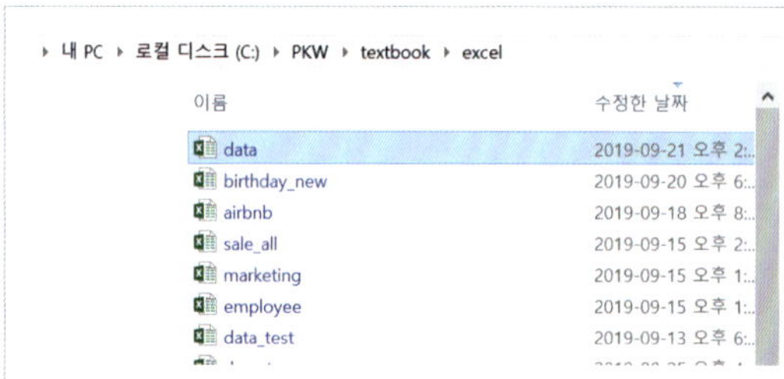

	A	B	C	D
1	일자	KT	SK텔레콤	현대모비스
2	2016/01/04	28,000	210,500	238,000
3	2016/01/05	28,200	210,000	237,000
4	2016/01/06	28,100	208,000	234,500
5	2016/01/07	27,750	204,000	237,000
6	2016/01/08	27,750	208,000	238,500
7	2016/01/11	27,600	203,000	241,000
8	2016/01/12	27,500	206,500	241,500
9	2016/01/13	27,650	208,500	247,000
10	2016/01/14	27,350	208,500	245,000

코드

```
import pandas as pd
import seaborn as sns
stocks=pd.read_excel('C:/PKW/textbook/excel/data.xlsx')
sns.jointplot(x="SK텔레콤", y="현대모비스", data=stocks)
```

코드 설명

- 라인 4: 데이터프레임 stocks의 'SK텔레콤'열의 값들을 x축, '현대모비스'열의 값들을 y축으로 하여 스캐터플롯을 생성한다.

코드의 실행결과

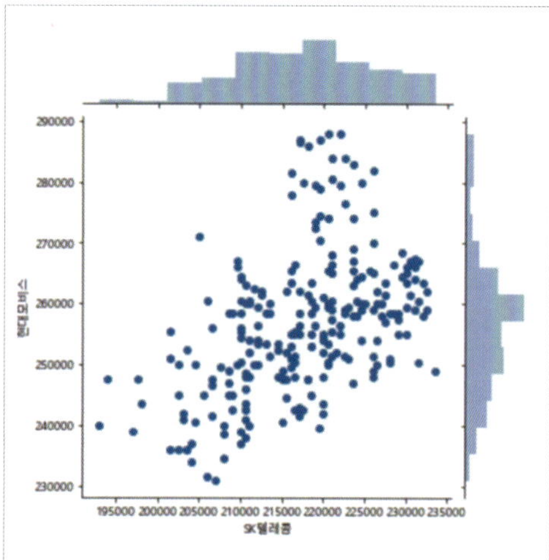

이제 SK텔레콤 주가와 현대모비스 주가라는 수치자료들간의 관계를 파악하기 위하여 커널밀도로 표시된 스캐터플롯를 생성하여 보자.

코드

```
1	import pandas as pd
2	import seaborn as sns
3	stocks=pd.read_excel('C:/PKW/textbook/excel/data.xlsx')
4	sns.jointplot(x="SK텔레콤", y="현대모비스",kind='kde', data=stocks)
```

코드 설명

- 라인 4: 데이터프레임 stocks의 'SK텔레콤'열의 값들을 x축, '현대모비스'열의 값들을 y축으로 하여 커널밀도로 표시된 스캐터플롯을 생성한다.

코드의 실행결과

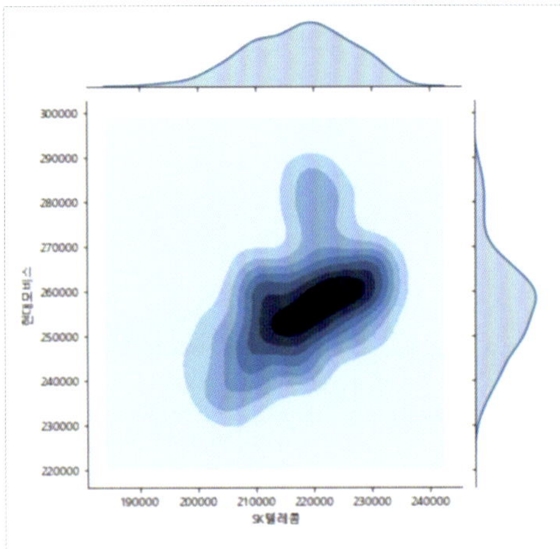

그런데 수치변수들간의 관계를 1차함수 관계로 파악하려는 경우 소위 회귀선을 추정하는 경우가 있다. 회귀선 추정에 대하여 알아 보기 위하여 다음과 같이 tips.xlsx라는 엑셀파일에 어떤 식당의 매출 관련 자료가 있다고 하여 보자.

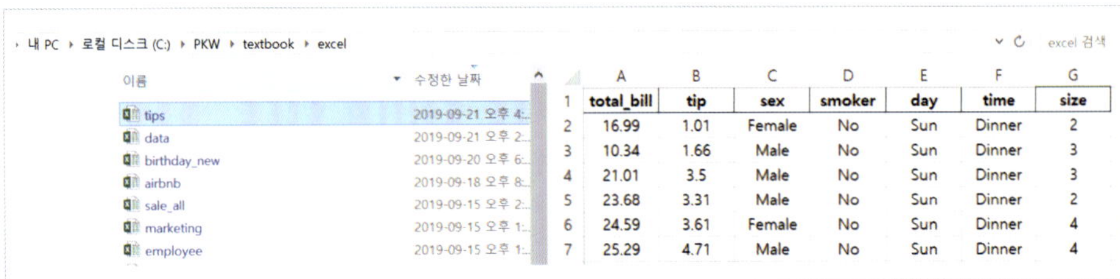

	A	B	C	D	E	F	G
1	total_bill	tip	sex	smoker	day	time	size
2	16.99	1.01	Female	No	Sun	Dinner	2
3	10.34	1.66	Male	No	Sun	Dinner	3
4	21.01	3.5	Male	No	Sun	Dinner	3
5	23.68	3.31	Male	No	Sun	Dinner	2
6	24.59	3.61	Female	No	Sun	Dinner	4
7	25.29	4.71	Male	No	Sun	Dinner	4

각 변수는 다음과 같은 자료라고 한다.

- total_bills : 고객의 총 주문액($)
- tip : 고객의 팁 금액($)
- sex : 주문액과 팁을 지불한 고객의 성별
- smoker : 주문액과 팁을 지불한 고객의 흡연여부
- day : 요일
- time : 점심시간/저녁시간
- size : 총 고객의 수

그런데 일반적으로 고객들의 주문액과 팁금액은 비례하는 경향이 있을 것이다. 이를 확인하기 위해서는 주문액과 팁금액간의 관계를 선형으로 표시하는 차트가 필요하다. "lmplot" 함수는 이러한 작업을

쉽게 해결해 줄 수 있는 메서드이다.

<파이썬 코드>

회귀선차트 생성

```
import seaborn as sns
sns.lmplot(x=, y=, hue= , data= )
```

⚠ x=에는 가로축에 표시될 변수를 지정하고 y=에는 세로축에 표시될 변수를 지정한다. data=에는 데이터프레임을 지정한다.

⚠ hue=는 범주변수를 지정하여 범주변수별 회귀선 차트를 생성할 수 있다.

코딩 사례 8.27: 주문액과 팁간의 회귀선차트 생성하기

tips.xlsx 파일의 주문액을 가로축, 팁금액을 세로축에 표시한 회귀선 차트를 생성하기 위하여 다음과 같이 코딩하여 보자. 여기서는 흡연자와 비흡연자별로 별도의 선형차트를 생성하고자 한다.

코드

```
1    import pandas as pd
2    import seaborn as sns
3    tips=pd.read_excel('C:/PKW/textbook/excel/tips.xlsx')
4    sns.lmplot(x="total_bill", y="tip", hue="smoker", data=tips)
```

코드 설명

- 라인 4: 데이터프레임 tips의 'total_bill'열의 값들을 x축, 'tip'열의 값들을 y축에 표시한 회귀선 차트를 'smoker'열의 값별로 생성한다.

코드의 실행결과

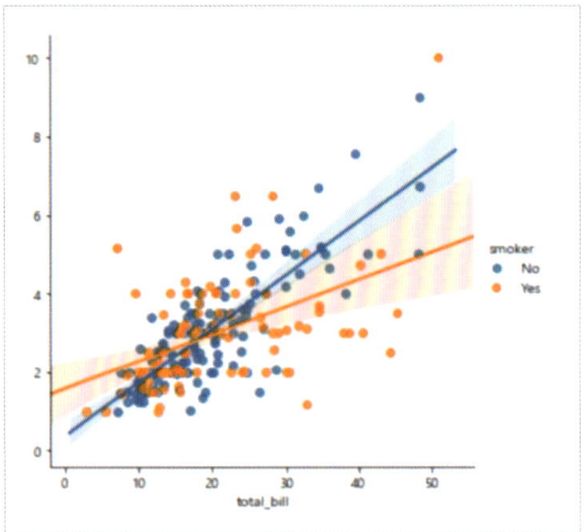

위의 회귀선 차트는 주문액과 팁금액은 비례 관계에 있음을 잘 보여주고 있다. 또한 이와 같은 주문액과 팁금액간의 비례관계는 흡연자집단과 비흡연자집단간에 상당한 차이가 있음을 보여 주고 있다.

시본을 이용한 수치자료 분포의 범주변수별 차트 생성

<파이썬 코드>

박스플롯 생성

```
import seaborn as sns
sns.boxplot(x=, y=, kde= , data= )
```

⚠ boxplot()은 수치자료의 분위수 등의 통계량을 범주변수의 각 범주별로 나타낸 차트를 생성한다.

⚠ x=에는 가로축에 범주변수를 지정하고 y=에는 세로축에 표시될 수치변수를 지정한다. data=에는 데이터프레임을 지정한다.

코딩 사례 8.28: 수치자료의 기술통계량을 범주변수별로 나타내기

"boxplot" 함수를 이용하여 tips.xlsx 파일의 tip 변수의 분위수 및 상/하한의 근사값 등을 요일별로 파악하기 위하여 다음과 같이 코딩하여 보자.

코드

```
1    import seaborn as sns
2    import pandas as pd
3    tips=pd.read_excel('C:/PKW/textbook/excel/tips.xlsx')
4    sns.boxplot(x="day", y="tip", data=tips)
```

코드 설명

- 라인 4: 데이터프레임 tips의 'day'열의 값들을 x축에 표시하고, x축의 값별로 'tip'열의 값들에 대한 박스플롯을 생성한다.

코드의 실행결과

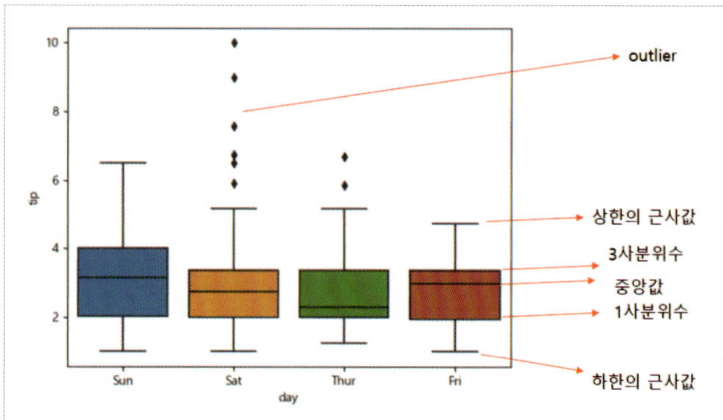

<파이썬 코드>

스웜플롯 생성

```
import seaborn as sns
sns.swarmplot(x=, y=, kde= , data= )
```

⚠ swarmplot( )은 전체 수치자료의 분포 양상을 범주변수의 각 범주별로 나타낸 차트를 생성한다.

⚠ x=에는 가로축에 범주변수를 지정하고 y=에는 세로축에 표시될 수치변수를 지정한다. data=에는 데이터프레임을 지정한다.

코딩 사례 8.29:범주변수별로 수치자료의 분포를 그래프로 나타내기

tips.xlsx 파일의 tip 변수의 자료값들의 분포를 요일별로 파악하기 위하여 다음과 같이 코딩하여 보자.

코드

```
1     import seaborn as sns
2     import pandas as pd
3     tips=pd.read_excel('C:/PKW/textbook/excel/tips.xlsx')
s4    sns.swarmplot(x="day", y="tip", data=tips)
```

코드 설명

- 라인 4: 데이터프레임 tips의 'day'열의 값들을 x축에 표시하고, x축의 값별로 'tip'열의 값들에 대한 스웜플롯을 생성한다.

코드의 실행결과

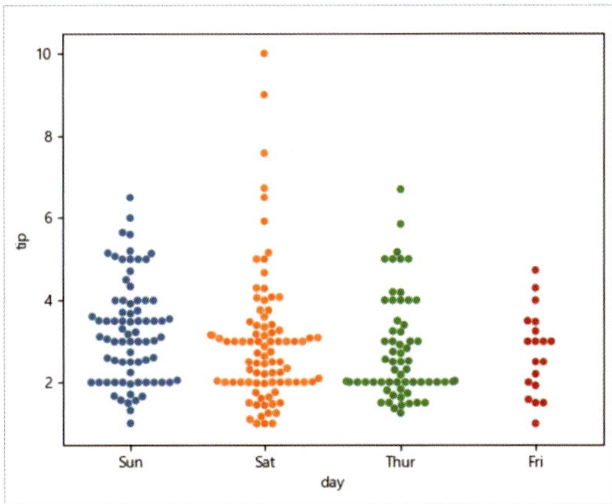

〈파이썬 코드〉

바이올린플롯 생성

```
import seaborn as sns
sns.violinplot(x=, y=, kde= , data= )
```

⚠ vilonplot( )은 전체 수치자료의 커널 밀도 히스토그램을 왼쪽과 오른쪽이 대칭이 되도록 하여 바이올린 형태의 차트를 범주변수의 각 범주별로 생성한다.

⚠ x=에는 가로축에 범주변수를 지정하고 y=에는 세로축에 표시될 수치변수를 지정한다. data=에는 데이터프레임을 지정한다.

코딩 사례 8.30:범주변수별로 수치자료의 분포를 그래프로 나타내기

tips.xlsx 파일의 tip 변수의 자료값들의 분포를 요일별로 파악하기 위하여 다음과 같이 코딩하여 보자.

코드

```
1 import seaborn as sns
2 import pandas as pd
3 tips=pd.read_excel('C:/PKW/textbook/excel/tips.xlsx')
4 sns.violinplot(x="day", y="tip", data=tips)
```

코드 설명

- 라인 4: 데이터프레임 tips의 'day'열의 값들을 x축에 표시하고, x축의 값별로 'tip'열의 값들에 대한 바이올린플롯을 생성한다.

코드의 실행결과

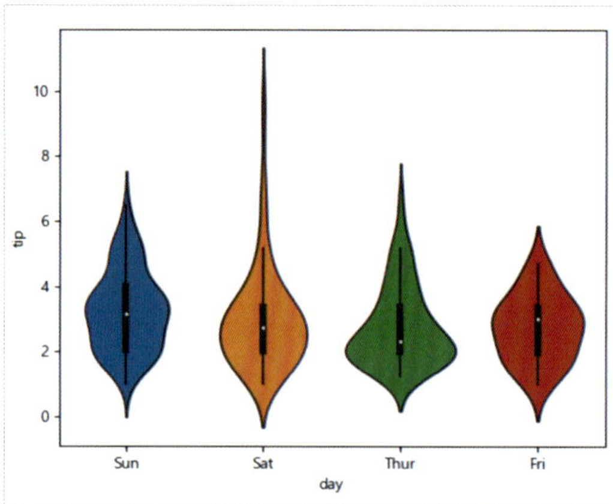

8장 부록

A. 익명함수(Anonymous function)

파이썬 함수를 사용하는 방법에 대해서는 5장에서 자세히 공부한 바 있는데 파이썬 함수는 def 키워드를 이용하여 함수명이 부여되어야 함수의 호출/실행이 가능하다는 점을 이해하고 있을것이다. 그런데 함수명을 정의하지 않고 파이썬 함수와 비슷한 기능을 할 수 있는데 익명함수는 바로 이러한 작업에 이용할 수 있다. 익명함수를 정의할 때는 lambda 함수를 사용한다.

익명함수 정의하는 법

lambda 변수: 함수 표현식

⚠ lambda 함수를 정의하는데 수, 문자열, 리스트, 배열 등 다양한 유형의 변수들을 사용할 수 있다.

코딩 사례 8A.1 ; 익명함수

코드

```
fun=lambda x: x**3-2*x**2+1
x=3
f=fun(x)
print(f)
```

코드의 실행결과

```
10
```

코드

```
fun=lambda x: x**3-2*x**2+1
x=np.array([1,2,3])
f=fun(x)
print(f)
```

코드의 실행결과

```
array([ 0,  1, 10], dtype=int32)
```

코드

```
gender_1="male"
gender_2='female'
gender_fun=lambda x:1 if x=="male" else 0
num=gender_fun(gender_1)
print(num)
```

코드의 실행결과

```
1
```

코드

```
numbers=[1,4,6,0,3,9]
binary_fun=lambda x:1 if x>=1 else 0
for i in range(len(numbers)):
   num=binary_fun(numbers[i])
   numbers[i]=num
print(numbers)
```

코드의 실행결과

```
[1, 1, 1, 0, 1, 1]
```

PART

9

파이썬과 기업경영

9장 파이썬과 기업경영

9.1 기업의 마케팅 관리 및 마케팅 전략

소비자태도 분석

파이썬을 활용한 소비자태도 분석

소비자 태도 분석

소비자 태도란 제품/서비스 또는 제품/서비스 속성 등에 대해서 소비자가 일관되게 호의적 또는 비호의적으로 반응하는 의사표현을 의미한다. 이러한 소비자 태도는 경험에 의해 학습되며 지속적이고 규칙성을 가지는데 브랜드, 제품, 서비스 선택에 중요한 영향을 미치는 것으로 알려져 있다. 이러한 소비자 태도가 소비자들의 교육수준, 소득수준, 연령, 결혼 유형, 거주지역 등 다양한 인구통계학적 특성에 따라 달라질 수 있는 지를 분석하는 것은 기업의 고객관계관리(Customer relationship management)에서 매우 중요한 의미를 가진다. 소비자태도 분석을 위해서 다양한 방법으로 파이썬을 활용할 수 있는데 그 중 하나는 도수분포표를 이용한 카이제곱 검정이다.

카이제곱 검정은 2차원 도수분포표를 이용하여 두 범주변수간의 독립성에 대하여 검정하는 과정이다. 카이제곱 검정은 카이제곱 분포를 이용하는 가설검정 과정이며 카이제곱 분포에 대해서는 9장 부록을 참고하기 바란다.

카이제곱 검정

가설: 두 범주변수는 서로 독립적이다.
검정통계량 ;

(i,j)셀의 실제 도수

$$\chi^2 = \sum \frac{[n_{ij} - \hat{E}(n_{ij})]^2}{\hat{E}(n_{ij})} \sim \chi^2_{(m-1)(n-1)}$$

(i,j)셀의 기대도수

P값< 0.05 또는 0.01	→	가설 기각
P값> 0.05 또는 0.01	→	가설 채택

사이파이에는 이러한 카이제곱 검정을 실행하기 위한 메서드가 다음과 같이 마련되어 있다.

<파이썬 코드>

카이제곱 검정

```
from scipy.stats import *
chi2_contingency( )
```

⚠ chi2_contingency 함수의 인자에는 절대빈도가 표시된 2차원 도수분포표를 사용한다.

⚠ chi2_contingency메서드의 실행결과는 튜플로 반환되는데 튜플의 요소들은 순서대로 검정통계량 값, p 값, 기대도수 배열 등으로 구성된다.

코딩 사례 9.1: 배달음식에 대한 태도분석

attitude.xlsx라는 엑셀파일에 배달음식에 대한 소비자들의 태도를 조사한 데이터가 저장되어 있다고 하여 보자.

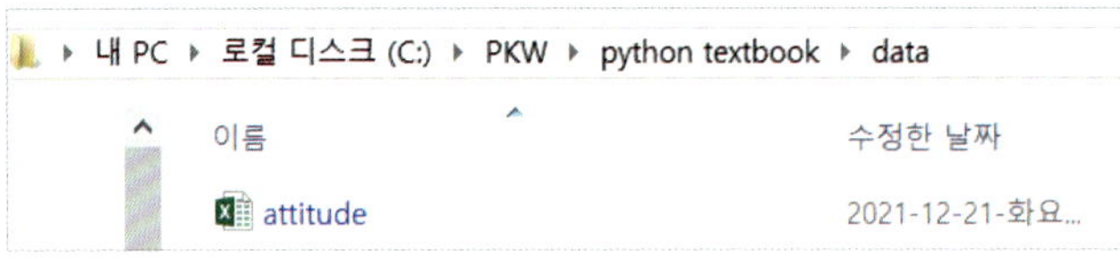

	A	B
1	Occupation	Quantity
2	Student	Moderately Important
3	Student	Very Important
4	Student	Moderately Important
5	Student	Important
6	Student	Very Important
7	Employee	Very Important

여기서 Occupation 변수는 소비자들의 직업유형을 나타내는 변수이고 Quantity 변수는 배달음식의 양에 대한 소비자들의 태도를 나타내는 변수이다.

배달음식의 양에 대한 소비자들의 태도가 직업유형에 따라 다른지 알아 보기 위하여 다음과 같은 코딩을 통하여 도수분포표를 생성하여 보기로 한다.

코드

```
1    import pandas as pd
2    df=pd.read_excel('C:/PKW/python textbook/data/attitude.xlsx')
3    table=pd.crosstab(index=df['Occupation'],columns=df['Quantity'],
4        normalize='index').round(3)
5    print(table)
```

코드 설명

- 라인 3~4: 데이터프레임 df의 'Occupation'열의 값들을 인덱스로 사용하고 'Quantity'열의 값들을 열레이블로 사용한 도수분포표를 생성한다. 여기서 도수는 행별로 상대도수가 계산되도록 한다.

코드의 실행결과

Quantity Occupation	Important	Moderately Important	Slightly Important	Unimportant	Very Important
Employee	0.390	0.136	0.059	0.000	0.415
House wife	0.444	0.000	0.111	0.000	0.444
Self Employeed	0.444	0.093	0.167	0.000	0.296
Student	0.382	0.058	0.039	0.014	0.507

위의 도수분포표를 살펴 보면 학생(Student)들과 가정주부(House wife)들은 배달음식의 양에 대하여 매우 중요하다고 생각하는 비율이 매우 높은데 반하여 자영업자(Self Employeed)들은 그 비율이 비교적 높지 않은 것을 알 수 있다. 이러한 결과는 배달음식의 양에 대한 소비자들의 태도가 직업 유형에 따라서 다르다는 점을 시사하고 있다.

그러나 이와 같은 결과가 통계적으로 의미있는 결과인지를 판단하려면 우리는 다음과 같은 가설을 검정해야 할 필요가 있다.

가설: 배달음식의 양에 대한 소비자 태도는 직업과 관계없이 동일하다.

이러한 가설을 검정하기 위한 카이제곱 검정은 다음과 같이 실행할 수 있다.

코드

```
1    import pandas as pd
2    from scipy.stats import *
3    df=pd.read_excel('C:/PKW/python textbook/data/attitude.xlsx')
4    table=pd.crosstab(index=df['Occupation'],columns=df['Quantity'])
5    analysis=chi2_contingency(table)
6    print(analysis)
```

코드 설명

- 라인 4: 데이터프레임 df의 'Occupation'열의 값들을 인덱스로 사용하고 'Quantity'열의 값들을 열레이블로 사용한 도수분포표를 생성한다. 여기서 도수는 행별로 절대도수가 계산되도록 한다.
- 라인 5: 도수분포표 table을 이용하여 카이제곱 검정을 실행한다.

코드의 실행결과

```
(25.16675645137641,
 0.014052136775000248,
 12,
 array([[4.65309278e+01, 1.00360825e+01, 7.60309278e+00, 9.12371134e-01,
         5.29175258e+01],
        [3.54896907e+00, 7.65463918e-01, 5.79896907e-01, 6.95876289e-02,
         4.03608247e+00],
        [2.12938144e+01, 4.59278351e+00, 3.47938144e+00, 4.17525773e-01,
         2.42164948e+01],
        [8.16262887e+01, 1.76056701e+01, 1.33376289e+01, 1.60051546e+00,
         9.28298969e+01]]))
```

카이제곱 검정 실행결과 p값이 5%보다 작은 값을 가지므로 가설을 기각할 수 있다. 따라서 소비자들의 태도가 직업 유형에 따라서 다르다고 할 수 있으며 학생이나 가정주부들이 음식의 양에 대하여 상대적으로 매우 중요하다고 생각하고 있다고 판단할 수 있다.

RFM 분석

파이썬을 활용한 RFM 분석

RFM 분석

RFM은 Recency(최근성), Frequency (구매 빈도), Monetary (구매 금액)을 의미하는 용어로서

- 고객들이 얼마나 최근에 구매하였는가?
- 상품들이 얼마나 최근에 판매되었는가?

- 고객이 얼마나 자주 구매하였는가?
- 상품이 얼마나 자주 판매되었는가?
- 기간(일,주,월,분기,연) 별로 얼마나 자주 거래가 이루어졌는가?

- 고객이 구매한 금액은 얼마인가?
- 상품이 판매된 금액은 얼마인가?
- 기간(일,주,월,분기,연)별 판매금액은 얼마인가?

등을 중심으로 마케팅 데이터를 분석하는 방법으로 기업의 마케팅 전략을 수립하는 과정에 있어 가장 기본적이면서도 필수적인 분석 방법이다. 이와 같은 RFM 분석을 위해서 파이썬은 매우 유용한 도구가 될 수 있다.

코딩 사례 9.2: 요일별 제품 판매 수량분석

saledata.xlsx라는 엑셀파일에 어떤 기업의 제품 판매에 대한 데이터가 저장되어 있다고 하여 보자

	A	B	C	D	E	F	G
1	일자	계정번호	고객	상품	주문수량	단가	주문액
2	2014-01-01 07:21:51	740150	Barton LLC	B1-20000	39	86.69	3380.91
3	2014-01-01 10:00:47	714466	Trantow-Barrows	S2-77896	-1	63.16	-63.16
4	2014-01-01 13:24:58	218895	Kulas Inc	B1-69924	23	90.7	2086.1
5	2014-01-01 15:05:22	307599	Kassulke, Ondricka and Metz	S1-65481	41	21.05	863.05
6	2014-01-01 23:26:55	412290	Jerde-Hilpert	S2-34077	6	83.21	499.26

이 데이터의 변수들은 다음과 같다.

- 일자; 판매일자
- 계정번호; 고객에게 부여한 고유 번호
- 고객; 고객명(회사)
- 상품; 상품 고유코드
- 주문수량; 판매 수량
- 단가; 제품 판매 단가
- 주문액;제품 판매액(주문수량×단가)

이제 saledata.xlsx 파일의 데이터를 이용하여 요일별로 판매수량이 가장 많은 제품들을 파악하기 위하여 다음과 같이 코딩하여 보자.

코드

```
import pandas as pd
df=pd.read_excel('C:/PKW/python textbook/data/saledata.xlsx')
df['일자']=pd.to_datetime(df['일자'])
df['판매요일']=df['일자'].dt.weekday
freq=pd.crosstab(index=df['상품'],columns=df['판매요일'])
days=freq.columns
tops=[ ]
for day in days:
    s=freq[day].nlargest(5)
    s_top=s.reset_index()
    tops.append(s_top)
```

```
12        data=pd.concat(tops,axis=1)
13        print(data)
```

코드설명

- 라인 3: 데이터프레임 df의 '일자'열의 값들을 datatime으로 변경한다.
- 라인 4: 데이터프레임 df의 '일자'열의 값들을 요일로 변경하여 '판매요일'열을 데이터프레임 df에 추가한다.(판다스에서 요일은 0=월요일, 1=화요일, 2=수요일, 3=목요일, 4=금요일, 5=토요일, 6=일요일로 표시된다)
- 라인 5: 데이터프레임 df의 '상품'열의 값들을 인덱스로 사용하고 '판매요일'열의 값들을 열레이블로 사용한 도수분포표 freq를 생성한다. 도수분포표인 freq의 일부는 다음과 같은 데이터프레임이 된다.

판매요일	0	1	2	3	4	5	6
상품							
B1-04202	8	11	4	7	7	7	4
B1-05914	10	10	7	7	6	4	5
B1-20000	8	6	7	4	10	11	7
B1-33087	3	7	6	6	6	4	12
B1-33364	5	12	6	7	7	4	8
B1-38851	9	6	10	8	6	8	9
B1-50809	5	5	4	7	5	7	6

- 라인 6: 도수분포표 freq의 열레이블들이 요소인 다음과 같은리스트 days를 구성한다.

```
Int64Index([0, 1, 2, 3, 4, 5, 6], dtype='int64', name='판매요일')
```

- 라인 7: tops라는 빈 리스트를 생성한다.
- 라인 8: 리스트 days의 요소들을 타겟변수 day에 할당하는 for 루프를 생성한다.
- 라인 9: freq로부터 타겟변수 day에 할당된 값에 해당하는 열을 슬라이싱하고, 가장 큰 5개의 값들을 추출하여 시리즈 s를 구성한다. 1회차 루프에서 day 값은 0이므로 1회차 루프에서 시리즈 s는 다음과 같다.

```
상품
S1-47412    11
B1-05914    10
B1-65551    10
S1-30248    10
S2-34077    10
```

- 라인 10: 시리즈 s의 인덱스를 열로 변경시킨 데이터프레임 s_top을 생성한다.
- 라인 11:데이터프레임 s_top을 리스트 tops에 추가한다.
- 라인 12:리스트 tops의 데이프레임들을 열기준으로 병합하여 데이터프레임 data를 생성한다.

코드의 실행결과

	상품	0	상품	1	상품	2	상품	3	상품	4	상품	5	상품	6
0	S1-47412	11	S1-82801	13	B1-53636	12	S2-77896	15	B1-53636	17	S1-82801	13	B1-33087	12
1	B1-05914	10	B1-33364	12	S1-47412	11	S1-27722	13	B1-65551	15	B1-20000	11	B1-53102	11
2	B1-65551	10	S2-10342	12	S1-50961	11	S1-06532	12	S2-77896	13	S2-77896	10	S1-27722	11
3	S1-30248	10	B1-04202	11	S2-77896	11	S2-11481	11	S2-10342	11	B1-53102	9	S1-82801	11
4	S2-34077	10	S2-16558	11	B1-38851	10	B1-38851	8	S2-82423	11	S1-93683	9	S1-93683	11

위의 결과는 요일별로 판매수량이 가장 많은 제품들과 각 제품의 판매수량을 보여 주고 있으며 요일별로 판매수량 top 5 제품들을 파악할 수 있게 된다.

고객이탈 분석

파이썬을 활용한 고객이탈분석

고객관계관리(customer relationship management: CRM)와 고객이탈분석

CRM이란 고객에 대한 정보를 수집/분석하여 우수고객 유지, 고객가치 증진, 잠재고객 활성화, 신규고객획득, 평생 고객화등을 통하여 고객을 관리하고 유지하며 고객 가치를 극대화시키기 위한 마케팅 전략을 의미한다. 기업의 수익 극대화를 위한 고객가치 증대 및 고객과의 관계형성을 위한 CRM활동 중 고객 이탈방지를 통한 고객 유지관리가 매우 중요한 의미를 갖는다. 즉, 효과적인 고객이탈 관리 전략의 수립을 위해서는 이탈 고객(충성고객)의 특성을 파악하는 것이 핵심적인 작업이 된다.

고객이탈 분석을 실행하기 위해서는 로지스틱회귀분석(Logistic Regression), 의사결정트리(decision tree), 랜덤포리스트(random forest) 등 다양한 기계학습 도구들을 사용할 수 있는데 파이썬 라이브러리인 싸이킷런(Scikit-learn)을 이용하여 이와 같은 기계학습 도구들을 실행시킬 수 있다.

의사결정트리(Decision tree)

의사결정트리는 개체(개인, 국가, 기업 등)들의 특성을 이용하여 개체들의 소속 집단을 분류하는 나무형태의 맵(map)을 의미한다.

특성; 개체들의 고유한 특성(수치변수/순서변수/범주변수)

목표변수; 개체들의 소속을 나타내는 범주변수(고객유지/고객이탈 등)

의사결정트리는 개체들의 특성들을 어떻게 조합해야 개체들의 소속 집단을 구분할 수 있는지를 탐색하기 위한 목적으로 이용되는 기계학습도구이며 다음과 같은 다양한 용도를 가진다.

분류(Classification) : 특성변수들을 이용하여 개체들을 소집단으로 분류
예측(Prediction) : 새로운 개체들의 소속집단을 예측

이와 같은 의사결정트리를 실행하는 가장 쉬운 방법은 파이썬 라이브러리인 싸이킷런을 활용하면 되는데 다음과 같은 코딩을 이용하면 된다.

<파이썬 코드>

의사결정트리(Decision tree)

```
from sklearn.tree import DecisonTreeClassifier
객체=DecisionTreeClassifier(criterion=)
객체.fit(X, y)
from sklearn.tree import plot_tree
plot_tree(decision_tree, feature_names=, class_names=)
```

⚠ DecisionTreeClassifier 클래스의 criterion= 매개변수는 의사결정 트리의 노드구성의 기준을 지정하는데 사용되면 'gini', 또는 'entropy'를 지정한다.

⚠ fit( )메서드는 의사결정트리를 추정하는데 이용되며 매개변수 X는 특성변수 데이터, y는 목표변수를 나타낸다.

⚠ plot_tree( )메서드는 fit( )메서드에서 추정된 의사결정트리 그래프를 생성하는데 이용된다. decision_tree는 fit( )메서드에서 추정된 의사결정트리를 가리키며 feature_names=는 그래프상의 각 노드 분류에 이용된 특성변수들을 지정하기 위하여 사용된다. class_names=는 각 노드에서 목표변수 값을 지정하기 위한 리스트를 지정하는데 리스트의 요소값들은 목표변수의 값들(오름차순)을 순서대로 나타내게 된다.

코딩 사례 9.3: 고객이탈/충성고객 분석

customer_churn.xlsx라는 엑셀파일에는 다음과 같이 어떤 이동통신사의 고객들 3천여명에 대한 자료가 저장되어 있다.

	A	B	C	D	E	F
1	Churn	ContractRenewal	DataPlan	CustServCalls	DayCalls	MonthlyCharge
2	0	1	1	1	110	89
3	0	1	1	1	123	82
4	0	1	0	0	114	52
5	0	0	0	2	71	57
6	0	0	0	3	113	41

위 데이터의 변수들은 다음과 같은 의미를 가진다.

- Churn; 1=이탈고객, 0=충성고객
- ContractRenewal; 1=재계약 고객, 0=신규고객
- DataPlan; 1=데이터플랜 사용고객 0= 데이터플랜 미사용고객
- CustServCalls;월평균 고객센터 통화건수
- Daycalls; 일 평균 음성통화건수
- MonthlyCharge; 월평균 요금(천원)

위의 자료를 이용하여 이 기업의 이탈고객 또는 충성고객들의 특성을 파악하기 위한 의사결정트리를 추정하여 보자.

코드

```
1    import pandas as pd
2    df=pd.read_excel(‘C:/PKW/python textbook/data/customer_churn.xlsx’)
3    X = df.drop(‘Churn’,axis=1)
4    y = df[‘Churn’]
5    from sklearn.tree import DecisionTreeClassifier
6    model = DecisionTreeClassifier(criterion=’entropy’,max_depth=4)
7    result=model.fit(X,y)
8    from sklearn.tree import plot_tree
9    import matplotlib.pyplot as plt
10   plt.rcParams[‘figure.figsize’]=(20,10)
11   a = plot_tree(result,class_names=[‘stay’, ‘cancel’],
12     feature_names=X.columns, filled=True, fontsize=10)
```

코드설명

- 라인 5: 싸이킷런에서 DecisionTreeClassifier를 임포트한다.
- 라인 6: DecisionTreeClassifier 객체를 생성하여 변수 model이 가리키도록 한다.
- 라인 7: 객체 model에 fit( )메서드를 실행시켜 의사결정트리를 추정한다.
- 라인 8: 싸이킷런에서 plot_tree를 임포트한다.
- 라인 10: 의사결정트리 그래프 크기를 설정한다.
- 라인 11: 의사결정트리 그래프를 생성한다. 의사결정트리의 노드에서 충성고객은 ‘stay’, 이탈고객은 ‘leave’로 표시되도록 하고, 각 노드에서 사용된 특성변수들은 원래 데이터프레임 df의 변수명을 그대로 사용하도록 한다.

코드의 실행결과

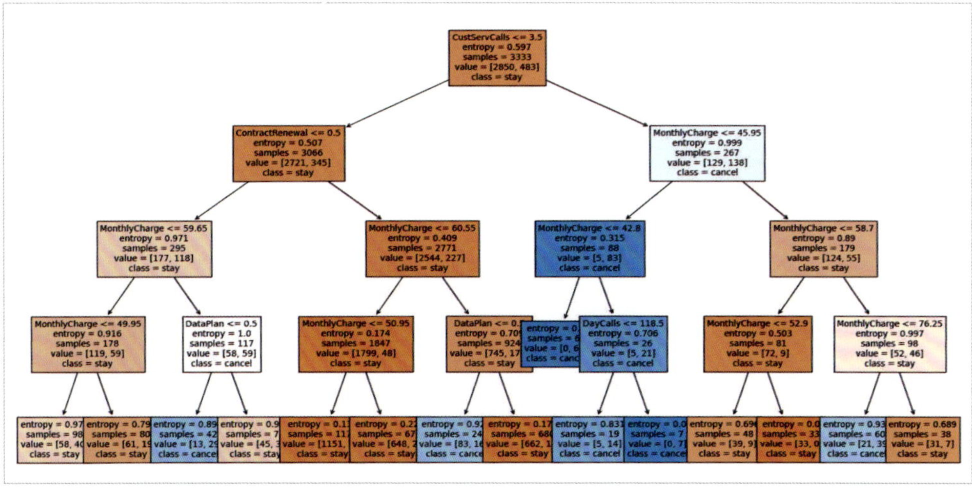

위의 의사결정 트리 중 일부 노드들을 해석하여 이탈고객 또는 충성고객들의 특성을 파악할 수 있다. 즉, 아래의 노드들을 살펴보면 월평균 고객센터에 4건 이상 통화를 하는 고객들 중 평균 월요금이 42,000원 이하인 고객들이 이탈고객이라는 특징을 파악할 수 있다.

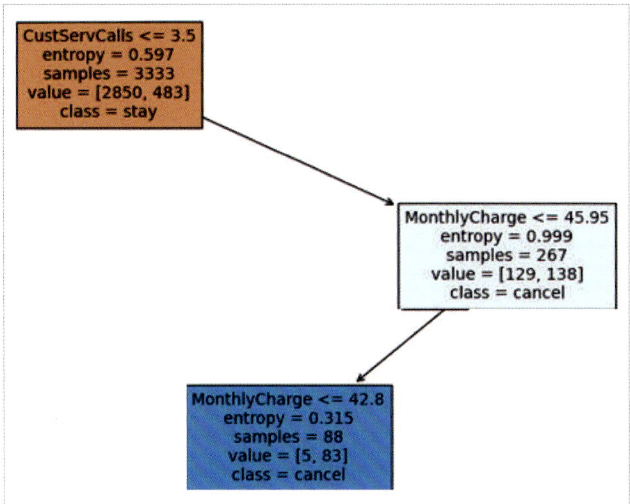

또한 아래 노드들을 살펴 보면 고객센터에 통화건수가 적은 재계약 고객들 중 월평균 요금이 5만원 이하인 고객들이 충성고객으로 남아 있다는 현상도 파악할 수 있다.

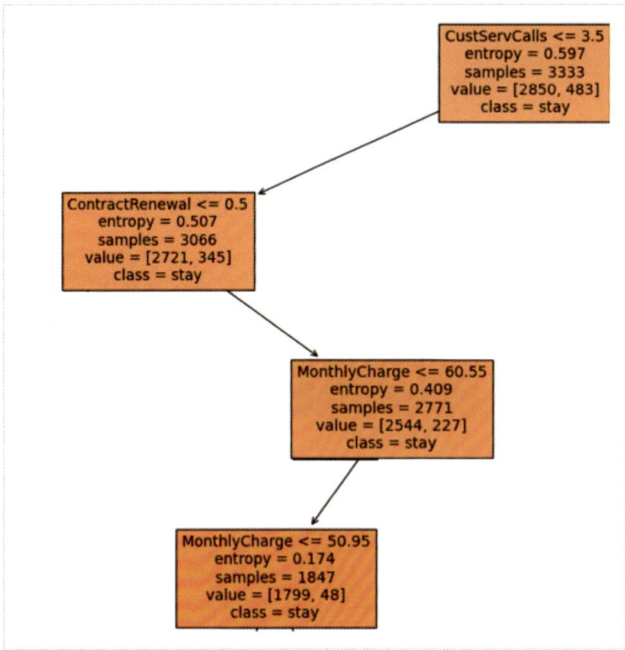

9.2 기업의 생산·운영 전략

기업의 생산.운영 분야에서는 어떤 함수의 최대값 또는 최솟값을 계산해야 하는 최적화 문제를 해결해야 하는 경우가 종종 발생하는데 다양한 제품들을 생산하는 기업이 이익극대화를 위하여 각 제품의 최적 생산량을 결정하는 문제가 한 예라고 할 수 있을 것이다. 그런데 이와 같은 경우 생산 가능시간이나 원료 혹은 부품사용량 등에 제약이 있기 마련이어서 문제 해결이 쉽지 않은 경우가 대부분이다. 여기서는 최적화 대상인 목적함수와 제약조건들이 다변수의 일차함수인 경우인 선형계획법의 해를 구하는 문제를 다루어 보기로 한다.

예를 들어 동일한 원료를 사용하여 제품 A와 제품 B 두 가지 제품을 생산하는 기업에서 이익극대화를 위한 각 제품의 생산량을 결정하는 문제를 생각해 보자. 제품 A의 이익은 리터당 9만원이고 제품 B의 이익은 리터당 10만원이라고 하는데 제품 생산에 있어 다음과 같은 제약조건들이 있다고 한다.

목적함수; 이익극대화

제약조건:

제품 A 1리터 생산에 1.5시간, 제품 B 1리터생산에 1시간 소요
최대 작업시간 하루 8시간
제품 1리터 생산에 A와 B 각각 5리터와 9리터의 원료 소요

최대 원료 사용량 하루 50리터

이제 이 기업이 이익을 극대화시키기 위하여 제품 A와 제품 B를 하루에 몇 리터씩 생산해야 하는 지를 결정하는 문제가 선형계획법의 전형적인 사례라고 할 수 있다. 이제 제품 A와 제품 B의 생산량을 각각 x_1과 x_2라고 표시하면 이 기업의 의사 결정 문제는 다음과 같은 이익함수의 최대화 문제로 표시할 수 있다.

목적함수와 제약조건:

$$Maximize \quad 9x_1 + 10x_2$$

$$1.5x_1 + x_2 \le 8$$
$$5x_1 + 9x_2 \le 50$$

이와 같은 문제를 선형계획법(Linear Programming)이라고 하는데 이러한 선형계획법 문제는 pulp 라이브러리를 이용하면 간단하게 해를 구할 수 있다. pulp 라이브러리는 아나콘다 프롬프트에서 pip install pulp 명령을 통해 설치하면 된다.

<파이썬 코드>

펄프를 이용한 선형함수 최적화

```
from pulp import *
Lp객체=LpProblem(name=, sense=)
LpVariable(name=, lowbound=, upbound=, cat= )
Lp객체+= 제약조건, 제약조건명
Lp객체+= 목적함수

Lp객체.solve( )
Lp객체.obejctive.value( )
Lp객체.variables( )
```

⚠ LpProblem 클래스의 인자 name=에서는 문제명을 문자열로 지정하고 sense= 에서는 최대화인 경우 LpMaximize, 최소화인 경우 LpMinimize를 지정하여 객체를 생성한다.

⚠ LpVariable 함수의 인자 name=에서는 변수명을 문자열로 지정하고 변수 하한값은 lowbound=에 지

정하고 변수 상한값은 upbound=에서 지정한다. cat= 인자에는 변수값이 실수인 경우에는 Continuous, 정수인 경우에는 Integer, 0 또는 1인 경우에는 “Birnary”를 지정한다.

⚠ Lp객체에 solve( )메서드를 실행하여 해를 구한다.

⚠ 해를 구한 이후 objective.value( )메서드와 objective.valus( )메서드를 이용하여 목적함수 최적화 값과 변수 값을 반환한다.

코딩 사례 9.4: 이익극대화를 위한 최적생산량에 대한 의사결정

위에서 소개한 다음과 같은 선형계획법 문제를 pulp를 이용하여 코딩하여 보자.

목적함수와 제약조건:

$$Maximize \quad 9x_1 + 10x_2$$

$$1.5x_1 + x_2 \leq 8$$
$$5x_1 + 9x_2 \leq 50$$

코드

```
from pulp import *
model = LpProblem(name="이윤극대화", sense=LpMaximize)
# 변수 생성
x = LpVariable(name="var1")
y = LpVariable(name="var2")
print(x,y,'\n')
# 제약조건 생성
model += (1.5*x + y <= 8, "시간제약")
model += (5 * x +9 * y <= 50, "원료제약")
# 목적함수 생성
model += 9*x+10*y
print(model,'\n\n')
model.solve()
for var in model.variables():
```

```
15            print(var.name,':', var.value())
16        print(model.objective.value(),'\n')
```

코드 설명

- 라인 1: pulp를 임포트한다.
- 라인 2: 선형함수 극대화를 위한 객체를 생성한다.
- 라인 4-5: var1과 var2라는 변수를 생성하고 각각 x, y가 가리키도록 한다.
- 라인 7: 작업시간에 대한 제약조건을 생성한다.
- 라인 8: 가능한 원료 사용량에 대한 제약조건을 생성한다.
- 라인 11: 목적함수를 생성한다.
- 라인 13: solve( )메서드를 실행하여 최적화 해를 구한다.
- 라인 14-15; 변수명과 해를 출력하기 위한 루프를 구성한다.
- 라인 16: 목적함수 최대값을 출력한다.

코드의 실행결과

```
이윤극대화:
MAXIMIZE
9*var1 + 10*var2 + 0
SUBJECT TO
시간제약: 1.5 var1 + var2 <= 8

원료제약: 5 var1 + 9 var2 <= 50

VARIABLES
var1 free Continuous
var2 free Continuous



var1 : 2.5882353
var2 : 4.1176471
64.47058870000001
```

펄프를 활용하면 이와 같은 선형계획법 문제를 쉽게 해결할 수 있을 뿐만 아니라 정수계획범 문제도 해결할 수 있다. 정수계획법은 의사결정 변수가 정수값을 가지거나 0 또는 1의 값만을 가져야하는 선형계획법 문제의 특수 상황이라고 할 수 있는데 다음 사례에서는 의사결정 변수가 0 또는 1의 값만을 가져야 하는 문제에 대하여 생각해 보자.

코딩 사례 9.5: 매장 입점에 대한 의사결정

어떤 백화점은 현재 사용중인 백화점 건물을 증축함으로써 추가로 50,000(m^2) 의 추가 공간을 마련할 수 있다고 한다. 추가로 확보하는 공간에 입점시킬 매장 후보는 5개이고 각 매장에 필요한 면적과 각 매장으로부터 예상되는 연 이익은 아래 자료와 같다.

매장	필요면적 (천 m^2)	예상 연 이익(억원)
A	35	10
B	28	7
C	10	3
D	10	2.8
E	8	2.5

이 백화점이 추가 공간에 입점시킬 매장들로부터 예상되는 총이익을 극대화시키기 위하여 어떤 매장들을 입점시킬지 결정하기 위해서는 다음과 같은 문제를 풀어야만 한다.

Maximize 10*x1+7*x2+3*x3+2.8*x4+2.5*x5

제약조건:

35*x1+28*x2+10*x3+10*x4+8*x5 <= 50

x1, x2, x3, x4, x5는 모두 0 또는 1(1=입점, 0=미입점)

이와 같은 문제는 의사결정 변수의 값이 0 또는 1이어야 하는 선형계획법 중 특수형태인 정수계획법(Integer problem)문제가 된다. 이와 같은 정수계획법 문제를 해결하기 위하여 다음과 같은 코딩을 하기로 한다.

코드

```
from pulp import *
model = LpProblem(name="IP_Problem", sense=LpMaximize)
x1 = LpVariable(name="x1",cat='Binary')
x2 = LpVariable(name="x2",cat='Binary')
x3 = LpVariable(name="x3",cat='Binary')
x4 = LpVariable(name="x4",cat='Binary')
x5 = LpVariable(name="x5",cat='Binary')
model += 35*x1+28*x2+10*x3+10*x4+8*x5 <= 50, 'Total area'
model += 10*x1+7*x2+3*x3+2.8*x4+2.5*x5
```

```
10    print(model)
11    model.solve( )
12    print('목적함수 최대값: ', model.objective.value(),'\n')
13    for var in model.variables():
14        print(var.name,':', var.value())
```

코드설명

- 라인 1: pulp를 임포트한다.
- 라인 2: 선형함수 극대화를 위한 객체를 생성한다.
- 라인 3-7: 의사결정 변수들을 생성한다. cat= 매개변수의 값을 Binary로 지정하여 변수 값이 0 또는 1이 되도록 한다.
- 라인 8: 사용가능 공간에 대한 제약조건을 생성한다.
- 라인 9: 목적함수를 생성한다.
- 라인 10: 목적함수, 제약조건, 변수 및 변수 값의 유형을 출력한다.
- 라인 11: solve( )메서드를 실행하여 최적화 해를 구한다.
- 라인 12: 목적함수 최대값을 출력한다.
- 라인 13-14; 변수명과 해를 출력하기 위한 루프를 구성한다.

코드실행결과

```
IP_Problem:
MAXIMIZE
10*x1 + 7*x2 + 3*x3 + 2.8*x4 + 2.5*x5 + 0.0
SUBJECT TO
Total_area: 35 x1 + 28 x2 + 10 x3 + 10 x4 + 8 x5 <= 50

VARIABLES
0 <= x1 <= 1 Integer
0 <= x2 <= 1 Integer
0 <= x3 <= 1 Integer
0 <= x4 <= 1 Integer
0 <= x5 <= 1 Integer

목적함수 최대값:   13.0

x1 : 1.0
x2 : 0.0
x3 : 1.0
x4 : 0.0
x5 : 0.0
```

위의 실행결과를 보면 이익극대화를 위해서는 매장 1과 매장 3을 입점시키는 것이 최적의 결과임을 보여 주고 있다.

최근 기계학습과 딥러닝 기술이 가장 활발하게 적용되고 있는 분야로 투자공학 분야가 각광받고 있다. 파이

9.3 투자공학

썬으로 구현한 기계학습과 딥러닝을 활용한 AI 기술의 적용은 주식수익률 예측, 로보어드바이징, 인덱스 펀드 운용, 개인연금 및 퇴직연금 관리 등 투자공학의 전 분야를 혁신적으로 변화시키고 있는데 여기서는 가장 전통적인 포트폴리오 관리의 문제를 소개하기로 한다.

파이썬과 함께 하는 포트폴리오 관리

최적 포트폴리오

투자자의 효용함수를 극대화시키는 주식 포트폴리오로서 다음과 같은 극대화문제의 해(각 주식들의 투자 가중치)를 말한다.

$$\underbrace{Max}_{[x_1 \ldots\ldots x_n]} \left\{1 + \mathrm{E}(R_P) - \frac{1}{2}\gamma\, var(R_P)\right\}$$

$$subject\ to \sum_{i=1}^{n} x_i = 1$$

(식 9-1)

$$\mathrm{E}(R_p) = \sum_{i=1}^{n} x_i E(R_i)$$

$E(R_p)$ = 포트폴리오 기대수익률
x_i = 주식 i에의 투자가중치
$E(R_i)$ = 주식 i의 기대수익률
n = 포트폴리오 구성 주식의 수

$Var(R_p) =$

$$\sigma_P^2 = \sum_{i=1}^{n}\sum_{j=1}^{n} x_i x_j \sigma_{ij} = [x_1 \ \cdots \ x_n] \begin{bmatrix} \sigma_{11} & \cdots & \sigma_{1n} \\ \vdots & \ddots & \vdots \\ \sigma_{n1} & \cdots & \sigma_{nn} \end{bmatrix} \begin{bmatrix} x_1 \\ \vdots \\ x_n \end{bmatrix}$$

$Var(R_p)$;포트폴리오 분산
σ_{ii} = 주식 i의 (수익률)분산
σ_{ij} = 주식 i(수익률)와 주식 j(수익률)간 공분산

γ = 위험회피계수

위의 (식 9-1)의 해인 $(x_1 \ldots\ldots\ldots\ldots x_n)$가 최적포트폴리오에서 각 주식의 투자가중치가 된다.

목적함수가 다변수함수인 경우 최적화 해를 구하는 것은 상당히 까다로운 연산과정을 거쳐야 한다. 더구나 함수의 변수들에 대하여 제약조건들이 존재하는 경우에는 더욱 그러하다. 예를 들어 다음과 같은 최소화 문제를 생각해 보자.

$$\min_{x_0, x_1} 100\left(x_0 - x_1^2\right)^2 + (1 - x_0)^2$$

제약조건

$$2x_0 + x_1 - 1 = 0$$
$$0 \le x_0 \le 1$$
$$-0.5 \le x_1 \le 2.0$$

이 문제는 목적함수가 변수 x_0, x_1로 이루어진 4차 함수이며 등식 형태의 제약조건과 변수 x_0, x_1가 가질 수 있는 값에 대한 제약조건이 존재하는 상당히 까다로운 최적화 문제이다.

비선형함수 최적화

$$\min_{x_1 \ldots\ldots x_n} f(x_1 \ldots \ldots x_n)$$

제약조건 $c_j(x_1 \ldots \ldots x_n) = 0; \ \ j = 1, \ldots \ldots . . m$

$$lb_i \le x_i \le ub_i, \qquad i = i, \ldots, n$$

(식 9-2)

<파이썬 코드>

비선형함수 최적화 해 구하기

```
import numpy as np
from scipy.optimize import minimize, Bounds
obj_function =  f(x_1,...,x_n)
cons={'type':'eq', 'fun': c_j(x_1,...,x_n)표현식}
limits=Bounds(lb_i값들의 배열, ub_i값들의 배열)
x0=초기값 배열
minimize(obj_function, x0, constraints=cons, bounds=limits)
```

⚠ 목적함수 $f(x_1,...,x_n)$는 익명함수로 표현한다.

⚠ 제약조건 $c_j(x_1,...,x_n)$이 여러 개인 경우에는 각 제약조건을 표현하는 익명함수들을 요소로 하는 배열을 사용해야 한다. 제약조건이 한 개인 경우에는 배열을 사용하지 않아도 된다.

⚠ Bounds( )함수의 인자는 각각 $(lb_1,............lb_n)$배열과 $(ub_1,............ub_n)$배열이다.

⚠ 초기값은 대개 (0........0)을 사용한다.

⚠ 목적함수 $\max imize\ f(x)$인 최적화 문제는 $\min imize -f(x)$ 문제로 변경하면 된다.

코딩 사례 9.6: 다변수 함수의 최적화 사례

앞에서 예를 들었던 최적화 문제를 (식 9-2)의 형태로 표현하면 다음과 표시할 수 있는데 사이파이를 이용하여 해를 구하여 보자.

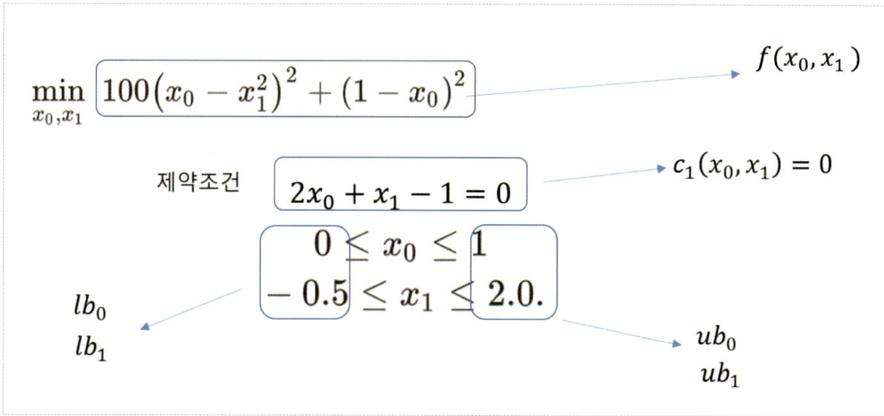

코드

```
import numpy as np
from scipy.optimize import minimize, Bounds

fun=lambda x: 100*((x[0]-x[1]**2))**2 + (1-x[0])**2

cons={'type':'eq', 'fun': lambda x: 2*x[0]+x[1]-1}

bnd=Bounds(np.array([0,-0.5]), np.array([1,2]))

x0=np.array([0,0])

sol=minimize(fun,x0, bounds=bnd, constraints=cons)
print(sol)
```

$$100\left(x_0 - x_1^2\right)^2 + (1 - x_0)^2$$

$$2x_0 + x_1 - 1 = 0$$

$$0 \le x_0 \le 1$$
$$-0.5 \le x_1 \le 2.0.$$

코드의 실행결과

```
     fun: 0.5618743160897228
     jac: array([-1.0000469 , -0.49663021])
 message: 'Optimization terminated successfully.
    nfev: 52
     nit: 11
    njev: 11
  status: 0
 success: True
       x: array([0.2508314 , 0.49833719])
```

$x_0 \approx 0.2508$, $x_1 \approx 0.4983$ 일 때 목적함수는 최소값을 가지며 최소값은 약 0.5618임을 알 수 있다. 이러한 사실은 위의 결과로부터 다음과 같이 최적화의 해인 배열 x:array([0.2508314, 0.49833719])만을 슬라

이싱하여 목적함수 값을 계산해 봄으로서 확인할 수 있다.

```
1    import numpy as np
2    from scipy.optimize import minimize, Bounds
3    fun=lambda x: 100*((x[0]-x[1]**2))**2 + (1-x[0])**2
4    cons={'type':'eq', 'fun': lambda x: 2*x[0]+x[1]-1}
5    bnd=Bounds(np.array([0,-0.5]), np.array([1,2]))
6    x0=np.array([0,0])
7    sol=minimize(fun,x0, bounds=bnd, constraints=cons)['x']
8    print("최적화해: ", sol,'\n')
9    min_val=fun(sol)                    # 목적함수  최적화 값을 계산
10   print("목적함수의 값: ",min_val)
```

코드 설명

- 라인 2: Scipy.optimize로부터 minimize와 Bounds 모듈을 임포트한다.
- 라인 3: 목적함수 $100(x_0 - x_1^2)^2 + (1 - x_0)^2$를 익명함수를 이용하여 생성하고 변수 fun이 가리키도록 한다.
- 라인 4: 제약조건 $2x_0 + x_1 - 1$을 표시하기 위한 익명함수를 생성하고 변수 cons가 가리키도록 한다.
- 라인 5: 변수 x_0와 변수 x_1의 한계값 배열을 생성하고 변수 bnd가 가리키도록 한다.
- 라인 6: 최적해의 초기값 배열을 생성하고 변수 x0가 가리키도록 한다.
- 라인 7: minimize 함수의 인자인 목적함수, 초기값, 한계값, 제약조건을 순서대로 입력하여 minimize 함수를 실행한 결과로부터 최적해 배열만을 슬라이싱 하여 변수 sol이 가리키도록 한다. 변수 sol는 주어진 제약조건 아래서 목적함수를 최소화시키는 변수 x_0와 변수 x_1의 배열을 가리키게 된다.
- 라인 9: 변수 x_0와 변수 x_1이 최적해 값일 때 목적함수의 최소값을 계산하고 변수 min_val이 가리키도록 한다.

```
최적화 해:  [0.2508314  0.49833719]
목적함수의 값:  0.5618743160897228
```

이제 주식 투자자들에게 (식 9-1)에서 정의한 바와 같이 효용함수를 극대화시켜주는 "최적포트폴리오"를 탐색하는 문제는 전형적인 비선형함수 최적화의 문제라고 할 수 있는데 이 문제에 대하여 다음 사례에서 다루어 보기로 하자.[1]

1) 여기서는 투자자의 투자액이 "1"인 경우를 가정한다.

코딩 사례 9.7: 최적포트폴리오 탐색

이 사례에서는 다음과 같은 분산/공분산 행렬과 기대수익률을 가지는 4개의 주식으로 구성되는 최적포트폴리오의 투자가중치(x_1, x_2, x_3, x_4)를 탐색해 보기로 한다.

	stock 1	stock 2	stock 3	stock 4		
stock 1	0.400	0.030	0.020	0.000		0.06
stock 2	0.030	0.200	0.001	-0.060		0.05
stock 3	0.020	0.001	0.300	0.030		0.07
stock 4	0.000	-0.060	0.030	0.100		0.08

코드

```
1  import numpy as np
2  from scipy.optimize import minimize, Bounds
3  m=np.array([0.06, 0.05,0.07, 0.08])
4  H=np.array([[0.4 , 0.03 , 0.02, 0],
5              [0.03, 0.2 , 0.001 , -0.06],
6              [0.02 ,0.001, 0.3 ,0.03],
7              [0 , -0.06 , 0.03  ,0.1]])
8  dim=len(m)
9  gamma=0.2
10 util= lambda x : 0.5*gamma*np.dot(np.dot(x,H),x) - np.sum(x*m)-1
11 cons={'type':'eq', 'fun': lambda x: np.array( [np.sum(x)-1]) }
12
13 x0=np.array([0.25,0.25,0.25,0.25])
14 utilport=minimize(util,x0,constraints=cons)['x']
15 print("Expected utility maximizing portfolio:",
16         utilport,'\n')
17
18 exreturn=np.sum(utilport*m);
19 print("Expected return of utility maximizing portfolio: ",
20       format(exreturn,".4f"),'\n')
21
22 var=np.dot(np.dot(utilport,H),utilport)
23 std=np.sqrt(var)
24 print("Risk of utility maximizing portfolio: ",
25       format(std,".4f"))
```

$m = [E(R_1) \dots\dots E(R_4)]$

$H = \begin{bmatrix} \sigma_{11} & \cdots & \sigma_{14} \\ \cdots & \ddots & \cdots \\ \sigma_{41} & \cdots & \sigma_{44} \end{bmatrix}$

$\frac{1}{2}\gamma\ var(R_P)$ - E(R_P) -1

$[x_1 = 0.25 \dots x_4 = 0.25]$

코드 설명

- 라인 3: 4 주식의 기대수익률 1차원 배열을 생성하고 변수 m이 가리키도록 한다.
- 라인 4~라인 7: 주식의 분산-공분산 2차원 배열을 생성하고 변수 H가 가리키도록 한다.
- 라인 8: 배열 m의 요소 개수를 변수 dim이 가리키도록 한다.
- 라인 9: 효용함수의 γ 값을 0.2로 설정한다.
- 라인 10: (−1)×(식 9−1)의 효용함수를 의미하는 익명함수를 정의하고 변수 util이 가리키도록 한다. 이는 최대화 문제를 최소화문제로 바꾸어 해결하기 위함이다.

- 라인 11: (식 9-1)의 제약조건(투자가중치의 합 = 1)을 표시하기 위한 익명함수를 생성하고 변수 cons가 가리키도록 한다.
- 라인 13: 최적해의 초기값 배열을 생성하고 변수 x0가 가리키도록 한다.
- 라인 14: minimize 함수의 인자인 목적함수, 초기값, 제약조건을 순서대로 입력하여 minimize 함수를 실행한 결과로부터 최적해 배열만을 슬라이싱 하여 변수 utilport가 가리키도록 한다. utilport는 최적 포트폴리오의 투자가중치 배열을 가리키게 된다.
- 라인 18: 최적 포트폴리오의 투자가중치 배열을 이용하여 최적 포트폴리오의 기대수익률을 계산하고 변수 exreturn이 가리키도록 한다.
- 라인 22: 최적 포트폴리오의 투자가중치 배열을 이용하여 최적 포트폴리오의 분산을 계산하고 변수 var이 가리키도록 한다.

코드의 실행결과

```
Expected utility maximizing portfolio: [-0.015228    0.01261242  0.05799598  0.9446196 ]
Expected return of utility maximizing portfolio:  0.0793
Risk of utility maximizing portfolio:  0.3036
```

이 사례에서는 싸이파이의 minimize 메서드를 이용하기 위해서 라인 10에서 효용함수의 극대화 문제를 $\min imize\ \frac{1}{2}\gamma var(R_p) - E(R_p) - 1$ 문제로 변경하고 있으며 프로그램 실행 결과 위험회피계수가 0.2인 투자자의 경우 각 주식에 -0.015, 0.012, 0.057, 0.944의 비중으로 투자하는 포트폴리오가 최적 포트폴리오이며 이러한 최적포트폴리오의 기대수익률은 7.93%, 위험은 30.36%임을 알 수 있다.

〈코딩사례 9.7〉에서는 투자자의 효용함수를 최대화시켜 줄 수 있는 최적포트폴리오를 탐색하는 문제에 대하여 알아 보았다. 그런데 투자자들의 투자 목표가 효용수준을 극대화시키는 경우에는 〈코딩사례 9.7〉에서와 같은 방법으로 최적포트폴리오를 탐색하면 되지만 투자자들의 투자목표가 다른 경우도 있을 수 있다. 한 예로 소위 샤프지수를 극대화시키는 것을 투자목표로 가지는 투자자들도 존재한다. 이런 경우의 최적포트폴리오는 어떻게 탐색해야 할까? 우선 샤프지수에 대하여 알아 보기로 하다.

파이썬과 함께하는 샤프지수극대화 포트폴리오

포트폴리오 투자는 투자자가 감수해야 하는 위험에 대하여 수익률로 보상받는 과정이라고 할 수 있다. 이때 무위험수익률대비 초과 수익률이 위험의 크기와 비교할 때 어느 정도의 크기가 되는 지를 살펴 볼 필요가 있다. 즉, 다음과 같은 값이 포트폴리오 투자에서 중요한 의미를 갖는다.

$$\frac{E(R_p - R_F)}{\sigma_p}$$

R_F = 무위험수익률(예:국고채수익률)
$E(R_P)$ = 포트폴리오 기대수익률
σ_P = 포트폴리오 수익률 표준편차

이 값을 샤프지수(Sharpe ratio)라고 하는데 샤프지수를 극대화시키는 것이 투자자들의 투자목표가 될 수 있으며 다음과 같은 문제의 해가 이러한 포트폴리오가 된다.

$$minimize \ \frac{R_F - E(R_P)}{\sigma_P}$$

$$\text{제약조건} : \sum_{i=1}^{n} x_i = 1 \quad ;x_i = \text{주식 } i \text{의 투자가중치}$$

참고로 어떤 함수를 최대화시키는 문제는 위와 같이 최소화문제로 바꾸어 해를 탐색해도 된다. 우리는 scipy의 minimize 함수를 이용하기 위해서 이와 같은 방식으로 문제를 해결하도록 할 것이다.

다음 사례에서는 한국거래소에 상장되어 있는 주식들 중 KT, 현대모비스, LG화학 세 주식으로 구성할 수 있는 샤프지수 극대화 포트폴리오 탐색 문제를 해결하여 보자.

코딩 사례 9.8: 샤프지수 극대화 포트폴리오의 탐색

코드

```
import numpy as np
import pandas as pd
import yfinance as yf
stocks={"KT":'030200.KS', 'Mobis':'012330.KS', 'LGchem':'051910.KS'}
data=pd.DataFrame()
for key in stocks:
    code=stocks[key]
```

```
8        data[key]=yf.download(code, "2016-01-04", "2017-12-25")['Close']
9    return_data=data.pct_change()
10   return_data.dropna(inplace=True)
11   m=return_data.mean(axis=0)*250
12   H=return_data.cov()*250
13   m=m.values
14   H=H.values
15   from scipy.optimize import minimize
16   rF=0.03
17   roy=lambda x: (rF-np.sum(x*m))/np.sqrt(np.dot(np.dot(x,H),x))
18   cons={'type':'eq', 'fun': lambda x: np.sum(x)-1}
19   x0=np.ones(3)*(1/3)
20   sharpeport=minimize(roy,x0,constraints=cons)['x']
21   exreturn=np.sum(sharpeport*m)
22   var=np.dot(np.dot(sharpeport,H),sharpeport)
23   std=np.sqrt(var)
24   print('Sharpe portfolio: ','\n')
25   print('KT','Mobis','LGchem', '        ER','\t','sigma','\n')
26   print(format(sharpeport[0],'.3f'), format(sharpeport[1],'.3f'),
27       format(sharpeport[2],'.3f'), '\t',
28       format(exreturn,',.4f'), format(std,',.4f'))
```

코드설명

- 라인 5: 빈 데이터프레임 data를 생성한다.
- 라인 6: 딕셔너리 stocks의 키(key, 여기서는 주식명)를 타겟변수 stock에 순서대로 할당하는 for 로프를 정의한다.
- 라인 7: 딕셔너리 stocks의 키에 대응하는 값(value, 여기서는 주식코드)을 변수 code가 가리키도록 한다.
- 라인 8: 변수 code가 가리키는 주식코드에 해당하는 주식의 주가 데이터를 웹으로부터 크롤링한 데이터프레임중 'Close'열을 슬라이싱하여 데이터프레임 data에 타겟변수 stock이 가리키는 주식명이 열레이블인 열을 추가한다.

yfinance

Web으로부터 주가를 크롤링하는데 유용한 라이브러리이다. 아나콘다 프롬프트에서 pip install yfinance를 통하여 설치하면 사용할 수 있다. yfinance 라이브러리의 download 함수에 주식코드, 시작일, 종료일을 순서대로 인자로 입력하면 코드에 해당하는 주식의 주가 정보를 시작일로부터 종료일 전일까지 다운받은 데이터프레임이 생성된다. 이 데이터프레임의 인덱스는 주식거래일인 날짜가 되며 'Open', 'High'" 'Low', 'Close', 'Adj Close', 'Volume'등의 열레이블이 되는데 각각 매일의 시가, 고가, 저가, 종가, 수정종가, 거래량을 의미한다.

- 라인9:데이터프레임의 열(주가)들로부터 일수익률이 계산된 데이터프레임을 변수 return_data가 가리키도록 한다.
- 라인11: return_data가 가리키는 데이터프레임을 이용하여 각 주식의 (연)평균수익률이 계산된 시리즈를 생성한다.
- 라인12: return_data가 가리키는 데이터프레임을 이용하여 각 주식의 (연)분산-공분산행렬이 계산된 데이터프레임을 생성한다.
- 라인13: 각 주식의 (연)평균수익률을 계산된 시리즈를 1차원배열로 변환한다.
- 라인14: 각 주식의 (연)분산-공분산행렬 데이터프레임을 2차원 배열로 변환한다.
- 라인 15-20; 샤프지수 극대화 포트폴리오를 탐색한다.

코드의 실행결과

```
[*********************100%***********************]  1 of 1 completed
[*********************100%***********************]  1 of 1 completed
[*********************100%***********************]  1 of 1 completed

Sharpe portfolio:

KT Mobis LGchem         ER      sigma

0.463 0.212 0.325       0.0883 0.1500
```

9장 부록

A. 카이제곱 분포

카이제곱분포의 확률밀도함수

$$\frac{x^{(\nu/2-1)}\, e^{-x/2}}{2^{\nu/2}\Gamma\left(\frac{\nu}{2}\right)}$$

$\Gamma(\,)$: 감마함수 ν; 자유도(degree of freedom)
$0 < x < \infty$

<파이썬 코드>

카이제곱분포의 확률 계산

from scipy.stats import chi2

chi2.cdf(x, df); 카이제곱확률변수가 x보다 작을 확률(df=자유도)

카이제곱분포의 누적확률에 대응하는 값 계산

from scipy.stats import chi2

chi2.ppf(p, df); 누적확률 p에 대응하는 카이

코딩 사례 9.A1: 카이제곱분포의 확률과 누적확률에 대응하는 확률변수 값 계산

코드

```
from scipy.stats import chi2
prob1=chi2.cdf(7.4,1)
chi=chi2.ppf(0.9935,1)
```

```
4 print(format(prob1,”.4f”))
5 print(format(chi,”.4f”))
```

코드 설명

- 라인 1: scipy.stats로부터 chi2 모듈을 임포트한다.
- 라인 2: 자유도 1인 카이제곱변수가 7.4보다 작을 누적확률을 계산하고 변수 prob1이 가리키도록 한다.
- 라인 3: 자유도=1인 카이제곱분포에서 누적확률 0.9935에 대응하는 카이제곱 값을 계산하고 변수 chi가 가리키도록 한다.

코드의 실행결과

```
0.9935
7.4062
```

PART

10

파이썬과 금융/투자 로보-어드바이저: 주가예측 알고리즘

10.1
금융/투자 로보-어드바이저 프로세스

10.2
포괄적인 자산부채관리를 위한 로보-어드바이저

10.3
주가예측을 위한 신경망(Neural network)알고리즘

10장 파이썬과 금융/투자 로보-어드바이저:주가예측 알고리즘

금융/투자분야의 로보-어드바이저(robo-advisors)는 금융/투자 이론에 기계학습 알고리즘과 빅데이터 분석 기술을 적용하여 개인 투자자들에게 온라인 플랫폼 기반으로 자동화된 금융 및 자산 관리 자문 서비스를 제공하는 과정을 의미한다. 이러한 정의는 로보-어드바이저의 명칭에 잘 드러나 있는데, 로보(robo)는 로봇 등으로 대표되는 자동화 및 오토메이션을 뜻하고 어드바이저(advisor)는 자문을 제공하는 자를 의미하므로, "로보-어드바이저 = 자동화된 금융 자문 서비스(automated financial advise service)" 정도로 생각할 수 있다.

로보-어드바이저의 핵심 적인 혁신은 전통적으로 수동이었던 자산 관리 프로세스를 자동화한다는 점이다. 이와 같은 자동화를 통해 규모의 경제를 실현함으로써 고객에게 저렴한 비용으로 고품질 투자 관리 서비스를 제공할 수 있다. 기존의 펀드 운용수수료가 1% 내외인 점을 고려하면 0.25%에서 0.50% 범위인 로보-어드바이저의 자문 수수료는 개인 투자자에게 매력적일 수밖에 없다. 또한, 로보-어드바이저를 통한 투자자문서비스는 펀드매니저나 PB들과 고객 사이에 발생할 수 있는 대리인 문제의 발생을 원천적으로 방지할 수 있다는 점도 로보-어드바이저의 장점 중 하나라고 할 수 있을 것이다. 그런데 다양한 금융/자산관리 분야에서 로보-어드바이저를 제공하기 위해서는 다음과 같은 투자원칙(investment principles)들이 유지/적용되어야 한다.

- 명확한 목표가 있는 투자 계획을 수립한다: 고객의 현재 재무 상태(대차대조표 및 수입/지출계산서 반영), 위험 성향, 장.단기 재무목표 등을 고려하여 주식, 뮤추얼 펀드 또는 ETF(Exchange traded fund, 상장지수편드) 등 다양한 투자자산들에 대한 투자 스케쥴을 수립한다.

- 광범위한 분산투자를 추구한다. "모든 계란을 한 바구니에 담지 말라"는 소위 분산투자의 혜택을 강조하기 위하여 자주 인용되는 문구이다. 다양한 유형의 투자자산들에 투자액을 나누어 투자하는 분산투자에서 발생하는 이점은 위험감소효과이다. 분산투자를 통하여 위험을 감소시킬 수 있으므로 개별 주식보다는 ETF와 같은 투자자산이 고객에게 훨씬 유리한 투자대상이 된다는 것이다.

- 거래비용을 고려한다. 투자전략을 실행하기 위해서는 수수료, 세금, bid-ask-spread등과 같은 다양한 형태의 비용이 발생하기 때문에 적절하게 이를 반영해야 한다.

금융/투자 로보-어드바이저를 성공적으로 구현하기 이해서는 다음과 같은 작업들이 단계별로 수행되어야 한다.

10.1 금융/투자 로보-어드바이저 프로세스

- 고객 평가 및 온보딩
- 투자 전략의 실행
- 투자 전략의 지속적인 관리

여기서 각 단계는 완전 자동화 또는 불완전 자동화로 구현할 수 있다.

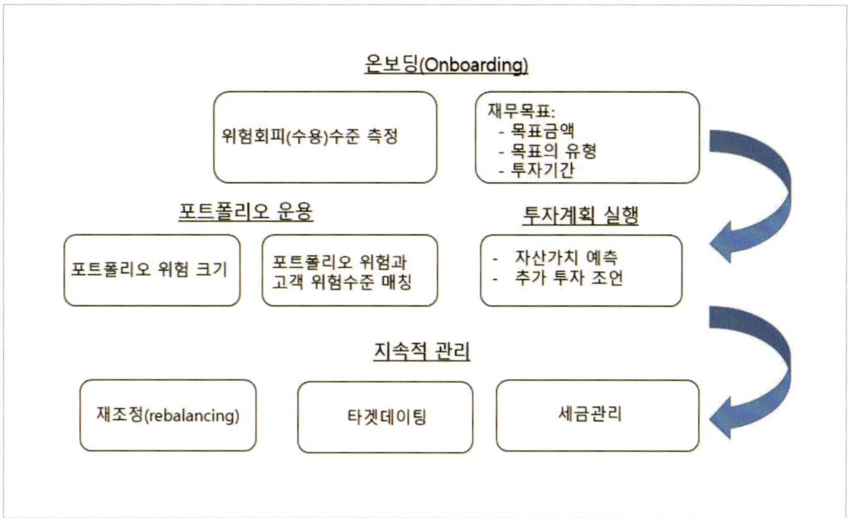

(그림 10-1: 로보-어드바이저 프로세스)[1]

고객 평가 및 온보딩(Onboarding)

로보-어드바이저는 자동화된 온라인 설문조사를 통하여 고객인 투자자의 연령, 순자산, 투자 경험 등과 같은 기본 정보뿐만 아니라 투자자의 투자 목표, 위험 회피성향 등 투자 자문에 필수적인 정보들을 수집한다. 고객의 투자 목표에는 소득 창출원천, 은퇴계획을 위한 투자, 미래 목돈 지출 계획(예: 집이나 자동차 구입) 및 비상 상황(이직 등)에 대비한 자산 구축 등을 포함하여야 한다. 또한, 로보-어드바이저는 투자자의 위험회피(risk-aversion) 또는 위험감수(risk-tolerance) 수준에 대하여 파악해야만 한다. 온라인 설문조사를 통해 수집된 데이터는 새 고객의 계정을 자동으로 설정하고 초기 투자 설정 및 권장 사항을 제공하는 데 사용된다.

1) 투자자의 위험 성향 평가

로보-어드바이저는 투자자의 위험회피 또는 감수 수준을 고려하여 적절한 위험 수준의 포트폴리오를 추천하여야 하기 때문에 투자자의 위험회피 또는 위험 감수 수준을 추정하는 작업은 모든 로보-어드

1) 10장 1절과 2절의 주요 내용들은 다음 논문을 참고로 하여 작성되었다. Robo-advisory: from investing principles and algorithms to future developments, A. Capponi & C. A. Lehalle, "Machine learning in financial markets: a guide to contemporary practice", Cambridge University Press, 2021

바이저 프로세스에서 최우선으로 거쳐야 하는 과정이라 할 수 있다. 위험회피 또는 감수 수준을 추정하기 위해서는 Gable-Lytton 방법이 주로 사용되는데 이 방식은 고객들에게 일정한 유형의 문항들에 답하도록 하고 이 문항들을 요인분석(factor analysis)을 통하여 분석함으로써 고객들의 위험회피 또는 감수 수준을 추정하는 방식이다. 이와 같은 과정을 통하여 추정된 위험회피 또는 감수 수준을 반영하여 로보-어드바이저는 적절한 수준의 위험을 내포하는 투자계획 또는 포트폴리오를 추천하게 된다.

그런데 동일한 위험 감수 수준을 가진 투자자들이라 하더라도 재무 목표 및 관련 청산 계획에 따라 투자자가 감내할 수 있는 위험수준이 달라져야 한다. 예를 들어 노후준비를 위하여 포트폴리오를 운용/청산해야 하는 투자자와 주택 구입 자금을 위한 자기자금 확보를 위해 투자자산을 운용해야 하는 투자자를 비교해 보자. 후자의 경우에는 주택 구입 시점에서 한 번에 포트폴리오를 청산해야 하지만 전자의 경우 은퇴 이후 장기간에 걸쳐 소액을 반복적으로 포트폴리오를 청산하여 생활자금을 확보해야 하므로 적절한 위험 수준이 두 투자자간에 달라야 하고 로보-어드바이저는 이를 적절하게 반영해야 한다.

또한 로보-어드바이저는 투자 기간 중 정기적 혹은 부정기적으로 투자자의 위험감수 수준을 업데이트하여 변경하여야 한다. 예를 들어 TDA(target dated fund)와 같은 퇴직연금 상품에 가입한 투자자의 경우 나이가 들어감에 따라 위험감수 수준이 감소해야 하기 때문에 위험의 크기가 감소하도록 투자전략을 변경해야 한다.

2) 재무 계획 수립 및 투자 전략 제언

로보-어드바이저가 제공하는 앱과 웹사이트를 통해 고객은 재무 계획 조언 및 기타 투자 업데이트를 지속적으로 받는다. 여기에는 시나리오 분석, 시간 경과에 따른 잠재적 자산 증식 예측, 저축 제안, 포트폴리오 위험 수준에 대한 피드백 및 구체적인 은퇴 계획에 대한 조언 등의 내용이 포함될 수 있다. 또한 고객의 개인 대차 대조표를 작성할 수 있도록 로보-어드바이저는 고객이 승인할 때 모든 자산 및 계정을 통합하고 동기화할 수 있다. 예를 들어, 개인의 전체 순자산을 추적하기 위해 고객은 주택 시세, 모기지 원금 잔액 등 고객이 로보-어드바이저 플랫폼 외부에 보유한 자산 및 부채 항목들에 대한 정보를 수집할 수 있다. 이러한 과정을 통해 고객이 부담하고 있는 위험수준에 대하여 좀 더 포괄적인 추정이 가능해지고 정확한 자산 가치 증식의 추정치를 고객에게 제공할 수 있다. 또한 로보-어드바이저는 투자 수수료가 비정상적으로 높아지거나 비정상적으로 많은 현금을 보유하게 되는 경우 고객에게 경고하는 기능을 수행할 수도 있다.

이와 같은 통합적 서비스를 효율적으로 제공하기 위해서는 로보-어드바이저가 비공개 자산을 정확하게 식별해야 한다. 한국금융시장에서는 2022년 시행되기 시작한 마이데이터 서비스를 통해 이러한 비공개 자산에 접근할 수 있는데 이러한 비공개 자산에는 위험 및 운용성과 데이터가 없을 수도 있다. 이러한 경우 비공개자산과 유사한 프록시 자산 또는 자산 세트를 찾는 것이 로보-어드바이저의 임무가 되는데 가까운 프록시를 식별하기 위해 비공개 자산과 관련된 텍스트에 대한 자연어 처리 기술을 사용할 수도 있다. 이러한 과정을 활용하여 시세데이터가 없거나 매우 적은 부동산 가치를 추정하는 데 로보-어드바이저의 역할이 중요해 질 것이다.

3) 포트폴리오 가치의 예측 및 투자전략 제언

로보-어드바이저의 핵심 업무는 고객이 계획한 투자 목표를 달성하기 위하여 포트폴리오 위험, 증식 및 저축률 간의 균형을 달성하도록 해주는 것이다. 이를 위해 로보-어드바이저는 남은 투자기간 동안 투자자의 포트폴리오 증식 경로를 예측한다. 이러한 예측에는 포트폴리오 가치의 평균(중위수), 다양한 시장 상황에서의 자산 가치 증식 결과에 대한 예측이 포함될 수 있다. 자산 가치 증식 예측에는 미래 투자금액의 변경 또는 자산 배분의 변경과 같은 변경사항들을 포함할 수도 있다. 이 때 투자자산의 수익률 분포가 다변량 정규분포라고 가정하면 자산가치에 대한 예측은 공식형태의 해(closed solution)를 이용하여 계산할 수 있다. 그러나 더 복잡한 시장 상황(예를 들어 수익률의 분포가 첨도, 왜도, 시계열상관(serial correlation)을 보이는 경우)에서는 몬테카를로 시뮬레이션과 같은 시뮬레이션 기법을 사용해야 하는 경우가 많다. 몬테카를로 시뮬레이션은 유연한 방법론이기는 하지만 연산시간이 길어짐에 따라 대규모로 처리하는 것이 어려울 수도 있다. 고객의 장기 투자 목표를 관리하는 데에는 이와 같은 자산가치의 예측뿐만 아니라 투자자산의 가치가 투자 목표에 도달/미달/초과할 확률도 고려할 필요가 있으므로 로버-어드바이저 설계시 이러한 점을 고려할 필요가 있다.

투자 전략의 실행

1) 포트폴리오 구성

로보-어드바이저는 잘 확립된 핵심 투자 원칙을 구현하는 알고리즘을 사용하여 자동으로 다양한 투자자산 포트폴리오를 구성하고 주기적으로 재조정(rebalancing)해야 한다. 로보-어드바이저의 포트폴리오 구성 및 재조정 과정에 가장 자주 사용되는 이론은 현대 포트폴리오 이론(Modern portfolio theory, MPT)으로 평균분산원칙(Mean variance principle)을 기반으로 최적 포트폴리오를 구성하고 관리한다. 평균분산원칙은 포트폴리오 수익률의 변동성으로 측정하는 일정한 위험 수준에서 포트폴리오의 기대 수익이 최대화되도록(또는 일정 수준의 기대수익률에서 변동성이 최소가 되도록)하는 원칙 아래 각 자산에의 투자가중치를 선택하여 포트폴리오를 구성하게 해 준다. 또한 대부분의 로보-어드바이저에서는 평균분산원칙에 거래 비용(거래 수수료, 세금, bid ask spread 등)을 반영하여 평균분산원칙의 현실성을 높이기도 하고 평균분산원칙 적용의 투입요소인 자산의 기대수익률 추정 과정을 보완하기 위하여 블랙-리터만(Black Litterman) 기법 등을 적용하기도 한다. 또한 위험패리티(risk parity)를 반영한 조정 기법을 사용하기도 한다. 그러나 이와 같은 투자이론을 적용한 포트폴리오 구성 과정은 최신의 머신러닝과 딥러닝 기술을 반영한 형태로 방법론이 발전해야 하고 그와 같은 가능성은 실로 무궁무진하다고 할 수 있다.

2) 자산 선택

일반적으로 로보-어드바이저는 자산 선택을 통해 전반적인 투자 비용을 낮게 유지하면서 광범위한 자산배분이 이루어지는 것을 목표로 해야 한다. 이러한 목적을 달성하기 위하여 대부분의 로보-어드바이저는 주로

운용수수료가 낮은 인덱스 펀드들을 사용하는데 이러한 자산들은 액티브 펀드들보다 우수한 성능을 보이기 때문이다. 로보-어드바이저를 통한 포트폴리오 구성 및 재조정은 자동적으로 이루어지지만 자산 선택은 일반적으로 투자 전문가들의 관리 감독을 통하여 이루어진다. 대부분의 로보-어드바이저에서는 주로 상장지수펀드(Exchange traded fund, ETF)를 자산선택과정에서 사용하는데 ETF는 고객들이 저렴한 비용으로 다양한 자산 클래스에 대한 투자를 가능하게 해준다. 또한 ETF는 세금손실수확(TLH, Tax-Loss Harvesting)에도 효율적으로 사용될 수 있는데 세금손실수확은 특정 자산에서 발생한 손실을 실현시킴으로써 투자자의 세금 부담을 감소시키는 행위를 의미하는데 자본이득 관련 세제 개편에 따라 향후 한국 투자자들에게도 중요한 요소가 될 것이다. 로보어드바이저의 자산 선택과정에서는 투자자산을 결정하기 위해 군집분석(clustering) 및 분류 알고리즘과 같은 기계 학습 방법을 적극적으로 활용한다. 예를 들어, 서포트 벡터 머신(support vector machine, SVM), 랜덤포리스트(random forest)등과 같은 분류 기계학습을 이용하여 유사 자산군을 식별해 낼 수 있다. 이와 같은 방법론을 통해 유사한 자산들이 식별되면 해당 자산의 수수료, 추적 오차, 거래량 등을 고려하여 고객 포트폴리오에 포함시킬 것인지를 결정하게 된다.

3) ETF와 인덱스펀드의 비교

일부 로보-어드바이저들은 ETF 대신 개별 주식들을 투자자산으로 선택하여 포트폴리오를 구축하기도 한다. 이러한 경우 대부분 로보-어드바이저는 특정 주식군의 수익률을 인덱싱하는 방법을 택하게 된다. 예를 들어 로보-어드바이저는 KOSPI 200 지수의 수익률을 추적하는 인덱스펀드를 구성하여 이를 포트폴리오에 편입시킬 수 있다. 그런데 이러한 경우 KODEX200과 같은 ETF를 선택하지 않고 인덱스펀드를 운용하여 포트폴리오에 편입시키는 이유는 무엇일까? 그 이유는 인덱스 펀드가 ETF에 비해 투자자들의 개인적 수요를 유연하게 반영할 수 있기 때문이다. 이 점은 로보-어드바이저가 초개인화된 서비스를 제공해야 한다는 점에서 매우 중요하다고 할 수 있다. 펀드 구조로 인해 ETF는 펀드에서 발생한 자본 이득을 주주에게 배분하지만 자본 손실은 배분하지 않고 펀드 내에 그대로 유지된다. 그러나 인덱스펀드를 구성하는 개별 주식이 투자자들의 개별 계정에서 보유되는 인덱스펀드의 경우에는 특정 주식의 자본 손실을 다른 주식의 자본 이득을 상쇄하기 위한 세금손실수확의 목적으로 활용할 수 있게 되는데 이는 EFT에서는 가능하지 않다. 예를 들어 KOSPI지수 자체는 상승하더라도 손실이 발생한 주식들도 있게 마련이다. EFF 투자의 경우에는 ETF 가격이 하락하는 경우에만 세금손실수확의 기회를 갖게 되지만 인덱스펀드 투자의 경우에는 이러한 경우에도 주가가 하락한 주식들의 손실을 세금손실수확 목적으로 이용할 수 있게 된다는 것이다. 이와 같은 유연성뿐만 아니라 인덱스펀드는 로보-어드바이저가 추구하는 개인화 수준을 향상시키는데에도 기여할 수 있다. 예를 들어 고객이 매수를 제한하는 주식들을 펀드 운용에서 제외시키는 방식의 운영이 가능해진다.

투자 전략의 지속적인 관리

로보-어드바이저 서비스의 중요한 측면은 고객의 포트폴리오를 지속적으로 모니터링하고 재조정하여야 하는데 이 과정에서는 포트폴리오 재조정, 위험 관리, 지속적인 투자전략 조언 및 타겟데이팅(targe dating)등의 요소들이 포함되어야 한다.

1) 포트폴리오 재조정 및 위험 관리

시뮬레이션 데이터를 사용하여 재조정된 포트폴리오가 재조정이 없는 포트폴리오에 비해 포트폴리오 가치의 중앙값이 더 높으며 손실 기댓값이 더 적고 가치의 산포도도 낮아진다는 최근 연구결과는 로보-어드바이저에서의 포트폴리오 재조정의 중요성을 새삼 일깨워주고 있다. 포트폴리오 재조정은 기계적으로 이루지기도 하고 포트폴리오의 목표 가중치로부터의 편차를 고려하여 이루어지기도 하는데 로보-어드바이저의 자동화된 시스템은 시장 상황을 반영하여 수천 개의 계정을 모니터링하고 재조정할 수 있다. 일반적으로 로보-어드바이저는 장기적으로 투자 전략을 설계하기 때문에 포트폴리오의 재조정주기는 비교적 긴 편이기는 하지만 다음과 같은 상황에서는 로보-어드바이저 알고리즘이 고객의 포트폴리오를 재조정해야 한다.

(a) 시장 상황에 따라 포트폴리오내의 자산 구성비가 목표 비율과 괴리가 커지는 경우
(b) 세금손실수확 기회가 식별되는 경우
(c) 고객의 특성(위험선호, 재무목표 등)이 변경되는 경우
(d) 신규 투자(또는 투자액 증액), 투자자산으로부터의 배당금 또는 현금인출 등과 같은 현금흐름이 발행하는 경우.

재조정은 주로 위험을 관리하기 위한 전략이기는 하지만, 로보-어드바이저를 이용한 포트폴리오 재조정을 통하여 투자비중이 높아진 증권은 매도하고 낮아진 증권을 매수함으로써 체계적으로 포트폴리오 운용 성과 향상을 시도할 수 있다. 한편, 비중 축소 증권의 매수를 위해서는 추가적인 입금과 배당금을 활용하게 되고 비중 확대 증권을 판매하여 발생한 현금 흐름은 투자자의 개인 계정으로 출금하게 된다. 이와 같이 추가 입금으로 재조정하면 자산 판매가 발생하지 않아 잠재적인 자본 이득을 피할 수 있으므로 세금 측면에서 효율적이라 할 수 있다.

2) 지속적인 자동 조언

시장이 변동함에 따라 로보-어드바이저는 자산 가치 예측 및 투자계획 조언을 업데이트해야 한다. 이러한 업데이트는 실시간으로 진행되기 때문에 고객은 시장 변화가 재무 계획에 미칠 수 있는 영향을 확인할 수 있다. 예를 들어, 주식 시장이 상승추세를 보인 이후 고객은 자신의 계정에 로그인하여 적은 위험을 부담하면서도 투자 목표를 달성할 수 있음을 확인할 수 있다. 또는 시장이 하락한 후에는 목표를 달성하기 위해 투자율

을 높여야 할 필요가 있음을 알게 될 수 있다.

3) 타겟데이팅(Target dating)

투자자들은 투자 기간의 종료가 가까워짐에 따라 포트폴리오의 위험을 줄이는 것이 바람직하다. 투자 목표와 투자 기간을 고려하여 포트폴리오의 목표 구성비율을 결정하는 로보-어드바이저는 투자기간이 경과함에 따라 소위 글라이드경로(glide path)에 따라 포트폴리오 구성비율을 자동으로 조정하게 된다. 이와 같이 포트폴리오 구성비율을 자동으로 조정하면 포트폴리오의 위험 수준을 고객이 원하는 수준에 더 가깝게 유지하는 데 도움이 된다. 이와 같은 과정을 글라이드 경로에 따른 타겟데이팅이라고 부르는데 이와 같은 타겟데이팅이 이루어지지 않는다면 투자자들은 정기적으로(매 분기, 매년 등)포트폴리오 재조정을 하게 될 텐데 이로 인하여 포트폴리오 위험 수준이 매우 커지는 상황이 발생할 수 있다. 이와 같은 글라이드 경로에 따른 타겟데이팅 자동화는 정기적으로 투자금이 발생하는 경우 더욱 효율적일 수 있다. 즉, 정기적으로 투자되는 자금을 사용하여 포트폴리오를 재조정하게 되면 자산 매각을 통하여 재조정할 필요가 없어지기 때문에 거래 비용을 감소시킬 수 있을 뿐만 아니라 포트폴리오 평가 이익을 자본 이득으로 실현시킬 필요가 없어지게 된다는 것이다.

10.2 포괄적인 자산부채 관리를 위한 로보-어드바이저

로보-어드바이저 서비스는 개인화의 강화, 서비스 및 플랫폼 통합 개선, 자동화 증가 등의 주요 트렌드와 함께 다양한 개인 자산부채관리 분야로 빠르게 확산되고 있다. 예를 들어 개인들의 은퇴 계획을 위한 투자 관리나 부채관리와 같은 분야에서 개인들이 합리적 의사 결정을 내리는 데 도움을 줄 수 있는 방향으로 로보-어드바이저가 진화하고 있다. 최근 연구에 따르면 미국의 경우 2025년까지 인구의 약 60%가 다양한 로보-어드바이저 서비스를 사용할 것으로 예측되고 있다. 여기서는 은퇴계획 관리, 위험 패리티, 현금/예금 관리에서 로보-어드바이저가 제공하는 서비스에 대하여 알아 보기로 한다.

은퇴 계획

개인들의 핵심적인 자산관리 문제 중 하나는 은퇴계획이며 많은 로보-어드바이저들이 은퇴 계획을 위한 자산 운용 및 재정적 조언을 제공한다. 은퇴계획에서 가장 기본적인 문제는 노후에 필요한 자금의 크기를 추정하는 일인데 이는 개인에게는 매우 어려운 문제이기 때문에 로보-어드바이저가 적절한 퇴직금 목표액을 확인할 수 있도록 도와줄 수 있다. 이를 위해서 개인의 위험회피 수준(수용 수준)을 포함하여 미래 인플레이션율, 노후 생활비 수준, 국민연금 수령액, 기대수명 등을 고려하여 필요 투자액을 산출하고 이를 장기간에 걸쳐 운용하기 위한 운용 스케쥴을 로보-어드바이저가 제시해야 한다. 퇴직금이 도래하면 로보-어드바이저가 퇴직금 계좌에서 안전하게 인출할 수 있는 금액을 조언할 수 있다. 반복적인 인출이 있을 때의 자산 예측을 통해 고객은 다양한 시장 상황과 인출 패턴에서 은퇴 잔고가 얼마나 오래 지속될 수 있는지 이해할 수 있다.

위험 패리티 포트폴리오(Risk parity 포트폴리오)

위험 패리티 포트폴리오는 포트폴리오를 구성하는 다양한 투자자산들 간에 위험의 크기를 일정한 수준에 맞추기 위한 투자전략이다. 이 전략은 투자자로 하여금 일정한 수준의 위험을 설정하도록 하고 이를 투자자산들 간에 균등하게 배분한 최적 포트폴리오를 구성하기 위하여 사용된다. 일반적인 포트폴리오와 위험 패리티 포트폴리오간의 가장 큰 차이는 투자가중치 결정 과정에서 설명할 수 있다. 일반적인 포트폴리에서 투자자산의 가중치는 투자금액의 배분을 의미하지만 위험 포트폴리오에서는 포트폴리오의 위험의 배분비율을 의미한다. 즉, 위험 패리티 포트폴리오를 구성하는 각 투자자산들은 주로 주식, 채권, 무위험자산, 상품(commodities)등과 같이 상관관계가 낮거나 (-)인 자산들로 구성되는데 각 투자자산의 가중치는 목표 위험(volatility target)을 각 투자자산의 위험추정치로 나눈 값으로 결정하게 된다.

현금/예금 관리

개인 고객들은 가장 기본적인 경제활동중 하나인 현금/예금 관리에 체계적인 조언을 필요로 할 수 있다. 개인 고객들은 단기 소비/지출에 충당하기 위한 최적의 보통예금 보유금액의 결정, 최고 이자율 탐색과 예금보험 한도 등을 고려한 정기예금 및 적금 상품 선택 및 저축 금액 결정 등 다양한 의사결정을 해야 하는데 로보-어드바이저는 고객별 저축목표를 고려하여 다양한 조언을 제공할 수 있다. 이 과정에서 로보-어드바이저는 미래 이자율 및 고객의 미래 현금흐름 변화에 대한 시뮬레이션을 반영하게 된다. 또한 로보-어드바이저 고객들의 지출 및 소비패턴, 소득현황을 분석하여 적절한 규모의 저축생활을 유도할 수 있는 조언들을 제시할 수도 있다. 소비 및 지출 패턴 분석을 위해서 로보-어드바이저는 자연어처리(Natural language processing, NLP)기술을 활용하게 되고 유사한 거래들을 식별하기 위하여 군집분석(Clustering) 기술을 활용할 수 있다. 완전 자동화된 로보-어드바이저는 보통예금 계좌 또는 CMA와 같은 저장계좌의 여유 자금을 자동적으로 수익률이 높은 저축계좌 또는 투자 계좌로 이체시키는 서비스를 고객에게 제공할 수도 있다.

10.3 주가 예측을 위한 신경망(Neural network) 알고리즘

앞서 로보-어드바이저의 개요에 대하여 소개하기는 하였지만 로보-어드바이저의 실행을 위해서는 로보-어드바이저 적용 분야에 따라 상당한 수준의 금융/투자 이론에 대한 이해뿐만 아니라 다양한 기계학습/딥러닝 기술들에 대한 이해가 필수적이므로 관련 사례를 다루지 않기로 한다. 따라서 여기서는 로보-어드바이저와도 밀접한 관계가 있다고 할 수 있는 주가예측 문제에 인공신경망(Artificial neural network) 기술을 활용하는 문제를 살펴보기로 한다.

1. 그래프 데이터란?

그래프 데이터는 노드(node)와 엣지(edge)로 표현되는 데이터 형태이다. 여기서 노드는 우리가 다루고자 하는 데이터를 의미하고 엣지는 노드와 노드 사이의 관계를 나타낸다. 우리가 흔히 사용하는 소셜 네트워크 서비스(social network service, SNS)를 떠올려 이해해 보기로 한다. 예를 들어서 A, B, C라는 사람이 있다고 했을 때, A, B, C 각각은 노드가 되고 서로 알고 있는 사이인지 아닌지에 따라 엣지가 결정된다. 만약 A와 B가 서로 알고 있는 사이인 경우, A와 B 엣지가 연결되었다고 말할 수 있다. 반대로 B와 C의 경우 서로 모르는 사이인 경우 둘 사이의 엣지는 끊어진 상태가 되게 된다. 노드가 방향성을 지니느냐 지니지 않느냐에 따라 방향(directed) 그래프, 무방향(indirected) 그래프로 표현할 수 있지만, 본 책에서는 다루지 않기로 한다. 이러한 노드와 엣지로 표현되는 그래프 데이터는 때에 따라 노드를 버텍스(vertex), 정점 등으로 부르기도 하며, 엣지는 아크(arc), 링크(link), 간선 등으로 부르기도 하는데 여기선 노드, 엣지라는 용어를 사용하기로 한다.

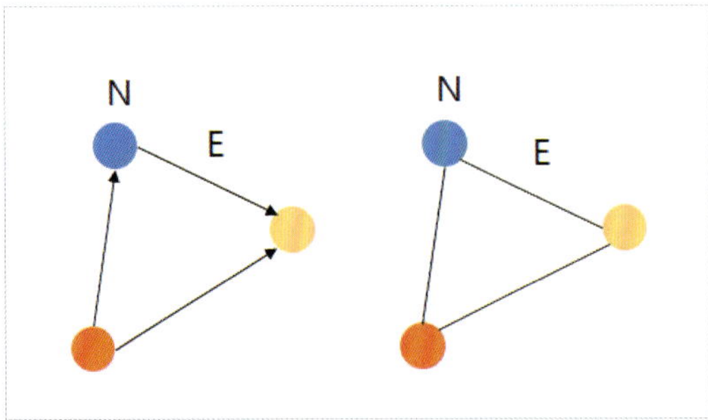

(그림 10-2: 노드와 엣지)

2. GNN 소개

그래프 데이터는 각 데이터간의 관계 정보를 활용할 수 있다는 점에서 최근 인공지능 분야에서 많은 관심을 받고 있다. 그리고 최근의 딥러닝에 그래프 데이터를 사용하기 위해 그래프 신경망(graph neural network, GNN)이 사용되고 있다. 이러한 그래프 신경망은 활발한 연구가 진행됨에 따라 다양한 구조의 변형들이 소개되고 있는데, 본 책에서는 그 중 그래프 컨볼루션 네트워크(graph convolution network, GCN)의 구조를 활용하기로 한다. GCN은 최근 이미지, 영상 분야에서 많이 사용되고 있는 컨볼루션 뉴럴 네트워크(convolution neural network, CNN)와 유사한 형태로 데이터를 처리한다고 볼 수 있다. CNN은 이미지에서 인접한 픽셀끼리 컨볼루션 연산을 통해 이미지의 로컬(local) 정보를 추출한다는 특징을 가진다고 알려져 있다. 이러한 CNN의 특징과 유사하게 그래프 컨볼루션 네트워크에서도 인접한 노드끼리의 연산을 통해 전체 그래프에서 중요한 정보를 추출해낸다고 볼 수 있다.

GCN 외에도 다양한 형태의 GNN이 연구되어 발표되고 있지만, 본 책에서는 GNN의 형태 중 2021년 발표된 관련 논문에서 다룬 SGCN(sparse graph convolution network)[2)]의 구조를 공부하기로 한다. 해당 논문에서는 GNN의 다양한 형태 중 그래프 컨볼루션 네트워크 구조를 기반으로 보행자의 이동 경로 예측 문제를 다루고 있다. 다수의 보행자가 서로 반대 방향으로 걷고 있는 상황에서 스치듯이 지나가는 보행자끼리는 부딪힐 가능성이 있지만, 멀리 떨어진 보행자끼리는 상대적으로 부딪힐 가능성이 낮아지게 된다. 이를 위해 노드끼리의 연결이 밀집(dense)되지 않고 희소(sparse)한 형태를 다룰 수 있는 구조를 사용하고 있다. 여기서 연결이 밀집하다는 것은 그래프 내에 존재할 수 있는 최대 엣지 수에 가깝게 엣지가 존재한다는 것을 의미한다. 즉, 그래프 내의 거의 모든 노드들이 서로 연결되어 있다는 것을 의미하고, 희소하다는 것은 반대로 그래프 내의 노드들이 거의 연결되어 있지 않다는 것을 의미한다. 그리고 보행자의 이동 경로 예측을 위해 시간적(temporal), 공간적(spatial) 정보를 바탕으로 각 노드들의 연결 상태를 학습하고 이를 통해 이동 경로를 예측하게 된다.

이와 같은 SGCN의 구조는 주식가격 예측을 다루는 문제에도 적용해 볼 수 있다. 왜냐 하면 주식가격의 경우 업종, 계열사 정보 등에 따라 각 회사들을 서로 연결시켜 생각할 수도 있고 상호 배타적으로 볼 수도 있을 것이다. 또한, 과거의 주식가격이 향후 주식 가격에 영향을 미칠 수 있기 때문에 해당 주가에 대한 시간적 정보 분석이 가능하고 또한 동일한 업종의 주식 정보들은 동일한 시점에 비슷한 형태를 보일 수 있기 때문에 공간적 정보 분석이 필요하다고 볼 수 있다. 본 책에서는 이와 같은 SGCN의 특성을 고려하여 주가예측에 SGCN을 적용하고자 하는데 우선 주가 예측을 위한 SGCN의 구조에 대하여 좀 더 자세히 살펴 보기로 한다.

3. 주가 예측을 위한 SGCN 구조

우선 N 개 회사의 주가 정보가 각각 T 시점만큼 있고, 이를 취합하여 입력 데이터 $X \in R^{T \times N \times 1}$를 구성하였다고 가정하기로 한다. SGCN은 희소 인접 행렬 모듈, 데이터 표현 모듈, 예측 모듈 등 크게 3개의 모듈로 구성되는데 주가 예측 작업에서 각 모듈이 어떤 의미를 가지는지 알아보기로 한다.

1) 희소 인접 행렬 모듈

SGCN에서는 시간 정보와 공간 정보 분석을 위해 처음에 입력 데이터 X를 각각 시간적 표현 $G_{tmp} = (V_n, U_n)$와 공간적 표현 $G_{spa} = (V^t, U^t)$로 분리한다. 이때, V_n과 V^t는 각각 $V_n = \{x_n^t | t = 1, \cdots, T\}$, $V^t = \{x_n^t | n = 1, \cdots, N\}$를 의미하고 x_n^t는 n 기업의 t 시점에서의 주가를 의미한다. U_n은 $U_n = \{u_n^{k,q} | k, q = 1, \cdots, T\}$를 나타내고, n 기업의 주가 중 k 시점과 q 시점의 연관 상태를 의미한다. 그리고 U^t는 $U^t = \{u_{i,j}^t | i, j = 1, \cdots, N\}$를 의미하며, t 시점에서 i 기

2) 다음 논문에서 소개된 SGCN을 의미한다. Shi, L., Wang, L., Long, C., Zhou, S., Zhou, M., Niu, Z., & Hua, G. (2021). SGCN: Sparse Graph Convolution Network for Pedestrian Trajectory Prediction. In *Proceedings of the IEEE/CVF Conference on Computer Vision and Pattern Recognition* (pp. 8994-9003).

업과 j 기업의 연관 상태를 나타낸다. $u_n^{k,q}$와 $u_{i,j}^{t}$는 0과 1로써 표현이 되며, 0의 값을 가질 경우 두 정보는 서로 연관 상태가 없음을 나타내고 반대로 1의 값은 두 정보가 서로 관련이 있음을 나타낸다. 하지만 노드의 엣지 정보인 U_n과 U^t는 사전 지식 없이는 두 정보의 연관 상태를 알 수 없기 때문에 U_n은 1로, U^t는 상삼각행렬(upper triangular matrix)을 1로 하여 학습 시에 초기값으로 전달해주고 학습을 통해 주어진 데이터 내에서 연관 상태를 파악해나간다. 이렇게 구성된 G_{tmp}와 G_{spa}는 각각 (식 10-1)의 셀프 어텐션(self-attention)을 통해 노드끼리의 상호 작용을 계산하여 밀집 공간 상호작용 점수(dense spatial interaction score) R_{spa}를 구하고, 마찬가지로 각 노드의 시간 정보에서 상호 작용을 계산하여 밀집 시간 상호작용 점수(dense temporal interaction score) R_{tmp}를 계산한다.

$$\begin{aligned} E &= Embedding(G;\phi_e) \\ Q &= Query(E;\phi_q) \\ K &= Key(E;\phi_k) \\ R &= Softmax(\frac{QK^T}{\sqrt{d}}) \end{aligned} \qquad \text{(식 10-1)}$$

구해진 밀집 공간 상호작용 점수 R_{spa}와 밀집 시간 상호작용 점수 R_{tmp}에 대해 각각 1x1 컨볼루션 연산 및 직합(direct sum) 계산을 통해 R_{spa}에는 시간 정보를, R_{tmp}에는 공간 정보를 결합하여 준다. 그리고 아직까지는 노드끼리 밀집한 연결 상태를 가지고 있으므로 이러한 연결을 희소하게 만들기 위해 비대칭(asymmetric) 컨볼루션 연산을 통해 공간희소인접행렬(spatial sparse adjacency matrix) $\hat{A}_{spa}$와 시간희소인접행렬(temporal sparse adjacency matrix) $\hat{A}_{tmp}$를 만들어준다. $\hat{A}_{spa}$에는 같은 시점에서 노드끼리의 관계 정보가 담겨 있고, $\hat{A}_{tmp}$에는 각 노드의 시간에 따른 주가를 바탕으로 추세(trend)정보가 담기게 된다.

2) 데이터 표현 모듈

데이터 표현 모듈에서는 앞선 희소 표현 모듈을 통해 얻어진 인접행렬 $\hat{A}_{spa}$와 $\hat{A}_{tmp}$를 이용하여 기존의 입력 정보 , $G_{tmp}=(V_n, U_n)$, $G_{spa}=(V^t, U^t)$에서 사전 지식이 없는 상태로 초기화 해주었던 U_n과 U^t를 대신하여 새로운 그래프 입력 $\hat{G}_{tmp}=(V_n, \hat{A}_{tmp})$와 $\hat{G}_{spa}=(V^t, \hat{A}_{spa})$를 입력으로 받는다. 새로운 그래프 입력을 받아 GCN 모델을 통해 공간, 시간 정보를 담고 있는 입력 정보를 하나의 표현(representation)으로 취합한다.

3) 예측 모듈

예측 모듈에서는 앞선 모듈을 통해 시간, 공간 정보를 반영하여 정제된 데이터 표현 정보를 바탕으로 실제 예측 과정이 수행된다. 이때 예측을 위한 모델로는 다루고 있는 문제에 따라 다양한 모델들이 활용될 수 있다. 본 책의 예제에서는 주가 데이터 예측을 위해 LSTM(Long short-term memory)과 선형 레이어로 구성된 모델을 활용하여 이전 주가 데이터를 바탕으로 향후 주가를 예측한다.

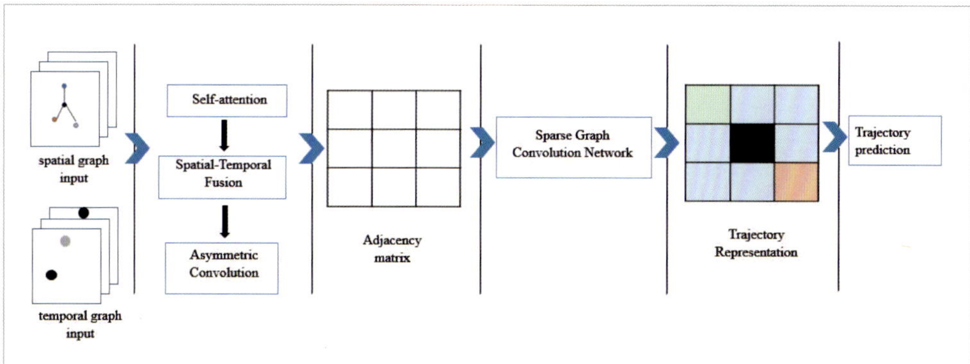

(그림 10-3: SGCN 구조)

코딩 사례10.1: SGCN을 활용한 주가 예측 모델

여기서는 딥러닝 라이브러리인 Pytorch를 이용하여 주가예측에 SGCN을 활용하는 사례를 소개하기로 한다. Pytorch를 설치하기 위해서는 Pytorch 홈페이지(pytorch.org) 첫 화면에서 Install〉을 클릭하고 다음 화면의 Start locally 섹션에서 " Run this Command: "에 제시된 코드를 아나콘다 프롬프트에서 실행시키면 된다.

코드 1. 주가 데이터 전처리를 위한 Pytorch 커스텀 데이터셋 구성

```
import pandas as pd
import yfinance as yf
from torch.utils.data import Dataset
from copy import deepcopy

class StockPriceDataset(Dataset):
  def __init__(self, tickers, seq_len, stride=1):
    self.dataset_raw = self.load_dataset(tickers)
    self.seq_len = seq_len
    self.stride = stride

  def download_data(self, ticker):
    data = yf.download(ticker, '2006-01-01', '2018-12-31')
```

```
        return data

    def load_dataset(self, tickers):
        dataset_raw = []
        for ticker in tickers:
            data = self.download_data(ticker)
            ema_5 = data['Adj Close'].ewm(5).mean()
            dataset_raw.append(ema_5)
        dataset = pd.concat(dataset_raw, axis=1, join='inner')
        return dataset

    def _train(self, dataset):
        self.dataset = dataset
        return deepcopy(self)

    def _test(self, dataset):
        self.dataset = dataset
        return deepcopy(self)

    def split_time_window(self, dataset):
        dataset_split = []
        for i in range(0, len(dataset)-self.seq_len, self.stride):
            data = dataset[i:i+self.seq_len]
            dataset_split.append(data)
        return np.stack(dataset_split)

    def set_normalization(self, data):
        self.norm_info = dict()
        self.norm_info['mean'] = np.array(data.mean(0), dtype='float32')
        self.norm_info['std'] = np.array(data.std(0), dtype='float32')

    def split_trn_test(self, p_trn=0.8):
        self.n_trn = int(self.dataset_raw.shape[0]*p_trn)
        self.n_test = self.dataset_raw.shape[0] - self.n_trn
        dataset_trn, dataset_test = np.split(np.array(self.dataset_raw,
```

```
41                                  dtype='float32'), [self.n_trn])
42          self.set_normalization(dataset_trn)
43          dataset_trn = self.split_time_window(dataset_trn)
44          dataset_test = self.split_time_window(dataset_test)
45          return self._train(dataset_trn), self._test(dataset_test)

46      def normalization(self, data):
47          return (data - self.norm_info['mean']) / (self.norm_info['std'] + 1e-7)

48      def pos_encode(self, data):
49          seq_len, n_stock = data.shape
50          pos_seq = np.arange(1, seq_len + 1, dtype='float32')
51          pos_seq = pos_seq[:, None]
52          pos_seq = pos_seq.repeat(n_stock, axis=1)
53          pos_data = np.stack((pos_seq, data), axis=-1)
54          return pos_data

55      def __getitem__(self, idx):
56          data = self.dataset[idx]
57          data = self.normalization(data)
58          obs, target = data[:-1], data[-1:].transpose(1,0)
59          obs = self.pos_encode(obs)
60          return obs, target

61      def __len__(self):
62          return len(self.dataset)
```

코드 설명

- 라인 1-4: 데이터셋을 구성하기 위해 필요한 라이브러리를 불러온다.
- 라인 5: Pytorch의 Dataset을 상속받아 주가 데이터를 위한 커스텀 데이터셋을 만들어준다. Pytorch의 커스텀 데이터셋을 만들기 위해선 필수적으로 __init__, __getitem__ 그리고 __len__ 메서드를 구성해 주어야한다.
- 라인 6: yfinance로부터 주가데이터를 가져오기 위한 주식 코드들을 리스트 형태로 받아온다. seq_len은 학습 및 테스트에 사용할 전체 시간 길이를 의미한다. stride는 전체 데이터를 시간 창으로 나눌 때 각 시

간 창 사이의 간격을 의미한다.

- 라인 10-12: yfinance를 통해 2006년 1월 1일부터 2018년 12월 31일까지의 주가데이터를 가져온다. 9장에서 설명한 바와 같이 시가, 고가, 저가, 종가, 수정 종가, 거래량 데이터와 인덱스가 일자인 데이터프레임이 구성된다.
- 라인 13-20: 주가데이터를 전처리하여 데이터셋을 구성한다.
    - 라인 17: 5일 동안의 지수 이동 평균값을 구해준다.
    - 라인 19: 각 주식의 5일 지수 이동 평균값을 하나의 데이터프레임으로 합치고, 이때 'inner' 옵션을 통해 동일한 날짜의 데이터들만 합쳐준다.
- 라인 21-23: 전체 데이터 중 학습 데이터로만 구성된 데이터셋을 반환해준다.
- 라인 24-26: 전체 데이터 중 테스트 데이터로만 구성된 데이터셋을 반환해준다.
- 라인 27-32: 데이터를 시간 창으로 분할해주기 위한 메서드이다.
    - 라인 30: 주어진 데이터를 시간 창 크기(self.seq_len)로 분할한다. 이때 각 시간 창간의 간격은 self.stride로 정해진다.
- 라인 33-36: 본 예제에서는 주가 데이터가 정규 분포를 따르도록 표준화를 진행한다.
    - 라인 35-36: 표준화에 필요한 평균과 분산 값을 학습 데이터로부터 계산하여 딕셔너리 형태로 저장한다.
- 라인 37-45: 전체 데이터를 학습데이터와 테스트 데이터로 분할한다.
    - 라인 40: 전체 데이터를 학습 데이터와 테스트 데이터로 분할한다.
    - 라인 42: 학습 데이터를 이용하여 데이터 표준화에 필요한 정보를 계산한다.
    - 라인 43-44: 학습데이터와 테스트 데이터를 각각 시간 창 데이터로 분할한다.
- 라인 46-47: 학습 데이터로부터 구한 평균, 분산 값을 이용하여 데이터를 표준화해준다.
- 라인 48-54: SGCN에서 시간 표현을 다루기 위해 주가 데이터에 시간 창 길이만큼 시간 정보를 추가하여 준다.
- 라인 55-60: 데이터셋에서 1개의 샘플을 가져오기 위한 메서드이다.
    - 라인 57: 데이터셋에서 가져온 샘플을 표준화시켜준다.
    - 라인 58: 앞서 구성한 데이터셋의 경우 self.seq_len만큼의 시간 창 길이를 가지고 있다. 실제 학습에는 self.seq_len-1 만큼이 관측값으로 모델에 주어지고, 향후 1 스텝의 주가를 예측하는 문제를 다루고 있다. 따라서, 전체 시간 창 길이 중 마지막 시간 스텝을 제외한 데이터를 관측값으로 하고 마지막 시간 스텝 데이터를 타겟값으로 한다.
    - 라인 59: 모델에 입력으로 주어질 관측값에 시간 정보를 추가하여준다.
- 라인 61-62: 데이터셋의 크기를 반환해준다.

코드 2. 주가 예측 모델

```
import torch.nn as nn
from sgcn_model import SparseWeightedAdjacency, SparseGraphConvolution
class StockPricePredictionModel(nn.Module):
  def __init__(self, tmp_dim, spa_dim, obs_len, d_model, n_heads,
         n_asy_conv, rnn_h_dim, mlp_h_dims):
    super().__init__()

    self.sparse_adj = SparseWeightedAdjacency(spa_dim, tmp_dim,
                          d_model, obs_len,
                          n_heads, n_asy_conv)

    self.sgcn = SparseGraphConvolution(spa_dim, d_model // n_heads)

    self.history_net = nn.LSTM(d_model, rnn_h_dim, batch_first=True)
    in_dim = rnn_h_dim*obs_len
    self.inference_net = nn.Sequential(
              nn.Linear(in_dim, mlp_h_dims[0]),
              nn.ReLU(),
              nn.Linear(mlp_h_dims[0], mlp_h_dims[1]),
              nn.ReLU(),
              nn.Linear(mlp_h_dims[1], mlp_h_dims[2]))

  def forward(self, x):
    batch_size, obs_len, n_nodes, obs_dim = x.shape
    adj_spa, adj_tmp = self.sparse_adj(x)

    gcn_representation = self.sgcn(x, adj_spa, adj_tmp)
    representation = gcn_representation.permute(0,2,3,1,4)
    representation = representation.flatten(-2)

    features, (h,c) = self.history_net(representation.flatten(0,1))
    prediction = self.inference_net(features.flatten(1))
    prediction = prediction.reshape(batch_size, n_nodes,
                  prediction.shape[-1])
```

```
29          return prediction
```

코드 설명

- 라인 1: Pytorch 모델 구성을 위해 필요한 모듈을 임포트한다.
- 라인 2: SGCN 중 앞서 설명한 희소 인접 행렬 모듈, 데이터 표현 모듈을 임포트한다.
- 라인 3: 주가 예측 모델의 클래스를 만들어준다. 이때 Pytorch 모델을 구성하기 위해 nn.Module을 상속받고, __init__()과 forward() 메소드를 구성해주어야 한다.
- 라인 4-5: SGCN 모듈을 위해 시간 정보 차원(tmp_dim), 공간 정보 차원(spa_dim), 관측되는 시간 창 크기(obs_len), 임베딩 차원(d_model), multi head attention의 head 개수(n_heads), 비대칭 컨볼루션 레이어 개수(n_asy_conv) 그리고 예측 모델을 위한 순환형 신경망 히든 차원(rnn_h_dim), 선형 신경망 히든 차원(mlp_h_dims)을 입력받는다.
- 라인 6: 상위 클래스인 nn.Module의 데이터속성들을 하위클래스에서 사용하게 해준다.
- 라인 7-9: SGCN 모듈 중 희소 인접 행렬(SparseWeightedAdjacency)의 객체를 생성한다.
- 라인 10: SGCN 모듈 중 데이터 표현 모듈(SparseGraphConvolution)의 객체를 생성한다.
- 라인 11-18: 예측 모델을 구성한다.
    - 라인 11: LSTM 레이어를 선언해준다. 이때 입력 차원은 d_model이고 히든 차원은 rnn_h_dim이다. 그리고 batch_first 옵션을 통해 입력 텐서의 형태를 (batch, seq, feature) 순서로 설정해준다.
    - 라인 12-18: 선형 신경망을 구성하는데, 히든 차원의 크기는 mlp_h_dims에 주어진 값으로 하고 마지막 레이어를 제외한 나머지 레이어 사이에는 활성함수(activation function)로 ReLU를 사용한다.
- 라인 19-29: Pytorch 모델에서 실행될 과정을 정의한다.
    - 라인 21: 모델의 입력을 SGCN의 희소 인접 행렬 모듈에 넣어주어 입력 데이터에 대한 시간, 공간 인접 행렬을 얻는다.
    - 라인 22-24: 시간, 공간 인접 행렬과 입력 데이터를 이용하여 입력 데이터에 대한 정제된 표현을 계산한다. 그리고 예측 모델에 전달해주기 위해 데이터의 형태를 조절한다.
    - 라인 25-28: 입력 데이터에 대한 정제된 표현을 받아 다음 스텝의 주가를 예측한다.

코드 3. 주가 예측 모델 학습

```
import torch
import torch.nn.functional as F
from torch import optim
from torch.utils.data import DataLoader
from stock_price_dataset import StockPriceDataset
```

```
from model import StockPricePredictionModel

obs_len = 10
pred_len = 1
seq_len = obs_len + pred_len
out_dim = 1
d_model = 8
n_heads = 8
n_asy_conv = 7
rnn_h_dim = 16
mlp_h_dims = [obs_len*rnn_h_dim, 128, out_dim]
batch_size = 64
n_epochs = 100

tickers = ['005930.KS', '006400.KS', '009150.KS', '000660.KS']
dataset = StockPriceDataset(tickers, seq_len)
dataset_trn, dataset_test = dataset.split_trn_test()
dataloader_trn = DataLoader(dataset_trn, batch_size, shuffle=True)
tmp_dim, spa_dim = 2, 1

model = StockPricePredictionModel(tmp_dim, spa_dim, obs_len, d_model,
                                  n_heads, n_asy_conv, rnn_h_dim,
                                  mlp_h_dims)
optimizer = optim.Adam(model.parameters(), lr=0.01)
lr_scheduler = optim.lr_scheduler.StepLR(optimizer, 50, 0.9)

for epoch in range(n_epochs):
  model.train()
  for _iter, (obs, target) in enumerate(dataloader_trn):
    pred = model(obs)
    loss = F.mse_loss(pred, target)
    optimizer.zero_grad()
    loss.backward()
    optimizer.step()
  lr_scheduler.step()
```

```
37          torch.save(model.state_dict(), './checkpoint/model_%d.ckpt'%(epoch)))
```

코드 설명

- 라인 1-6: 모델 학습에 필요한 라이브러리 및 앞서 구성한 주가 데이터셋, 주가 예측 모델을 임포트 한다.
- 라인 7-9: 주가 예측 모델은 이전 obs_len 길이의 데이터를 입력받아 향후 pred_len 만큼을 예측한다.
- 라인 10-15: 모델의 매개변수들을 설정해준다. 모델의 출력 차원은 out_dim이고, 임베딩 크기는 d_model, multi head attention의 head 개수는 n_heads이다. 그리고 비대칭 컨볼루션 레이어의 개수는 n_asy_conv이며, 예측 모델에서 순환형 신경망 레이어의 히든 차원은 rnn_h_dim, 선형 레이어의 히든차원 및 출력 차원은 mlp_h_dims로 구성된다.
- 라인 16-17: 학습 시에는 데이터를 batch_size 만큼 묶어서 한 번에 계산하고, 학습 데이터를 n_epochs 만큼 반복하여 모델을 학습한다.
- 라인 18: yfinance를 이용하여 주가데이터를 가져오기 위한 주식 코드들을 지정한다(005930.KS=삼성전자, 006400.KS=삼성SDI, 009150.KS=삼성전기, 000660.KS=SK하이닉스).
- 라인 19-21: 앞서 정의한 데이터셋으로부터 학습데이터와 테스트 데이터셋을 구성하고 학습용 dataloader 객체를 만들어준다.
- 라인 22: 학습에 사용할 데이터 중 시간 정보의 차원과 공간 정보의 차원을 선언해준다.
- 라인 23-25: 주가 예측 모델의 객체를 만들어준다.
- 라인 26-27: 학습을 위한 옵티마이저로 Adam을 사용하고, 학습률 스케쥴링을 통해 일정 간격마다 일정 비율로 학습률을 낮춰준다.
- 라인 28-37: 모델을 학습하고 학습된 모델을 저장한다.
    - 라인 31: 모델을 통해 관측 데이터에 대한 향후 예측 주가를 얻는다.
    - 라인 32: 모델을 통해 예측된 값과 실제 값 사이의 평균 제곱근 오차를 계산한다.
    - 라인 33-35: 모델의 가중치를 업데이트 해준다.
    - 라인 36: 학습률 스케쥴링을 해준다.
    - 라인 37: 학습된 모델을 저장한다.

코드 실행결과

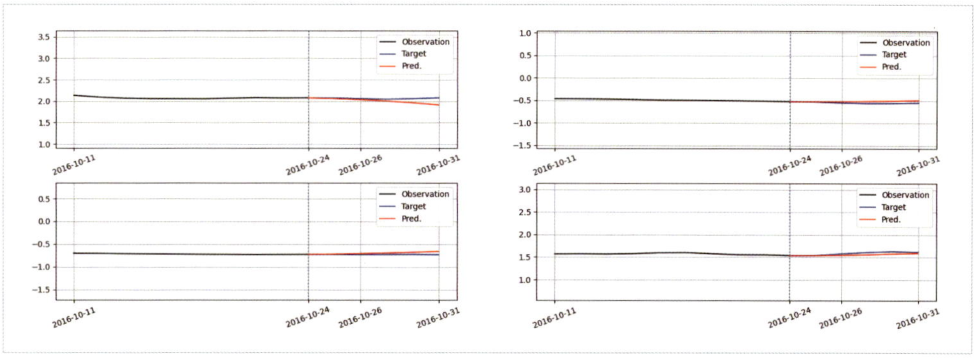

(그림 10-4: 주가 예측 결과)

(그림 10-4)에서는 스케일링된 주가(좌측 상단부터 시계방향으로 삼성전자, 삼성SDI, 삼성전기, SK하이닉스)에 대하여 2016-10-11부터 5 거래일 동안의 예측 결과를 보여준다. 주가 예측 결과는 실제 주가와 매우 근접한 결과를 보여 주고 있는데 이러한 결과는 다른 시구간이 선택될 경우에도 대동소이하다.

저자 소개

박경욱

1983년 : 서울대학교 경영대학 경영학과 경영학사
1985년 : 서울대학교 경영학석사
1993년 : 미국 University of Texas at Austin 재무학 박사
1994년~현재 : 고려대학교 융합경영학부 교수

박주영

1983년 : 서울대학교 전기공학과 공학사
1985년 : KAIST 핵공학과 공학석사
1992년 : 미국 University of Texas at Austin 전기및컴퓨터공학과 공학박사
1993년~현재 : 고려대학교 전자기계융합공학과 교수

김태환

2015년 : 고려대학교 제어계측공학과 공학사
2017년 : 고려대학교 제어계측공학과 공학석사
2017~2019년 : KT융합기술원 AI Tech Center 연구원
2019년~현재 : 고려대학교 제어계측공학과 박사과정

경영학과 함께 하는 파이썬 인공지능

박경욱·박주영·김태환 공저

1판 1쇄 인쇄 2022년 2월 23일
1판 1쇄 발행 2022년 3월 2일

편집인 정 현 주
펴낸이 안 기 열
발행처 드림
경기도 성남시 분당구 판교역로 192번길 14-2 9층
전화 031-705-3812
메일 dream356@empas.com

등록번호 제 6-0465호
ISBN 978-89-91051-62-1 93320
정가 28,000원

* 저자와의 협의 하에 인지는 생략합니다.